SUPPLEMENT AU LIVRE DE L'ANTIQUITÉ EXPLIQUÉE ET REPRESENTÉE EN FIGURES.
TOME QUATRIEME.

Qui comprend la Guerre, les Ponts, les Aqueducs, la Navigation, les Phares & les Tours octogones.

Par Dom BERNARD DE MONTFAUCON
Religieux Bénédictin de la Congrégation de S. Maur.

A PARIS,

Chez { La Veuve DELAULNE, La Veuve FOUCAULT, La Veuve CLOUSIER, Et PIERRE-FRANÇOIS GIFFART. JEAN-GEOFFROY NYON, ETIENNE GANEAU, NICOLAS GOSSELIN,

M. DCC. XXIV.
AVEC PRIVILEGE DU ROY.

TABLE DES CHAPITRES DU QUATRIÉME TOME.

TOME QUATRIEME.
LIVRE PREMIER.

Statues, bustes & têtes de gens armez.

Chapitre I.
I. Cette partie de l'Antiquité fournit moins de monumens que les autres. II. Buste d'Alexandre le Grand. III. Statue de Pyrrhus Roi d'Epire.

Ch. II. I. Statue de Jules Cesar armé. II. Statue de Domitien. III. De Caracalla. IV. Buste de Probus. V. Statue de Constantin le Grand.

Ch. III. I. Buste qu'on croit être de Diomede. II. Buste qu'on a crû être de Manlius Torquatus. III. Difficultez sur cette opinion. IV. Elle est rejettée.

Ch. IV. I. Téte de Cinna. II. Téte du Roi Massinissa. III. Soldat armé singulierement. IV. Homme deux fois representé dans la même image : une fois armé, & l'autre avec la toge.

Ch. V. I. Castor veteran. II. Rouleaux entre les mains des statues Romaines. III. Instrument militaire dont on ignore le nom. IV. Autres soldats.

Ch. VI. I. Vivius Marcianus soldat. II. Epée extrémement longue. III. Amazone avec une inscription.

LIVRE II.

Cavaliers, étriers, éperons, combats.

Ch. I. I. Les deux chevaux de Montecaballo. II. Preuve que les inscriptions de Phidias & de Praxitele y étoient anciennement. III. Quand est-ce que le bon goût a commencé de regner à Rome. IV. Ces ouvrages sont de Phidias & de Praxitele. V. Excellence du travail. VI. Ces

TOMUS QUARTUS.
LIBER PRIMUS.

Statuæ, protomæ & capita virorum armis munitorum.

Caput I.
I. Hæc antiquariæ rei pars pauciora quam cæteræ monimenta suppeditat. II. Protome Alexandri Magni. III. Statua Pyrrhi Epirotarum Regis.

Cap. II. I. Statua Julii Cæsaris armati. II. Statua Domitiani. III. Caracallæ. IV. Protome Probi Imperatoris. V. Statua Constantini Magni.

Cap. III. I. Protome quæ Diomedis esse creditur. II. Protome alia quæ Manlium Torquatum repræsentare credita fuit. III. Circa hanc opinionem difficultates. IV. Ea ut non verisimilis rejicitur.

Cap. IV. I. Cinnæ caput. II. Caput Massinissæ Regis. III. Vir singulari armorum genere instructus. IV. Vir bis in eadem exhibitus imagine, armatus & togatus.

Cap. V. I. Castor veteranus. II. Volumina præ manibus statuarum Romanarum. III. Militare instrumentum cujus nomen ignoratur. IV. Alii milites.

Cap. VI. I. Vivius Marcianus miles. II. Gladius non vulgaris longitudinis. III. Amazon cum inscriptione.

LIBER II.

Equites, stapedes, calcaria, pugnæ.

Cap. I. I. Duo equi in Montecaballo. II. Probatur inscriptiones Phidiæ & Praxitelis priscis ibidem temporibus fuisse. III. Quandonam Romæ de elegantia veterum opificiorum recte cogitari cœptum est. IV. Hæc opera Phidiæ atque Praxitelis sunt. V. Quam exquisiti sint artificii. VI. Hæ statuæ non possunt Alexandrum Magnum repræsentare.

CAP. II. I. Eques insolenti armorum genere instructus & ex Hetrusco vasi eductus. II. Armaturæ illius descriptio. III. An armatura hujusmodi in bello, an in ludis tantum uterentur. IV. Dioxippi historia.

CAP. III. I. Eques Lugduni ex ruderibus erutus. II. Curtium non esse probatur, quod quidam dixerant. III. Equestris pugna ex gemma educta.

CAP IV. I. Frenum, & quid essent lupata frena. II. Cur veteres stapediis non uterentur. III. Calcaria veterum.

CAP. V. I. Eques Moguntinus. II. Inscriptio urbis ejusdem. III. Anaglyphum Romanos duces exhibens. IV. Alloquutiones. V. Securis lapidea.

CAP. VI. I. Draconarius, sive is qui draconis signum gestat. II. Irruptio nocturna. III. Pugna Romanorum & Sabinorum.

LIBER III.

Aries non suspensus, victoriæ signa, largitas militaris.

CAP. I. I. Aries, veterum militaris machina. II. Modi varii hujus admovendæ machinæ ad muros dejiciendos. III. Dissertatio D. Equitis de Follard circa arietem non suspensum.

CAP. II. I. Populi quidam supplices ad Marcum Aurelium accedunt. II. Septimius Severus victor. III. Corpus Albini in prælio cæsi ad Septimium Severum defertur. IV. Aliud victoriæ monimentum.

CAP. III. I. Trajanus Parthamaspaten Regem Parthorum constituit. II. Parthamasiris Armeniæ Rex veniam a Trajano petit.

CAP. IV. I. Exempla clementiæ & continentiæ in victoribus: Alexandri Magni. II. Scipionis Africani.

CAP. V. I. Tropæum columnæ Antoninianæ. II. Tropæum in museo illustrissimi D. Primi Præsidis Boni. III. Captivi. IV. Marmor explicatu difficillimum.

CAP. VI. Dissertatio in monumentum

statues ne peuvent representer Alexandre le Grand.

CH. II. I. Cavalier extraordinairement armé, tiré d'un vase Hetrusque. II. Description de cette armure. III. Si cet equipage étoit pour la guerre ou pour les jeux seulement. IV. Histoire de Dioxippe.

CH. III. I. Cavalier deterré à Lion. II. On prouve que ce n'est point Curtius, comme quelques-uns ont prétendu. III. Combat à cheval tiré d'une pierre gravée.

CH. IV. I. Mors de bride: ce qui c'étoit que lupata frena. II. Pourquoi les anciens n'avoient-ils pas d'étriers. III. Eperons des anciens.

CH. V. I. Cavalier de Mayence. II. Inscription de la même ville. III. Bas-relief qui represente des Capitaines Romains. IV. Alloquutions. V. Hache de pierre de touche.

CH. VI. I. Portenseigne du dragon, appellé Draconarius. II. Irruption nocturne. III. Combat des Romains & des Sabins.

LIVRE III.

Belier non suspendu, marques de victoires, largesse aux soldats.

CH. I. I. Le belier des anciens. II. Les differentes manieres pour faire aller cette machine, & battre en breche. III. Dissertation de M. le Chevalier de Follard sur le belier non suspendu.

CH. II. I. Supplians qui viennent au devant de M. Aurele. II. Septime Severe vainqueur. III. Corps d'Albin tué à la bataille porté à Septime Severe. IV. Autre marque de victoire.

CH. III. I. Trajan établit Parthamaspates Roi des Parthes. II. Parthamasiris Roi d'Armenie demande pardon à Trajan.

CH. IV. I. Exemples de clemence & de continence de vainqueurs: d'Alexandre le Grand. II. De Scipion l'Afriquain premier.

CH. V. I. Trophée de la colonne Antonine. II. Trophée du cabinet de M. le premier President Bon. III. Captifs. IV. Marbre très-difficile à expliquer.

CH. VI. Dissertation sur une antique ou disque

d'argent trouvé près de Geneve en 1721. | vetus seu discum argenteum prope Genevam erutum anno 1721.

LIVRE IV.
LIBER IV.

Triomphes, arcs de triomphe, guerre de Troie. | *Triumphi, Arcus triumphales, bellum Trojanum.*

CH. I. *I. Triomphe de Septime Severe sur les Parthes. II. Bataille de Constantin contre Maxence. III. Triomphe de Constantin. IV. Plusieurs chaussures barbares dans les troupes de Constantin.*

CAP. I. *I. Triumphus Septimii Severi de Parthis. II. Pugna Constantini Magni contra Maxentium. III. Triumphus Constantini. IV. Barbarica calceamenta quædam in Constantini copiis.*

CH. II. *I. Arc de Portugal à Rome. II. N'étoit pas antique. III. Le petit arc de Severe. IV. L'arc de Gallien.*

CAP. II. *I. Arcus Portugalliæ sic dictus. II. Antiquus non erat. III. Arcus Severi minor. IV. Arcus Gallieni.*

CH. III. *I. Notes de M. de Peiresc sur l'arc d'Orange. II. Observations sur le même arc.*

CAP. III. *I. Notæ v. cl. Peireschii in arcum Arausicanum. II. Observationes aliæ in eumdem arcum.*

CH. IV. *I. L'arc de Saint Remi en Provence. II. Triomphes tirez des medaillons du Roi.*

CAP. IV. *I. Arcus Sancti Remigii in Gallo-provincia. II. Triumphi ex nummis Regiis educti.*

CH. V. *I. Enlevement d'Helene tiré d'une pierre. II. La table des combats de Troie. III. Jugement de Paris. IV. Combat sur le corps de Patrocle. V. Hector tué & trainé.*

CAP. V. *I. Helenæ raptus ex gemma eductus. II. Tabula Trojanarum pugnarum. III. Judicium Paridis. IV. Pugna de corpore Patrocli. V. Hector occisus & raptatus.*

CH. VI. *I. Observation sur les anciens portraits d'Hector. II. Portrait d'Hector, d'Andromaque & d'Astyanax. III. Fragmens antiques de la guerre de Troie.*

CAP. VI. *I. Observatio circa veteres Hectoris imagines. II. Imago Hectoris, Andromachæ & Astyanactis. III. Fragmenta vetera belli Trojani.*

CH. VII. *I. Fragmens de la table Iliaque donnée au quatriéme tome de l'Antiquité. II. Genealogie de Cadmus.*

CAP. VII. *I. Fragmenta tabulæ Iliacæ quæ data fuit in quarto Antiquitatis explanatæ tomo. II. Genealogia Cadmi.*

CH. VIII. *I. Monumens & marques de victoire tirées de l'Eglise de Flavigny.*

CAP. VIII. *Monumenta & victoriæ symbola ex Ecclesia Flaviniacensi educta.*

LIVRE V.
LIBER V.

Ponts, aqueducs, colonnes milliaires. | *Pontes, aquæductus, columnæ milliares.*

CH. I. *I. Le pont d'Ambrois sur l'ancien chemin Romain. II. Le pont Ælius de Rome, tiré d'un medaillon. III. Le pont d'Antioche sur le Meandre, sur deux medaillons.*

CAP. I. *I. Pons Ambrussi in veteri via Romana. II. Pons Ælius Romæ ex nummo eductus. III. Pons Antiochiæ ad Mæandrum ex duobus nummis.*

CH. II. *Description du pont d'Alcantara.*

CAP. II. *Descriptio pontis Alcantarensis.*

CH. III. *A l'occasion des pieds d'Espagne, dont nous parlons ici souvent, on compare le pied roial Phileterien en usage chez les anciens, avec les pieds d'Espagne, d'Italie, de France & d'Angleterre, en donnant les mesures de tous ces pieds.*

CAP. III. *Occasione pedum Hispanicorum, qui frequenter adhibentur, fit comparatio pedis regii Philetærii, qui apud veteres in usu erat, cum pedibus Hispanicis, Italicis, Gallicis, Anglicis, quorum omnium mensura datur.*

CH. IV. *Monument élevé sur le pont de la Cha-*

CAP. IV. *Monumentum erectum in*

medio pontis Carentonensis in ingressu Mediolani Santonum.

Cap. V. Descriptio aquæductus Segoviani, cujus delineatum exemplar ex Hispania missum fuit.

Cap. VI. Descriptio aquæductus Metensis cum arcubus in majorem formam deductis ac delineatis.

Cap. VII. I. Columnarum milliarium usus. II. Imperatorum nomina in columnis milliaribus. III. Columna milliaris prope Suessionas reperta.

Cap. VIII. Columna milliaris in Vico ad Axonam reperta.

Cap. IX. Columna milliaris Arelatensis.

LIBER VI.

Navigatio, portus, phari, turres octangulæ.

Cap. I. Naves in decem Regiis nummis maximi moduli.

Cap. II. I. Forojuliensis portus vetus ex MS. cl. v. Peirescii eductus. II. Portus alius ex gemma eductus. III. Inscriptio Procuratoris portus Ostiensis.

Cap. III. I. Phari pro securitate navium in portubus structæ. II. Pharus Alexandrina a Ptolemæo Philadelpho structa. III. Difficultas circa insulam Pharon: Homerus defenditur. IV. Forma turris quæ est in Pharo insula. V. Turris insulæ nomen accepit, quod nomen deinceps appellativum fuit. VI. Phari nomen ad quantas res extensum.

Cap. IV. I. Phari forma ex Herodiano. II. Phari aliis in locis structæ. III. Pharus Bononiæ ad oceanum. IV. Bononia *Gessoriacum* erat. V. Pharus Bononiensis per Caligulam structa. VI. Ejus forma octangula. VII. Turris Ordensis dicta; quare. VIII. A Carolo Magno restaurata. IX. Quo casu eversa. X. Phari aliæ. XI. Turris Dubriensis. XII. Pharus Dubriensis.

Cap. V. I. Turris Magna Nemausensis. II. Illustrissimi D. Flechier Episcopi Nemausensis opinio circa hanc turrim. III. Non videtur vice phari esse potuisse pro Rhodani ostiis & pro maris littore viciniore. IV. Ig-

reute à l'entrée de la ville de Saintes.

Ch. V. *Description de l'aqueduc de Segovie, dont le dessein a été envoié d'Espagne.*

Ch. VI. *Description de l'aqueduc de Mets avec ses arches représentées en grand.*

Ch. VII. *I. L'usage des colonnes milliaires. II. Les noms des Empereurs sur les colonnes milliaires. III. Colonne milliaire trouvée auprès de Soissons.*

Ch. VIII. *Colonne milliaire de Vic sur Aine.*

Ch. IX. *Colonne milliaire d'Arles.*

LIVRE VI.

Navigation, ports, phares, tours octogones.

Ch. I. *Navires sur dix medaillons du Roi.*

Ch. II. *I. Le port de Frejus tiré d'un manuscrit de M. de Peiresc. II. Autre port tiré d'une pierre gravée. III. Inscription du Procurateur du port d'Ostie.*

Ch. III. *I. Phares bâtis pour la sureté des vaisseaux & des ports. II. Phare d'Alexandrie bâti par Ptolemée Philadelphe. III. Difficulté sur l'isle de Pharos : Homere justifié. IV. Forme de la tour de Pharos. V. La tour de Pharos prit le nom de l'isle, & ce nom devint appellatif. VI. Le nom de phare s'étendit à bien d'autres choses.*

Ch. IV. *I. La forme des phares selon Herodien. II. Phares bâtis en d'autres endroits. III. Phare de Boulogne sur mer. IV. Boulogne étoit Gessoriacum. V. Le phare de Boulogne bâti par Caligula. VI. Sa forme octogone. VII. Appellé Tour d'Ordre; pourquoi. VIII. Reparé par Charlemagne. IX. Ruiné; par quel accident. X. Autres phares. XI. Tour de Douvre. XII. Phare de Douvre.*

Ch. V. *I. La Tour Magne de Nismes. II. Sentimens de feu M. Flechier Evêque de Nismes sur cette tour. III. Il ne paroit pas qu'elle ait pu servir de phare pour la mer voisine, ni pour les embouchures du Rhône. IV. Elle avoit pourtant*

DES CHAPITRES.

tant un fanal. V. Il paroît qu'elle peut avoir servi d'ærarium.

CH. VI. *I. La tour octogone du Cimetiere des Innocens de Paris. II. A quel usage elle a pu être.*

CH. VII. *La tour octogone de Montbran près de Matignon en Bretagne.*

nes tamen & faces habebat. V. Ærarium olim esse potuit.

CAP. VI. I. Turris octangula in Cœmeterio Innocentium Lutetiæ. II. Cui esse usui potuit.

CAP. VII. Turris octangula Montbrani prope Matinionem in Armorica.

LIVRE VII.

Le pavé singulier du temple de la Fortune de l'ancien Preneste.

LIBER VII.

Pavimentum musivum singulare templi Fortunæ Prænestinæ.

CH. I. *I. Pourquoi cette Mosaïque entre-t'elle dans le quatriéme tome. II. Preneste pris & désolé par Sylla. III. Le Cardinal François Barberin neveu du Pape Urbain VIII. fait graver ce pavé. IV. Le Cardinal François Barberin neveu du premier, le fait graver plus exactement. V. Plan general de cette Mosaïque.*

CH. II. *I. Sylla Dictateur a fait faire ce pavé de Mosaïque. II. Difficulté sur cela levée. III. Sentiment d'un moderne qui croit que les images de ce pavé representent le voiage d'Alexandre à l'Oracle de Jupiter Hammon. IV. Sentiment du P. Kircher sur cette Mosaïque.*

CH. III. *I. On refute le premier sentiment sur cette Mosaïque. II. Et celui du P. Kircher. III. Opinion de l'Auteur sur le dessein de cet ouvrage.*

CH. IV. *I. Crocodiles, chasse de l'hippopotame: description d'un batteau. II. Cabane où l'on croit qu'on donnoit à manger aux ibis. III. Berceau singulier fait dans l'eau.*

CH. V. *I. Bâtimens, obelisques, temple. II. Autre bâtiment. III. Animaux de l'Ethiopie. IV. Rinocerot Ethiopien. V. Description du Rinocerot Ethiopien par Cosmas l'Egyptien.*

CH. VI. *I. Gens de guerre devant un portique. II. Navire armé. III. Pigeonnier, &c.*

CH. VII. *I. Procession representée. II. Ville & obelisque qui semble tomber. III. Vaisseau & bâtimens. IV. Bêtes feroces.*

Tome IV.

CAP. I. I. Cur hoc musivum opus in quartum tomum inducatur. II Præneste capta & male habita a Sylla. III. Franciscus Barberinus Cardinalis Urbani VIII. patruelis hoc musivum in ære incidi curat. IV. Alter Card. Franc. Barberinus ex patruele prioris natus illud musivum longe accuratius incidi & repræsentari curat. V. Musivi istius compendiosa descriptio.

CAP. II. I. Sylla Dictator musivum hoc opus concinnari curavit. II. Difficultas quædam solvitur. III. Nuperi cujusdam opinio putantis in hac musivi pictura repræsentari iter Alexandri Magni ad Oraculum Jovis Hammonis. IV. Athanasii Kircheri sententia circa musivum hoc pavimentum.

CAP. III. I. Prior opinio circa hoc musivum tessellatumque opus repudiatur. II. Item Kircheri sententia refellitur. III. Opinio nostra circa scopum ejus qui depingi curavit.

CAP. IV. I. Crocodili, venatores quomodo hippopotamum captent: naviculæ descriptio. II. Tugurium in quo ibides escam sumsisse putantur. III. Intextum ramis & longuriis umbraculum in aquis structum.

CAP. V. I. Ædificia, obelisci, templum. II. Aliud ædificium. III. Animalia Æthiopica. IV. Rhinoceros Æthiopicus. V. Descriptio rhinocerotis Æthiopici per Cosmam Ægyptium.

CAP. VI. I. Bellatores ante porticum. II. Navis ad pugnam parata. III. Columbarium, &c.

CAP. VII. I. Pompa sive processio. II. Urbs & obeliscus cadens. III. Navis & ædificia. IV. Feræ.

vj   TABLE, &c.

Cap. VIII. I. Enhydris & aliæ Æthiopicæ feræ. II. Fera ignota. III. Aliæ bestiæ Æthiopicæ.

Ch. VIII. I. Enhydris & autres bêtes d'Ethiopie. II. Bêtes feroces inconnues. III. Autres bêtes d'Ethiopie.

Cap. IX. I. Magna lacerta & lynx. II. Crocodilus terrestris. III. Aliæ feræ & monstra. IV. Sphinx.

Ch. IX. I. Grand lezard & le lynx. II. Crocodile de terre. III. Autres bêtes & monstres. IV. Sphinx.

Fin de la Table des Chapitres du IV. Tome.

SUPPLEMENT

SUPPLÉMENT
AU LIVRE
DE L'ANTIQUITÉ
EXPLIQUÉE ET REPRESENTÉE
EN FIGURES.
TOME QUATRIEME.

Qui comprend la Guerre, les Ponts, les Aqueducs, la Navigation, les Phares & les Tours octogones.

SUPPLEMENTUM
AD OPUS
DE ANTIQUITATE
EXPLANATIONE ET SCHEMATIBUS
ILLUSTRATA.
TOMUS QUARTUS.

Ubi agitur de re Bellica, de Pontibus, de Aquæductibus, de re Nautica, de Pharis, deque Turribus octangulis.

LIVRE PREMIER.

Statuës, Bustes & Têtes de gens armez.

CHAPITRE PREMIER.

I. Cette partie de l'Antiquité fournit moins de monumens que les autres. II. Buste d'Alexandre le Grand. III. Statue de Pyrrhus Roi d'Epire.

I.  Ette partie de l'Antiquité fournit ordinairement moins de choses que les autres. Hors les monumens publics d'où nous avons tiré les armes de differentes Nations, les guerres, les sieges, les batailles, on n'en déterre gueres qui nous donnent de nouvelles connoissances. Car ce qui regarde la guerre, ne se voit gueres que dans les colonnes de Rome & dans les arcs de triomphe ; ce qui étant une fois épuisé, on ne trouve plus que peu de chose. Nous n'avons pourtant pas laissé d'en trouver de considerables, découvertes depuis peu, & qui regardent quelques-unes des parties qui composent le quatriéme tome de l'Antiquité expliquée, &c. sans compter ce qui avoit échappé à nos premieres recherches.

II. Le premier monument que nous donnons est le buste d'Alexandre le Pl. I. Grand, qui appartenoit ci-devant à M. Girardon, & qui est aujourd'hui dans le riche cabinet de M. le Maréchal d'Estrées. Il n'y a que la tête, le col & le

---

LIBER PRIMUS.

Statuæ, protomæ & capita virorum armis munitorum.

CAPUT PRIMUM.

I. Hæc antiquaria rei pars pauciora quam cæteræ monimenta suppeditat. II. Protoma Alexandri Magni. III. Statua Pyrrhi Epirotarum Regis.

I. Hæc rei antiquariæ pars, quæ bellum spectat, longe pauciora quam cæteræ schemata offert. Nam præter monimenta illa publica, unde diversarum gentium arma excerpsimus, bella item, obsidiones, pugnas: pauca ex pulvere ac ruderibus eruuntur, unde novam rerum illarum notitiam expiscari fas sit. Quæ enim ad rem bellicam pertinent, in columnis Romanis arcubusque fere prostant, quibus semel exhaustis, vix pauca hinc inde corradere possis. Sed quia non res modo bellicas, sed etiam alias ad bellum minime spectantes in hunc tomum conjecimus, nova certe non pauca, illaque maximi momenti ad hæc pertinentia eruimus: non annumeratis iis quæ in priore perquisitione diligentiam fugerant nostram.

II. Primum quod proferimus monumentum est protoma Alexandri Magni, quæ pridem fuerat Girardonii nostratis Sculptoris celeberrimi; jam vero in Museo D. Marescalli d'Estrées visitur. Unum autem caput, collum & cassis ex prima illaque antiqua ma-

Tome IV.   A ij

casque qui soient antiques: le reste avec tous ses ornemens ont été ajoutez par M. Girardon. La tête qui est de Porphyre est un chef-d'œuvre de l'Art. Malgré la dureté de la matiere, vous voyez, mais d'une maniere qui frappe d'abord, cette fierté & cette intrépidité avec laquelle ce Heros affrontoit les perils. Il est sans doute comparable à ces miracles de l'Art qu'on va voir en foule à Rome & à Florence, aux Hercules Farnezes, aux Meleagres de Picchini, aux Apollons & Laocoons de Belveder, aux Venus de Medicis, & même à ce beau Jupiter de Versailles, qui auroit peut-être été mis à la tête des précedens, s'il n'avoit été transporté de Rome peu après qu'il eut été connu, & porté à Besançon, où personne n'étoit à portée de connoître son merite. J'oserai même dire que cette tête d'Alexandre passe tous ces miracles de l'Art, en un point où l'on reconnoît plus qu'en tout autre l'habileté du Sculpteur; on y voit une vivacité, un esprit, & une expression si heureuse, qu'elle enleve d'abord l'admiration du spectateur. Nous donnons la tête & le buste d'après la gravure que M. Girardon en fit faire. Il s'en faut beaucoup qu'elle n'arrive à la perfection de l'original. Il faudroit un des plus grands maîtres de l'Art pour transmettre dans un dessein tout l'esprit & toutes les beautez de l'ouvrage tel qu'il est sorti des mains du premier ouvrier.

PL. II. III. On voit à la tête du quatriéme tome de l'Antiquité la figure du Roi Pyrrhus dessiné d'après la statue colossale qui est à Rome à la Cour du Palais du Marquis de Massimis. En voici un autre fort ressemblant au premier pour les traits du visage, mais dont l'armure & les ornemens sont fort differens. Il ne faut pas croire que ces grands guerriers n'eussent qu'un habit militaire, ni qu'ils n'admissent qu'une forme dans les armes qui les couvroient. Son casque à la Greque a un panache qui differe de l'autre, mais assez semblable à celui d'Alexandre. Celui-ci tient une pique, & l'autre un bâton de commandement. La cuirasse de celui-ci est beaucoup plus simple, & la chaussure de même. Le bouclier qu'il tient comme l'autre appuyé contre terre, est ovale, au lieu que celui-là est hexagone. Son bouclier étoit de cuivre, dit Pausanias 2. 21. & on le voioit encore de son tems au-dessus des portes d'un Temple de Cerès. Il n'en dit pas la forme; mais quand il la diroit, il est à croire qu'un Roi & un heros comme Pyrrhus pouvoit avoir plusieurs boucliers, & de differente forme.

---

nu profecta sunt. Pectus vero & brachia cum omnibus aliis ornamentis à Girardonio addita fuere. Caput porro, quod porphyreticum est, insigne opus, omnibusque artis supremæ notis splendet. Quamquam durissima est materia, in vultu animi magnitudinem ingentemque in periculis quibusque subeundis audaciam perspicis & obstupescis. Potestque haud dubie cum illis opificiis conferri, quæ ob præstantiam artificii omnes ad sui spectaculum evocant, cum Herculibus nempe Farnesiis, Meleagris Picchineis, Apollinibus & Laocoontibus quæ in ædibus Belvedere dictis suspiciuntur, Venere item Medicea; imo etiam Jove illo Versaliensi, qui fortasse cæteris præmissus fuisset & agmen duceret, nisi antequam fama quam certe merebatur, celebraretur, Roma Vesontionem exportatus fuisset, ubi nemo erat, qui & præstantiam ejus advertere, & artificium intelligere posset. Imo audacter dicam ea in re Alexandri caput cætera jam memorata opificia antecellere, quæ maxime artificiis præstantiam celebrare possit, in vivida illa audaci spiritusque plena vultus imagine, quæ statim spectatorem quemvis in sui admirationem rapiat. Et caput & humeros atque pectus hic proferimus ad fidem imaginis, quam in ære incidi curavit ipse Girardonus. Quæ tamen ad archetypi nativam elegantiam minime pertingit, imo eam nonnisi imperfecte refert. Nam summum artificium in delineatore illo requireretur, qui vellet in delineatam imaginem suam totum archetypi artificium, totam elegantiam transfundere.

III. Initio quarti Antiquitatis explanatæ tomi visitur Pyrrhi Epirotharum Regis imago, qualis expressa fuit ex Pyrrho illo Colosseo, quæ in ædibus Marchionis de Maximis Romæ visitur. En alium Pyrrhum priori admodum similem, quantum ad vultus lineamenta pertinet; sed cujus armatura atque ornamenta cætera admodum dissimilia sunt. Ne credas enim heroas illos uno semper processisse cultu, nullamque unquam in armis varietatem admisisse. Cassis ejus Græco more concinnata, cristam habet ab alterius imaginis cassíde diversam; sed cassídí Alexandri Magni quæ in superiore tabula visitur similem. Hic hastam tenet, alter sceptrum. Hujus lorica longe simplicior, necnon & militaris caliga. Clipeus, quem terra nixum tenet, ovatæ formæ est, alter vero est hexagonus. Ejus clipeus ex ære erat, inquit Pausanias 2. 21. & ipsius Pausaniæ ævo adhuc visebatur supra portas templi cujusdam Cereris. Cujus autem figuræ esset non dicit: at etiamsi diceret, Regem & heroem, qualis erat Pyrrhus, non uno usum fuisse clipeo, sed plurimis, & diversa formæ verisimile est.

ALEXANDRE LE GRAND.

de M.*le Mar. d'Estrées

PYRRHVS EN HABIT MILITAIRE

II. Pl. du Tom. IV

M.^r le Card. Gualtieri

Tom. IV. 2

STATUES, BUSTES, ET TESTES, &c.

CHAPITRE SECOND.

I. Statue de Jules Cesar armé. II. Statue de Domitien. III. De Caracalla. IV. Buste de Probus. V. Statue de Constantin le Grand.

I. LA Statue de Jules Cesar se voit en bronze au cabinet de M. le Maréchal d'Estrées, mutilée & de même grandeur qu'elle est ici. C'est dommage que le tems l'ait si peu respectée; car elle est d'un très-bon goût. Il est couronné de laurier, & la couronne n'empêche pas qu'on ne reconnoisse qu'il a la tête chauve. *On lui reprochoit*, dit Suetone 45. *qu'il étoit trop curieux de s'ajuster proprement ; il ne se contentoit pas de se faire tondre & de se faire razer, il se faisoit encore arracher le poil.* Cesar étoit chauve ; ce qui lui faisoit beaucoup de peine. *Il souffroit impatiemment*, poursuit-il, *ce défaut qui l'exposoit souvent aux railleries de ses adversaires & de ses accusateurs. Cela faisoit qu'il tâchoit de ramener ses cheveux du sommet de la tête sur le devant :* de tous les decrets que le Senat & le Peuple Romain firent en son honneur, il n'y en eut point qui lui fit plus de plaisir, que le droit de porter toujours la couronne de laurier. C'étoit sans doute parce qu'elle couvroit presque entierement ce défaut. Sa cuirasse a peu d'ornemens, mais bien entendus. On y remarque comme dans presque toutes les autres cuirasses, la forme du nombril. Sa ceinture est remarquable, aussi-bien que sa chaussure militaire, qui differe considerablement de toutes les autres que nous avons vûes. Ce n'est pas apparemment sur cette chaussure militaire que Cesar fut blâmé. *On trouvoit mauvais*, dit Dion, l. 43. qu'étant déja d'un âge avancé, il portât souvent des habits pompeux en jeune homme, & une chaussure haute & rouge à la maniere des Rois d'Albe, dont il prétendoit descendre. Suetone dit qu'il la portoit haute pour paroitre d'une taille avantageuse, quoiqu'il dise en un autre endroit, qu'il étoit de grande taille. Jules Cesar se voit si souvent sur les médailles, qu'il est aisé de se former une idée des traits de son visage : à quoi aident aussi les statues & les bustes qu'on voit en Italie, & surtout à Rome. Celui de M. le Maréchal d'Estrées, est des plus ressemblans, & le Graveur ne l'a pas mal attrapé.

Pl. III.

CAPUT SECUNDUM.

I. Statua Julii Cæsaris armati, II. Statua Domitiani, III. Caracallæ, IV. Protome Probi Imperatoris, V. Statua Constantini Magni.

I. STatua Julii Cæsaris in eodem Estræano Musco conspicitur, sed mutila & ejusdem quæ hic offertur magnitudinis. Certe dolendum quod ea hujusmodi jacturam subierit: florentissimam enim artis redolet ætatem. Julius hic lauro coronatur, neque tamen impedit corona quominus ejus calvities dispiciatur. *Circa corporis curam morosior,* inquit Suetonius 45. *ut non solum tonderetur diligenter ac raderetur, sed velleretur etiam, ut quidam exprobraverunt : calvitii vero deformitatem iniquissime ferret, sæpe obtrectatorum jocis obnoxiam expertus. Ideoque & deficientem capillum revocare à vertice assueverat :* & *ex omnibus decretis sibi à Senatu populoque honoribus, non aliud ant recepit aut usurpavit libentius, quam jus laureæ perpetuo gestandæ ;* eo quod nempe ipsa calvitiem obtegeret. Thorax ejus non multis splendet ornamentis, sed concinne aptatur. Trans thoracem hic, ut etiam in aliis quibusque loricis, umbilicus conspicitur. Ejus zona spectatu digna est, ut etiam militaris caliga quæ longe differt ab aliis, quas hactenus conspicere licuit. Non ob illam autem caligam, ut videtur, vituperio habitus est, inquit Dio l. 43. sed quod cum jam ætate maturus esset ad seniumque vergeret, ceu juvenis quispiam sumtuosis uteretur vestibus calceisque præaltis ac rubris secundum morem Regum Albæ, ex quibus originem se ducere gloriabatur. Ait Suetonius ipsum calceis præaltis usum, ut procerior statura videretur, etiamsi idem ipse Scriptor alibi dicat procerum ipsum fuisse. Julius porro Cæsar tam frequenter conspicitur in nummis, ut illum de facie cognoscere facile sit ejusatque vultus lineamentaimaginatione apprehendi possint. Cui etiam rei statuæ & protomæ Cæsaris, quæ Romæ & per Italiam occurrunt, adjumento esse possunt. Hic vero Cæsar quem ex Musæo Estræano proferimus, ipsum accuratissime imo mirifice refert, Sculptorque illum feliciter delineavit.

SUPPLÉMENT DE L'ANT. EXPLIQ.

Pl. IV.

Suetone, ch. 23.

II. La Statue de Domitien qui se voit à Rome, est des plus parfaites : rien n'y manque. Elle a échappé & à l'injure des tems, & à la juste indignation que le Senat Romain témoigna contre ce Prince, en faisant supprimer & ses images & les monumens qui pouvoient servir à conserver la memoire d'un Prince qui sera en horreur à tous les siecles, à cause de ses cruautez & des autres vices qui le rendoient odieux à tous ses sujets. Le voici en habit militaire, armé d'une cuirasse couverte de certains ornemens, qu'on ne peut expliquer que très-difficilement. Le cavalier Maffei croit que les deux femmes representées sur sa cuirasse, sont de ces monstres marins, que nos Peintres peignent pour des Sirenes : mais les Sirenes sont ordinairement peintes dans ces bas tems moitié femmes & moitié poissons ; erreur dont il est difficile de découvrir l'origine. Car comme nous avons fait voir en son lieu, tous les Anciens sans exception ont peint les Sirenes moitié femmes & moitié oiseaux, & les monumens qui nous restent les representent de même. Je ne vois point ici des femmes poissons, j'y vois seulement des serpens qui haussent la tête entre ces femmes. De sorte que si ces femmes poissons se voient dans l'original, elles ont sans doute été mal representées dans l'estampe gravée à Rome. Il est pourtant vrai qu'une des femmes paroît avoir une queuë ; mais qui n'a rien de la queuë de poisson. On voit encore sur cette cuirasse un enfant monté sur un animal qu'on a peine à reconnoître. Domitien tient sur la main gauche le globe, marque de l'Empire, qu'on voit si communément sur les medailles & sur les autres monumens. Il tient de la droite un bâton de commandement, ou le sceptre élevé. La chaussure militaire ou le campagus merite d'être remarqué. Il ne faut point douter que les Romains n'aient varié dans sa forme. La varieté est ici fort remarquable.

Pl. V.

III. La Statue d'Antonin Caracalla qui a un bras cassé, est au Palais Farnese à Rome : elle est assez remarquable par les ornemens de sa cuirasse. Au dessus de la ceinture deux grifons se regardent, & plus bas on voit un aigle. Sur les découpures rondes qui la bordent en bas, on voit des têtes d'animaux, celle d'un lion au milieu, & ensuite alternativement celles d'aigles & de beliers. Sa chaussure paroit être ce qu'on appelloit anciennement *ocreæ*. Quoique le pied soit tout couvert, les orteils paroissent à travers, ce que nous avons déja remarqué dans plusieurs chaussures.

II. Statua illa Domitiani quæ Romæ visitur, omnibus suis numeris partibusque absoluta est ; declinavit itaque & temporum injuriam, justamque Senatus indignationem, qui, inquit Suetonius 23. *scatas inferri, clypeosque & imagines ejus coram detrahi, & solo affigi jussit*, ut monumenta illa aboleret, quæ memoriam servare possent Principis, omnibus postea sæculis abominationi habendi ob immanitatem scilicet cæteraque vitia, quorum causa subditis admodum odiosus erat. Eccum in veste militari, indutum lorica aliisque ornamentis explicatu difficilibus. Putat eques Maffeius duas illas mulieres in lorica exhibitas, monstra esse illa marina queis Pictores nostri hodierni Sirenas repræsentant. Hisce sæculis media supernaque parte mulieres, infema vero partes pisces depinguntur. Cujus erroris originem deprehendere difficile est. Nam, ut suo commonstravimus loco, Veteres omnes, nullo excepto, Sirenas dimidia sui parte mulieres, dimidia aves esse dixerunt, & monumenta omnia quæ supersunt, sic illas repræsentant. Hic porro mulieres pisces non video ; serpentes tantum conspicio, qui caput erigunt inter illas mulieres. Itaque si hæ mulieres in pisces desinunt in archetypo, certe male in tabella ænea Romæ incisa repræsentatæ fuerint. Una tamen ex mulieribus caudam habere videtur, sed quæ nullam cum piscis cauda affinitatem habeat. In hac lorica videtur etiam puellus dorso cujusdam feræ gestatus, quam feram vix agnoveris quænam sit. Domitianus vero manu dextra globum tenet Imperii symbolum, quod symbolum passim in nummis in aliisque monumentis visitur. Manu autem dextera baculum seu sceptrum erigit. Calceamenti genus sive campagus non vulgaris est formæ. Non dubium autem est quin Romani hac in re multum variaverint. Hic autem varietas statim conspicitur.

III. Antonini Caracallæ statua cujus brachium truncatum est, manusque excidit, in Farnesiis ædibus suscipitur Romæ, & à loricæ ornamentis spectabilis est. Sub zona duo Gryphes sese mutuo respiciunt, & infra aquila exhibetur. In semicirculis porro qui in loricæ infima ora conspiciuntur, animalium capita visuntur, in medio caput leonis ; hinc alternatim aquilarum & arietum. Ejus calcei ex ipsæ videntur quæ olim ocreæ appellabantur. Etsi autem pes totus sit opertus, articuli tamen pedum numerari possunt, quod & alibi sæpe observavimus.

III. Pl. du Tome. IV.

STATUE DE JULES CESAR EN HABIT DE GUERRE

de Mʳ le Marechal Duc d'Estrées

Tome. IV. 3

DOMITIEN EN HABIT MILITAIRE

du Palais Justiniani a Rome

CARACALLA EN HABIT MILITAIRE

Marbre Romain

STATUES, BUSTES ET TESTES, &c.

IV. Le Buste suivant d'un Empereur Romain est tiré d'une belle onyce de S. Denis. On l'avoit pris long-tems pour Domitien, d'autres le prenoient pour un Neron ; mais cet Empereur est certainement de tems plus bas. Outre que le travail n'est pas des plus exquis, la cuirasse avec des écailles qu'on appelloit *squamata*, ne se voit guere sur les bustes des Empereurs que dans les tems bas. En le comparant avec les Empereurs que nous voions sur les medailles & medaillons vers la fin du troisieme siecle, je n'en vois pas à qui il convienne mieux qu'à Probus. Ce grand Prince dont le nom exprimoit les vertus, fut tué par ses soldats indignez de ce qu'il ne pouvoit souffrir qu'ils demeurassent oisifs, & parce qu'il disoit que quand il auroit subjugué tous les barbares, ce qui étoit déja fort avancé, on n'auroit plus besoin de soldats, témoignant hautement qu'il ne faisoit la guerre que pour procurer à tout l'Empire une paix generale, pendant laquelle il vouloit travailler à rendre ses sujets heureux. Les soldats qui le massacrerent ne laisserent pas d'admirer sa vertu : & toute l'armée ensemble lui érigea un sepulcre de grandeur extraordinaire avec une table de marbre portant une inscription dont le sens est tel : CI GIT L'EMPEREUR PROBUS PRINCE PLEIN DE PROBITE', COMME LE NOM LE PORTE, VAINQUEUR DE TOUTES LES NATIONS BARBARES, VAINQUEUR AUSSI DES TYRANS.

V. Le Constantin de Versailles armé à la Romaine est remarquable en bien des choses. Il porte comme les autres la cuirasse & le paludamentum, & il tient de la main gauche le sceptre élevé. Sur sa cuirasse est representée une Victoire & une machine qu'on a peine à reconnoitre. Son épée pendue sur le devant est si courte, que la lame mesurée sur sa taille ne paroit pas avoir plus d'un pied. Sa chaussure qui monte presque jusqu'aux genoux, est tout-à-fait remarquable : nous n'en avons point encore vû qui en approchât pour la forme. Son bouclier ovale a plus de trois pieds de diametre. On les faisoit fort grands de son tems, comme on peut voir au quatriéme tome de l'Antiquité pl. V. le bouclier & l'épée pendue à une écharpe portée ainsi par un Empereur, sont du bas Empire.

IV. Protome sequens Romani cujusdam Imperatoris ex onyche Thesauri Sandionysiani educta fuit. Diu autem Domitianum exhibere credita fuerat ; alii vero Neronem esse putabant : verum hic Imperator haud dubie posteriorum est temporum : præterquam enim quod artificium non hujusmodi est quod possit ad primum Imperii sæculum referri, lorica illa squamata nonnisi infimis temporibus in Imperatorum protomis & nummis videri solet. Hanc porro protomen si compares cum Imperatoribus quos in nummis cujusvis magnitudinis inspicimus circa finem tertii Christi sæculi, ad nullius Imperatoris quam ad Probi formam accedere video. Egregius hic Princeps cujus vel ipsum nomen virtutes exprimit, à militibus suis occisus est, quod nunquam eos otiosos esse perpessus sit, quodque diceret, cum subactæ barbaræ nationes forent, quod jam factum erat, pene non opus fore militibus ; sic testificans se non alia de causa bella gerere quam ut generalem pacem Imperio conciliaret, qua inita, se populorum subditorumque felicitati advigilaturum. Qui ipsum interemerunt milites, ejus tamen virtutem mirabantur : ac postea ingens ei sepulcrum elatis aggeribus omnes pariter milites fecerunt cum titulo hujusmodi inciso marmori : HIC PROBVS IMPERATOR, ET VERE PROBVS SITVS EST, VICTOR OMNIVM GENTIVM BARBARARVM, VICTOR ETIAM TYRANNORVM.

V. Constantinus ille Versaliensis Romano more armatus in multis observatu dignus est. Thoracem ille quemadmodum & alii omnes Imperatores & paludamentum etiam gestat, manuque sinistra sceptrum erigit. In thorace ejus Victoria depingitur, machinaque quam vix internoscere possis. Gladius ejus anterius dependens ita brevi lamina instructus est, ut si ex statura Imperatoris mensuram ducas, non unum pedem longitudine excedere dixeris. Ejus calcei qui ad usque pene genua ascendunt, a forma omnino spectabiles rarique sunt, nullosque hactenus vidimus his similes, neque ad horum formam vel tantillum accedentes. Ejus clypeus ovatæ formæ trium pedum qua longior est, mensuram attingit, si ex Constantini statura mensuram duxeris. Ipsius autem ævo clipei sive scuta maxima adornari solebant, quod conspicere possis in quarto Antiquitatis explanatæ tomo tab. V. Cæterum & clipeus & gladius ita gestatis, inferius ævum olere videntur, neque in imaginibus Imperatorum primi vel secundi sæculi conspici solent,

CHAPITRE TROISIEME.

I. Buste qu'on croit être de Diomede. II. Buste qu'on a crû être de Manlius Torquatus. III. Difficultez sur cette opinion. IV. Elle est rejettée.

Pl. VI.
1

I. L'Agostini & le cavalier Maffei après lui ont donné cette tête & ce buste qui est de Diomede, comme ils prétendent, fondez sur ce qu'elle ressemble à la tête d'une medaille d'argent de Fulvio Orsini donnée par le Fabri, qui porte le nom de Diomede. Je voudrois d'autres preuves pour l'assurer. Je ne sçai si on peut ajouter foi à cette medaille.

2

II. Beger croit que la figure au grand collier qui suit est de Titus Manlius Torquatus: voici les preuves qu'il en apporte. On voit au-dessous du collier une partie de son vêtement qui est orné de palmes. Or la *toga palmata*, selon Isidore, étoient celle que méritoient ceux qui remportoient des palmes sur les ennemis: on l'appelloit aussi la toge peinte, parce qu'il y avoit des Victoires tissuës avec les palmes. Ces Victoires ne paroissent pourtant pas ici, parce que la toge avec des palmes étoit en tems de paix la toge du Consul, dit Ausone *in gratiarum actione. Je vous envoie la toge ornée de palmes que notre pere Constance portoit* ; & en tems de victoire elle étoit la toge du Triomphateur. Cela marque que cette figure a été faite en l'honneur de T. Manlius Torquatus au tems de son Consulat, de ce Consulat qu'il exerça avec tant de severité, qu'il fit mourir son fils, quoique vainqueur, parce qu'il avoit combattu sans son ordre. Cette severité paroit dans l'image, où l'on remarque aussi quelque chose de rustique & de sauvage: ce qui revient à ce que dit Valere Maxime, que dans sa jeunesse il paroissoit si hebeté & si farouche, que son pere l'envoia aux champs pour y cultiver la terre.

III. Beger se propose ensuite quelques objections. Les Gaulois portoient aussi des colliers, & entre les Romains mêmes il y en avoit bien d'autres que T. Manlius Torquatus, qui pour leurs belles actions avoient eu l'honneur du collier. Tous les descendans de T. Manlius avoient aussi par succession l'hon-

---

CAPUT TERTIUM.

I. Protome quæ Diomedis esse creditur. II. Protome alia quæ Manlium Torquatum repræsentare credita fuit. III. Circa hanc opinionem difficultates. IV. Ea ut non verisimilis rejicitur.

I. Agostinus & Maffeius Eques caput & protomen quæ in sequenti tabula agmen ducunt, Diomedis esse pronunciarunt, hoc nixi argumento, quod videlicet vultus similis sit ei qui in nummo argenteo Diomedis nomen præferente visitur, qui nummus cum Fulvii Ursini esset a Fabro publicatus fuit. Ego certe alia quærerem argumenta ut rem talem affirmarem: neque scio an hujuscemodi nummo fides haberi possit.

II. Existimat Begerus protomen illam torque magno exornatam Titum Manlium Torquatum repræsentare: hisce autem nititur argumentis. Sub torque pars vestimenti visitur quod palmis exornatur: atqui toga palmata secundum Isidorum, ea erat quam ii merebantur, qui de inimicis palmas referrent. Vocabatur quoque toga picta, quoniam Victoriæ cum palmis attexebantur. Hæ tamen Victoriæ hic non comparent, quia toga palmata pacis tempore erat Consulum toga, inquit Ausonius in gratiarum actione : *palmatam tibi misi qua divus Constantius parens noster intextus est* : belli autem tempore ea erat triumphantis toga. Hinc arguitur hanc protomen tunc fuisse concinnatam, cum Titus Manlius Torquatus Consul esset: cum Consulatum, inquam, illum exerceret; in quo tantum protulit severitatis exemplum, ut filium etsi victorem, trucidari jusserit ; quia non jussus pugnaverat. Hæc porro severitas in vultu ejus hic deprehenditur : in quo etiam nescio quid rustici & agrestis observatur. Quod cum hisce Valerii Maximi verbis consonat. l. 5. c. 4. n. 3. *Quod filium juvenem rustico opere gravatum publicis usibus subtraheret.*

III. Sub hæc autem Begerus aliqua sibi ipsi objicit : Galli etiam, inquit, torques gestabant : atque inter Romanos multi alii præter hunc Manlium ob res præclare gestas torque honorati fuerant. Nepotes etiam Titi Manlii omnes successione quadam torquis honore decorabantur, donec Caligula hæc omnia auferret, teste

Probus et Constantin le Grand

Tresor de S. Denys

Versaille

neur du collier, jusqu'à ce que, selon Suetone, Caligula ôta à toutes ces grandes familles les marques d'honneur qu'elles avoient, & en même tems le collier à Torquat, à Cincinnatus sa chevelure, à Pompée de race si ancienne, le surnom de Grand. Ne peut-il pas se faire que cette image est ou d'un Gaulois, ou de quelque autre Romain, ou d'un des descendans de T. Manlius Torquatus? Il répond à cela qu'à la verité les Gaulois portoient le collier, puisque Manlius Torquatus avoit ôté à un Gaulois tué de sa main le collier qu'il porta depuis lui-même, & qu'entre les dépoüilles des Gaulois dont parle Tite-Live Decad. IV. l. 6. il se trouve 1470. colliers d'or ; mais la *toga palmata* prouve assez d'ailleurs que ce n'est pas un Gaulois ; & cette même toge qui marque un Consul, jointe au collier & à la mine sévere & farouche, marquent que c'est lui plûtôt qu'aucun autre Romain ; & quoique les descendans de Torquatus eussent l'honneur du collier, les marques Consulaires jointes aux autres qu'on vient de dire, font voir que c'est lui & non quelqu'un de sa famille.

IV. Il se forme une autre objection. T. Manlius Torquatus vivoit environ l'an 400. de la fondation de Rome : fondoit-on déja des statues de bronze à Rome dés ce tems-là ? On en faisoit, répond-il, depuis long-tems selon Pline qui dit : *Je trouve que la premiere idole de bronze qu'on a fondue à Rome, est celle de Cerès faite aux dépens de Spurius Cassius ; de celui qui affectant de se faire Roi, fut tué par son propre pere. On fit d'abord des statues pour representer les dieux ; mais on en fit ensuite qui representoient des hommes & en plusieurs manieres.* Spurius Cassius fut accusé d'avoir affecté la tyrannie, & fut tué l'an 262. de la fondation de Rome près d'un siecle & demi avant que Titus Manlius Torquatus obtînt le droit de porter le collier. *Ces statues ne se faisoient*, poursuit Pline, *que pour ceux que des grandes actions rendoient dignes de l'immortalité.* Or Manlius Torquatus étoit dans le cas. Il pourroit pourtant se faire, ajoûte Beger, que quelqu'un des descendans de Titus Manlius aura fait faire cette statue en memoire de son illustre aieul.

V. Voila un grand attirail d'érudition, & comme Beger répond aux objections qu'il s'est lui-même formées contre son opinion. On en peut produire encore de plus fortes. En voici une qui détruit toutes ses conjectures. Il se fonde principalement sur le collier, pour dire que c'est Titus Man-

---

Suetonio 35. *Vetera familiarum insignia nobilissima cuique ademit : Torquato torquem, Cincinnato crinem, Cneio Pompeio stirpis antiquæ Magni cognomen.* Annon fieri possit hanc protomen esse aut Galli cujuspiam, aut Romani famliæ alterius, aut alicujus ex Titi Manlii Torquati nepotibus. His autem respondet Begerus Gallos quidem vere torquem gestavisse, quandoquidem ipse Manlius torquem a Gallo abstulerat manu sua interfecto, quem & ipse torquem postea gestavit ; atque inter spolia Gallorum a Tito Livio memorata Decad. IV. lib. 6. memorantur mille quadringenti septuaginta torques aurei. Verum toga palmata, inquit, aliunde probat non esse Gallum : isthæc vero toga quæ Consulem denotat, cum torque conjuncta, necnon vultu illo severo atque feroce, Titum Manlium Torquatum esse, non vero Romanum alium quempiam, significat. Etsi autem Torquati nepotes torquis honorem obtinerent : notæ tamen consulares cum aliis jam memoratis conjunctæ, illum ipsum esse Torquatum, non autem aliquem ex ejusdem familia satis superque commonstrant.

IV. Aliam quoque ibi Begerus objectionem effingit. Titus Manlius Torquatus vivebat anno circiter quadringentesimo a Roma condita. Num autem illo ævo statuæ æneæ conflabantur ? Imo a multo jam tempore conflabantur, reponit ipse Begerus secundum Plinium qui sic habet 34. 4. *Roma simulacrum ex ære factum Cereri primum reperio ex peculio Spurii Cassii, quem Regnum affectantem pater ipsius interemerat. Transiit & ab diis ad hominum statuas atque imagines multis modis.* Spurius Cassius affectatæ tyrannidis accusatus & occisus est anno 262. ab urbe condita, uno integro atque dimidio pene sæculo antequam Titus Manlius Torquatus jus torquis gestandi obtineret. Pergit autem Plinius : *Effigies hominum non solebant exprimi, nisi aliqua illustri causa perpetuitatem merentium.* Atqui Manlius Torquatus ex eorum numero erat. Fieri tamen potuerit, adjicit Begerus, ut quispiam ex nepotibus Titi Manlii hanc in honorem illustrissimi proavi protomen fieri curaverit.

IV. En magnam utique eruditionis congeriem. Sic autem respondet Begerus iis quæ sibi ipse opposuit argumentis. Sed contra hanc ipsius opinionem fortiora possunt & validiora tela vibrari. En argumentum quod meo quidem judicio omnes ejus conjecturas profligat. Torquem allegat ille, ut statuat postea

lius Torquatus. Mais ce qu'il appelle collier en a-t-il bien la forme ? C'est une espece de grand bourlet assez éloigné du col qui tourne tout au tour, fait ou de quelque étoffe, ou d'une matiere si pliante, que se rabattant entierement sur le devant, il laisse voir toute la gorge & une partie de la poitrine; il paroit qu'il tient à l'autre piece qui couvre la poitrine & se termine en pointe sur l'estomac, ce n'est point le haut d'une toge ni d'une tunique comme Beger le suppose; & l'ornement de palmes qu'on y voit, n'est pas assurément pour la *toga* ou *vestis palmata*. Je crois que peu de gens voudront croire que ce qu'il appelle collier en soit veritablement un.

Au reste Beger ne dit rien sur ces feüilles de vigne qui ornent le bourlet, s'il est permis de l'appeller ainsi. Cela me porteroit à croire que c'est ou un Bacchus, ou quelque figure Bacchique, je m'en rapporte au jugement du Lecteur habile.

esse Titum Manlium Torquatum. At illud quod torquem Begerus appellat, aliquamne præ se fert torquis speciem ? Est enim ceu quædam spira tomento farta & rotunda, quæ a collo certe nimium distat, quam ut possit torques dici, ante & a tergo ducitur & circumquaque agitur, vel ex panno quopiam, vel alia plicabili materia confecta; nam demittitur ante pectus, ita ut & collum & pars pectoris supra spiram videatur, hæreteque videtur omnino alteri panno supra reliquum pectus demisso & in acumen desinenti, qui pannus in angulum desinens neque togæ, neque tunicæ pars esse potest, quantumcumque contra dixerit Begerus; & palmatum ornamentum quod hic comparet, neutiquam ad togam vel ad vestem palmatam pertinet. Paucos fore puto qui hic torquem agnoscere velint.

Cæterum Begerus ne verbum quidem dicit de foliis vitis pampinisque qui supra spiram illam, si ita fas sit appellare, comparent; quo conspecto facile crediderim vel esse Bacchi protomen, vel alterius cujuspiam ex Bacchico cœtu. Ea de re judicium eruditi lectoris expectabo.

CHAPITRE QUATRIÈME.

I. Téte de Cinna. II. Téte du Roi Massinissa. III. Soldat armé singulierement. IV. Homme deux fois representé dans la méme image: une fois armé, & l'autre avec la toge.

3. I. L'Inscription nous apprend que la tête suivante est de Cinna. Son casque est fort singulier, il n'a pour aigrette & pour ornement que des pointes un peu crochues, comme chacun le peut remarquer. C'est apparemment ce Cinna qui fit tant de mal à la Republique Romaine. Il fut quatre fois Consul, & ne le fut legitimement que la premiere fois, il emploia la violence & le carnage pour arriver les trois fois suivantes à ce suprême degré de la magistrature Romaine. Il suivit le parti de Marius contre Sylla. Temeraire dans ses entreprises, il vint souvent à ses fins, & presque toujours par le sang & le carnage. Sa cruauté le rendit odieux à tout le monde, en sorte qu'il fut lapidé par ses propres soldats.

4. II. Tout est remarquable dans la tête suivante, le casque, la barbe, la

CAPUT QUARTUM.

I. Cinna caput. II. Caput Massinissa Regis. III. Vir singulari armorum genere instructus. IV. Vir bis in eadem exhibitus imagine armatus & togatus.

I. Docet Inscriptio in imagine sequenti caput Cinnæ galeatum repræsentari, galea singulari instructa est ornatu: alicujus serræ dentes esse dixeris ita sunt acuti; suntque præterea contorti, ut conspicis. Hic ille Cinna videtur esse qui tot damna Romanæ Reipublicæ intulit, ipsamque tot malis affecit. Quater consul fuit, primumque dumtaxat consulatum legitime obtinuit; ad tres porro sequentes consulatus nonnisi per cædes, sanguinem, violentiamque pervenit. Partes Marii contra Syllam sequutus est, temere semper res magnas suscepit; sæpe votum assequutus est, sed per cædes & sanguinem ut plurimum. Immanitas porro tanta adeo exosum omnibus virum reddidit, ut a suis ipsis militibus lapidaretur.

II. Nihil non spectabile est in sequenti capite,

STATUES, BUSTES ET TESTES, &c.

chevelure, le collier. On l'a donné pour le Roi Massinissa; il faut avouer que les conjectures sont assez fortes; cette barbe & cette chevelure conviennent parfaitement à un Roi des Numides. Le vieux Roi Juba que nous voions sur les medailles, est aussi remarquable par sa barbe & par ses cheveux frisez, & Ciceron dit d'un de sa race, c'étoit Hiempsal fils du Roi Juba, *Adolescens non minus bene nummatus, quam bene capillatus* contra Rullum, un jeune homme non moins fourni d'argent que de cheveux. Massinissa qui étoit d'une excellente constitution, & qui vécut quatre-vingt-dix-sept ans, eut des enfans à l'âge de quatre-vingt ans; & c'est pour cela, dit-on, que Venus est representée derriere sa tête. Ces caracteres qu'on voit devant sa tête sont, à ce qu'on croit, Puniques; nouvelle preuve que c'est le Roi Massinissa. Le casque au bas duquel pend sa chevelure flottante, est des plus ornez: on y voit d'abord un cheval marin, marque que son Roiaume s'étendoit jusqu'à la mer. Plus haut est une bige, ou un char à deux chevaux qui vont à bride abbatue, peut-être parce qu'il aimoit ce spectacle & l'exercice même. Au bas du casque sur le derriere est un chien qui pourroit marquer qu'il étoit adonné à la chasse. Il porte un collier de perles ou de pierres rondes, ornement que porte aussi un Roi Parthe donné au tome précedent, planche XVI.

III. Le soldat suivant est tiré de Pettau dans la Stirie. L'inscription a été donnée par P. Apianus, & d'aprés lui par Gruter; mais corrompue en sorte qu'on n'en peut tirer le sens. Cette inscription se trouve aussi dans le MS. de Boissard p. 515. avec les figures qui l'accompagnent, elle est de même imparfaite, & partie Greque partie Latine. Il y a toute l'apparence possible qu'hors le second mot qui ne se peut rétablir & qui n'est pas essentiel, l'inscription se doit lire ainsi dans Boissard, qui l'a donnée plus fidelement. PL. VII.

ΕΤϹΤΑΘΙΩΙ QVI

Vixit annis LI. *mensibus octo, diebus octo,* Αὐρήλιος Δημήτριος καὶ Φηλικίτας γονεῖς υἱῷ γνησίῳ. Cela veut dire, *Aurelius Demetrius & Felicité ont dressé ce monument à leur fils legitime Eustathe.... qui a vecu* 51. *ans huit mois huit jours.*

Mais ce n'est pas l'inscription que nous avons en vûe en donnant ce monu-

---

galea, barba, capillitium & torques 4. Regem Massinissam esse dixerunt ii qui priores publici juris fecerunt conjecturis certe; sed ut vere fateor non improbabilibus. Barba quippe & capillitium in Regem Numidarum optime conveniunt. Rex Juba senex ille, quem in nummis conspicimus, a barba & ipse quoque atque a capillitio spectabilis est. Aitque Cicero contra Rullum de aliquo juvene ejusdem stirpis; erat autem Hiempsal Jubæ Regis filius; *adolescens non minus bene nummatus, quam bene capillatus*. Massinissa qui vegetus admodum erat, & optima corporis indole atque constitutione, & qui annis nonaginta septem vixit, octogenarius prolem habuit, ideoque aiunt, pone caput ejus in hac imagine Venus depingitur. Literæ autem illæ quæ ante vultum ejus comparent Punicæ sunt, ut quidam putant; quod novum emergeret pro Massinissa agnoscendo argumentum. Galea in cujus ima parte capillitium dependet, ornatissima est. In eo statim visitur marinus equus, quo significatur Regnum ejus ad oram maris pertingere: Supra marinum equum biga cernitur, sive currus duobus equis junctus, qui velocissimo cursu feruntur, an quia hoc spectaculum, imo etiam exercitium amabat? In ima galea inferiori parte canis visitur, quod fortasse venatui deditus esset,

Torquem ex unionibus vel fortasse ex rotundis lapillis gemmisque gestat; quod genus etiam ornamenti habet Rex ille Parthorum quem in tomo præcedenti tab. XVI. protulimus.

III. Imago sequens ex monumento quodam Petravii in Stiria exsistenti educta a Boissardo fuit. Inscriptio ab Apiano primum, deinde a Grutero publicata est, sed vitiata; ita ut nullum inde sensum expiscari possis. Hæc inscriptio in MS. Boissardi, de quo sæpe diximus, reperitur p. 515. cum schematibus quæ hic primum publicamus. Inscriptio autem hic imperfecta est, partim Græca partimque Latina. Verisimile autem prorsus est præter secundam vocem quæ non potest suppleri; quæque non omnino ad sensum necessaria videtur esse, totam inscriptionem apud Boissardum sic legi debere; qui Boissardus accuratius quam cæteri descripsit.

ΕΤϹΤΑΘΙΩΙ...... QVI
VIXIT ANNIS LI. MENSIBVS OCTO DIEBVS OCTO
ΑΥΡΗΛΙΟϹ ΔΗΜΗΤΡΙΟϹ ΚΑΙ ΦΗΛΙΚΙΤΑϹ
ΓΟΝΕΙϹ ΤΙΩΙ ΓΝΗϹΙΩΙ. hoc est
Eustathio ... qui vixit annis LI. *mensibus octo, diebus octo, Aurelius Demetrius & Felicitas parentes filio legitimo.* Verum non inscriptionem præcipue respicimus in hoc monumento; sed militis apparatus & cultus ad

ment ; c'est la figure du soldat qui fait à notre sujet. Sa cotte d'armes est singuliere, si toutefois on peut l'appeller cotte d'armes ; c'est toujours un habit de guerre. Il porte une chlamyde attachée à l'épaule droite avec une boucle, son bouclier est ovale, orné tout au tour de petits ronds. Sa chaussure est fermée & couvre tout le pied. Elle monte jusqu'au milieu de la jambe. Il tient à la main gauche un rouleau. A l'autre niche on voit un homme revêtu de la toge, & qui tient aussi un rouleau de la main gauche. Celui-ci pourroit être Aurelius Demetrius, & celui qui est vêtu en homme de guerre, Eustathe son fils. Mais ce Demetrius paroit bien jeune pour être pere d'un homme mort âgé de près de cinquante-deux ans. Cependant il semble qu'il faut que ce soit lui ; car si quelqu'un vouloit dire que Demetrius fut celui qui est habillé en homme de guerre, l'inscription qui fait mention d'Eustathe fils, & de Demetrius pere, ne disant rien qui puisse faire distinguer le fils du pere dans les deux images ; on lui répondroit que la même difficulté reviendroit toujours, puisque l'homme de guerre paroit aussi jeune que l'autre.

IV. Je m'apperçois ici tout d'un coup d'une chose qui a beaucoup d'apparence, quoiqu'on n'ait encore rien vû de semblable. Ces deux figures se ressemblent tellement, & pour la taille & pour l'âge & pour les traits du visage, qu'il semble que ce soit le même vêtu en homme de guerre d'un côté, & portant la toge Romaine de l'autre. Eustathe mort âgé de 51. ans huit mois pouvoit avoir fait toutes ses campagnes, & quitté le service depuis peu de tems. On l'aura voulu representer en soldat d'un côté, & avec la toge de l'autre. Ce qui fortifie cette conjecture ; c'est que si l'on avoit mis Eustathe avec son pere, on n'auroit pas manqué d'y mettre aussi Felicité sa mere ; cela se fait ainsi assez ordinairement. La chaussure est la même dans les deux figures, & chacune tient le rouleau de la main gauche. Il ne faut pas oublier de dire qu'Eustathe qui d'un côté est habillé en homme de guerre, & porte la toge de l'autre côté, nous rappelle une Ordonnance de Marc Aurele, que tous les soldats porteroient la toge. Il est à remarquer que ce monument est dans la Pannonie, où Marc Aurele fut long-tems faisant la guerre contre les Germains du voisinage, & où il se signala plus que par tout ailleurs.

sui spectaculum allicit. Lorica ejus singularis, si tamen loricam liceat appellare : est saltem militare vestimentum. Chlamydem gestat humero dextro annexam fibula. Clipeus ejus ovatæ formæ est circulis undique ornatus. Calceamentum undique clausum totum tegit pedem, & usque ad cruris medium ascendit. Manu sinistra volumen tenet. In altera quasi apsidula conspicitur vir togatus, qui & ipse quoque volumen manu læva tenet. Hic posset esse Aurelius Demetrius, & is qui militari veste operitur Eustathius ejus filius. Verum hic Demetrius videretur junior esse, quam ut posset viri quinquaginta duos annos nati pater esse. Attamen ipse sit oporteat, uti quidem statim videtur:nam si quis diceret Demetrium eum esse qui armis instruitur, cum inscriptio quæ Eustathium filium & Demetrium patrem commemorat, nihil dicat, quo filius distingui possit a patre ; ipsi responderi posset, eamdem semper recurrere difficultatem, quandoquidem is qui armis munitur æque juvenis esse videtur, atque is qui togatus est.

IV. In mentem repente subit res quæ multam sane verisimilitudinem præ se fert, etsi ea nullo, cujus quidem meminerim, exemplo fulciatur. Hæc duo schemata ita similia sunt, sive staturam spectes, sive ætatem, sive vultus lineamenta, ut videatur idem ipse esse, qui veste militari in altera imagine sit, togatus autem in altera. Eustathius annorum 51. & octo mensium defunctus, optime potuisset annos vigintiquinque militiam subiisse, & a paucis annis militiam deseruisse. Quamobrem eum hinc militem inde togatum repræsentaverint. Illud autem quod huic conjecturæ favet, hujusmodi est ; si Eustathius cum patre positus fuisset, Felicitas quoque mater ejus exhibita fuisset, id quod sane sæpe videre est. Calceorum genus idipsum est in ambobus schematibus, & utraque viri figura volumen manu sinistra tenet. Neque vero prætermittendum est Eustathium qui hinc armis munitur, inde togam gestat, Marci Aurelii Decretum in mentem revocare,quo jubebat omnes milites togam gestare. Observandum autem est hoc monumentum in Pannonia esse, ubi Marcus Aurelius aliquanto tempore constitit, quando bellum contra Germanos vicinos gerebat, & quo bello majorem sibi gloriam quam usquam alibi peperit.

SOLDAT

ⲈⲨⲤⲦⲀⲐⲒ⸺ⲄⲀⲚⲀⲦⲞⲚⲒ
VIXIT ANN. LI M. VIII. D.
VIII. ⲀⲨⲢⲎⲀⲒⲰⲒ ⲆⲎⲘⲎⲦⲢⲞⲒ
ⲔⲀⲒⲪⲎⲀⲒⲈⲒⲦⲀⲤⲒⲞⲚⲈⲒⲤⲨⲒⲰ
ⲄⲚⲎ ⲤⲒⲰ

Boissard. Ms.

STATUES, BUSTES ET TESTES, &c.

CHAPITRE CINQUIEME.

I. Castor veteran. II. Rouleaux entre les mains des statues Romaines. III. Instrument militaire dont on ignore le nom. IV. Autres soldats.

I. **V**Oici un monument des plus remarquables trouvé à Baies, & dessiné par le même Boissard. C'est le tombeau d'un Veteran nommé Castor, comme nous apprend l'inscription dont voici le sens. *Aux dieux Manes de Corneille Castor veteran. C'est Asamon Turranius soldat de la troisiéme cohorte, qu'on appelle adjutrix, qui a érigé ce monument pour lui comme un gage de son amitié. Il l'a fait aussi pour lui-même, pour sa femme Laberia Phædima, pour Phædimus Lemnus son fils, pour tous les affranchis & affranchies, & pour leurs descendans.* Cornelius Castor veteran est ici representé d'un côté, & Asamon Turranius de l'autre. Le buste de ce dernier se voit une autre fois plus bas vis à vis de Laberia Phædima sa femme. Ce buste d'Asamon nous donne moien de distinguer sa figure entiere de celle du Veteran qui est à son côté. Corneille Castor est donc celui qui n'a point de barbe. On sçait qu'on appelloit anciennement Veterans ceux qui avoient servi vingt-cinq ans, & que ces années de service furent depuis réduites à vingt. Aprés cela on ne pouvoit plus les obliger d'aller à la guerre, & ceux qui y alloient étoient volontaires. Castor porte une grande chlamyde frangée par le bas ; & arrêtée à l'épaule droite avec une boucle ronde. Il tient une pique qui n'est pas plus haute que lui, & le fer contre terre.

II. Il tient de la main gauche un rouleau, ce qui est si ordinaire dans ces monumens, que cela même peut former une difficulté sur l'usage de ces rouleaux. On les prend assez souvent pour une marque de magistrature : mais si c'en est une en effet ; pourquoi le trouve-t-on ainsi par tout, entre les mains de toutes sortes de gens, & quelquefois des femmes mêmes. Un habile homme a cru que ce rouleau pouvoit être comme une espece d'agenda de ce qu'on avoit à faire dans la journée que chacun portoit pour aider sa memoire. Peut-être aussi que le rouleau avoit été au commencement une marque de dignité, & que dans la suite tout le monde voulut s'en faire honneur ; comme chacun se fit

---

CAPUT QUINTUM.

I. Castor Veteranus. II. Volumina præ manibus statuarum Romanarum. III. Militare instrumentum cujus nomen ignoratur. IV. Alii milites.

I. **E**N monumentum spectaculo dignum Baiis a Boissardo repertum atque delineatum. Sepulcrum est Veterani cujusdam nomine Castoris, ut docemur ex inscriptione quam ita legimus. *Diis Manibus Cornelii Castoris Veterani. Amicitiæ pignus posuit Asamon Turrianus miles cohortis tertiæ adjutricis, & sibi & Laberiæ Phædimæ uxori, & Phædimo Lemno filio, & libertis libertabusque posterisque eorum.* Cornelius Castor veteranus hic in alio latere repræsentatur ; in alio Asamon Turrianus. Hujus Turriani etiam protome hîc ponitur e regione protomes Laberiæ Phædimæ uxoris ipsius. Hæc porro protome Turriani facultatem nobis exhibet distinguendi ipsum a veterano qui in alio marmoris latere stat. Cornelius Castor imberbis est, alius autem barbatus. Ignorat nemo veteranos illos olim fuisse, qui per viginti quinque annos militavissent ; & posteaque hos militiæ annos ad viginti fuisse redactos. Posteaque nullum ad militiam veteranum obstringi potuisse, si qui vero nihilominus pergerent ; ii voluntarii erant. Castor magnam chlamydem gestat in ima ora fimbriatam ; & in humero dextro fibula rotunda annexam.

II. Manu sinistra volumen gestat : id quod in hujusmodi monimentis ita passim occurrit, ut hinc difficultas oriatur circa voluminum usum. Volumina ut plurimum pro magistratus symbolo & nota habentur. Sed si vere, magistratus nota sit, cur sic passim ea occurrit præ manibus omnium fere cujusvis conditionis virorum, & aliquando etiam mulierum ? Vir quidam eruditissimus, putavit volumen hujuscemodi posse schedulam esse, in qua ea quæ per diem agenda essent consignarentur, quam quisque manibus gestabat, ut memoriam agendarum juvaret. Forte etiam dicatur initio volumen dignitatis notam fuisse, in sequenti vero tempore omnes hanc honoris notam præ se ferre voluisse ; ut etiam omnes demum togam assum-

B iij

auſſi honneur de porter la toge & des bagues d'or aux doigts, ce qui originairement n'étoit que pour les gens d'une certaine qualité. Sa chauſſure comme celle de ſon voiſin, couvre tout le pied, & monte juſqu'au deſſus du gras de la jambe où il a certains ornemens, comme des franges qui ſe remarqueront à l'œil.

III. Aſamon au côté de Caſtor eſt vêtu comme lui, à cela près que ſes habits ne ſont pas frangez. Il tient de la main droite un inſtrument de guerre dont j'ai peine à comprendre l'uſage. J'en ai déja donné quatre aux planches IX. X. & XI. du quatrième tome. J'ai dit par conjecture que cela pouvoit être un de ces longs bois au haut deſquels l'on mettoit les ſignes militaires. Mais cela ne me ſatisfait pas ; ſi ces longs bois étoient deſtinez à cela, ces ſoldats qui les tiennent dans les monumens étoient *vexilliferi* ou *ſigniferi* ; d'où vient donc que dans tant de monumens aucun d'eux n'eſt qualifié, ni *vexillifer*, ni *ſignifer* ? Il eſt difficile de comprendre cela. Quelque nouveau monument nous inſtruira peut-être là-deſſus, Aſamon tient un bouclier ovale appuié contre terre. Son épée pend au devant : au lieu de pommeau elle a un croiſſant, la poignée eſt un ovale ſolide : la lame meſurée ſur ſa taille a plus d'un pied & demi de long. Les buſtes d'Aſamon & de Phædima ſa femme ſe voient aux deux côtez de l'inſcription, & ſont un regard enſemble.

IV. Le monument ſuivant dont l'inſcription, quoiqu'elle paroiſſe entiere, eſt preſque inintelligible, il montre auſſi un ſoldat dont le caſque eſt de forme non ordinaire : il a ſur le devant une large bande. Son bouclier ovale eſt des plus grands, en ſorte qu'appuié contre terre, il lui monte preſque juſqu'aux aiſſelles. Sa tunique eſt pliſſée comme celle de la planche ci-devant.

PL. IX. Statius Tuelius Saturninus dont l'inſcription eſt gâtée en quelques endroits, porte un caſque de forme ſi extraordinaire, que je ne ſçai ſi l'on en a encore vû de ſemblable. Il eſt fait comme un bonnet Phrygien renverſé des plus pointus, en ſorte que la pointe qui revient ſur le devant dans le bonnet Phrygien, va ſur le derriere dans celui-ci. Il tient une pique & un bouclier ovale comme les autres.

Voici un caſque Romain avec la tête de celui qui le portoit deſſiné à Rome avec toute l'exactitude poſſible par le fameux M. le Brun. Il a ſans doute choiſi le plus beau & celui qui l'a le plus frappé. On remarque ſur le viſage & dans

fere, & annulos aureos in digitis geſtavere, id quod tamen initio ad certæ conditionis genericſque homines pertinebat. Calceamentum ejus ut & vicini ipſius totum tegit pedem, & totam fere tibiam operit, aliaque ornamenta præ ſe fert quæ quiſque diſpicere poteſt.

III. Aſamon ad Caſtoris latus eodem veſtimenti genere obtegitur, hoc ſolum excepto, quod nec chlamys nec tunica ipſius fimbriata ſit. Manu dextera inſtruntum militare tenet, cujus uſum nondum percipere potui, jam quatuor hujuſcemodi dedi in tabulis IX, X, & XI. quarti Antiquitatis explanatæ tomi: atque ex conjectura tantum dixi, cujuſdam generis haſtam eſſe poſſe in cujus ſummitate ſigna militaria conſtituerentur. Verum hæc conjectura non omnem prorſus tollit difficultatem. Nam ſi hujuſmodi haſtarum talis eſſet uſus, milites illi qui iſtius formæ haſtas in monimentis tenent ſigniferi aut vexilliferi fuerint. Quid igitur cauſæ eſt cur in tot monimentis nullus eorum aut vexillifer aut ſignifer dicatur. Id certe vix capere poſſum, emerget fortaſſe monumentum quodpiam unde rei cauſam expiſcari poſſimus. Aſamon ovatæ formæ clipeum tenet terra nixum. Gladius ejus ante dependet qui pro capulo creſcentem lunam exhibet, capulus ovatæ formæ ſolidusque eſt: lamina gladii, ſi menſura ducatur a ſtatura Aſamonis, pluſquam unum ac dimidium habet pedem longitudinis. Protomæ Aſamonis & Phædimæ uxoris ipſius in lateribus inſcriptionis hinc & inde cernuntur, ſeſeque mutuo reſpiciunt.

IV. Monumentum ſequens cujus inſcriptio, etſi integra videatur, vix intelligi poteſt, militem quoque exhibet, cujus galea a ſolita galearum forma multum recedit, in ejus galeæ anteriore parte ceu lata faſcia obſervatur. Ejus clipeus ovatæ formæ ita amplus eſt, ut terra nixus ad axillas pene illius pertingat, Tunica ejus plicata eſt ut in tabula ſupra obſervatur.

Statius Tuelius Saturninus cujus inſcriptio aliquot in locis labefactata eſt, caſſidem geſtat ita inſolitæ formæ, ut neſciam an ipſi ſimilis uſpiam viſa fuerit, tiaræ Phrygiæ retro verſæ affinis eſt, & in acumen deſinit, ita tamen ut acuta illa pars quæ in tiara Phrygia verſus anteriorem partem reflectitur, hic ad poſteriora reſpiciat. Haſtam ille tenet ut is qui præcedit, & ovatum clipeum, quæ forma vulgaris eſt.

En galeam Romanam capiti bellatoris immiſſam, quam accuratione multa delineavit Romæ Brunius ille noſtras. Is certe illud cum caſſide caput delegit

VETERAN

Boissard M.f.

SOLDAT, AMAZONE

1

D   M
VIVIO MARCI
ANO   LEG. H
AVG. IANVARIA
MARINA CONIVNX
PIENTISSIMA POSVI
T ME   MORIAM

Marmora *2* Oxoniensia

M. Ficoroni

STATUES, BUSTES ET TESTES, &c. 15

les yeux de cet homme cette fierté d'un guerrier, qui dans la chaleur du combat, songe plus à porter des coups qu'à parer ceux qu'on lui porte. Le devant du casque a quelques ornemens qui se remarquent à l'œil. Cette partie qui passe sur la joue & sous le menton pour arrêter le casque sur la tête, represente une foudre : le dessus du casque est orné de lauriers. L'aigrette qu'on appelloit *juba* ou *crista*, est un quarré d'où sortent plusieurs grandes plumes. Au devant de l'aigrette on voit une grande rose. Ce casque couvre le cou par derriere jusqu'aux épaules.

delineandum, quod majorem artificis peritiam commonstraret. In ejus vultu & in oculis galeati viri nescio quid Martialis furoris exprimitur. Hic cernas eum qui intentiori studio cogitat quo pacto hostem confodiat, quam quo a telis ejus declinet. In anteriore galeæ parte quædam ornamenta conspiciuntur. Illa vero pars cassidis quæ partem genæ tegit & sub mento reducitur, ut galeam capiti hærentem asserat, fulmen exhibet, superior pars cassidis lauro exornatur. Crista illa quæ etiam juba vocabatur, quadratam habet figuram atque pennas grandes emittit. Ante jubam magna rosa visitur. Hæc cassis a tergo collum tegit ad usque humeros.

CHAPITRE SIXIEME.

I. Vivius Marcianus soldat. II. Epée extrémement longue. III. Amazone avec une Inscription.

I. LA figure que nous donnons ensuite est dans les marbres d'Oxford PL. X. part. 2. p. 280. elle se trouve expliquée dans la page suivante : mais je crains que l'Auteur n'ait pris le change en lisant l'inscription ; voici comme il lit : *Dis Manibus Vivio Marciano Legato Hadriani Augusti Januaria Marina conjunx pientissima posuit memoriam.* Il croit donc que LEG. H. AUG. veut dire *Legatus Hadriani Augusti.* Il ne prend pas garde que dans les inscriptions de Gruter, quand LEG. se trouve pour *Legatus*, il est toujours joint avec *legionis* ou quelque autre mot, & que c'est ordinairement quelque personne de distinction de qui l'on marque les autres qualitez. Il seroit encore plus surprenant de trouver H pour *Hadrianus.* On trouve bien une lettre seule pour les prénoms, mais on n'en trouve guere (si l'on en trouve même) pour les noms des Empereurs dans les inscriptions, on trouve T. ANTONINUS ou ANTON. pour Antonin le Pieux. M. AVR. pour Marc Aurele ; mais on ne trouve pas A. seul pour Antoninus, on ne trouve pas T pour Trajanus, ni H pour *Hadrianus.* Je croirois donc en faisant une legere correction H. pour II. qu'il faudroit lire LEG. II. AVG. *Legionis secundæ Augustæ,* comme on lit dans Gruter p. DXXXVIII. n. 11. *M. Cornelius Ti. F.*

CAPUT SEXTUM.

I. Vivius Marcianus miles. II. Gladius non vulgaris longitudinis. III. Amazon cum inscriptione.

I. Schema sequens ex marmoribus Oxoniensibus eductum est part. 1. p. 280. & pagina sequenti explicatur. Sed vereor ne is qui explicavit in lectione erraverit, ita nempe inscriptionem legit. *Dis Manibus, Vivio Marciano Legato Hadriani Augusti Januaria Marina pientissima posuit memoriam.* Putavit igitur illud L E G. H. A V G, ita legi debere *Legatus Hadriani Augusti.* Neque animadvertit in Gruteri inscriptionibus, ubi LEG. pro *Legatus* ponitur semper huic voci adjungi, aut *legionis*, aut aliud quidpiam annotans cui rei gerendæ legatus fuerit, & legatos hujusmodi viros esse primarios, quorum etiam alia munera ut plurimum annotantur. Res adhuc insolentior esset literam H solum pro Hadriano significando poni. Nam litera quidem sola prænomen ut plurimum significat, sed raro occurrunt literæ (si tamen unquam occurrant) pro nominibus ipsis Imperatorum in inscriptionibus, nempe verbi causa T. ANTONINUS vel ANTONIN pro Antonio Pio reperias. Et M. AVR. ANTONIN. pro Marco Aurelio. Sed A pro Antonino , T pro Trajano , H pro Hadriano non reperitur. Putarim igitur levi facta emendatione II non H legendum esse, & illud LEG. II. AVG. sic esse exprimendum, *Legionis secundæ Augustæ,* ut apud Gruterum legitur DXXXVIII. n. 11. M. CORNELIVS. TI. F. SATVR-

Saturninus Leg. II. Aug. & p. DLXIII. n. 7. *Tertinius Severianus Leg. II. Aug.* où il faut lire *Legionis secundæ Augustæ*. Suivant cela il faudroit lire ainsi l'inscription. *Dis Manibus Vivio Marciano Legionis secundæ Augustæ Januaria Marina conjunx pientissima posuit memoriam.* Aux dieux Manes, à Vivius Marcianus de la Legion seconde Auguste, Januaria Marina sa pieuse femme a posé ce monument en sa memoire. Cela étant ainsi établi, tout ce que l'Auteur dit là-même touchant les Legats des Augustes, ne fait rien au marbre en question. La figure de ce soldat nommé Vivius Marcianus est extraordinaire. Il a d'assez longs cheveux qui lui flottent sur les épaules. Une chlamyde qu'il rejette presque toute sur le bras gauche, une tunique large & courte qui ne va pas jusqu'au genou, serrée par une ceinture qui à une boucle semblable à celles d'aujourd'hui. Il a les pieds & les jambes nûes jusqu'au dessus du genou, & tient de la main gauche un instrument quarré long, dont il est difficile de connoître l'usage.

II. Ce qu'il y a de plus remarquable, c'est son épée dont la garde & la poignée sont torses comme une colonne torse, & le pommeau rond, la lame est la plus longue qu'on ait encore vûe dans les anciens monumens, mesurée sur la taille du soldat, il faut qu'elle ait plus de trois pieds. Ce monument fut trouvé à Londres l'année du grand incendie, qui desola cette grande Ville. Ce fut en 1666. Il est à croire que ces Legions prenoient pour se recruter des soldats du payis où ils se trouvoient, armez & vêtus à leur maniere. Ce monument peut servir de preuve pour cela. Nous n'avons jamais vû de soldat Romain vêtu de la sorte, ni portant une épée de cette longueur ou de cette forme. On en peut encore tirer d'autres des monumens que nous venons de donner.

III. Je tirai à Rome d'une pierre gravée l'Amazone suivante. On en trouve de semblables. Mais ce que celle-ci a de particulier, c'est l'inscription ἆθλος c'est-à-dire ἆθλος, combat, parce que les Amazones étoient presque toujours à la guerre, & que c'étoit leur principale occupation. Celle-ci a sur l'épaule la hache double, arme particuliere des Amazones. Elle a aussi une trousse. Elles se servoient d'arc & de fléches dans les combats.

NINVS LEG. II. AVG. & p. DLXXIII. n. 7. TERTINIVS SEVERIANVS LEG. II. AVG. ubi legendum, *Legionis secundæ Augustæ*. Ita etiam hic legendum omnino esse videtur : *Dis Manibus Vivio Marciano legionis secundæ Augustæ Januaria Marina conjunx pientissima posuit memoriam*. His ita positis, quidquid ille scriptor ibidem affert circa Legatos Augustorum, nihil ad marmor istuc explicandum juvat. Cultus Vivii Marciani militis omnino insolitus est. Oblongam ille comam habet, quæ ad humeros usque pertingit. Chlamydem gestat quam fere totam in brachium sinistrum rejicit : Tunicam latam & brevem quæ ne ad genua quidem usque pertingit, cingulo obstrictam & fibula hodiernis simili, pedes tibiasque nudas habet, manuque sinistra instrumentum quodpiam tenet quadratum & oblongum, cujus usum vix agnoscere possis.

II. Observatu admodum dignus gladius ejus cujus capulus columnam pene tortilem refert, supremusque globulus hodiernis similis, lamina longior quam uspiam in monumentis hactenus viderimus, si mensura ducatur ex statura militis, ea plusquam tres regios pedes habebit. Hoc autem monumentum Londini repertum fuit anno majoris incendii, quo magna pars tantæ urbis incendio conflagravit, anno videlicet 1666. Istæ legiones, ut credere est, deficiente militum numero, ex regione ipsa novos delectus faciebant, isti vero recens admissi milites regionis armis muniebantur, ad quam rem probandam hoc monumentum afferri potest : nusquam enim Romanum vidimus militem hujusmodi vestimento opertum, hujusmodique gladio utentem. Ex aliis quoque monumentis supra dedimus ad idipsum commonstrandum notæ indiciaque suppeditantur.

III. Amazonem sequentem Romæ ex gemma erui. Non paucæ hujuscemodi Amazones occurrunt ; sed cum inscriptione nullam hactenus videram. Hujus porro inscriptio est ΑΘΛ, ἆθλος pugna, quoniam Amazones semper pugnis certaminibusque gaudebant, & huic præcipue exercitio incumbebant : quamquam ἆθλος pro ludicra item accipitur. Hæc humero gestat sagaridem sive bipennem, quod armorum genus Amazonibus familiare erat. Pharetram item gestat, nam Amazones arcu & sagittis in præliis utebantur.

CAVALIERS, ETRIERS, EPERONS, COMBATS. 17

LIVRE SECOND.
Cavaliers, Etriers, Eperons, Combats.

CHAPITRE PREMIER.

I. Les deux chevaux de Montecaballo. II. Preuve que les inscriptions de Phidias & de Praxitele y étoient anciennement. III. Quand est-ce que le bon goût a commencé de regner à Rome. IV. Ces ouvrages sont de Phidias & de Praxitele. V. Excellence du travail. VI. Ces statues ne peuvent representer Alexandre le Grand.

I. **L**ES deux chevaux avec les cavaliers a pié qui les menent sont Pl. XI. si semblables, que le cavalier Maffei a jugé à propos de ne donner qu'un des chevaux avec son cavalier ; outre cette raison de la ressemblance, il y en a encore une ; c'est que l'autre est si gâté & si mutilé qu'on ne peut plus le donner entier qu'en suppleant par celui-ci ce qui y manque. Les inscriptions font foi que l'un des chevaux & son cavalier sont l'ouvrage de Phidias, & l'autre l'ouvrage de Praxitele. *Opus Phidiæ, opus Praxitelis.* Car quoique ces inscriptions aient été restaurées sur la fin du seizieme siecle ; il est certain que les mêmes inscriptions y étoient au tréizieme siecle, & qu'en ce tems làelles passoient pour fort anciennes.

II. La preuve en est certaine. L'Anonyme du treiziéme siecle que nous avons donné dans notre journal d'Italie p. 289. le dit clairement, & malgré plusieurs contes ridicules qu'il mêle partout, on ne laisse pas d'y apprendre bien des choses très-remarquables. *Pourquoi,* dit-il, *a-t-on fait ces chevaux de marbre tous nuds, avec des hommes aussi tous nuds ? qu'ont-ils trouvé ces hommes nuds ? & pourquoi*

LIBER SECUNDUS.
Equites, Stapedes, Calcaria, Pugnæ.

CAPUT PRIMUM.

I. Duo equi in Montecaballo. II. Probatur inscriptiones Phidiæ & Praxitelis priscis, ibidem temporibus fuisse. III. Quandonam Romæ de elegantia veterum opificiorum recte cogitari cœptum est. IV. Hæc opera Phidiæ atque Praxitelis sunt. V. Quam exquisiti sint artificii. VI. Hæ statuæ non possunt Alexandrum Magnum repræsentare.

I. **D**Uo illi equi ac duo viri equos ducentes, ita sunt invicem similes, ut eques Maffeius e re fore existimaverit unum tantum equum cum ductore suo proferre. Præter hanc ex similitudine petitam causam, altera offertur ; nimirum quod alter equus ita labefactatus truncatusque sit, ut non possit jam totus dari nisi ex altero supplendo illud quod deficit. Inscriptiones autem fidem faciunt alterum ex equis cum equite, opus esse Phidiæ ; alterum vero opus Praxitelis : nam legitur. *Opus Phidiæ, opus Praxitelis.* Etsi enim hæ inscriptiones circa finem decimi sexti sæculi restauratæ fuerint ; certum tamen est easdem inscriptiones ibidem exstitisse decimo tertio sæculo, & illo ævo ipsas ut antiquissimas habitas fuisse.

II. Illud vero clare probatur ex Anonymo XIII. sæculi,quem dedimus in Diario Italico nostro p. 289. ubi id aperte narratur.Etsi autem multa hic nugacissimus scriptor admisceat, multa tamen notatu digna in eo expiscari possumus : *Caballi marmorei ad quid facti fuerunt nudi & homines nudi,& quid invenerint,& quid sit quod ante caballos quædam femina serpentibus circumdata sedet habens concham ante se. Temporibus Imperato-*

Tome IV. C

voit-on devant ces chevaux une femme entourée de serpens, & devant elle un grand vase rond? Du tems de l'Empereur Tibere, deux jeunes Philosophes Praxitele & Phidias vinrent à Rome. L'Empereur qui les connoissoit leur demanda, pourquoi allez vous ainsi nuds? &c. Il est évident que cet auteur qui débite tant de fables n'a connu les noms de Praxitele & de Phidias, que par les inscriptions qui y étoient de son tems les mêmes qu'aujourdui. On connoissoit si peu Phidias & Praxitele en ces tems-là, que l'auteur pouvoit débiter impunement toutes les impertinences qu'il en dit. L'inscription, *opus Phidiæ* & *opus Praxitelis*, y étoit alors certainement. Il est encore évident, que tant les chevaux & les cavaliers, que l'inscription y avoient été mis dans ces premiers siecles de l'Empire, où le bon goût regnoit à Rome : ce bon goût dura jusqu'au troisième siecle de Jesus-Christ, & degenera depuis en la plus grande barbarie qu'on puisse imaginer.

III. Ce goût des beaux ouvrages des plus fameux sculpteurs Grecs regnoit déja à Rome du tems de Ciceron, comme on peut voir dans sa quatrième Verrine, où il nous apprend que Verrés emporta de Sicile à Rome beaucoup de statues & de monumens des meilleurs sculpteurs Grecs. De ces statues quelques-unes portoient les noms des sculpteurs Grecs mis par les sculpteurs même, telle étoit une statue faite par Miron dont parle là-même Ciceron : tel aussi l'Hercule du palais Farnese, telle la Venus de Medicis. Telle aussi la Julia Titi du trésor de S. Denys faite par Evodus sculpteur Grec, comme il le marque lui-même Εὔοδος ἐποίει.

IV. Outre ces statues & ces ouvrages où les ouvriers mettoient leurs noms, il y en avoit d'autres où ils n'écrivoient rien : mais les villes pour lesquelles ils les faisoient, ne manquoient pas de conserver soigneusement le nom & la memoire des auteurs qui avoient fait ces statues, comme on peut voir dans tout de Pausanias, qui marque le nom des auteurs toutes les plus excellentes statues de la Grece. Ces villes ne se contentoient pas de savoir les noms des sculpteurs, elles savoient aussi plusieurs particularitez touchant la maniere & l'occasion ou tel & tel sculpteur avoit fait telle ou telle statue.

Quand les Romains enlevoient ces statues des payis conquis, de peur qu'on n'oubliât dans la suite des tems les noms des auteurs, ils mettoient ces sortes d'inscriptions, à l'Hercule de Lysippe, *opus Lysippi*, comme on peut voir dans

---

ris Tiberii venerunt Romam duo Philosophi juvenes, Praxiteles scilicet & Phidias, quos Imperator cognoscens, dixit eis : Cur nudi inceditis? &c. Evidentissimum est hunc scriptorem qui tam ineptas fabulas profert, nomina Praxitelis & Phidiæ nonnisi ex inscriptionibus, quæ tunc temporis ut & hodie aderant, agnovisse. Certissimum etiam est & equos & ductores & inscriptionem, primis Imperii sæculis positos fuisse cum Romæ hæc opificia secundum meritum elegantiamque suam existimarentur, qui gustus atque peritia rerum hujusmodi ad usque tertium Christi sæculum duravit, atque hinc in maximam quæ concipi possit barbariem degeneravit.

III. Peritiorum autem sculptorum Græcorum existimatio Romæ jam admodum vigebat Ciceronis tempore, ut quarta Ciceronis contra Verrem videre est. Ibi porro narratur Verrem ex Sicilia Romam, plurimas peritissimorum Græciæ sculptorum statuas exportavisse. Ex hisce porro statuis quædam sculptorum nomina ab ipsis sculptoribus exarata gestabant, qualis erat statua quædam, de qua ibidem Cicero, a Myrone facta, & ab ipso Myrone nomen sculptoris inscriptum habens ; talis Hercules Farnesius, itemque Venus Medicea ; talis etiam Julia Titi in thesauro Sandionysiano ab Evodo sculptore facta, ut ipsemet insculpsit ΕΥΟΔΟΣ ΕΠΟΙΕΙ *Evodus faciebat.*

IV. Præter hasce statuas & hæc opificia in queis artifices illi nomina sua insculpebant : alia quoque erant ubi nihil annotabant. Verùm urbes pro quibus hæc adornabant, nomina memoriamque eorum sculptorum qui hæc fecissent diligenter conservare non desistebant, ut in Pausania per totum fere illius opus animadvertas ; is enim sculptorum nomina, cum de pulcherrimis statuis agitur, afferre non negligit. Nec modo nomina sculptorum sciebant urbes ; verum etiam plurima alia circa modum occasionemque qua hic & ille sculptor, talem vel talem statuam elaboravisset.

Quando autem Romani ex subactis urbibus has statuas Romam exportabant, ne succedentibus temporibus artificum nomina ex memoria hominum obliterarentur, hujusmodi inscriptiones apponebant,

CAVALIERS, ETRIERS, EPERONS, COMBATS.

notre journal d'Italie p. 180. & à ces deux statues ou ces deux grouppes dont nous parlons présentement, *opus Phidiæ*, *opus Praxitelis*. C'étoient les plus excellens sculpteurs de la Grece. Les Romains n'avoient pas toujours la précaution d'écrire ainsi les noms dès qu'ils acqueroient ces statues : de-là vient qu'on ignore le nom des sculpteurs de plusieurs excellens ouvrages. Je ne doute donc point que ceux qui portent le nom de leur auteur écrit dans les anciens tems, ne soient de ceux que l'inscription porte, & que ces deux grouppes ne soient de Phidias & de Praxitele, qui excelloient entre les plus renommez sculpteurs de Grece.

V. Il faut avouer que ces ouvrages sont dignes de ces grands noms. Tout y est grand, tout y est remarquable. La vivacité & l'action du cheval est incomparable : l'attitude du cavalier qui le retient pour le monter est admirable. Quelques-uns ont dit que la tête du cheval paroit petite à proportion du corps; mais il faut considerer que ces chevaux de l'Orient, du moins quelques-uns s'éloignoient en quelque chose de la forme des chevaux de nos parties Occidentales. D'ailleurs Phidias & Praxitele n'étoient pas gens à manquer dans les proportions d'un cheval. Phidias a fleuri devant Praxitele : il aura sans doute fait son grouppe devant lui; & par une espece d'émulation Praxitele venu depuis en aura fait un semblable. Et selon toutes les apparences les deux étoient en un même lieu afin qu'on en pût plus facilement faire la comparaison.

VI. Ceux qui ont prétendu que c'étoit Alexandre qui domtoit Bucephale, ont parlé sans aucun fondement. L'inscription détruit leur opinion, Phidias & Praxitele fleurissoient avant qu'Alexandre fut né. Bien des gens dès qu'ils voient dans les monumens antiques, quelque cheval remarquable avec son cavalier, disent d'abord que c'est Bucephale, & dès qu'ils ont une fois reconnu selon leur idée le cheval Bucephale, il s'ensuit que celui qui le monte, ou qui est auprés, est Alexandre.

Ces grouppes étoient tout auprès du lieu où ils se voient presentement, devant les thermes de Constantin. Quelques-uns disent que cet Empereur les fit transporter là d'Alexandrie, d'autres les ont fait venir d'ailleurs, mais tous sans aucune preuve. Je crois qu'on peut compter pour sûr, que ce sont des ouvrages faits par Phidias & Praxitele dans quelque ville de Grece. Ceux qui veulent qu'ils soient venus d'Alexandrie, prétendent qu'ils representent Alexandre

---

ut Herculi Lysippi, OPVS LYSIPPI, ut videas in Diario Italico nostro pag. 180. & in hisce duabus præterea statuis, OPVS PHIDIÆ, OPVS PRAXITELIS, qui inter eximios Græciæ sculptores primas ferebant. Non semper tamen Romani hac cautione utebantur, hinc autem fit, ut egregia multa opera cujus sint sculptoris ignoretur. Sed ea opificia quæ ex præcipuis illis sculptoribus emanaverant puto, ipsorum nominibus accuratius insculpta fuisse, quemadmodum hic Phidiam atque Praxitelem insculptum videmus.

V. Certe fatendum hæc de quibus agimus opificia tanti esse digna sculptoribus. Hic nihil non magnum, hic nihil non notatu dignum. Illa equi pectus arrigentis actio incomparabilis est : ductoris ad illum cohibendum & postea conscendendum modus & conatus est admirabilis. Non desunt qui dixerint caput equi exiguum esse, nec habere suam cum corpore proportionem. Verum observandum est equos hujusmodi, Orientalesque maxime, saltem aliquos, a nostris Occidentalibus in forma differre. Aliunde vero Phidias & Praxiteles, non hujusmodi opifices erant, qui in equi proportionibus ambo laberentur. Phidias ante Praxitelem floruit, & opus suum istud ante Praxitelem elaboraverit : & quasi æmulus gloriæ tanti sculptoris Praxiteles postea opus simile ediderit, atque ut omnino verisimile est, hæc duo opificia eodem in loco erant, ut facilius inter se comparari possent.

VI. Qui in ambobus opificiis Alexandrum magnum Bucephalum domaret, repræsentari voluerunt, nullo nixi fundamento sunt locuti. Hanc opinionem ipsa inscriptio prorsus confutat. Phidias enim & Praxiteles antequam natus Alexander esset florebant. Non desunt qui statim atque in equum quempiam spectabilem incidunt, cum ductore vel equite, repræsentatum, Bucephalum esse dicant, ubi vero semel Bucephalum agnoverunt, hinc sequitur ductorem vel ascensorem esse Alexandrum Macedonem.

Hæc monumenta olim e vicino erant prope Constantini thermas. Sunt qui dicant ipsum Constantinum magnum e transvehi curasse Alexandria Romam. Alii aliunde exportata dicunt, verum sine ullo vel scriptoris vel monumenti cujus testimonio. Pro certo atque explorato haberi debet hæc monumenta a Phidia & Praxitele facta, in Græca quadam urbe olim fuisse. Alexandria vero Romam deportata fuisse commenti sunt, haud dubie ii qui iis Alexandrum mag-

Tome IV.   C ij

le grand. Mais aucun ancien ne l'a jamais dit, & les inscriptions prouvent que cela ne peut être.

Ce que l'Anonyme dit ci-dessus de la femme entourée de serpens qui étoit assise devant un grand vase rond, *ante concham*. Cela, dis-je, doit être vrai; car quoiquil debite baucoupde fables & de contes ridicules, il n'auroit osé supposer ce qu'il dit de cette femme, qui étoit exposée à la vue de tout le monde. Mais ce n'étoit que par accident que cette femme & ce vase se trouvoit là, & l'on ne sait ce que tout cela est devenu.

num repræsentari putarunt. Certe Alexandriæ fuisse nemo scriptorum tradidit.

Quod autem ait Anonymus supra, de muliere serpentibus circumdata ac sedente, & concham ante se habente. Illud, inquam, verum & indubitatum esse videtur: nam etsi ille futilia multa comminisceretur; iis tamen quæ omnium oculis patebant contraria venditare non ausus esset. Verum casu accidit ut illa mulier tunc temporis ante equos & ductores sederet: nihil enim illa cum ipsis affinitatis habebat, quorsum autem illa abierit ignoratur.

CHAPITRE SECOND.

I. Cavalier extraordinairement armé, tiré d'un vase Hetrusque. II. Description de cette armure. III. Si cet équipage étoit pour la guerre ou pour les jeux seulement. IV. Histoire de Dioxippe.

Pl. I. après la XI.

I. LE cavalier représenté sur un vase Hetrusque de Monseigneur le Cardinal Gualtieri, est si singulierement armé, que j'ai cru le devoir redonner ici, quoiqu'il ait déja paru sur un vase de la planche XXX. du troisieme tome de ce Supplément, mais dans une ombre, & si imparfaitement, qu'on n'y voit presque rien, & comme c'est peut être la plus curieuse armure qu'on ait encore vue, j'ai cru que je ne pouvois me dispenser de la mettre ici de toute sa grandeur. Ce cavalier est monté sur un cheval nud, qui n'a qu'une bride. Il semble pourtant que le cheval a quelque chose sur le cou, qui lui passe entre les deux oreilles; mais il n'est pas possible de bien distinguer ce que c'est.

II. Le Cavalier est aussi extraordinairement équippé que le sont les cavaliers Sarmates dans la colonne Trajane. Son habit militaire est fort serré & juste au corps, il couvre tout jusqu'au de-là du poignet, & jusqu'au dessous de la cheville des pieds, en sorte que les pieds restent nuds, ce qui paroit fort extraordinaire; car il me semble que chez les cavaliers tant antiques que modernes, les pieds étoient une des parties du corps humain qu'on avoit le plus de soin de couvrir, si l'on

CAPUT SECUNDUM.

I. Eques insolenti armoru: genere instructus & ex Hetrusco vasi eductus. II. Armatura illius descriptio. III. An armatura hujusmodi in bello, an in ludis tantum uteventur. IV. Dioxippi historia.

I. EQues ille qui in vase Hetrusco ex Museo Emin. Cardinalis Gualterii spectatur, tam insolenti armatura munitur, ut existimaverim hic ipsum denuo proferendum oportere; etsi enim jam in tomo hujus Supplementi tertio supra tab. XXX. comparuerit, ibi in umbra quadam positus & admodum exiguus vix dispici potest, vix quidpiam in ejus armatura potest distingui; quæ cum sit omnium singularissima, hic eadem, qua in archetypo est, magnitudine datur. Equus cui ille insidet nudus est, freno tantum instructus. Videtur aliquid in collo eminere quod inter ambas aures definit; sed quid illud sit internosci nequit.

II. Eques ille tantam in armatura præ se fert singularitatem quantam Sarmatæ equites in columna Trajana. Ejus militaris vestis ita stricte corpus ambit undique, ut formam corporis vestis non lædat; omniaque operit usque ad manum & usque ad malleolos pedum; ita ut pedes nudi prorsus maneant. Nam, ut videtur, equites tum veteres tum infimi ævi inter partes corporis quas tegi oportebat, pedes habebant, exceptis tamen Mauris, qui pro veste tunicam tantum eamque brevem habebant, quæ ad medium usque femur tantum defluebat, cæteris omnibus corporis partibus nudis remanentibus;

CAVALIER ET CHEVAL DE MONTECABALLO À ROME

CAVALIERS, ETRIERS, EPERONS, COMBATS.

en excepte les Maures qui n'avoient pour tout habit qu'une petite tunique qui leur descendoit jusqu'à mi-cuisse, & tout le reste étoit entierement nud, & les Numides qui alloient tous nuds sur un cheval nud, & n'avoient qu'un petit manteau, qu'ils rejettoient en arriere, & le laissoient aller au gré du vent quand il faisoit chaud, & qu'ils ramenoient sur le devant quand il faisoit froid. Notre cavalier Hetrusque a donc les pieds nuds. Mais il a la tête bien couverte d'un bonnet retroussé tout au tour, d'où pendent de grandes bandes d'étoffe. Il porte un collier de pierres rondes. L'habit qui le serre de tous côtez est bigarré de zig-zags & de gros points jusqu'à la ceinture, qui est assez large & qui le serre au milieu du corps, la même bigarrure continue jusqu'à la cheville : les bras sont revêtus & ornez de même jusqu'au poignet.

Il porte un coup de pique à son adversaire qui est un homme à pied tout nud, n'ayant que la tête couverte d'un casque, & tenant du bras gauche un un grand bouclier ovale, & de la droite une pique dont il porte un grand coup au cavalier sans être effraié de ce grand appareil. Le cavalier outre la pique a une épée au côté, attachée ce semble à sa large ceinture, la poignée de l'épée se termine en une tête d'oiseau. Derriere le pieton est un homme bien vêtu, & bien chaussé, à qui le chapeau fait presque comme ceux d'aujourdhui, tombe de la tête. C'est comme l'écuier du cavalier, auquel il presente une pique par le bout opposé au fer : pour qu'il la prenne en cas que la sienne vienne à se rompre.

III. La question est si c'est un combat veritable de gens qui veulent ôter la vie l'un de l'autre, ou si c'est seulement un combat simulé, ou un jeu, tel qu'un nombre infini d'autres qu'on voioit sans cesse chez les Hetrusques, anciens Lydiens, desquels les noms des jeux *Ludi* ont pris leur origine. On trouve tant de monumens de cette nation, qui representent presque tous des jeux, qu'il est aisé de juger, qu'ils passoient la meilleure partie de leur vie à jouer en differentes manieres. Parmi ces jeux il y en avoit, où la partie étoit inégale : nous en avons vu d'un homme qui se bat contre deux à la pl. XXIX. du troisieme tome de ce Supplément. Ici nous en voions un autre d'un homme à pied tout nud qui se bat contre un homme à cheval armé de toutes pieces.

IV. Ces combats se voioient chez les Hetrusques plus que chez toutes les autres nations, nous en trouvons aussi chez les Grecs à partie inégale non moins remarquables que ceux-ci. Je m'en vais en rapporter un tiré du 9ᵉ. livre de Quinte-

exceptis etiam Numidis, qui nudi equo nudo ibant, palliolo tantum in collo hærente; quod in posteriora rejiciebant in æstu ut a ventis agitaretur, reducebant autem in anteriora ingruente frigore. Eques itaque noster Hetruscus nudis pedibus est ; capite vero gestat galerum undique reductum & ita duplicatum, ex quo latæ fasciæ dependent. Torquem gestat ex rotundis gemmis. Vestis illa qua undique obtegitur ad formam corporis aptata, figuris distinguitur tota, lineis adductis, reductis & angulos hinc & inde efficientibus, punctis intermixtis ad zonam usque, quæ lata est mediumque corpus stringit. Eædem porro ipsæ figuræ ad malleolos usque extenduntur : brachia item usque ad carpum eodem ipso cultu sunt.

Eques hastam vibrat in adversarium, qui pedes est nudus, galeato tantum capite, brachioque sinistro clipeum magnum tenet ovatæ formæ, dextera hastam, quam vibrat in equitem, apparatu tanto minime perterritus. Eques porro præter hastam gladium juxta latus positum gestat lato cingulo, ut videtur, annexum. Capulus in avis caput terminatur. Pone peditem, vir est vestibus calceisque probe instructus,

cujus petasus hodiernis pene similis ex capite decutitur. Hic porro vir est quasi armiger equitis, ipsique hastam porrigit, ut eam, si prior frangatur, arripiat.

III. Quæritur jam an vera pugna sit inter viros, qui infesto animo alter alteri necem inferre cupiant ; an vero ludicra tantum pugna, certamenque spectaculi tantum causa institutum, ut innumera alia certamina qualia frequentissime visebantur apud Hetruscos illos, veteres *Lydos*, ex quibus ideo *Ludi* originem duxerunt. Tot monumenta istius nationis occurrunt, quæ pene omnia ludos repræsentant ; ut hinc facile arguatur ipsos maximam vitæ suæ partem ludis diversimode instituendis exercendisque insumsisse. Inter hosce autem ludos quidam erant ubi impares sive numero, seu apparatu simul pugnabant. Vidimus tomo tertio hujus Supplementi tab. XXIX. virum contra duos pugnantem. Hic autem peditem nudum cernimus decertantem adversus equitem omni genere armorum tectum & instructum.

IV. Hujus generis certamina Hetruscis plus quam cæteris omnibus in usu erant ; sed apud Græcos etiam impares pugnas reperimus non minus spectabiles.

C iij

SUPPLEMENT DE L'ANT. EXPLIQ. Liv. II.

Curce. Alexandre vainqueur des Perses fit un grand repas où se trouverent les ambassadeurs de plusieurs nations. » Il y avoit à ce repas un Athenien nommé
» Dioxippe, un de ces combattans des jeux publics qu'on appelloit *pugiles*, qui
» par sa grande force & son adresse avoit gagné les bonnes graces du Roi.
» Plusieurs de la compagnie jaloux de l'amitié que le Roi lui portoit, ne cessoient
» de lui donner des atteintes tantôt serieusement, & tantôt par maniere de
» raillerie ; Que veut faire le Roi, disoient-ils, en sa cour de cet animal chargé de
Pl. VI. » graisse, qui n'est bon à rien, & qui durant que les autres vont au coups ne
1 » fait que se frotter d'huile & se préparer à remplir son ventre. Un certain Hor-
» taras Macedonien, étant pris de vin lui fit ces mêmes reproches à table, & lui
» dit, que le lendemain s'il étoit homme de cœur, ils se verroient l'épée à la
» main, & que le Roi s'il vouloit en avoir le plaisir, seroit le juge du combat.
» Dioxippe ne fit que rire de cette bravade, & accepta le défi ; & le jour d'après
2 » le Roi voyant qu'ils étoient encore plus échauffez que la veille, & qu'il ne
» pouvoit les détourner de leur dessein, leur permit enfin de se battre. Les sol-
» dats accoururent en foule au spectacle, entre lesquels étoient les Grecs parti-
» sans de Dioxippe. Le Macedonien vint armé de pied en cap. Le bouclier
» d'airain & la pique appellée sarisse à la main gauche, & le javelot à la droite,
» & l'épée au côté comme s'il avoit eu à faire à plusieurs personnes. En même
» tems parut Dioxippe, le corps oint d'huile, avec une couronne sur la tête, un
» manteau rouge autour du bras gauche, & une grande & noueuse massue à
» l'autre main. Cette entrée remplit d'étonnement tout le monde, qui ne savoit
» que s'imaginer d'une partie si mal faite. Car de voir qu'un homme ainsi nud,
» entreprit d'en combattre un autre armé de toutes pieces, il sembloit que ce
» n'étoit pas simplement une temerité, mais une pure folie. Aussi le Macedo-
» nien se tenant tout assuré de le tuer de loin, lui lança son javelot, que l'autre
» esquiva en pliant un peu le corps, & tout d'un tems sautant à lui, sans lui
» donner le loisir de passer la pique dans l'autre main, la rompit par le milieu
» avec sa massue. Alors le Macedonien denué de ses deux armes, commençoit
» à tirer l'épée, quant le Grec plus prompt vint aux prises, & lui donnant de la
» jambe, le porta par terre, & après lui avoir ôté son épée, lui mit le pied sur
» la gorge, & haussant la massue lui alloit écraser la tête, si le Roi ne l'en eût
» empêché.

Ce combat d'un homme nud contre un homme armé de toutes pieces vient fort bien avec notre pieton nu, qui se bat contre un cavalier si bien armé, & avec tant d'appareil. Mais le combat du Macedonien étoit serieux.

Unam autem referam ex nono Quinti Curtii libro edu-
ctam. » Alexander ad epulas legatos gentium invitavit,
» intererat epulis Dioxippus Atheniensis, pugil nobi-
» lis & ob eximiam virtutem virium jam Regi per-
» notus & gratus. Invidi malignique increpabant per
» seria & ludum, saginati corporis sequi inutilem
» bellum cum ipsi prælium inirent, oleo madentem
» præparare ventrem epulis. Eadem igitur in convi-
» vio Hortaras Macedo jam temulentus exprobrare
» ei cœpit, & postulare, ut si vir esset, postero die
» secum ferro decerneret. Regem tandem vel de sua
» temeritate, vel de ipsius ignavia judicaturum. Et
» a Dioxippo contemptim militarem eludente fero-
» ciam, accepta conditio est. Ac postero die Rex cum
» acrius certamen exposcerent, quia deterrere non
» poterat, destinata exsequi passus est. Ingens hic mi-
» litum, inter quos erant Græci, qui Dioxippo stu-
» debant, convenerat multitudo. Macedo justa arma
» sumserat, æreum clipeum ; hastam quam sarissam
» vocant læva tenens, dextra lanceam ; gladioque
» cinctus velut cum pluribus simul dimicaturus. Dio-
» xippus oleo nitens & coronatus, læva punicum
» amiculum, dextra validum nodosumque stipitem
» præferebat. Ea ipsa res omnium animos expecta-
» tione suspenderat : quippe armato congredi nudum
» dementia, non temeritas videbatur. Igitur Macedo
» haud dubius eminus interfici posse, lanceam emisit,
» quam Dioxippus, cum exigua corporis declinatio-
» ne vitasset, antequam ille hastam transferret in dex-
» tram, assiluit, & stipite mediam eam fregit. Amisso
» utroque telo, Macedo gladium cœperat stringere :
» quem occupatum corripiens, pedibus repente sub-
» ductis, Dioxippus arietavit in terram : ereptoque
» gladio, pedem super cervicem jacentis imposuit,
» stipitem intentans, elisurusque eo victum, ni
» prohibitus esset a Rege.

Hæc pugna viri nudi, contra alium omni armorum genere instructum, optime quadrat ad peditem
nostrum nudum, qui cum equite pugnat sic armismu-
nito & cum tanto apparatu.

CAVALIER HETRUSQUE.

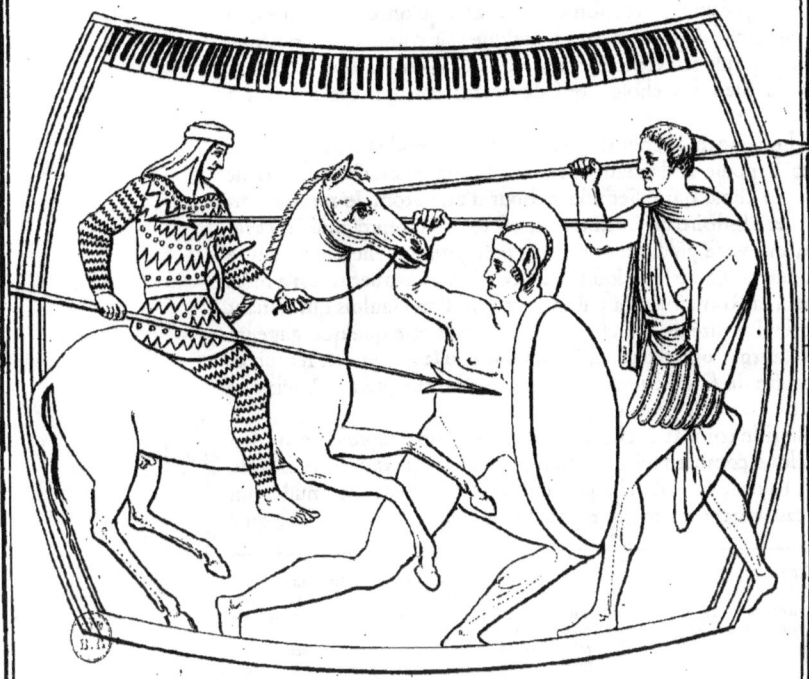

tiré d'un vase de Mgr le Card. Gualtieri.

CAVALIERS, ETRIERS, EPERONS, COMBATS. 13

CHAPITRE TROISIE'ME.

I. *Cavalier déterré à Lion.* II. *On prouve que ce n'est point Curtius, comme quelques-uns ont prétendu.* III. *Combat à cheval tiré d'une pierre gravée.*

I. LE cavalier qui vient ensuite a été déterré à Lion. Ceux qui ont vu PL.XII. l'original de bronze, qui est ici representé de la même grandeur, disent que c'est un chef d'œuvre de l'art. Il faut aussi avouer que le dessinateur & le graveur se sont très bien acquitez de leur devoir, & nous representent une excellente piece. Plusieurs ont cru que c'étoit Curtius qui après s'être dévoué pour l'armée Romaine va se précipiter avec son cheval. Dès qu'on déterre quelque beau monument, on tâche de le rapporter à quelque fait connu, ou à quelque histoire celebre, qui en puisse relever le merite, & dès qu'on en a saisi quelqu'une, on passe aisément sur bien des choses, qui devroient corriger ces premieres idées.

II. Je vois ici un homme nud à cheval qui court d'une grande force, qui éleve son bras gauche & s'appuie de la main droite sur la croupe du cheval : il tient de cette main quelque chose qui ressemble au bout d'un bâton. Je ne vois rien ici qui puisse rappeller l'histoire de Curtius, qui est toujours representé en cavalier Romain armé, qui va se précipiter ou qui se précipite actuellement comme on peut voir au second tome de l'Antiquité pl. XCIV. Ce cavalier nud n'a ni les cheveux ni la barbe à la Romaine, il a plûtôt tout l'air d'un Gaulois qui se fiant sur son adresse, & sur l'agilité de son cheval, a fait peut être quelque gageure d'arriver dans un tel tems à un tel terme, il aura soutenu la gageure & remporté le prix, & en memoire du fait on aura fait faire cette statue équestre. Voila une conjecture que je ne voudrois pourtant pas garantir.

III. On demande si le combat à cheval qui vient après, represente un jeu PL. seulement, ou quelque combat réel & veritable de cavaliers qui vont à bride après la abattue l'un contre l'autre, deux de chaque côté. Ce sont des cavaliers nuds, qui XII. ont un petit manteau attaché au cou & rejetté sur le bras gauche, en sorte qu'il

---

CAPUT TERTIUM.

I. *Eques Lugduni ex ruderibus erutus.* II. *Curtium non esse probatur, quod quidam dixerant.* III. *Equestris pugna ex gemma educta.*

I. QUi post exhibetur eques Lugduni erutus fuit. Qui archetypum æneum inspexerunt ; figuram illam æneam, imagini nostræ magnitudine parem, miri artificii opus esse dicunt. Commodum autem accidit ut is qui delineavit perinde atque ille qui in ære insculpsit, hoc monumentum accurate expresserint, opusque omnibus numeris absolutum repræsentaverint. Multi putavere Curtium esse, qui postquam pro exercitu Romano sese devoverat, se cum equo præcipitatum abit. Statim atque monumentum aliquod a pulvere vindicatur, multi rem a scriptoribus memoratam, aut celebratam in historiis illic deprehendere satagunt, ut hinc cimelio pretium accedat : atque ubi semel aliquod gestum adoptatum fuit ; quæ primam possent evertere sententiam argumenta non attenduntur.

II. Hic virum nudum equitem conspicio, velocissimo cursu iter emetientem, brachium sinistrum erigentem, & dextera tergo equi nixum : hac vero manu quidpiam tenet, quod truncum baculum diceres. Nihil autem video, quod possit ad historiam Curtii referri ; qui Curtius semper ut eques Romanus armatus repræsentatur, qui se mox præcipitaturus est, vel qui jam præceps agitur, ut videre est Antiquitatis explanatæ tomo secundo tab. XCIV. Hic porro eques nudus nec comam nec barbam habet Romanorum similem ; Gallum potius crederem, qui industriæ suæ & equi celeritati fidens, constituto pignore contendit, se equitando tali tempore tale spatium itineris emensurum esse, reportato autem pignore & velocitatis premio, id meruerit, ut tale monumentum in rei memoriam cuderetur. Hanc porro conjecturam propono tantum, neque admodum approbo.

III. Quæritur utrum equestris illa pugna, quæ postea in sua tabula prima ponitur, ludum tantum repræsentet, an pugnam veram equitum qui concitato cursu ferantur, bini ex utraque parte. Equites illi nudi pene sunt, exiguumque tantum pallium collo annexum habent, quod in brachium sinistrum rejiciunt ; ita ut nuditatem eorum nullo modo tegat.

ne les couvre point du tout. Il n'y en a qu'un qui est entierement nud, & qui n'a point de manteau, les chevaux sont de même nuds, & n'ont ni selle, ni bride, ni poitrail, ni croupiere. Les cavaliers vont la lance à la main l'un contre l'autre. Tout cela me fait croire que c'est un combat de cavaliers Numides qu'on a voulu representer ici. Ils sont en effet tels que les décrit Claudien.

Dextra movet jaculum, prætentat pallia læva
Cætera nudus eques.

Nous voions en effet que chacun de ces cavaliers tient un javelot qu'il va darder, que la plûpart ont leur manteau rabbatu sur le bras gauche, & que pour le reste ils sont tous nuds. Les chevaux n'ont ni selle, ni bride, ni poitrail, ni croupiere; ils sont nuds comme les maitres. Des quatres cavaliers il n'y en a qu'un qui porte outre le manteau rejetté sur le bras gauche, une petite tunique.

Unus tamen nudus prorsus est & sine pallio : equi perinde sunt nudi, non ephippio, non freno, neque antilena, neque postilena instructi. Equites lanceam sive jaculum vibrantes, in adversos sibi equites cursu feruntur. Hinc certe infero hic Numidarum equitum pugnam exhiberi. Hujusmodi enim sunt quales describit Claudianus.

Dextra movet jaculum, prætentat pallia læva

Cætera nudus eques.
Revera cernimus singulos equites jaculum vibrantes, omnes ferme pallium in lævam rejectum præ se ferre, de reliquo autem nudos esse. Equi etiam nec freno, nec ephippio, nec loris ullis sunt instructi, sed nudi prorsus. Ex quatuor autem illis equitibus unus tantum præter pallium ad lævam rejectum, exiguam quoque tunicam gestat.

CHAPITRE QUATRIEME.

I. Mors de bride : ce que c'étoit que lupata frena. II. Pourquoi les anciens n'avoient-ils pas d'étriers. III. Eperons des anciens.

I. Voici un mords de bride antique representé des deux côtez. Il est de forme assez extraordinaire, & quelqu'un doutera peut être que c'en soit un veritable. On le laisse à considerer aux habiles ; ce fer qui traverse la bouche du cheval, est ici terminé d'un côté par la tête d'un cheval. Si c'est veritablement un mords de bride, cela nous donne peut être moien d'entendre ce que c'étoit que *lupata frena*, sorte de frein qui a exercé jusqu'à present les Commentateurs : comme nous voions ici un frein terminé par la tête d'un cheval ; il y en avoit de même plusieurs terminez par la tête d'un loup, & c'est ce qu'on appelloit *lupata frena*; peut-être encore y avoit il une tête de loup à chaque extremité du mords. Servius Commentateur de Virgile l'entend autrement, lors qu'expliquant ce vers de Virgile 208. Georg. 3.

Verbera lenta pati, & duris parere lupatis,

il dit qu'on entend par *lupatis* des freins très-âpres, qui ont comme des dents de loup inégales entre elles. Il est à remarquer que Virgile appelle les

CAPUT QUARTUM.

I. Frenum, & quid essent lupata frena. II. Cur veteres stapediis non uterentur. III. Calcaria veterum.

I. EN freni partem illam quæ in os equi inferebatur. Est porro singularis formæ, & forsasse quispiam an ad equi frenum pertineat, dubitaturus est : res peritorum arbitrio æstimanda mittitur. Ferrum porro illud quod transversum os equi permeat, altera in parte equi capite terminatur. Si vere sit frenum, hinc forsasse via paratur ad intelligendum quid significent *lupata frena* veterum, quæ interpretibus veterum scriptorum negotium fecerunt. Cum autem hic videamus frenum equi capite ab uno latere terminatum ; multa quoque erant frena lupi capite terminata, & hæc lupata fræna vocabantur ; forte quoque lupi caput in utroque freni termino erat. Servius tamen Virgilii interpres, tem alio modo intelligit, cum ad hunc versum 208. Georgicorum 3.

Verbera lenta pati, & duris parere lupatis

Hæc habet : *Frenis asperrimis. Dicta autem lupata a lupinis dentibus qui inæquales sunt : unde etiam eorum morsus vehementer obest.* Observandum est, Virgilium hæc

freins

CAVALIERS, ETRIERS, EPERONS, COMBATS.

freins *lupata* : seulement sans ajouter *frena*. Mais Horace les appelle *lupata frena* dans ces vers:

Inter æquales equites, Gallica nec lupatis
Temperet ora frenis.

II. Quoique nous n'ayons point de nouveau monument qui nous représente ou des hommes de cheval, ou quelque gros de cavalerie, tels que nous en avons donnez au quatrieme tome; je vais proposer & examiner quelques difficultez, qu'on a eu peine à resoudre jusqu'à present. D'où vient que les étriers si necessaires, si commodes, & comme il paroit d'abord, si faciles à inventer, n'ont pas été en usage chez les anciens, & n'ont pas même été connus d'eux; ce qui paroit manifestement, tant parceque de ce grand nombre de gens de cheval de toute espece, que l'antiquité nous a transmis, il n'y en a pas un qui ait des étriers, que parceque ni les Grecs ni les Latins n'avoient point de nom qui signifiât un étrier, & que les noms qu'on leur a donnez depuis, ne se trouvent que dans de bas siecles. Cependant quoi de plus necessaire que les étriers, soit pour monter à cheval, soit pour s'y tenir avec quelque commodité? & quoi de plus aisé que d'attacher à la selle de chaque côté une corde ou une étriviere, d'où pend un instrument propre à placer le pied? D'où vient donc que tous ces siecles si vantez pour l'invention, ont été privez d'une chose si utile, si necessaire & si facile à trouver? je suis fort trompé si je n'en ai deviné la cause. La selle en ces tems là n'étoit qu'une piece d'étoffe qui pendoit quelquefois des deux côtez presque jusqu'à terre, doublée, si vous voulez, & peut-être quelquefois bourrée; quoique cela ne paroisse pas dans les figures que nous en avons données au quatrieme tome planche XXVII. XXVIII. XXIX. & les suivantes. Il étoit difficile d'attacher là des étriers qui tinssent bien, soit pour monter à cheval, soit pour s'y tenir ferme & commodément. Ils n'avoient pas encore l'art de faire entrer du bois dans la construction des selles. Cela paroit dans toutes celles que nous voyons dans les monumens. Ce n'est que du tems de Theodose, qu'on remarque que les selles ont un pommeau, & que selon toutes les apparences le fonds en étoit une petite machine de bois. C'est depuis ce tems là qu'on a inventé les étriers, quoiqu'on ne sçache pas précisément le tems de leur origine. Les

---

appellare *lupata*, non addita voce *frena*. At Horatius *lupata frena* vocat in his versibus : carm. 1. od. 8.
Inter æquales equites, Gallica nec lupatis
Temperet ora frenis

II. Etsi non nova proferamus monumenta, quæ vel equites singulatim exhibeant vel aliquam equitum turmam, quales dedimus in quarto Antiquitatis explanatæ tomo ; difficultates tamen quasdam proponam, quæ vix resolvi hactenus potuerunt. Cur *stapedes*; sic enim vocabulo medii ævi appellantur; ita necessarii, ita commodi, atque ut primo intuitu existimatur, inventu ita faciles, apud veteres in usu non fuerunt ; neque etiam in ipsorum venere notitiam ; id quod manifeste deprehenditur, tum quia in magno illo equitum numero, quos antiquitas ad nos usque transmisit, ne unus quidem cum stapede cernitur ; tum etiam quia nec apud Græcos nec apud Latinos aliqua vox habetur huic designando instrumento assignata ; nominaque ipsis indita infimis tantum sæculis reperiuntur. Attamen quid magis necessarium hoc instrumento ut in equum conscendatur, utque quis commode equitet? Et quid facilius quam in ephippio utrinque funem corrigiamve annectere, ex qua pen-

deat instrumentum inserendo & firmando pedi idoneum? Quid causæ est quod prisca illa sæcula multarum inventione rerum ita celebrata, re tam commoda tamque necessaria caruerint. Ni mea me fallit opinio, rei quæ pene incredibilis videtur causam reperi. Ephippium illis temporibus pannus erat, qui aliquando pene ad terram usque utrinque defluebat, duplicatusque fortasse erat ; imo aliquando fortasse tomento fartus; licet tamen id non appareat in schematibus illis quæ dedimus atque repræsentavimus in tabulis XXVII. XXVIII. & XXIX. atque in sequentibus quarti Antiquitatis explanatæ tomi. Hujuscemodi porro ephippiis difficile erat *stapedes* annectere qui sat firmiter starent, ut quis in equum iis adjutus conscenderet, vel equitando firmiter staret. Nondum artem invenerant ligneam machinam in ephippia inducendi, ut videre est in omnibus ephippiis, quæ in monumentis hactenus prolatis comparent. Tempore tantum Theodosii Magni ephippia visuntur globulum apprehendi possent, atque ut videtur ephippia ligneam machinam tunc intus habebant. Ab illo autem ævo ephippia inventa fuere, etsi quo tempore primum

Tome IV. D

Grecs n'avoient pas d'étriers, & n'ont jamais eu de nom qui signifiât un étrier: Encore moins les peuples barbares, dont la plûpart alloient sur le cheval nud, sans aucune espece de selle.

III. Les anciens avoient des éperons. Ciceron se sert quelquefois du mot de *calcar* pour exprimer l'éperon. Il l'emploie même en un sens metaphorique, à la maniere dont nous nous en servons aujourdhui, quand nous disons: tel a besoin de bride, & tel d'éperon, pour signifier que l'un va trop vite & l'autre est trop lent; ce qui marque que l'usage des éperons, pris dans le sens naturel étoit frequent de son tems. Virgile exprime l'éperon par le talon ferré, *ferrata calce* dans l'onzieme de l'Eneïde v. 714.

Quadrupedemque citum ferrata calce fatigat

& dans Silius Italicus 7. 696.

Ferrata calce, atque effusa largus habena
Cunctantem impellebat equum.

Cependant nous ne voions aujourdhui dans tout ce grand nombre de chevaux & de cavaliers, que l'injure du tems à épargnez, aucune trace d'éperon de quelque maniere que ce puisse être. Je croirois volontiers que ces éperons n'étoient, que de petites pointes de fer qui sortoient d'une lame de fer attachée à la chaussure du côté du talon. J'ai vu dans nos campagnes des éperons, qui n'étoient autre chose qu'une pointe sortant du soulier, attachée à une lame de fer qui entroit dans le soulier du côté du talon. Je ne sai si l'on s'en sert encore aujourd'hui. Comme donc l'éperon n'étoit qu'une pointe de fer qui sortoit de la chaussure du côté du talon, il peut se faire qu'on aura negligé de le marquer dans les monumens qui nous restent. Les Grecs appelloient l'éperon, κέντρον, ποτὶ κέντρον δέ τοι λακτιζέμεν τελέθει ὀλισθηρὸς ἦμος, *Le chemin devient perilleux quand on rue contre l'éperon.* Ce qui a été imité dans les Actes des Apôtres: Il vous est dur de ruer contre l'aiguillon dit N. S. Jesus-Chrît à S. Paul. Et ce qui revient aussi a ce que dit Terence *contra stimulum ut calces*, vous ruerez ainsi contre l'arguillon.

L'éperon que nous donnons ici n'est qu'une pointe attachée à un demi cercle de fer, qui s'ajustoit dans la chaussure de ces tems là; c'étoit la calige ou le campagus, ou l'ocrea; chaussures qui n'étoient pas ordinairement fermées de tous cô-

---

structa fuerint ignoremus. Græci veteres nunquam stapedes habuerant, neque nomen illis significandis. Longe vero minus barbari, quorum maxima pars equum nudum nulloque ephippio stratum conscendebant.

III. Veteres calcaribus utebantur. Calcaris quippe nomine Cicero non semel utitur. Etiamque μεταφορικῶς hanc adhibet vocem, eo quo nos hodieque adhibemus modo, cum dicimus: hic freno, ille calcaribus opus habet, ut significemus hunc celerius quam par est, illum lento gradu in rebus agendis procedere. Hinc porro indicatur calcaria in sensu primo atque naturali jam tempore Ciceronis frequentioris fuisse usus. Virgilius quoque calcar per ferratam calcem exprimit hoc versu Æneid. undecimo v. 714.

Quadrupedemque citum ferrata calce fatigat,

& apud Silium Italicum 7. 696.

Ferrata calce, atque effusa largus habena
Cunctantem impellebat equum.

Attamen in tanto equitum numero, quos hactenus in monumentis conspeximus, & quibus temporum injuria pepercit, ne vestigium quidem calcaris videmus. Libenter credam calcaria illa aculeos solum minutos ferreosque fuisse, qui ex lamina ferrea calceo annexa circa calcem ipsam emitterentur. Vidi in provinciis nostris calcaria hujusmodi, aculei nempe ferreos qui ex calceis exirent & laminæ ferreæ intus hærerent. Nescio autem utrum hodieque similia adhibeantur. Cum itaque hujusmodi essent calcaria veterum, aculei nempe ferrei ex calceis seu caligis exeuntes versus calcem; hinc fieri potuit ut calcaria negligerentur, nec repræsentarentur in monumentis. Græci calcar seu stimulum κέντρον vocabant. Ποτὶ κέντρον δέ τοι λακτιζέμεν τελέθει ὀλισθηρὸς ἦμος, *contra stimulum calcitrare lubrica est via*, cui simile est in Actibus Apostolorum; *durum est tibi contra stimulum calcitrare*, ait Paulo D. Jesus Christus: sic & apud Terentium dicitur, *contra stimulum ut calces.*

Calcar illud quod postea proferimus, est aculeus tantum ferreus ex semicirculo ferreo erumpens, qui semicirculus calceamentis illius temporis aptabatur, caligæ nempe, campago, vel ocreæ; quæ calceamentorum genera ut plurimum non undique clausa erant, nonnunquam tamen undique clausa comperiuntur

COMBAT A CHEVAL, BRIDE, EPERON

CAVALIERS, GENS DE GUERRE.

tez & qui laiſſoient des eſpaces vuides, quoiqu'il y en eut auſſi de fermées tout à fait. Au bout du demi cercle d'un côté il y a un retour & une eſpece d'accroche qui s'inſeroit d'un côté, on ne ſçait comment, & dont le bout ſe termine en une tête d'homme.

eſſe. In extremo ſemicirculo ab uno latere, virgula illa ferrea reflectitur in unci morem, quæ neſcio quo pacto in calceamentum inſerebatur, & in vultum humanum terminatur.

CHAPITRE CINQUIEME.

I. *Cavalier de Mayence.* II. *Inſcription de la même Ville.* III. *Bas relief qui repreſente des Capitaines Romains.* IV. *Alloquutions.* V. *Hache de pierre de touche.*

I. LE Cavalier qui fut deterré à Mayence, eſt d'un ſi mauvais goût, que j'ai balancé ſi je le donnerois ici, ou ſi je le rejetterois abſolument; mais perſuadé que les choſes même qui paroiſſent les plus mauſſades, & les plus groſſieres ne laiſſent pas d'avoir leur utilité, je me ſuis enfin determiné à le mettre. Ce cavalier a un pieton avec lui. Les viſages de l'un & de l'autre ſont ſi defigurez, qu'on n'y diſtingue plus rien; l'ornement de tête & du cavalier & du pieton eſt remarquable, auſſi bien que l'épée du cavalier. L'inſcription qui eſt au bas eſt compoſée de quelques mots, dont le premier ſe lit ainſi TOGITIO. Les autres lettres qui ſuivent ne font ni ſens ni ſuite. PL. XIII.

II. Une autre inſcription qui ſe voit deſſous celle ci, paroit n'avoir été miſe là qu'après coup & par accident. Elle n'a aucun rapport avec le cavalier. La pierre ſur laquelle eſt l'inſcription, a la forme d'un piedeſtal ou d'un autel. L'inſcription qui eſt curieuſe ſe doit lire ainſi: *Pro ſalute Imperatoris Marci Aurelii Antonini Pii Felicis, Fortunæ reduci legionis vigeſimæ ſecundæ Prætoriæ Piæ Felicis Caius Cænilius Victor veteranus legionis vigeſimæ ſecundæ Prætoriæ Piæ Felicis M. H. M. Negotiator gladiarius teſtamento ſuo fieri juſſit AD. H. S. N. VIII. MII.* Il y a quelques lettres qui ſont des commencemens de mots que j'ai paſſées. J'aurois pu les lire en hazardant; mais il vaut mieux en expliquer moins & l'expliquer ſûrement; le ſens eſt donc: *Pour la ſanté de l'Empereur Marc Aurele: A la fortune qui a conduit ou ramené la legion vingt-deuxieme Pretorienne, pieuſe & heureuſe, Caius Cænilius Victor veteran de la legion vingt-deuxieme pieuſe & heureuſe, negotiateur ou vendeur d'épées dans cette ville municipale de Mayence, a ordonné par ſon teſtament qu'on dreſſat ce monument.* . . . . C'eſt ſur les dernieres lettres que je ne hazarde rien. Quant à ces trois M. H. M. je crois qu'elles peuvent ſignifier *Municipii hujus Moguntini*

CAPUT QUINTUM.

I. *Eques Moguntinus.* II. *Inſcriptio urbis ejuſdem.* III. *Anaglyphum Romanos duces exhibens.* IV. *Alloquutiones.* V. *Securis lapidea.*

I. QUi ſequitur eques Moguntiæ erutus adeo rudi opere elaboratus fuit, ut aliquandiu hæſerim; darem-ne an rejicerem. Sed cum experimento didicerim etiam ea quæ rudiora minoriſque pretii eſſe videntur, non ſua carere utilitate, tandem in æs incidendum tradidi. Hic eques peditem ſecum habet; utriuſque porro vultus ita labefactati & deformati ſunt; ut nihil ibi percipias. Ornamentum capitis in equite & in pedite idem eſt, & ſingulare quidpiam præ ſe fert: gladius equitis item ſpectabilis. Inſcriptio infra poſita aliquot verba complectitur, quorum prius eſt TOGITIO. Cæteræ vero literæ ſequentes nullum ſenſum præ ſe ferunt.

II. Altera ſub hac poſita inſcriptio ad anaglyphum ſuperius nullo modo pertinere videtur, & caſu quopiam illi ſubjuncta fuit; neque ad equitem referri poſſe videtur. Lapidem in quo eſt inſcriptio, ſtylobaten aut baſim eſſe diceres. Inſcriptio porro illa ſic legenda: *Pro ſalute Imperatoris Marci Aurelii Antonini pii felicis; fortunæ reduci legionis vigeſimæ ſecundæ prætoriæ piæ felicis Caius Cænilius Victor veteranus legionis vigeſimæ ſecundæ prætoriæ piæ felicis M. H. M. negotiator gladiarius teſtamento ſuo fieri juſſit. AD. H.S. N. VIII. MII.* Aliquot literæ initia ſunt vocum: aliquas non explicatas retuli; poteram cum periculo errandi legere, ſed præſtat pauciora explicare dum certo id fiat. Poſteriores igitur literas non auſus ſum interpretari. Quod ſpectat igitur ad tres illas M. H. M. puto ſignificare poſſe *municipii hujus Moguntini*, Inter nego-

Tome IV. D ij

entre les Negotiateurs où les negorians, qu'on trouve en grand nombre dans les inscriptions de Gruter; on n'avoit pas encore trouvé le negotiateur d'épées *negotiator gladiarius*. On y trouve le sagarius qui vendoit des sayons ou des habits militaires; l'ærarius & ferrarius, vestiarius, frumentarius & un grand nombre d'autres.

Pl. après la XIII.
III. Le beau bas relief Romain qui suit n'a pas été publié, que je sçache. Ce sont des officiers, & les principaux de l'armée Romaine, comme il est aisé de juger par la forme de l'habit militaire, & par le grand panache qu'on voit sur leur casque. Je ne sçai même si l'Empereur n'est pas de la troupe, & si ce ne seroit pas celui, qui a sur la cuirasse une tête peut-être de Meduse. Si c'est un Empereur, ce ne peut être qu'ou Marc Aurele, ou Septime Severe; mais il ne ressemble guere ni à l'un ni à l'autre. Il est barbu, & vient avec les autres officiers devant le temple de Jupiter Capitolin. C'étoit apparemment avant que d'entreprendre quelque expedition militaire. Entre les Empereurs barbus qui ont vécu au bon tems de la Sculpture, cela ne peut convenir qu'à Marc Aurele & à Septime Severe: c'est tout ce qu'on en peut dire. Il y a ici cinq principaux officiers; celui que je prens pour l'Empereur a la cuirasse plus ornée que les autres. Elle a en bas un double rang de bandelettes. Derriere l'Empereur est un portenseigne, qui paroit voilé comme un prêtre: mais je crois que ce voile est la dépouille du lion mal exprimée par le Sculpteur; on voit en effet sur le devant quelque chose qui ressemble au mufle du lion. C'est lui qui tient le signe de l'aigle. Si c'étoit un prêtre, il ne seroit pas ainsi derriere les autres, mais il seroit au devant de tous, & ce seroit l'Empereur qui en feroit la fonction, comme nous avons vu par tout ailleurs. Le temple de Jupiter Capitolin, qui porte son inscription, *Jovi Capitolino*, n'a ici que deux colonnes: Mais nous avons souvent vû que les graveurs & les sculpteurs ne mettoient que fort rarement toutes les colonnes des temples. Les deux soldats tirez d'une pierre gravée sont remarquables; l'un a le bouclier tout rond, & l'autre hexagone, mais caché à moitié par le premier. L'un a pour armes une pique sans fer, & l'autre un bâton, au bout duquel est un globe.

Pl. XIV.
IV. On a donné un assez grand nombre d'alloquutions dans le quatrieme tome de l'Antiquité. En voici encore trois tirées d'une medaille & de deux medaillons, qui ont chacune quelque chose de singulier. La premiere est un revers de Tra-

---

tiatores seu negotiantes, qui in Gruteri inscriptionibus magno numero comparent, nondum repertus fuerat negotiator gladiarius. Hi autem ibidem occurrunt, sagarius qui saga vendebat, ærarius, ferrarius, vestiarius, frumentarius, & multi alii.

III. Egregium anaglyphum Romanum sequens nunquam, quod quidem sciam, publicatum fuit. Sunt autem Tribuni, vel duces procerefve exercitus Romani, ut facile deprehenditur ex vestis militaris forma, & ex juba prægrandi quæ singulorum cassidem coronat. Imo suspicor etiam ipsum adesse Imperatorem, illumque esse in cujus thorace caput visitur, fortasse Medusæ. Si Imperator sit, est haud dubie vel Marcus Aurelius vel Septimius Severus, etsi tamen vere neutrum referat. Barbatus est, cumque aliis tribunis & ducibus ante templum Jovis Capitolini venit idque, ut videtur, antequam militaris quædam expeditio suscipiatur. Inter Imperatores autem barbatos qui florente sculptura arte vixerunt, id non nisi in Marcum Aurelium, vel in Septimium Severum convenire potest. Hoc unum hac de re proferre possumus. Hic quinque præcipui duces cernuntur. Is quem esse Imperatorem suspicor, loricam habet ornatiorem, quæ etiam inferne duplicem fasciarum ordinem pendentem habet. Pone Imperatorem est signifer qui velatus esse videtur quasi sacerdos: sed velum esse puto leonis pellem male a sculptore efformatam; etenim a fronte nares leonis videntur esse: hic vero signum militare, aquilam videlicet, tenet. Si sacerdos esset, non pone alios staret, sed ante omnes, & ipse Imperator sacerdotio fungeretur, uti semper alibi conspeximus. Templum Jovis Capitolini, quod ejus inscriptionem præ se fert, *Jovi Capitolino*, duas tantum hic columnas habet: at raro vidimus sculptores omnes templorum columnas repræsentare.

Duo illi milites ex gemma educti spectabiles certe sunt: alter clipeum prorsus rotundum habet; alter hexagonum, sed cujus pars dimidia a priore occultatur. Alter hastam tenet sine ferro; alter baculum globo terminatum.

IV. Amplum alloquutionum numerum protulimus in quarto Antiquitatis explanatæ tomo. En tres alias damus ex nummis eductas, quarum singulæ quidpiam observatu dignum habent. Prior est postica facies nummi Trajani, ubi inscriptio illa *alloquutio*

XIII. Pl. du Tom. IV.

CAVALIER DE MAYENCE

TOGITIOSO
II MARI FI N

PRO SALVTE IMP MAV
RELI ANTONN
PII FELICIS
FORTVNAE REDVCI
LEG XXII PR PECCENIL
IV S VICTOR VET LEG
XXII PR PF MH MNI COT
IATOR GLADIARIVS
TESTAMENTO SVO FIERI
IVSSIT AD H S N VIII M II

Envoié de Mayence

Tom. IV. 13.

Trouvé a Lion

OFFICIERS ROMAINS, SOLDATS.

ALLOQUUTION, HACHE DE PIERRE.

jan, où l'inscription *Adloquutio* ne se trouve pas; & au lieu de celle là on lit *Imperator VIII*. C'en est pourtant une; l'Empereur sur son tribunal *in suggestu* parle aux troupes, accompagné de deux officiers. Les soldats sont devant le tribunal avec les signes militaires, & tendent les mains comme pour demander quelque chose à l'Empereur. Un medaillon du Roi de l'Empereur Valerien a pour revers une Alloquution avec l'inscription ADLOCUTIO AUGUSTORUM. Valerien & son fils Gallien sont sur le tribunal avec un autre officier; les soldats avec les signes militaires sont en bas à l'ordinaire. Un medaillon de M. le Marechal d'Etrées a d'un côté le buste de l'Empereur Probus, qui porte un casque, une pique sur l'épaule, & son bouclier sur l'autre épaule. Au revers on le voit sur le *suggestus*, entouré de tous côtés de soldats & de portenseignes; quelques uns ont le genou à terre, comme pour demander quelque chose à l'Empereur.

V. J'ai parlé au cinquieme tome de l'Antiquité des haches de pierre, dont se servoient anciennement pour la guerre plusieurs nations barbares. La grande quantité qu'on en trouve en certains endroits de la Picardie, payis des Morins, & dans la Germanie, fait juger que c'étoit une arme fort commune en ces payis-là; en voici une que j'ai acquise depuis peu au cabinet de cette Abbayie. Elle est noire, d'une pierre de touche des plus fines, où l'or & l'argent marquent au plus leger attouchement; elle est grosse & fort pesante, même par rapport à la grosseur du volume. Elle a près de sept pouces de long, & deux bons pouces de large depuis le milieu jusqu'au trenchant. Le graveur la reduite en plus petite forme contre mon gré. Ces barbares se servoient de ces haches pour armes. Ils les fichoient dans des manches de corne de cerf. On en trouva un de cette matiere dans le tombeau trouvé auprès d'Evreux l'an 1685. dont nous avons fait la description au tome 5. p. 195. d'après le recit que m'en fit M. de Cocherel, sous les ordres duquel se fit cette découverte.

non reperitur: sed loco illius ita legitur *Imperator VIII*. Est tamen alloquutio: Imperator in suggestu duobus assistentibus Prætoribus aut Tribunis, milites alloquitur, qui ante tribunal sive suggestum stant, cum signis militaribus, manusque tendunt ac si quidpiam ab Imperatore postulent. Nummus maximi moduli regius Valeriani Imperatoris in postica parte alloquutionem exhibet cum hac inscriptione: ADLOCUTIO AUGUSTORUM. Valerianus filiusque ejus Gallienus in tribunali stant cum alio tribuno. Milites cum signis militaribus infra Imperatorum dictis attenti visuntur. Nummus maximi moduli ad D. Marescallum d'Estrées pertinens, in altera parte Imperatoris protomen exhibet, qui galeato capite hastam humero gestat, alterumque humerum clypeo contegit; in postica vero parte in suggestu sedet, circumstantibus militibus atque signiferis: aliqui porro genuflectunt quasi aliquid ab Imperatore postulantes.

V. In quarto Antiquitatis explanatæ tomo de securibus lapideis egi, queis in bello utebantur plurimæ nationes barbaræ: tantusvero illarum numerus qui ex ruderibus eruitur in certis *Picardiæ* ut vocant locis, quæ olim Morinorum regio erat, necnon in Germania, comprobat hoc genus armorum in istis regionibus vulgaris usus fuisse. En securem quam non ita pridem nactus sum, & in hujus Cœnobii musæum induxi. Est autem nigra exque Lydio lapide, quam aurum & argentum si vel leviter tetigerint, statim vestigiis auri & argenti inficiunt; est autem spissa densaque, ac mole gravis proportione magnitudinis suæ. Longitudine autem septem pollices habet, & a medio pollices duos plenos. Sculptor autem me non consulto atque invito illius imaginem in minorem redegit formam. Hujusmodi securibus barbari illi pro armis utebantur; capulos autem ipsis aptabant ex cervino cornu: cujusmodi reperti sunt capuli in sepulcro prope Ebroïcas reperto anno 1685. cujus descriptionem edidimus in quinto Antiquitatis explanatæ tomo p. 195. qualem didiceramus a D. de Cocherel, quo jubente ac curante hæc effossa fuerant.

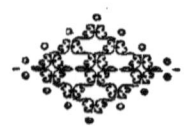

CHAPITRE SIXIEME.

I. Portenseigne du Dragon, appellé Draconarius. *II. Irruption nocturne. III. combat des Romains & des Sabins.*

I. Les portenseignes étoient appellez draconaires *Draconarii* selon Vegece 2. 7. ce nom venoit des dragons enseigne militaire des Romains introduit dans les bas tems. Les anciens auteurs de l'histoire Romaine ne mettent point le dragon entre leurs enseignes militaires. L'*aigle*, dit Pline, 10. 4. étoit le premier signe militaire ; les autres étoient le loup, le minotaure, le cheval & le sanglier. On les portoit à la tête des troupes. Peu d'années avant Caius Marius, on ne portoit que l'aigle dans les combats, & on laissoit les autres signes dans le camp. Caius Marius rejetta entierement les autres signes, & retint seulement l'aigle. Mais dans la suite des tems on les reprit, du moins quelques-uns. On trouve le loup parmi les enseignes de la colonne Trajane : on prit aussi le dragon enseigne des Parthes, comme on voit dans l'arc de Severe ; il étoit aussi des Daces ; il paroit souvent dans la colonne Trajane. Il l'étoit encore des Germains, comme semblent le prouver les trophées de Marc Aurele que nous donnerons plus bas ; où parmi les dépouilles se voit l'enseigne du dragon. C'est apparemment à l'imitation de ces peuples que les Romains mirent le dragon parmi leurs enseignes, & le portenseigne, comme nous avons dit, s'appelloit *Draconarius*. Le voici le dragonnaire tel que M. le Brun le tira à Rome d'après un antique. Il est vêtu comme les autres portenseignes. Le dragon qu'il porte au bout d'une pique ressemble parfaitement à ceux que décrit Ammien Marcellin. Ce dragon, dit-il, étoit tissu de pourpre ; il étoit lié au bout d'une pique dorée & ornée de pierreries. Il ouvroit une grande gueule, & le vent y entrant, il sifflloit comme s'il eut été en colere, laissant sa queue à plusieurs sinuositez flotter au gré des vents. On diroit que ce passage, que M. le Brun n'avoit pas certainement lu, étoit fait pour décrire ce dragon, qu'il a dessiné si elegamment.

Pl. XV.

II. Le bas relief que nous representons ensuite, est dans le palais Justiniani à

CAPUT SEXTUM.

I. Draconarius, sive is qui draconis signum gestat. II. Irruptio nocturna. III. Pugna Romanorum & Sabinorum.

I. Signiferi qui signa portant, quos nunc Draconarios vocant, inquit Vegetius 2. 7. Hoc porro nomen ex dracone ortum erat, signo militari Romanorum posterioris ævi. Historiæ Romanæ scriptores veteres draconem inter signa Romanorum militaria non memorant. *Aquila*, inquit Plinius 10. 4. *erat & antea prima cum quatuor aliis, lupi, minotauri, equi, aprique singulos ordines antibant. Paucis ante annis sola in aciem portari cœpta erat : reliqua in castris relinquebantur.* Marius ea in totum abdicavit. Sed insequentibus temporibus signa isthæc rejecta, admissa denuo fuere, saltem aliqua. Lupus enim inter signa columnæ Trajanæ comparet. Draco item usurpatus fuit, quod erat signum Parthorum, ut videre est in arcu Severi. Dacorum etiam insigne erat, sæpeque in columna Trajana in Dacorum exercitu comparet. Quin etiam Germanis quoque in usu erat, id quod indicant Marci Aurelii tropæa quæ infra proferentur : nam inter hostium spolia draconis signum cernitur. Ad illarum, ut videtur, nationum exemplum Romani draconem inter signa sua constituerunt, & signifer, uti diximus, draconarius vocabatur. En igitur draconarium qualem Brunius nostras pictor celeberrimus Romæ ad fidem monumenti cujusdam delineavit. Eodem autem cultu & vestitu est quo alii signiferi. Draco autem ille quem gestat prorsus similis ei est, quem describit Ammianus Marcellinus 16. 10. *Alios purpureis subtegminibus textos circumdedere dracones, hastarum aureis gemmatisque summitatibus illigati, hiatu vasto perflabiles, & ideo velut irâ perciti sibilantes, caudarumque volumina relinquentes in ventum.* Crederes hunc Ammiani locum, quem plane non legerat Brunius, huic describendo draconi concinnatum fuisse, quem draconem elegantissime expressit Brunius.

II. Anaglyphum sequens in ædibus Justinianæis

Rome. C'est une irruption nocturne de trois jeunes hommes nus, tenant leur épée dégainée sur une troupe de gens qui dorment d'un profond sommeil ; deux autres jeunes hommes à demi cachez derriere un grand voile, tiennent des flambeaux pour éclairer les aggresseurs. Un vieillard tombe à la renverse, apparemment des coups qu'il a reçus. Malgré ce vacarme, quatre femmes dorment tranquillement & d'un profond sommeil. Un jeune homme semble se cacher sous un piedestail, pour se mettre à couvert des coups. Une femme tient un flambeau qu'elle a tourné contre terre. Elle est assise auprès d'un Herme qui a une tête barbue, & qui paroit être un Jupiter Terminus. Voila une grande histoire, un fait des plus signalez : mais je ne sai ce que ce peut être. Je n'oserois même par conjecture donner quelque explication d'une chose si singuliere.

III. Le combat donné entre les Romains & les Sabins après l'enlevement des filles de ces derniers, n'est nulle part si bien representé que dans un beau medaillon du Roi de l'Imperatrice Faustine mere. L'histoire est si connue, qu'il ne la faut rapporter que le plus succinctement qu'il se pourra. Rome bâtie par Romulus avoit eu de fort heureux commencemens, jusqu'à lui attirer la jalousie de ses voisins. Ce peuple Romain n'étoit qu'une troupe de gens ramassez, qui n'avoient point de femmes ; il en falloit pour continuer la lignée. On recherche l'alliance des voisins, qui refusent leurs filles ; tant ils craignoient que ce peuple formidable dès son origine, ne laissât une posterité qui les ruineroit un jour. Il fallut se servir de stratageme pour en avoir. On celebra des jeux en l'honneur de Neptune equestre, & on invita les voisins au spectacle. Ils y vinrent ; les Sabins sur tout s'y trouverent avec leurs femmes, leurs filles & leurs enfans. Le complot d'enlever leurs filles s'execute. Les Sabins indignez de l'affront, cherchent à se liguer à d'autres voisins : un tems se passe, en sorte que quand leurs troupes furent assemblées, il y avoit déja des enfans nez de ces mariages forcez, & les filles des Sabins avoient pris leurs maris en affection. Les Sabins commandez par leur Roi Tatius, surprennent la forteresse de Rome, depuis appellée Tarpeia. Il se donne un grand combat dans la Ville : les Romains plient d'abord : ils reviennent ensuite à la charge. Mais lorsqu'on alloit recommencer de plus belle, les filles des Sabins dont les Romains avoient déja eu des

---

Romæ visitur. Est irruptio nocturna trium juvenum nudorum, stricto gladio bene multos dormientes somnoque oppressos invadentium. Duo alii juvenes pene occultati pone velum magnum faces tenent ut invadentibus lucem subministrent. Senex supinus cadit percussus, ut videtur, & male acceptus. Nihil obstante tumultu tanto quatuor mulieres tranquille dormiunt, nec ullo modo expergiscere videntur. Juvenis quidam sub stylobate sese occultare conatur, ut irrumpentibus se subducat. Mulier facem tenet, quam versus terram inclinavit : sedet autem illa prope Hermam, qui barbatus videtur esse Jupiter terminus. En historiam singularem, tumultum insignem. Quidnam autem hic repræsentetur, quis divinare possit? Ne conjectura quidem ausim rem tam insolitam & portenti similem explicare.

III. Pugna inter Romanos & Sabinos post abreptas horum puellas, nusquam ita accurate repræsentatur, ut in hoc egregio nummo regii musæi, qui Faustinam matrem in altera facie repræsentat. Historia autem isthæc vulgata est, ut nonnisi brevissime referre illam liceat. Roma ab Romulo condita fausta principia habuerat, ita ut etiam vicinis gentibus formidolosa esse cœperit. Populus autem ille Romanus ex turba hinc & inde convenientium virorum constitutus, non uxores habebat, quæ progeniem continuarent. A vicinis petuntur uxores ; negant illi se filias daturos, tantum timoris incusserat ille populus ab ipsa origine formidandus, ne posteros relinqueret qui sibi exitio essent. Techna igitur ipsis atendum fuit, ut uxores nanciscerentur. Ludi in Neptuni equestris honorem celebrantur, & spectaculum invitantur vicini. Accurrunt illi, maximeque omnium Sabini, cum uxoribus, filiis & filiabus ; susceptum de filiabus Sabinorum abripiendis consilium impletur. Indignati Sabini, ulciscendi facinoris causa, cum vicinis populis societatem belli ineunt ; non parum temporis ea in re insumitur ; ita ut cum collectus exercitus fuit, jam ex connubiis hujusmodi proles esset orta, Sabinorumque filiæ jam erga viros suos amore connubiali essent affectæ. Sabini ergo ducente Tatio Rege suo, arcem quæ deinde Tarpeia dicta fuit, capiunt. Acris hinc pugna conseritur in ipsa urbe. Statim cessere Romani, exinde prælium redintegrant. Sabinorum filiæ ex quibus jam

enfans, vinrent se jetter au milieu des armées, tenans leurs enfans entre leurs bras, & firent tant par leurs prieres, que les deux partis se réünirent en un seul peuple. C'est ce qui est representé dans ce medaillon des plus beaux & des plus singuliers qu'on ait encore vûs.

Romani prolem susceperant, inter medios exercitus cum infantibus se conferunt; atque precibus id impetrarunt, ut ambo populi in unam confluerent gentem. Hoc ipsum repræsentatum cernis in hoc nummo, qui inter præstantissimos & singularissimos numerandus est.

LIVRE

LIVRE TROISIEME.
Belier non suspendu, marques de victoires, largesse aux soldats.

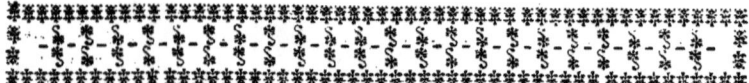

CHAPITRE PREMIER.

I. Le belier des Anciens. II. Les differentes manieres pour faire aller cette machine, & battre en breche. III. Dissertation de M. le Chevalier de Follard sur le belier non suspendu.

I. LE Belier étoit la machine dont les Anciens se servoient le plus ordinairement pour battre en brêche. Elle étoit en usage non seulement chez les Grecs & chez les Romains ; mais aussi chez les peuples barbares ; les Gaulois, les Daces s'en servoient & les Germains aussi ; si les trophées qu'on appelle de Marius, ont été érigez pour une victoire remportée sur les Germains, comme quelques-uns le prétendent.

II. Les Carthaginois selon Vitruve l. 10. c. 19. furent les inventeurs de cette machine au siege de Cadis. Voulant détruire une forteresse qu'ils avoient prise, & n'ayant ni les instrumens de fer, ni les machines necessaires pour cela, ils prirent une poutre, & à coups redoublez à force de bras, ils jetterent la forteresse à bas. Nous voions dans la planche LXXX. du quatriéme tome de l'Antiquité les Daces se servir de même du belier pour battre en brêche une forteresse défendue par les Romains : ils le poussent à force de bras, & n'ont rien qui les mette à couvert des coups des ennemis. La machine emploiée en cette maniere ne pouvoit pas faire grand effet ; aussi ne prirent-ils pas la forteresse.

LIBER TERTIUS.
Aries non suspensus, victoria signa, largitas militaris.

CAPUT PRIMUM.

I. Aries, veterum militaris machina. II. Medi varii hujus admovendæ machinæ ad muros dejiciendos. III. Dissertatio D. Equitis de Follard circa arietem non suspensum.

I. ARies machina erat, qua ut plurimum veteres utebantur ad urbium turriumque muros dejiciendos. Non a Græcis modo atque a Romanis adhibebatur ; sed etiam a Barbaris, a Gallis, a Dacis ; imo etiam a Germanis, si quidem tropæa illa quæ Marii vocantur, pro victoria de Germanis reportata erecta fuerint, ut aliquorum fert opinio.

II. *Carthaginenses*, inquit Vitruvius l. 10. c. 19. *ad Gades oppugnandas castra posuerunt : cum autem castellum cepissent, id demoliri sunt conati. Posteaquam non habuerunt ad demolitionem ferramenta sumserunt tignum, idque manibus sustinentes, capiteque ejus summum murum continenter pulsantes, summos lapidum ordines dejiciebant, & ita gradatim ex ordine totam communitionem dissipaverunt.* In tabula LXXX. quarti Antiquitatis explanatæ tomi Dacos videmus ariete muros arcis cujusdam Romanorum eodem modo impetentes. Arietem illi manibus sustinent & impellunt, nulloque munimento obtecti, Romanorum telis patent. Illo modo adhibita machina non quid magni præstare poterat : indeque evenit ut illi re infecta discederent.

Une autre maniere d'user de cette batterie, étoit de suspendre le belier avec des cordes, & de le faire aller par une espece de balancement. Il étoit bien plus aisé de s'en servir ainsi, & il ne faut pas de grandes forces mouvantes pour faire aller un belier suspendu. C'est ainsi qu'alloit selon Joseph 3. 7. le belier dressé par les Romains contre les murs de Jerusalem. Il faut qu'ils aient changé depuis ce tems cette maniere de faire aller le belier. Nous voions deux fois dans l'arc de Severe le belier à couvert de tous les coups des ennemis, hors la tête du belier qui sort en dehors ; mais il est placé dans un lieu si bas, qu'il est impossible qu'il soit suspendu : il faut necessairement qu'il y ait d'autres ressorts qui le poussent. La difficulté est de sçavoir de quelle machine ils se servoient pour donner le mouvement au belier renfermé dans un lieu si bas, & le faire aller avec assez de violence pour abbatre à coups redoublez des tours & des murailles de villes.

M. le Chevalier de Follard, qu'une longue experience toujours accompagnée de reflexion, a rendu un des plus habiles Officiers de l'Europe, a enfin trouvé les forces mouvantes qui faisoient aller ce belier resserré dans de si étroites bornes. Trente-six ans de service joints à une étude continuelle de l'art militaire, tant des anciens que des modernes, lui ont procuré des connoissances si sûres de cet art, que de l'aveu de plusieurs Officiers Generaux, peu de gens l'égalent en ce point. Voici ce qu'il pense touchant le belier non suspendu, dont il nous a donné la figure après l'avoir executée en bois.

Alio item modo aries adhibebatur, funibus nempe ligatus atque suspensus, sic levi conatu admovebatur : neque enim quantacumque gravis esset suspensa moles arietis, ipsam movere difficile erat. Sic secundum Josephum. 3. 7. aries contra muros Jerosolymorum admovebatur. Hunc vero arietem admovendi modum postea haud dubie immutarunt. Bis enim in arcu Severi videmus arietem ita tectum undique, ut hostium telis, excepta illa anteriore parte, cui caput arietis ferreum aut æreum hærebat, nullo modo pateat ; sed in tam demisso loco positus, ut suspensus esse omnino non possit. In hoc autem difficultas versatur : qua machina qua arte uterentur, ut arietem in loco tam humili positum moverent, & cum tanta violentia impellerent, ut repetitis ictibus muros turresque dejiceret.

D. Eques de Follard, qui ex diuturna & cum meditatione conjuncta experientia, inter peritissimos qui per Europam exstant Tribunos, numeratur; tandem qua arte veteres arietem in tam angustis limitibus circumscriptum impellerent, adinvenit. Militiam per triginta quinque annos inter duces professus, & a rei militaris cum veteris tum hodiernæ studio nunquam desistens, utriusque notitiam tam accurate est assequutus, ut fatentibus passim ducibus atque tribunis, pauci nunc exstent pari instructi scientia. En qua ratione ille disserat de ariete non suspenso, cujus nobis schema delineatum obtulit, postquam in lignea machina expressisset.

BELIER NON SUSPENDU, MARQUES DE VICTOIRES, &c. 35

» OBSERVATIONS

» *Sur le belier non suspendu des Anciens, & ses forces mouvantes.*

POur peu que l'on examine avec attention le belier à tortue qu'on voit « dans les marbres & dans les monumens qui nous restent de l'antiquité, « on aura de la peine à se persuader que cette machine fut suspendue. Il y a un grand nombre d'Auteurs qui parlent de la tortue au dedans de laquelle il y « avoit un belier, entre autres Polybe & Procope en differens endroits de leur hi- « stoire, ils s'attachent principalement à la description de la tortue, & nous en « donnent la construction & passent legerement sur le belier, de sorte qu'ils « nous laissent dans une entiere ignorance des forces mouvantes de cette ma- « chine. On diroit qu'ils se sont tous donné le mot pour nous en cacher le « mystere, & nous ignorons encore aujourd'hui si ce belier étoit suspendu ou « non dans ces tortues. «

Pl. XVI.

Vegece prétend que la tortue a pris son nom du belier dont la tête sort « de cette machine, & y rentre ensuite, comme la tête de la tortue sort « de son écaille, & s'y renferme après ; cela peut être, quoique ce terme signi- « fie tout ce qui sert à couvrir les travailleurs indépendamment du belier ; car « on se servoit de la tortue à bien d'autres usages que celui du belier. Ce qui se « voit dans Cesar au siege de Marseille, & à une infinité d'autres qui n'étoient « pas moins memorables pour la grandeur des travaux. Il paroit pourtant que « le même Vegece distingue la tortue à faux de celle où l'on mettoit un belier « de batterie. Dans la premiere il y avoit une poutre suspendue qu'on balan- « çoit en avant, au bout de laquelle étoit une maniere de faux ou de fer cour- « bé en grapin, avec lequel on tâchoit d'arracher & de tirer à bas les pierres « de la muraille que le belier avoit ébranlées. Mais lors que cet Auteur parle du « belier à batterie, il ne nous dit pas qu'il fut suspendu : deux ou trois lignes « de plus suffisoient pour nous mettre au fait de ce belier & de ses forces mou- « vantes ; c'est ce qu'un bon abreviateur ne neglige jamais de faire. «

OBSERVATIONES

In arietem veterum, & in vim ipsum moventem.

» SI quis arietem in testudine conclusum, quem
» in monimentis conspicimus diligenter intento-
» que animo consideraverit ; vix sibi persuadere pote-
» rit hujusmodi machinam fuisse suspensam. Multi
» scriptores testudinem commemorant, in qua con-
» clusus aries esset ; interque alios Polybius Proco-
» piusque in variis historiæ suæ locis ; ii præcipuam
» operam in describenda testudine ponunt, ejusque
» structuram perquirunt, deque ariete raptim verba
» faciunt ; ita ut de vi atque artificio queis pelleretur
» aries, prorsus nihil doceant : atque mutuo egisse con-
» silio videntur, ut arcanum hujusmodi occultarent ;
» usque adeo ut nesciamus an intra testudinem suspen-
» sus aries esset, necne.

» *Testudo autem*, inquit Vegetius 4. 14. *a similitu-*
» *dine veræ testudinis vocabulum sumpsit, quia sicut illa*
» *modo reducit, modo profert caput ; ita machinamentum*
» *interdum reducit trabem, interdum exerit ut fortius cæ-*

dat. Illud ita accidere potuit, etiamsi testudo illud «
omne significet, quo operæ dum laborant, conte- «
guntur ; nullo etiam præsente ariete. Testudo nam- «
que multis aliis deputabatur usibus, etiamsi aries «
nullus adhiberetur, id quod animadvertere est apud «
Cæsarem in obsidione Massiliæ de bello Gall. 5. 2. «
& in multis aliis obsidionibus quæ apparatûs mag- «
nitudine minores non erant. Attamen videtur idem «
Vegetius falcatam testudinem distinguere ab ea in «
qua aries locabatur ad succutiendos muros. In prio- «
re namque trabes erat suspensa, quam ita suspen- «
sam facile admovebant, quadam ceu falce sive in- «
curvo ferro munitam qua lapides ab ariete concus- «
sos in terram decutere conabantur. At cum idem «
scriptor de ariete loquitur, qui ad muros impe- «
tendos & concutiendos muros deputabatur, nusquam di- «
cit eum fuisse suspensum. Si paucos ille addidisset «
versus, poterat nullo negotio docere qua vi qui- «
bus machinis aries ille moveretur ; illud vero ne «
epitomes quidem scriptores, si munere suo accu- «
rate fungi velint indicare negligunt. »

Tome IV.   E ij

« Personne n'ignoroit du tems de Polybe, de Procope & de Vegece ce que c'étoit que la tortue, la construction de cette machine & ses differens usages dans les sieges ; mais d'où vient encore une fois qu'on ne parle que de la tortue, & qu'on laisse là le belier qui en fait le principal ? Je ne puis croire qu'il fut suspendu ; car pour le suspendre il eut fallu élever le comble de la tortue à une hauteur prodigieuse ; cela se comprend assez. On ne pouvoit approcher & battre le mur qu'à une certaine distance, pour que le belier eut plus de coup & de force dans son balancement, & il falloit non seulement cet espace se prit, selon la longueur de cette terrible machine (comme l'appelle Josephe) qui devoit être au moins de quarante pieds de long & d'une grosseur proportionnée ; mais encore que le cable au bout duquel elle étoit attachée & suspendue en équilibre, fut d'une certaine longueur; car tout l'effet & la force en dépendoient, ce qui obligeoit à élever extraordinairement le comble de la tortue, où l'autre bout du cable qui soutenoit le belier étoit attaché; car la force & la violence du choc étoient plus ou moins grandes selon la longueur de ce cable & l'étendue de ses vibrations.

« Juste-Lipse qui a écrit du belier sur les divers textes des Auteurs, ne me satisfait pas à l'égard du belier non suspendu : mais puisqu'il s'est hasardé de nous donner ses imaginations sur les machines de guerre des Anciens, où il n'y a ni sens ni invention, rien ne l'empêchoit d'en faire de même sur le belier non suspendu ; peut-être qu'il auroit été plus heureux que dans le reste.

« Vitruve parle d'une espece de belier qu'on appelloit *terebra* ou tarriere dont M. Perault Commentateur aussi imaginatif & aussi peu heureux que Lipse, a donné la figure. Il a inventé de certains rouleaux par le moien desquels il croit pouvoir faire agir son belier, selon l'idée de l'Auteur dont il est l'interprete.

« Si Perrault eut eu l'esprit plus inventif, il nous eut un peu mieux expliqué ce qu'il pensoit des forces mouvantes de cette machine dont le tenebreux Vitruve fait mention. Le Commentateur devoit se developper un peu plus qu'il n'a fait, & nous donner l'arrangement de ces rouleaux, & comment il les disposoit dans son imagination pour faire agir, couler & actionner sa poutre en avant & en arriere : mais il ne nous donne aucune idée précise du jeu de sa

---

« Ignorabat nemo tempore Polybii, Procopii ac Vegetii quid esset testudo, quæ ejus constructio, qui essent ejus varii usus in obsidionibus. Sed quid causæ est, ut iterum conquerar, quod testudo solum commemoretur ac describatur, de ariete autem quæ præcipua erat machina, nihil fere dicatur ? Ut ut est, nunquam crediderim arietem fuisse suspensum; nam ut suspenderetur aries, immensæ altitudinis paranda testudo erat. Id ut facile intelligas, non poterat murus impeti ac concuti, nisi aliquo interjecto spatio, ut suspensus aries validius infligeret ac concuteret, non modo secundum terribilis illius machinæ (ita nempe vocat Josephus) longitudinem, quæ quadraginta saltem pedum esse debebat, cum densitate competenti, sed etiam secundum longitudinem funis cui ipsa machina alligabatur, ut ex sublimi penderet & libraretur : nam ex hujusmodi longitudine tota vis concussionis oriebatur ; inde autem testudinis culmen ingentis sublimitatis esset oportebat, ubi extremitas alia funis arietem sustinentis alligata erat. Nam ictus violentia aut major aut minor erat, quo longioribus aut brevioribus funibus alligabatur.

Justus Lipsius qui ex scriptorum dictis arietis descriptionem conciliavit Poliorc. l. 2, dial. 3. non majorem mihi notitiam parit, nec difficultatem tollit circa non suspensum arietem. At cum pro lubito suo multa commentus sit circa veterum machinas, ubi nec rectum judicium, nec inventionis vestigia ulla comparent : quid prohibuit quominus de ariete etiam non suspenso aliquid proferret ? Id vero forte felicius quam cætera tentavisset. «

Vitruvius l. 10. cap 19. aliquod arietis genus commemorat, quod terebram appellat ; cujus Perraltius haud felicior interpres, quam Lipsius, figuram commentus est. Palangas ille quasdam adinvenit, quarum ope se posse putat arieti motum præstare secundum mentem scriptoris, cujus ipse se interpretem præbet. «

Si Perraltius feliciori ad inventionem genio præditus fuisset, melius haud dubie extulisset quid in mente haberet circa vires machinæ istius quam commemorat Vitruvius, perplexus sane scriptor. Interpres ejus rem minutatim explicare debuit, & palangarum ordinem describere, quo pacto nempe illas in mente sua disponeret, ut trabem hujusmodi tra-

BELIER NON SUSPENDU, MARQUES DE VICTOIRES, &c.

machine. Il y met un moulinet qui gâte tout, & qui ne peut être d'aucun « usage, comme nous allons voir. «

Si ces rouleaux ou ces cilindres dont il parle ont assez de force & de violence « pour faire agir sa poutre, la pousser en avant, & la faire retourner en arriere « par le moien des hommes qu'il met au dessous de l'auge, il me semble qu'il « n'a pas besoin d'un moulinet pour la faire rentrer dans son canal en tournant « le moulinet;& s'il en faut un pour la faire rentrer, il en eut fallu necessairement « un autre à l'extremité du même canal pour la faire avancer. S'il falloit tant de « forces mouvantes, & des hommes encore pour aider au moulinet, il faut qu'on « m'avoue que le mouvement de la poutre devoit être aussi lent que la tortue, « & que par consequent elle n'avoit aucune force, bien loin de faire l'effet « qu'il prétend : pour moi je suis persuadé qu'il ignoroit la disposition de ses rou- « leaux ; voila sa tarriere en mauvaise posture. La fausseté m'en paroit évi- « dente. «

Le faux bien reconnu produit la recherche, & la recherche l'invention. « L'on doit souvent la découverte d'une chose à la fausseté reconnue d'une autre, « c'est ce que j'ai plusieurs fois experimenté dans la recherche des machines des « Anciens. Je dois la découverte des forces mouvantes du belier non suspendu « à la tarriere de M. Perrault. Il ne dit pas comment il dispose ses rouleaux ; il « n'a garde de nous l'apprendre, puisque la maniere de les disposer lui étoit « inconnue ; car pour faire aller la machine, il falloit que les rouleaux se con- « tinssent toujours paralleles, ce qui est impossible, s'ils ne sont attachez par « leurs centres près à près les uns des autres, & sans se toucher pour éviter le « frottement ; j'en ai vû en Hollande joints les uns près les autres par des bou- « lons arrêtez entre deux poutres, ou un canal qui leur servoit comme de « chape ; c'étoient comme plusieurs poulies à deux pouces les unes des autres : « mais comme les cilindres ne couloient point sur une surface plane, le fardeau « qui étoit appuié dessus, causoit un frottement considerable. Les cilindres de « M. d'Hermand n'étoient pas sujets à ce défaut; je m'en suis servi y changeant « fort peu de chose à l'égard de la chape. Je n'entre pas dans la démonstration « des forces mouvantes de mon belier, cela me meneroit trop loin. «

Je ne répons pas au reste que mon belier non suspendu soit celui des An- «

» heret, pelleret ante, retroque duceret. Verum ille
» nihil menti nostræ offert quo machinæ suæ motum
» volubilitatemque patefaciat. Suculam comminisci-
» tur, quæ omnia pessumdat, quæque nullius potest
» usus esse, ut mox videbimus.

» Si palangæ quas ille in medium affert, cum tanta
» violentia trabem agere posteaque reducere possunt
» opitulantibus viris quos sub alveo locat ; videtur
» sane sucula non opus esse, ut trabes in alveum suum
» reducatur; & si ut reducatur in alveum sucula opus
» est, altera certe sucula in alia extremitate ejusdem
» alvei opus fuerit, ut trabes inducatur & pellatur ;
» ac si talibus adjumentis opus sit, unaque viris qui
» suculam vertant, fateatur ille necesse est, trabis
» motum testudinis tarditatem æquare ; sicque nihil
» illam perficere posse, nedum valeat quassare muros.
» Videtur utique ipse Perraltius palangarum suarum
» ordinem functionemque non novisse; & jam illa te-
» rebra nutat, ac pessum ire videtur, planumque est
» falso adscriptam ipsi fuisse talem functionem.

» Sic repudiata inerte machina, novam perquisi-
» tionem aggredimur, ex qua, ut spero, inventio
» orietur. Sic sæpe accidit ut falsa frustraque tentata

notitia ad veram notitiam viam paret ; id quod sæpe « dum veterum machinæ disquirerentur, expertus « sum. Ex prolata Perraltii terebra ad verum arietis « usum, ad vires ipsum moventes perveni. Non di- « xit ipse Perraltius qua arte palangas suas sive cylin- « dros disponat, neque mirum, cum id ille prorsus « ignoraret. Ut enim recte machina procederet, ne- « cesse erat ut palangæ semper παράλληλοι essent, id « quod omnino fieri nequit, nisi a centro jungantur; « ita ut nonnihil inter eas intersititii maneat, ne sese « mutuo tangant & perfricent. Vidi ego in Batavia « palangas junctas per cardines turbinatios in canali « qui operculi loco erat. Erant autem ceu trochleæ, « quæ duobus pollicibus altera ab altera distabant;sed « quia hujuscemodi cylindri in plana superficie non « volvebantur, moles superposita allisionem non mo- « dicam inferebat. Cylindri porro D. Hermantii non « id vitii præ se ferebant : illis igitur usus sum modi- « ca invecta in iis quæ machinam operiunt muta- « tione. Circa vires autem machinam moventes de- « monstrationem non instituam, ne longius excurrat « oratio. «

Neque tamen affirmare velim talem fuisse vete- «

,, ciens ; & quand il seroit vrai que je l'aurois rencontré, qui pourroit l'assurer,
,, puisqu'il ne nous reste aucune trace de cette machine ? Que ce soit celui des
,, Anciens ou non, peu m'importe ; il suffit que les forces que je produis soient
,, capables de mêmes effets que le belier non suspendu : je ne crois pas qu'on
,, puisse le revoquer en doute, & je suis fondé non sur la demonstration qui n'est
,, pas toujours une chose fort sûre en matiere de mechanique ; mais sur l'expe-
,, rience que j'en ai faite, je suis même assuré que la découverte de cette machine
,, peut mener à d'autres plus considerables ; j'en laisse le jugement à de plus ha-
,, biles que moi. Je tiens que ce belier agit avec plus de force que le belier sus-
,, pendu, & que les coups sont plus vifs & plus souvent redoublez que ceux du
,, suspendu dont les coups sont obliques, au lieu que ceux du mien sont directs.
,, Les hommes qui sont agir multiplient & augmentent beaucoup de sa force,
,, aidée encore du poids & de la pesanteur de la poutre ; au lieu que la puissance
,, de l'autre n'est que dans son balancement & dans son propre poids qui fait
,, plus ou moins d'effet selon l'étendue de ses vibrations. Ceux qui l'amenent ne
,, le poussent point dans son choc qui vient de son propre poids. Dans ma ma-
,, chine ce n'est pas le belier qu'on pousse, mais les roulettes ou les cordages
,, qui les font agir en avant & en arriere, sont attachez aux deux extremitez, &
,, le belier va de lui-même sur ses roulettes, dont la rapidité, la violence & le
,, choc augmentent de force, selon le poids & la pesanteur de la poutre.

,, rum arietem : etsi namque hæ vires arietem vehe-
,, menter pellant, quomodo ausim asserere eas ipsas
,, olim adhibitas fuisse, cum nullum usquam su-
,, persit hujusmodi machinæ vestigium ? Neque mea
,, interest an veterum fuerit necne : satis quippe est
,, ut talem proferam machinam talesque vires quæ
,, possint perinde muros succutere & dejicere, atque
,, aries ille veterum non suspensus. Non puto autem
,, in dubium vocari posse illas esse machinæ a me in-
,, ventæ vires. Illud autem non demonstratione pro-
,, bo ; in rebus quippe mechanicis demonstratio non
,, ita certa semper est ; verum experimento machinam
,, comprobavi. Puto autem ex hujus machinæ inven-
,, tione ad alia invenienda viam parari, cujus rei judi-
v cium peritioribus relinquo. Aries hoc procedens
modo, ictu vehementiore muros succutiebat, quam "
aries suspensus. Aries quippe suspensus oblique per- "
cutiebat ; hic autem noster aries recto motu impe- "
tebat muros. Viri impellendæ trabi deputati motum "
augebant, trabis moles impetum majorem creabat. "
Contra vero suspensi arietis vis tota in suspensione "
consistit, eoque majori vel minori vi pellitur tra- "
bes, quæ vel longiore vel ex breviore spatio vi- "
bratur. Ii qui arietem suspensum reducunt, nihil "
ejus impetui addunt. In machina nostra non aries "
pellitur, sed rotulis motus inditur. Funes qui & "
ante & retro rotulas ducunt, in extremitatibus utrin- "
que ligantur. Ariesque rotulis impositus, motu "
quasi proprio incedit, rotulis secundum trabis mo- "
lem impetum intendentibus. "

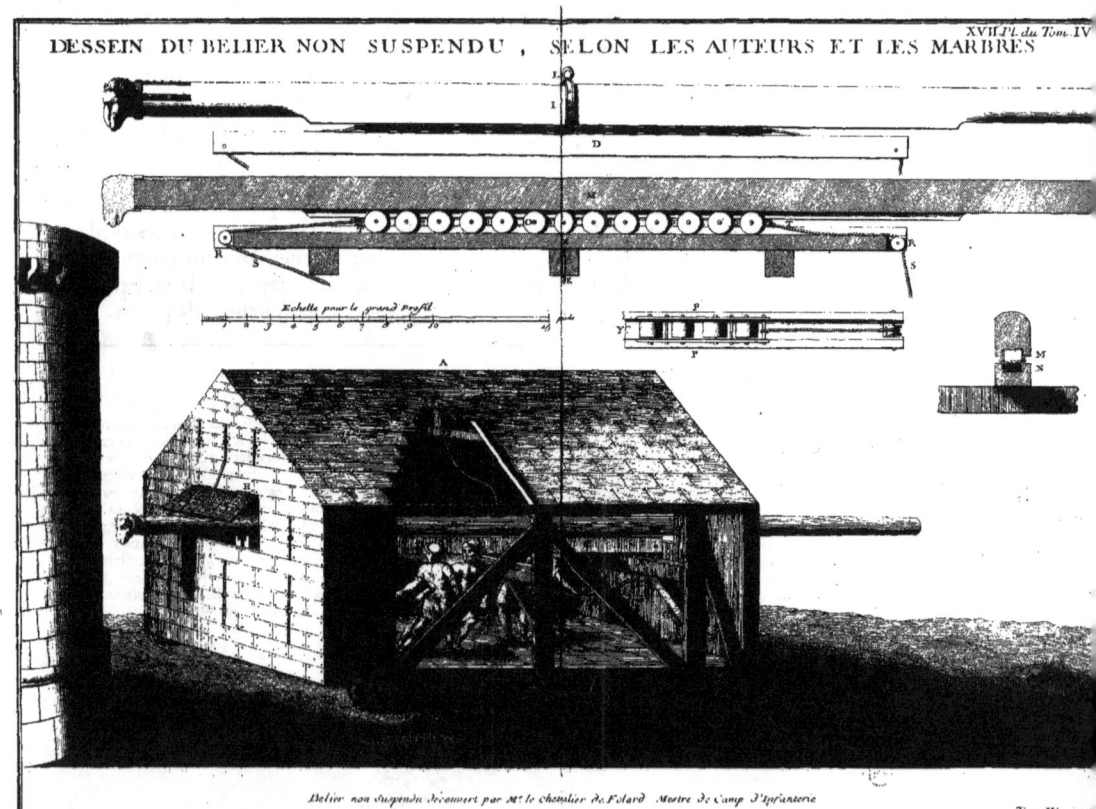

BELIER NON SUSPENDU, MARQUES DE VICTOIRES, &c

EXPLICATION DU BELIER NON SUSPENDU.

A. Tortue à belier selon les Anciens.
B. Belier sortant des deux côtez de la tortue qui coule posé sur une chaine de roulettes.
C. Canal ou auge pratiquée dans la poutre.
D. Soldats qui servent le belier & le font joüer dans la tortue par le moien des deux cordages. E.
F. Cordage attaché au belier & à la poutre de travers G pour arrêter le belier, & l'empêcher de sortir de son canal, en le poussant en avant ou en arriere.
H. Mantelet qui se hausse & se baisse pour couvrir ceux qui servoient la machine contre les traits des assiegez.

Explication des forces mouvantes du belier.

I. Belier sur sa coulisse & porté sur la chaine de roulettes. K.
L. Anneau dans lequel est lié le cordage qui retient le belier à une certaine distance.
M. Coupe en long du belier & de sa coulisse. N.
O. Coupe des cilindres qui roulent & sont arrêtez au tour de leur axe par deux bandes de fer qui leur servent de chape, d'une seule piece, P avec des travers Q qui retiennent les deux bandes parallelles comme les cilindres.
R. Poulies pour faciliter le mouvement des deux cordages S attachez aux deux travers des extremitez T des roulettes qui font agir le belier.
V. Pivot ou boulon de fer qui passe dans le travers du milieu d'une des poutres qui soutiennent le belier pour le tourner, & battre en differens endroits.
X. Coupe de travers.
Y. Plan des roulettes ou des cilindres.

ARIETIS NON SUSPENSI EXPLICATIO.

A. Testudo arietem continens secundum veterum morem.
B. Aries ex utroque testudinis latere egrediens, rotulis impositus cum impetu fertur.
C. Alveus in trabe quadam excavatus.
D. Milites arietem moventes & in testudine funibus ducentes ac reducentes. E.
F. Funes arieti & transversæ trabi alligati, qui arietem retinent ne ex alveo suo egrediatur, atque eum pellunt & reducunt. G.
H. Tegmen quod erigi ac demitti potest, ut eos qui machinam dirigunt a telis obsessorum tutos præstet.

Explicatur quibus viribus aries moveatur.

I. Aries suppositæ trabi insistens, & rotularum serie sustentatus. K.
L. Annulus in quo ligantur funes, qui ad certum spatium arietem retinent.
M. Facies interior arietis in longitudine sua cæsi, & suppositæ trabis N.
O. Facies interior rotularum sectarum, quæ volvuntur circa axem suum, retinentur a duobus ligaminibus ferreis simul junctis P. cum transversis ligaminibus Q. quæ duo illa ligamina parallela retinent.
R. Trochleæ quæ funium motum faciliorem reddunt S. qui funes duabus extremitatibus alligantur T. rotularum quæ motum induunt arieti.
V. Cardo turbinatus ferreus, qui unam ex trabibus arietem sustinentibus a medio transmeat, ut aries vertatur, variasque murorum partes quatiat.
X. Facies transversa cæsæ machinæ.
Y. Rotularum facies.

CHAPITRE SECOND.

I. Supplians qui viennent au devant de M. Aurele. II. Septime Severe vainqueur. III. Corps d'Albin tué à la bataille porté à Septime Severe. IV. Autre marque de victoire.

Pl. XVII.

I. LEs marbres nous fourniffent bien plus de marques de victoire, que des combats, des batailles ou des fieges. Ces marques de victoire font non feulement les trophées, triomphes & arcs de triomphe, les colonnes; mais auffi les foumiffions des peuples conquis ou des rebelles vaincus, qui venoient implorer la clemence du vainqueur. Tel eft ce beau bas relief de Rome où Marc Aurele eft reprefenté à cheval arrivant en Syrie, & les peuples viennent à fa rencontre, fe mettent à genoux & lui tendent les mains. Ce fut après la révolte d'Avidius Caffius qui s'étant fait proclamer Empereur en Orient fut depuis tué. Et le bon Empereur étant venu en Syrie, pardonna de bon cœur à tous ceux qui avoient prêté la main au rebelle. On le voit ici à cheval accompagné d'autres cavaliers & de gens à pied. On n'y voit d'autres fignes militaires que deux étendarts de cavalerie. Marc Aurele eft en habit militaire, portant le *paludamentum* ou la chlamyde qui flotte au gré des vents. La poignée de fa petite épée qu'il porte au côté, fe termine en tête d'oifeau. Deux arbres peints dans l'image femblent marquer que ceci fe paffe à la campagne.

Pl. XVIII.

II. Voici un autre vainqueur à qui les vaincus viennent faire leurs foumiffions. Le Bellori a cru que c'étoit quelque Commandant Romain fans en dire le nom, qui aiant vaincu les Parthes, les voioit ici à fes pieds demandant mifericorde. Comme je fuis perfuadé que ce vainqueur affis eft un Empereur, fi ce font veritablement les Parthes qui viennent implorer fa clemence, je ne vois pas que cet Empereur puiffe être autre que Septime Severe. Il lui reffemble affurément, fi le graveur Romain a bien rendu fon original, & ne reffemble à aucun des autres Empereurs qui ont fait la guerre aux Parthes. Ce n'eft pas affurément Trajan qui n'avoit point de barbe ; ce n'eft ni Lucius Verus, ni Marc

---

CAPUT SECUNDUM.

I. Populi quidam supplices ad Marcum Aurelium accedunt. II. Septimius Severus victor. III. Corpus Albini in prælio cæsi ad Septimium Severum defertur. IV. Aliud victoriæ monimentum.

I. IN veterum monimentis longe plura fuperfunt victoriæ figna, quam pugnæ, certamina vel obfidiones. Hæc porro victoriæ figna, non modo tropæa funt, triumphi, triumphales arcus & columnæ: fed etiam deditiones populorum aut rebellium poftquam devicti fuere, qui victorem adeuntes ejus fefe clementiæ indulgentiæque commendabant. Hujufmodi eft egregium illud anaglyphum Romanum, in quo Marcus Aurelius eques exhibetur cum in Syriam pervenit ; populi autem ipfi obviam veniunt, & genu flexo manus tendunt. Accidit illud poftquam Avidius Caffius qui defecerat, fefeque in Oriente Imperatorem proclamari curaverat, occifus deinde fuit. Atque optimæ indolis Imperator cum in Syriam fe contuliffet, omnibus quotquot cum Avidio Caffio defecerant, libentiffime pepercit. Hic eques confpicitur, aliis comitantibus equitibus peditibufque. Non alia hic militaria figna confpiciuntur, quam duo equitum vexilla. M. Aurelius vefte inftructus militari, paludamentum five chlamydem geftat, cujus pars a vento agitatur; gladii ejus quem ad latus geftat capulus in avis caput definit. Duæ arbores hic reprefentatæ fignificare videntur hæc in agro gefta fuiffe.

II. En alium victorem quem profligati devictique populi fupplices adeunt. Putavit Bellorius quemdam effe Romanum ducem cujus nomen non protulit, qui devictis Parthis, eofdem Parthos pronos, proftratos veniamque petentes ad pedes fuos cerneret. Cum autem certum habeam hunc quem hic confpicimus victorem, Imperatorem effe ; fi vere Parthi hic ejus clementiam implorant, non video alium effe poffe, quam Septimium Severum Imperatorem. Septimii certe Severi effigiem refert ; fi tamen fculptor Romanus ad fidem archetypi ejus imaginem expreflerit. nullumque alium Imperatorum qui bellum contra Parthos geflerunt, referre poteft. Non Trajanum certe qui barbam nufquam habet, non Lucium Ve-

Aurele

UNE NATION DEMANDE LA PAIX A MARC AURELE.

Marbre Romain

Aurele, ni Alexandre Severe ; & personne ne croira que ce soit quelque Empereur du bas Empire où l'on ne portoit point de barbe. L'Empereur assis tient son épée de la main droite, & tend la gauche aux supplians. Une Victoire qui est derriere lui & qui tient une palme le couronne de laurier. Celui qui se prosterne devant lui, & qui paroit être le chef des supplians, porte un bonnet Phrygien, & en cela il convient avec les Parthes, ce qui appuieroit notre conjecture. Mais ce qui me fait un peu de peine, c'est que le manteau ou candys qu'il porte est sur la chair nue, au lieu que les Parthes portoient tous des tuniques sous les candys, comme on peut voir sur l'arc de Severe. De plus un captif que nous voyons dans la troupe pris sans doute dans la nation vaincue, aiant les mains liées derriere le dos, est vêtu de même & a la tête nue, avec ses braies de la même forme que celle des Germains. Il porte une longue chlamyde frangée qui convient mieux aux Daces & aux Germains : le candys des Parthes étoit plus court : on voit ici les chaines qui lient les mains derriere le dos. Deux captifs liez aux deux trophées qui terminent l'image de chaque côté, sont aussi nuds de la ceinture en haut, & couverts en bas de leurs longues braies. La tiare Phrygienne convient d'ailleurs aux Germains, aux Daces, & à bien d'autres peuples. De sorte que si l'on pouvoit attribuer à Septime Severe une Victoire Germanique, il faudroit dire que ce sont les marques d'une victoire remportée sur les Germains, ausquels Septime Severe n'a jamais fait la guerre. Il vaut mieux laisser la chose indécise. Les boucliers mis sur les trophées sont ovales. Une femme qui paroit être du nombre des captifs, prend un enfant qui pleure & qui lamente son infortune.

III. Il y a bien moins de doute sur l'image suivante qui est tirée d'une pierre gravée. Septime Severe est assis sur une aigle disposée en forme de siege. Des soldats lui apportent le corps d'Albin Cesar son competiteur, sur lequel, après que la fortune eut assez long-tems balancé l'évenement du combat, il gagna la victoire auprès de Lion : des soldats lui apportent Albin ou mort ou mourant de ses blessures. Septime Severe étend sa main comme pour donner des ordres qu'on lui coupe la tête. Cela convient fort bien avec ce que rapporte Capitolin c. 9. *Plusieurs disent que ses affaires étant desesperées, il se blessa lui-même à mort ; d'autres racontent qu'il fut blessé par un de ses esclaves & apporté mourant à Se-*

Pl. XIX.

rum, nec Marcum Aurelium, non Alexandrum Severum. Nam ad inferius ævum hæc referre nemo cogitaverit, quo Imperatores barbam non gestabant. Imperator sedens manu dextera gladium tenet, sinistramque versus supplices populos tendit. Victoria pone ipsum stans, palmamque altera manu tenens, Imperatori coronam imponit lauream. Qui ante Imperatorem prostratus veniam postulat, dux esse cæterorum videtur, & Phrygiam tiaram gestat : qua in re Parthos exprimit, & conjecturæ favet nostræ. Sed aliud offertur hic spectaculum quod difficultatem dubiumque moveat. Candys sive pallium quod ipse gestat, nudam carnem contegit ; quâ contra Parthi tunicas gestarent, id quod videre est in arcu Severi. Ad hæc autem captivus quidam ex devicta haud dubie gente adductus, manibusque a tergo ligatis eodem prorsus modo vestitus est, ac nudo capite, cum braccis iis omnino similibus quas Germani gestare solebant. Hic vero longiorem chlamydem eamque fimbriatam gestat, quæ in Germanos vel Daces potius conveniat ; nam candys Parthorum longe breviori esse solebat. Hic porro catenæ comparent, queis manus a tergo vinctæ sunt. In tropais vero duobus imaginem utrinque terminantibus duo sunt captivi sedentes manibus a tergo ligatis, a zona superne nudi, braccas & ipsi præcedenti similes gestantes, tibialibus hærentibus. Si victoriam Germanicam possemus Severo victori tribuere, diceremus certe hic victoriam de Germanis reportatam exprimi : sed in hisce partibus bellum non gessisse, fertur Septimius Severus. Tropæis impositi clipei ovatæ formæ sunt. Hic mulier en captivorum, ut videtur, numero dolentem gementemque puerulum manibus apprehendit.

III. Non tanta est circa imaginem sequentem dubitationis causa, quæ imago ex gemma educta fuit. Septimius Severus insidet aquilæ quæ in sellæ modum disposita est. Milites corpus Albini Cæsaris competitoris ipsius defuncti ad ipsum deferunt, quem postquam dubio marte diu pugnatum fuerat, devicit Severus prope Lugdunum. Milites, ut dixi, Albinum deferunt aut defunctum aut ex inflictis vulneribus extremum halitum reddentem. Septimius Severus manum extendit, jubetque, ut videtur, caput ipsi præcidi. Id quod cum Capitolini verbis apprime consentit. c. 9. & *ut multi dicunt, seipse percussit : ut alii a servo suo percussus, semivivus ad Severum deductus*

Tome IV.

vere. Cela quadre si bien avec cette image, qu'on ne peut gueres douter que ce ne soit la même histoire. Severe fit couper la tête à son competiteur, & l'envoia à Rome, où par son ordre on la ficha sur un poteau. Ce qui est à remarquer ici, c'est ce soldat, qui appuié sur ses deux genoux, prend une pierre sur laquelle sont écrites ces quatre lettres S. T. G. M. Il y en a qui ont cru que le G. doit être un C. ce changement est fort ordinaire, & qu'il falloit lire ainsi l'inscription: *Severe tenes competitorem mortuum.* Vous tenez Severe votre competiteur mort. Mais on ne peut rien fonder sur une explication si hasardée.

Pl. XX.

IV. L'image qui suit est un fragment d'un bas relief qui marque une victoire remportée. Une femme qui flechit un genou a une espece de tour sur la tête. C'est le symbole ordinaire d'une Ville que nous avons tant de fois vu dans le cours de cet ouvrage. Cette ville qui vient se rendre au vainqueur est en posture de suppliante, elle prie qu'on la traite favorablement. Celui à qui elle parle n'a pas l'air d'un chef d'armée, encore moins d'un Empereur; il a plûtôt l'air ou d'un jeune homme de mediocre condition, ou de quelque Officier subalterne qui doit porter la parole pour la ville. Il pourroit peut-être se faire que cette femme marqueroit une province qui viendroit en suppliante, quoiqu'on ne represente gueres les provinces en cette forme.

est. Quæ ad hanc imaginem sic apprime quadrant, ut vix dubitari possit eam hic historiam repræsentari. Severus competitoris sui caput præcidi jussit, Romamque misit, ubi, ut præceperat ipse, palo affixum fuit. Quod autem hic observandum, miles quidam genibus ipse suis nixus lapidem apprehendit, ubi hæ quatuor literæ sunt exaratæ S. T. G. M. Non desuere qui putaverint pro G. posse C. legi, quæ mutatio literarum C in G & vicissim frequens occurrit; litera vero sic mutata legendum esse : *Severe tenes competitorem mortuum.* Verum tam incertæ interpretationi non fidendum.

IV. Sequens imago fragmentum anaglyphi est, quod victoriam quamdam significat. Mulier quæ genuflectit, quamdam ceu turrim capite gestat. Hoc solitum est urbium symbolum, quod sæpissime in toto operis decursu conspeximus. Hæc urbs aut civitas quæ sese victori dedidit supplicis habitu & gestu genuflectit, supplicatque ut clementer secum agatur. Is quem civitas alloquitur, nullam habet ducis prætorisve formam, longe minus autem Imperatoris; potiusque juvenem credas sortis mediocris, vel si aliquod munus in militia exerceat, inter manipularios computandus, qui in gratiam supplicantis civitatis verba facturus est. Posset etiam per figuram turritæ mulieris provincia quædam supplicans designari: quamquam non soleant hoc modo provinciæ repræsentari.

LE CORPS D'ALBIN PORTÉ DEVANT SEPTIME SEVERE

Pierre gravée de M.rs Massons

PROVINCE OU VILLE A GENOUX DEVANT LES VAINQUEURS

Marbre Romain

TROPHÉE DE SEPTIME SEVERE. LES PARTHES LUI DEMANDENT LA PAIX

CHAPITRE TROISIE'ME.

I. Trajan établit Pharthamafpates Roi des Parthes. II. Parthamafiris Roi d'Armenie demande pardon à Trajan.

I. L'Empereur Trajan aiant vaincu les Parthes & pris la ville de Ctesi- PL. phonte; craignant que cette nation guerriere ne prit de nouveau les XXI. armes, crut que pour l'en empêcher il falloit leur donner un Roi. Il se rendit à Ctesiphonte, & convoqua dans une large campagne voisine tous les Romains & tous les Parthes qui se trouverent alors dans le païs. Là montant sur un tribunal fort élevé, il harangua la compagnie, étalant les grandes actions qu'il venoit de faire, & établit Parthamaspates Roi des Parthes en lui imposant le diademe. Cette histoire fut representée à Rome en bas relief sur un beau marbre qui fut d'abord mis au marché de Trajan avec les autres victoires de cet Empereur; & depuis transporté à l'arc de Constantin où il se voit encore. Trajan est monté, comme nous avons dit, sur un haut tribunal. Il presente à l'assemblée Parthamaspates à qui il a mis le diademe. Trajan est revêtu d'une large tunique relevée par une ceinture, & porte sur une épaule le paludamentum ou la chlamyde. Parthamaspates est remarquable par un grand manteau frangé qui lui descend devant & derriere jusqu'à terre, bien plus long que n'étoit le candys ou petit manteau des Perses & des Parthes. Il porte la chaussure de sa nation qui étoit commune à presque toutes les nations barbares. Il a en tête le diademe. Mais il est à remarquer que la tête que nous voyons ici a été ajoutée par les graveurs Romains qui l'ont dessiné sur d'autres têtes de Rois des Parthes qu'on voit en plusieurs endroits de Rome. Car les plus belles têtes de cet arc de Constantin tirées des monumens de Trajan furent enlevées une nuit par des curieux qui les emporterent on ne sçait où, & entre autres celle de ce Roi Parthamaspates. On voit ici les signes militaires des Romains plus magnifiques que ne le sont ordinairement ceux des autres monumens Romains. Il y a trois guidons de cavalerie, un signe militaire au haut duquel est la statue

---

CAPUT TERTIUM.

I. Trajanus Parthamaspaten Regem Parthorum constituit. II. Parthamasiris Armeniæ Rex veniam a Trajano petit.

I. Trajanus Imperator cum Parthos devicisset & Ctesiphontem cepisset; cum timeret ne natio illa studiis asperrima belli, denuo arma sumeret, & aliquid moliretur, Regem ipsi constituere decrevit. Ctesiphontem ergo venit, convocatis in magnam planitiem Romanis omnibus Parthisque qui tum aderant. Ibi excelso tribunali conscenso, orationem habuit, deque rebus ab se gestis gloriatus est, & Parthamaspaten Parthis Regem designavit, eique diadema imposuit. Hæc porro historia Romæ repræsentata fuit in marmoreo anaglypho, quod statim in foro Trajani cum cæteris victoriarum Trajani monimentis positum fuit: exinde vero in arcum Constantini translatum, ubi hodieque visitur. Trajanus, uti diximus, in excelso tribunali stat: totique coetui Parthamaspaten, cui diadema imposuit, exhibet. Trajanus ampla tunica induitur, quam zona constringit, ne effluat: humeroque gestat paludamentum sive chlamydem. Parthamaspates autem magno amploque pallio fimbriato insignitur, quod pallium anteriora operit, & terram ante retroque contingit: est multo longius quam candys ille vulgaris Parthorum Persarumque. Calceamento utitur gentis illius, quæ omnibus propemodum nationibus barbaris in usu erat: diademate caput ornatur. Verum observes velim caput istud quod hic in imagine conspicitur, a sculptoribus Romanis appositum fuisse, qui illud ad fidem cæterorum Parthorum Regum qui per urbem visebantur effinxerunt. Nam capita illa quæ in anaglyphis Trajani in arcum Constantini deportatis, elegantiora videbantur, furtim & noctu sublata fuerunt a quibusdam harumce rerum studiosis, interque alia Parthamaspatis caput abscissum ablatumque fuit. Hic signa militaria Romanorum cernuntur ac suspiciuntur, magnificentioraque exhibentur, quam in cæteris Romanorum monimentis. Tria hic comparent equitum vexilla. Signumque mi-

du dieu Mars avec un trophée qui s'élève à côté de son pied droit. Mars est armé de son casque & appuié sur son bouclier en habit militaire, tel que le portent dans les monumens les heros & les guerriers. Son casque a un panache. Près de ce signe est celui d'une déesse qui paroit être Venus; elle tient de la main droite une patere qu'elle semble verser. De l'autre côté sur un signe militaire est l'Empereur Trajan nud qui s'appuié sur un bouclier; une Victoire qui couronne l'Empereur, & tient de l'autre main une palme, est sur le signe voisin de celui-ci.

Les Romains regardoient Mars comme leur pere, & celui de qui ils avoient pris leur origine; ils le representoient souvent dans leurs monumens; & le mettoient volontiers de compagnie avec Venus: ils peignoient souvent l'adultere de Mars & de Venus: on en voit quelques images au premier tome de l'Antiquité. Dans les fêtes & jours solennels où l'on representoit les *lectisternia*, on mettoit sur les lits un dieu & une déesse, & toujours Mars avec Venus. Dans un bas relief Romain on voit d'un côté l'adultere de Mars & de Venus, & de l'autre Rhea violée par Mars, avec la naissance de Remus & de Romulus. On joignoit les deux histoires ensemble, à ce que je crois! pour faire voir que sa galanterie avec Rhea avoit eu des suites plus heureuses que son adultere avec Venus. Venus fut dans la suite en plus grand honneur à Rome, après que Jules Cesar eut répandu qu'il descendoit de Julus ou Ascanius fils d'Enée, & par consequent de Venus mere d'Enée. Depuis ce tems-là le culte de Venus fut plus grand.

Les Romains, dit Xiphilin, ne tirerent pas grand fruit de cette victoire, Parthamaspates élu Roi par Trajan, fut rejetté unanimement par les Parthes, & ils se firent un Roi à leur gré & à leur choix, ἐν τῷ σφετέρῳ τρόπῳ ἤρξαντο βασιλεύεσθαι. Nous voyons cette histoire, mais en petit dans une medaille de Trajan, dont le revers a pour inscription REX PARTHIS DATUS.

PL. XXII.
Voici une histoire à peu près semblable. Parthamasiris Arsacide fils de Pacorus Roi d'Armenie ayant été puni par Trajan qui n'étoit pas content de lui, parce qu'il avoit pris le parti des Parthes contre les Romains, il fut obligé de venir en suppliant, le priant de lui pardonner & de le remettre en sa grace: c'est ce qu'on croit qui est representé ici. Parthamasiris soutenu par un de ses gens, tend la main à l'Empereur qui tend sa main & son sceptre vers lui. Trajan est

litare in cujus culmine Mars visitur cum tropæo ex ejus dextro pede quasi sese erigente. Mars galeatus clypeo suo nititur, vesteque militari induitur, qualem conspicimus in Romanis Græcisque heroibus: galea cristata est. Prope signum hujusmodi aliud exhibetur, quod deam quampiam repræsentat: hæc porro Venus esse perhibetur quæ dextera tenet pateram libantis sacrificantisve more. In alio latere signo militari impositus Imperator Trajanus cernitur nudus, clypeoque nixus. Victoria autem quæ Imperatorem coronat, & altera manu palmam tenet, signo militari huic vicino insistit.

Romani Martem ut generis sui autorem depingebant in monimentis suis, & cum Venere libenter sociabant, idcoque adulterium Martis & Veneris in multis anaglyphis repræsentabant, quorum aliquot in primo Antiquitatis explanatæ tomo protulimus. In feriis porro solemnioribus ubi lectisternia apparabantur, deum cum dea quapiam sociabant, in eodemque lecto reponebant, ac semper Martem cum Venere. In anaglypho autem quodam Romano in una facie adulterium Martis cum Venere depingitur, in altera vero facie Rhea a Marte compressa & Remum Romulumque enixa repræsentatur. Hæc porro una copulabantur, ut existimo, quo ostenderetur Martis cum Rhea concubitum feliciorem exitum habuisse, quam adulterium Martis & Veneris. Venerem sub hæc Romani in maximo honore habuere; postquam Cæsar ex Julo sive Ascanio Æneæ filio se natum effinxit, atque adeo ex Venere Æneæ matre se originem ducere gloriatus est, hinc Venus majori cultu celebrata fuit.

Romani, inquit Xiphilinus eodem loco, ex illa de Parthis reportata victoria, parum excerpsere lucri. Parthamaspathes a Trajano Rex proclamatus, a Parthis uno consensu depulsus eliminatusque fuit; & sub hæc Parthi Regem sibi & secundum morem suum delegerunt, ἐν τῷ σφετέρῳ τρόπῳ ἤρξαντο βασιλεύεσθαι. Hanc historiam, sed minuto schemate cernimus in nummo quodam Trajani, in cujus postica inscriptio talis legitur: REX PARTHIS DATUS.

II. Hic historia offertur non absimilis. Parthamasiris Arsacides Pacori Regis Armeniæ filius a Trajano mulctatus, qui ideo indignatus in ipsum erat, quod Parthorum contra Romanos partes esset secutus; ipsum supplicis more adivit, ut veniam peteret, ac Trajani gratiam clementamque experiretur. Id putatur in hoc anaglypho exhiberi. Parthamasiris ab aliquo suorum sustentatus, manus tendit versus Imperatorem. Qui & ipse manum sceptrumque tendit in

PARTHENASPATES DONNÉ POVR ROY AVX PARTHES

Marbre Romain

PARTHAMASIRIS ROY D'ARMENIE VIENT DEVANT TRAJAN

Marbre Romain

ici sur un grand tribunal où il est assis sur un pliant. Sur ce siege il y a un coussin orné de quatre têtes aux quatre angles. Tous les signes militaires sont ici des aigles: sous les aigles on voit des medailles qui contiennent en peinture ou en sculpture des bustes ou des dieux ou des Empereurs. Nous en avons vu souvent de semblables. Ces grands ronds qui paroissoient être de grandes medailles, étoient ce qu'on appelloit *clypei* dont nous parlerons plus bas. Ces images paroissent ici si petites, qu'il n'est presque pas possible de les reconnoitre. Parmi ces aigles une a sur le dos un fer de pique avec une autre image. Entre ces Romains, soit soldats, soit tribuns, qui se tiennent auprès de l'Empereur, un a sur la tête la peau du lion, ce qu'on remarque souvent ailleurs.

Parthamasirim. Imperator magno tribunali impositus sedet in sella curuli, cui sellæ pulvinus impositus est, quatuor ferarum capitibus in angulis ornatus. Omnia signa militaria hic aquilas superpositas habent, sub aquilis quædam ceu numismata habentur, quæ vel insculptas vel depictas habent protomas aut deorum aut Imperatorum, quas sæpe alibi inspeximus. Hæc quasi numismata majoris diametri, clypei olim vocabantur, quâ de re alibi actum est: tam exiguas vero imagines internoscere vix possumus. Ex aquilis autem una supra dorsum exhibet hastæ ferrum cum altera figura quam quisque dispicere possit. Inter Romanos autem seu milites seu tribunos qui Imperatori adstant, unus capite pellem leoninam gestat; id quod alibi visum est.

CHAPITRE QUATRIE'ME.

I. Exemples de clemence & de continence de vainqueurs: d'Alexandre le grand. II. De Scipion l'Afriquain premier.

I. L'Histoire nous fournit peu d'exemples aussi remarquables que celui de Timoclée, que Plutarque a décrit dans la vie d'Alexandre le grand. Pl. XXIII. Le fait est très-singulier. On ne sait ce qu'on y doit le plus admirer, ou le grand courage de cette femme, ou la generosité d'Alexandre. Voici l'histoire. Alexandre aiant pris Thebes, fit piller & saccager la ville, ses habitans qui échapperent à la fureur du soldat, furent vendus pour esclaves. Tandis qu'on pilloit la ville, quelques soldats Thraciens avec leur capitaine entrerent dans la maison de Timoclée dame de grande vertu & des plus honorables de la ville. Les soldats s'amuserent à piller, & le capitaine viola Timoclée malgré toute sa resistance. Il lui demanda ensuite si elle n'avoit pas de l'or ou de l'argent caché: elle lui dit qu'elle en avoit, & le mena seul dans son jardin où elle lui montra un puits: c'est-la, dit-elle, que j'ai jetté ce que j'avois de plus precieux dans le tems qu'on prenoit la ville. Le capitaine se baissa pour regarder dans ce puits; alors elle prenant son tems, le poussa violemment par derriere, le jetta dans

CAPUT QUARTUM.

I. Exempla clementiæ & continentiæ in victoribus: Alexandri magni. II. Scipionis Africani.

I. Historia certe pauca profert exempla illi æquanda atque ita singularia, ut est illud Timocleæ, quod Plutarchus in vita Alexandri Macedonis descripsit. Gestum est singularissimum. Quid magis in illo miremur ignoramus, an immunem ingentem mulieris, an Alexandri generositatem? En historiam. Captis Thebis, Alexander urbem diripiendam militibus dedit. Cives qui furorem militis declinarunt, sub corona venditi sunt. Cum urbs diriperetur, quidam Thraces milites cum duce suo ædes ingressi sunt Timocleæ mulieris virtute magna præditæ, & inter primarias urbis computatæ; dum expilandis ædibus milites operam ponunt, dux Timocleam violat obnitentem, & vim repellere totis viribus conantem. Hinc Thrax ille dux ab ea petit, an aurum argentumve alicubi domi lateret. Respondit illa, vere latere aurum & argentum, ipsumque solum, in hortum suum deduxit, ibi puteum Thraci monstrat, &, eo, inquit, quæ pretiosissima habui projeci; dum urbs caperetur. Dux autem ille sese inclinavit ut in puteum inspiceret; pronum autem illum Timoclea a tergo compulit, inque

F iij

le puits, où elle acheva de l'accabler en lui jettant de grosses pierres. Les soldats Thraciens y accourent, la chargent de liens, & la menent à Alexandre. Elle parut devant lui d'un air intrepide, & conservant tant de dignité dans son malheur, qu'Alexandre en fut frappé. Il lui demanda qui elle étoit. Je suis, dit-elle, sœur de ce Theagene, qui défendant la liberté des Grecs contre Philippe, & commandant les troupes, mourut en combattant vaillamment à la bataille de Cheronée. Alexandre admirant la constance & le grand courage de cette femme, ordonna qu'on la laissat aller libre, elle & ses enfans. Voila l'histoire telle qu'elle est representée sur cette belle pierre. Timoclée menée violemment par des soldats qui portent la fureur & le desir de la vengeance dans leurs yeux & sur leur visage, paroit chargée de liens devant Alexandre d'un air libre & avec une intrepidité, que les plus grands perils ne sçauroient ébranler. Alexandre épris d'admiration, se leve de son siege & ordonne qu'on la délie, malgré les remontrances d'un soldat qui est à son côté qui parle avec action, & qui lui dit apparemment qu'il est important de punir cette femme, & de venger la mort d'un des capitaines de son armée. Tout parle ici : on ne voit guere d'images, où les expressions soient plus vives, plus belles & plus marquées. On remarque ici la forme de bouclier d'un des soldats Thraciens. C'est un cone fort obtus, dont le milieu se termine en pointe. L'habit militaire d'Alexandre en même tems simple & élegant, est encore à remarquer.

Pl. XXIV. II. L'histoire da la continence de Scipion l'Afriquain donne un spectacle non moins singulier que le precedent: elle a déja été décrite au quatrieme tome de l'Antiquité expliquée, &c. p. 55. & representée sur ce fameux bouclier d'argent du cabinet du Roi qu'on appelle le bouclier de Scipion. L'image en est curieuse & fort instructive : elle paroit avoir été faite au tems même où l'action se passa : tems où la sculpture & la gravure n'étoient pas encore dans sa perfection à Rome : en effet les images de ce bouclier ne sont pas d'un travail si fin; au lieu que celles-ci sont d'une excellente main, de ces siecles si vantez de Rome, où tous les arts fleurissoient & étoient arrivez au souverain degré. Quoique ces deux images regardent generalement parlant la même histoire, ce sont pourtant deux actions differentes : là c'est Scipion qui rend cette belle fille à son

---

puteum conjecit, injectisque magnis lapidibus lapsum Thracem penitus oppressit. Accurrunt milites Thraces, Timocleam vinculis onerant, vinctamque ducunt ad Alexandrum. Intrepida illa Macedoni sistitur, tantamque in vultu dignitatem servans in tanta calamitate, ut Alexander in stuporem conversus fuerit. Quænam esset illa Rex quæsivit. Soror, inquit illa, sum Theagenis illius qui cum libertatem Græciæ contra Philippum defenderet, duxque militum esset, fortiter pugnando occubuit in pugna Cheroneensi. Alexander mulieris constantiam miratus & animum ingentem, ipsam cum liberis suis liberam dimitti jussit. En historiam qualem in imagine depictam cernis. Timoclea a militibus violenter abducta, qui milites ignem, furorem, vindictæque desiderium oculis exprimunt, onusta vinculis ante Alexandrum sistitur formosa mulier libero intrepidoque vultu, quam pericula vel maxima frangere, vel animo dejicere, aut perterrefacere nequeant. Admiratus Alexander mulierem, ex solio surgit, jubet vinculis solvi & liberam dimitti, nequicquam retinente milite quopiam Thrace ad latus Timocleæ posito, & cum vehementia loquente, ac dicente, uti quidem verisimile, est e re foremulierem audacem ulcisci, & unius ex ducibus exercitus necem vindicare. Omnia hic loqui vocemque emittere diceres, vix imaginem offendas, ubi omnia ita vivide, eleganter & clare exprimantur. Hic porro observes Thracicorum clypeorum formam, quorum umbo conicæ formæ est, atque in medio in acumen desinit. Alexandri item magni cultum militarem elegantem una atque simplicem observes.

II. Non minus singulare spectaculum exhibet Scipionis Africani continentiæ historia, quæ jam descripta fuit in 4. Antiquitatis explanatæ tomo p. 55. quæque etiam repræsentatur in egregio illo clypeo argenteo gazæ regiæ, qui clypeus Scipionis appellatur. Quæ imago sane egregia multa docet, videturque eodem fere pene tempore adornata, quo peracta res ipsa fuit, quo tempore ars sculptoria nondum ad culmen perfectionis Romæ ascenderat. Vereque clypei illius imagines nequaquam florentem ætatem redolent; cum contra hæ quas jam tractamus egregii sint artificii, quale erat illis rei Romanæ sæculis, queis artes omnes admodum celebrabantur. Etsi porro hæ duæ imagines, si generatim loquamur, eamdem spectent historiam, duæ tamen sunt actiones, illæque diversæ: ibi enim Scipio formosam illam puellam sponso atque

XXIII. Pl. du Tom. IV.

TIMOCLÉE MENÉE DEVANT ALEXANDRE

Pierre de Mr. l'Abbé Benedetti

grandeur de la Pierre

fiancé & à son pere ; ici c'est le même Scipion à qui les soldats amenent la premiere fois cette fille qu'ils venoient de prendre ; cette fille dont la beauté, dit Tite-Live, attiroit les regards de tout le monde. Ils l'amenerent, dit Polybe, à Scipion, sachant qu'il étoit fort enclin à l'amour, & lui en firent present. Scipion en fut d'abord épris ; mais il surmonta l'inclination qu'il avoit conçue pour elle dès la premiere vue. C'est ce que nous voyons ici admirablement exprimé. Scipion assis sur sa chaise, sent sa vertu vivement attaquée par l'impression qu'avoient fait sur son cœur dès les premiers regards, les attraits de cette belle fille ; il détourne sa tête pour mettre ce cœur à couvert de nouvelles attaques ; il étend sa main & son bâton de commandement. L'ouvrier ne pouvoit plus heureusement exprimer ce combat & cette victoire du jeune commandant; victoire preferable à toutes celles qu'il remporta depuis contre Hannibal & contre les Carthaginois. La suite de cette histoire a été déja décrite au même endroit, & d'ailleurs le fait est trop fameux pour être ignoré de personne. Cette pierre paroit avoir été gravée vers le siecle d'Auguste. Quoique ce fait fut déja ancien, il ne faut pas douter qu'un si bel exemple de vertu n'ait été souvent peint & gravé dans des tems posterieurs.

patri reddit ; hic autem ad Scipionem milites captam puellam adducunt ; puellam, inquam, cujus forma, inquit Titus Livius, omnium oculos ad se convertebat. Eam, inquit Polybius, ad Scipionem adduxerunt, quem sciebant ad amorem propenso esse animo, ipsique puellam donó dant. Scipio statim illius forma captus est ; sed amori desiderioque suo superior mens & animus fuit. Sedet ille in sella, virtutem suam oppugnari valideque impeti animadvertit, tantam puellæ conspectus, tantam vividi istius oculi, in animo ejus flammam excitaverant. Verum caput avertit, ut cor a novis insultibus tueatur, manum baculumque ducis symbolum extendit. Non potuit artifex hujusmodi pugnam interiorem, & juvenis ducis victoriam felicius exprimere ; quæ victoria certe reliquis omnibus, quas postea de Hannibale reportavit, longe anteferenda est, gloriosius hoc insigne tropæum, aliis omnibus quæ contra Carthaginenses erexit. Hujus historiæ tota series, & quæ postea subsequuta sint, eodem loco descripta fuere in quarto Antiquitatis explanatæ tomo, & aliunde res est ita celebris, ut ea neminem pene lateat. Hic lapis Augusti circiter sæculo sculptus videtur ; etsi historia jam vetus esset ; neque enim dubium est quin exemplum adeo rarum & singulare, etiam posterioribus temporibus depictum sculptumque fuerit.

CHAPITRE CINQUIEME.

I. Trophée de la colonne Antonine. II. Trophée du cabinet de M. le premier Président Bon. III. Captifs. IV. Marbre très-difficile à expliquer.

Pl. XXV.

I. Nous avions passé au quatrieme tome un beau trophée de la colonne Antonine érigé pour les victoires remportées par Marc Aurele sur plusieurs nations Germaniques ; qui merite d'autant plus d'avoir place ici, qu'on l'a separée en deux dans les planches gravées de la colonne Antonine, & qu'on en a mis une partie dans une planche, & l'autre dans la suivante. Une Victoire qui a de grandes ailes occupe le milieu de l'image. Elle est à demi nue, tient le pié gauche sur un casque, & écrit sur un grand bouclier ovale. C'est la maniere assez ordinaire dont les Anciens peignoient la Victoire. Ce bouclier est appuié sur une espece de base qui est percée en fenêtre pour éclairer le petit escalier à vis par lequel on monte au haut de la colonne, & qui est pratiqué dans l'interieur de la colonne même. A droite & à gauche de la Victoire sont deux trophées, dont le fonds est un poteau planté en terre, revêtu de l'habit militaire dont usoient les nations vaincues. Ces deux poteaux sont vêtus differemment, l'un est terminé en haut par un casque rond, & a par dessous une tunique & une chlamyde, & l'autre porte au sommet la chevelure d'un Germain ; pour marquer peut-être que de ces Germains vaincus, les uns portoient le casque, & les autres alloient la tête nue : & au dessous, une espece de manteau ou d'habit velu & frangé par le bas & par les côtez. Comme Marc Aurele eut à combattre diverses nations, je croirois volontiers qu'on a voulu exprimer dans ces trophées les differentes manieres dont elles étoient vêtues. Les enseignes sont des dragons, signe militaire commun à plusieurs nations, & que les Romains prirent depuis, comme nous avons dit ci-devant, sur l'un des trophées on voit aussi des trompettes. La plûpart des boucliers dans les deux sont ovales. On en voit aussi d'octogones dans l'un, & d'hexagones dans l'autre. Les armes offensives sont des piques & des haches. Cette derniere espece d'arme

---

CAPUT QUINTUM.

I. Tropæum columnæ Antoninianæ. II. Tropæum in museo illustrissimi D. Primi Præsidis Boni. III. Captivi. IV. Marmor explicatu difficillimum.

I. IN quarto antiquitatis explanatæ tomo tropæum egregium prætermisimus in columna Antoniniana sculptum pro victoria a Marco Aurelio Antonino reportata de multis Germanicis gentibus ; quam vel ideo hic dare operæ precium fuerit, quod in tabulis illis in ære incisis ubi columna Antoniniana repræsentatur, in duas sit tabulas divisa & distracta, ita ut pars ejus in una tabula, pars vero sequens in sequenti sit repræsentata. Victoria prægrandibus alis instructa mediam imaginis partem occupat. Est autem seminuda, pede sinistro galeam premit, & in grandi ovatæque formæ clypeo scribit. Hoc autem fere modo solebant veteres Victoriam depingere. Nititur hic clypeus quadam ceu basi quæ aperta est, & fenestram præbet cochleæ per quam in supremam columnam conscenditur, & quæ intra columnam ipsam concinnata fuit. A dextris atque a sinistris victoriæ duo tropæa sunt, utriusque vero sustentaculum est truncus arboris in terra defixus, & veste militari amictus, qua utebantur devictæ subactæque gentes. Illi porro trunci diverso modo vestiuntur. Alter superne terminatur casside rotunda, ac subtus tunicam chlamydemque habet. Alter in summo trunco comam habet Germani. An significare voluerit ex Germanis illis devictis alios galeatos esse, alios nudo capite pugnare ; hic vero comatus truncus aliud genus vestis gestat, gentes videlicet pallii pilosi & fimbriati inferne & a lateribus. Libenter crederem hic diversus indumentorum rationes depingi, quoniam Marcus Aurelius diversas Germanicas gentes devicerat, quæ in cultu & vestitu militari multum inter se different. Dracones signa militaria sunt, plurimis barbaris gentibus communia, quæ etiam Romani, uti supra diximus & probavimus, postea adoptarunt. In altero tropæa, tubas quoque conspicimus. In ambobus porro tropæis maxima pars clypeorum ovatæ formæ sunt, octanguli tamen quidam comparent in altero, hexagoni autem in altero. Arma alia sunt hastæ & secures.

étoit

LA CONTINENCE DE SCIPION

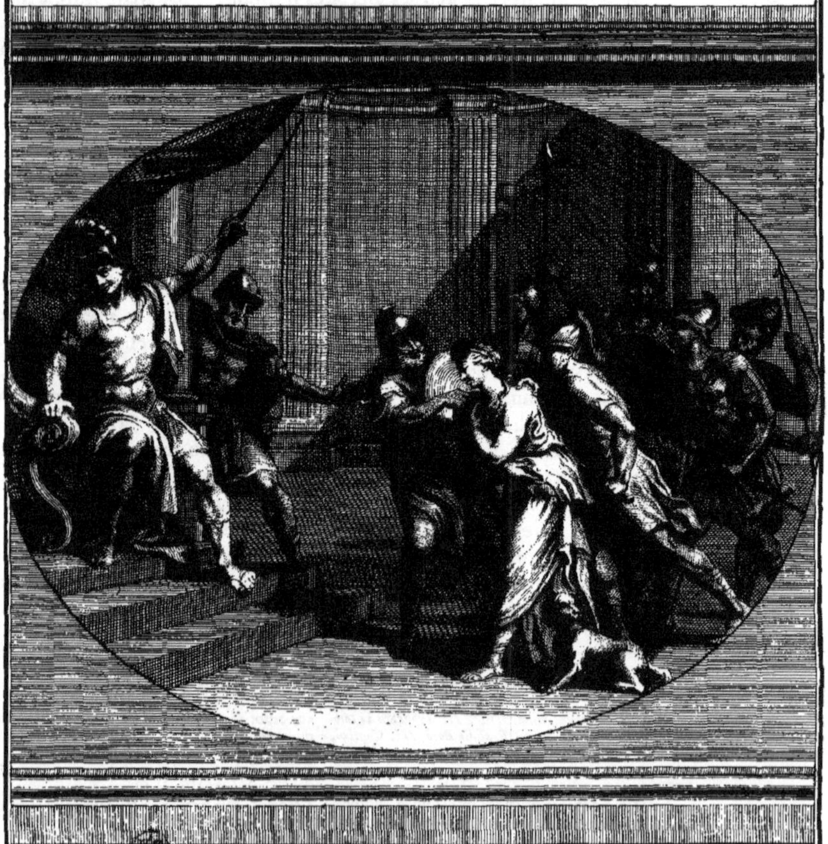

Grandeur de la pierre

Pierre de Mr. Masson.

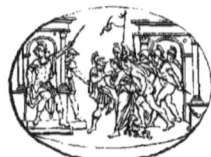

XXV. Pl. du Tom. IV.

TROPHÉES

1

Colomne Antonine

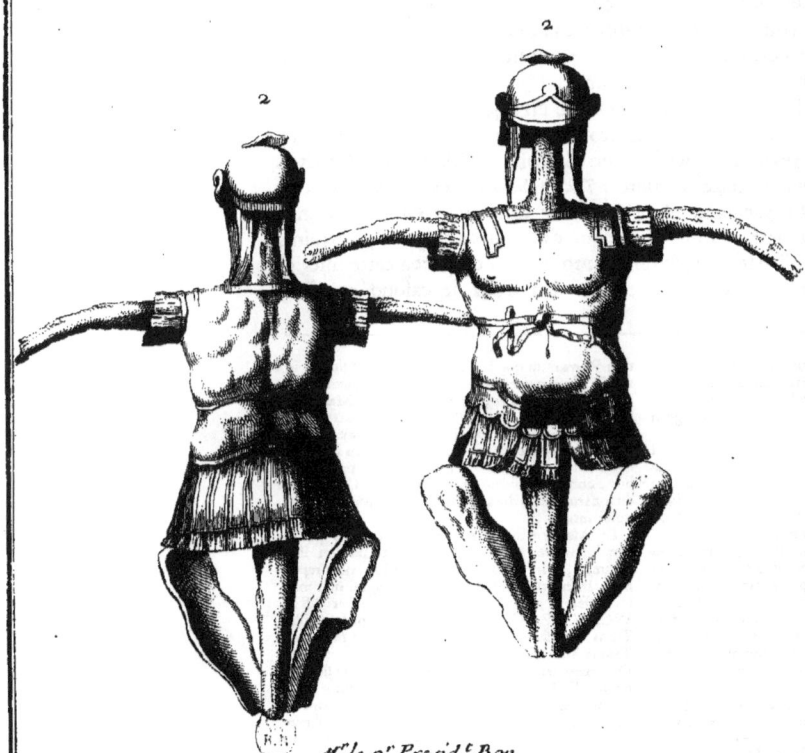

M.^r le p.^r Presid.^t Bon

MARQUES DE VICTOIRES.

étoit fort en usage dans la Germanie, nos premiers François venus de Germanie s'en servoient, comme on peut voir dans le tombeau de Childeric & dans l'histoire de Gregoire de Tours.

II. L'autre trophée qu'on voit ici est du cabinet de M. le Premier Président Bon. Il a cela de particulier, qu'outre le casque & la cuirasse il represente aussi des greves & des genoüilleres. Ces dernieres sont en une piece qui couvre le genou & toute la jambe. Je crois que ce trophée est du bas Empire.

III. Ce monument Romain qui vient ensuite doit être placé parmi les trophées, des captifs qu'on emmene après la victoire, se trouvent souvent dans les monumens Romains; c'est par-là que finissoient les entreprises militaires. Il ne restoit plus d'adversaires, quand tous étoient ou tuez ou dépaïsez ou prisonniers. Quelquefois on emmenoit generalement tout le peuple en captivité, & on le vendoit à l'encan, ou comme on parloit en ce tems-là *sub hasta*. Mais le plus souvent on laissoit le peuple dans le payis, & l'on n'emmenoit que les principaux & ceux que l'on trouvoit en armes avec leurs femmes & leurs enfans. Il y avoit en tout cela d'autres varietez selon les tems & les occasions; ce monument Romain qu'on voit dans la planche suivante, represente des gens qu'on emmene en captivité après que le payis a été entierement subjugué, le marbre n'est pas entier. Il y avoit dans ce qui manque une charrette ou chariot sur lequel on alloit mettre ces captifs, une femme y va être mise la premiere. Elle appuye sa tête sur la main & pleure son infortune: un homme qui a les mains liées derriere le dos y va être mis avec elle, deux mulets menez par deux soldats vont apparemment être attachez au chariot.

PL. XXVI.

IV. Le marbre de dessous paroit nous peindre un sujet fort different. Nous ne le mettons ici que parce que nous ne trouvons pas de place plus propre, l'inscription n'aide gueres à expliquer l'image; la voici TRIB. SVC. CORP. FOEDER. On l'explique en cette maniere: *Tribus Sucusana corporis fœderati*, ou *Corpus fœderatum*. La tribu Sucusane selon Varron & les anciens Grammairiens, étoit la même que la Suburane. On ne sait ce que c'est que ce corps de gens joints en une societé dont il est parlé ici; & encore moins quel rapport a cette inscription avec l'image qui represente trois hommes. Un d'eux le casque en tête,

---

Quod postremum genus armorum in usu frequenti erat in Germania. Franci nostri priores qui ex Germania venerant, securibus utebantur, ut videre est in sepulcro Childerici Regis, & in historia Gregorii Turonensis.

II. Aliud tropæum quod infra visitur eductum est ex museo D. Bon primi Præsidis Monspeliensis. In hoc id peculiare observatur, quod præter galeam & loricam etiam genuum crurumque tegmina repræsentet. Hæc porro tegmina & genu simul & crus obtegunt. Hoc tropæum inferioris ævi esse arbitror.

III. Monumentum Romanum sequens inter tropæa & ipsum quoque locum habere debet. Captivi qui post victoriam abducuntur sæpe in monimentis Romanorum occurrunt. Hic erat suscepti belli finis. Hostes nulli ultra supererant, cum omnes aut occisi, aut patriis finibus pulsi, aut captivi erant. Nonnunquam populus totus generatim in captivitatem abducebantur, & sub hasta universi venibant. Sed ut plurimum tota natio in patria sua relinquebantur, abducebanturque solum primarii dumtaxat viri, atque ii qui in armis occurrebant, cum uxoribus & filiis. In his porro non una lex, non una consuetudo erat, secundum tempora atque occasiones. Hoc monumentum Romanum quod in tabula sequenti visitur, viros mulieresque repræsentat; qui in captivitatem abducuntur, postquam regio tota subacta fuit. Marmor integrum non est, in avulsa sublataque parte currus erat, in quem hi captivi injiciendi erant. Mulier prior illic reponenda est. Caput in manum immittit, calamitatemque suam luget. Vir ligatis a tergo manibus, cum illia ibidem imponendus est. Duo muli a duobus militibus ducti currui, ut videtur, mox jungendi sunt.

IV. Marmor subtus positum aliam nobis prorsus rem depingere videtur. Hic autem ideo tantum illud ponimus, quia locum magis idoneum non reperimus. Inscriptio explicandæ huic imagini non magnum affert adjumentum; sic autem illa habet TRIB. SVC. CORP. FOEDER. Sic autem explicatur illa: *Tribus Sucusana corporis fœderati vel corpus fœderatum*. Tribus Sucusana secundum Varronem veteresque Grammaticos, eadem erat quæ Suburana: quid sit porro corpus illud fœderatum quis divinare possit? longe minus dicere possumus quæ sit affinitas inter hanc inscriptionem cum imagine illa tres viros exhibente. Eorum unus galeatus loricaque indutus atque hastam tenens, spectator esse videtur eorum quæ inter duos

portant la cuirasse, la chlamyde & tenant la pique, semble être le spectateur de ce qui se passe entre les deux autres, dont l'un qui paroit le plus jeune a le genou gauche à terre & porte une main à sa joue, un autre homme qui paroit plus âgé & qui tient une pique le fer en bas, porte sa main sur la poitrine de ce jeune homme. Est-ce une ceremonie pour recevoir ce jeune homme dans cette societé de la Tribu Succusane ou Suburane ? Je m'arrête ici ne pouvant plus parler qu'en devinant.

Pl. XXVII.

V. Les trois captifs que M. le Brun dessina à Rome sont trop beaux pour être passez ici. L'habit des trois est si semblable, qu'il y a lieu de croire qu'ils sont de la même nation, apparemment des Parthes, quoiqu'on ne puisse pas les dire tels affirmativement. L'habit des Daces est si ressemblant à celui des Parthes, qu'on ne les distingue pas aisément les uns des autres. Ils portent tous des larges braies ou anaxyrides qui leur descendent jusqu'à la cheville du pied. Ils ont une tunique ceinte, & un manteau ou un candys par dessus. Le premier est tête nue, le second qui est appuié à un pilastre a un certain ornement de tête qu'on ne voit pas ailleurs, & le troisième appuié de même à un pilastre, a la tête couverte de son manteau qui lui descend ensuite jusqu'à terre. Le médaillon du Roi qui suit, nous represente un trophée sur un revers de M. Aurele, ce trophée est pointu par le bas & comme fiché en terre. Une femme assise auprès & appuiée à un bouclier ovale, pourroit être la ville de Rome : on ne sait qui est l'autre femme qui se tient debout auprès d'elle. Dans le medaillon de Commode qui suit, c'est assurément la ville de Rome qui est assise sur un tas d'armes devant le trophée, elle s'appuie sur un bouclier dans lequel est representée la louve avec Remus & Romulus enfans. Le trophée suivant a deux captifs liez au bas les mains derriere. Un homme presque nud qui tient une pique met la main sur le trophée. Dans l'autre medaillon qui suit, Rome est assise sur un tas d'armes aiant le trophée à son côté. Une Victoire lui montre un bouclier rond, sur lequel est apparemment écrite la victoire pour laquelle on a érigé le trophée.

La dissertation suivante sur le disque d'argent deterré depuis peu à Geneve, est de M. Abauzit Genevois. Elle est faite avec beaucoup d'érudition & de jugement ; je ne doute pas qu'elle ne plaise aux gens de lettres.

alios geruntur, quorum alter qui junior videtur genu sinistrum in terram flectit, & manum alteram genæ suæ admovet. Alter vero qui ætate provectior videtur hastam tenens ferrum & acumen terram contingit, manum suam ad pectus junioris illius immittit. An hæc ceremonia est ut juvenis in corpus illud fœderatorum Tribus Succusanæ seu Suburanæ admittatur ? Hic gradum sisto cum nonnisi augurando ultra progredi valeam.

V. Tres illi captivi quos Brunius nostras celebris pictor Romæ delineavit, elegantiores sunt, quam ut prætermitti debeant. Trium vestimenta ita similia sunt, ut facile credatur tres illos ejusdem esse gentis, atque ut videtur Parthicæ, etsi id non possit affirmari, neque ut indubitatum proferri. Vestis namque Dacorum Parthicæ vesti ita similis est, ut non facile sit ambas distinguere. Largas omnes gestant braccas, sive anaxyridas, quæ usque ad malleolos pedum pertingunt. Tunicam habent alte præcinctam, candynque seu pallium, exteriorem nempe vestem. Primus nudo capite est. Secundus qui parastatæ hæret, ornatum quemdam capitis gestat ; quem nusquam alias conspeximus. Tertius item parastatæ hærens, caput opertum pallio habet, quod ad usque terram postea defluit. Nummus regius sequens in antica parte M. Aurelium repræsentat, in postica vero tropæum quod in ima parte acutum est, & quasi in terra defixum. Mulier prope sedens, & clypeo ovatæ formæ nixa, est fortassis urbs Roma. Quæ sit porro altera mulier prope illam stans, ignoratur. In nummo Commodi sequenti urbs ipsa Roma certissime sedet super acervum armorum ante tropæum. Clypeo autem nititur, in cujus superficie repræsentatur lupa cum Remo & Romulo infantibus. Tropæum sequens duos captivos exhibet manibus a tergo ligatis. Vir fere nudus, qui hastam tenet manum imponit tropæo. In alio nummo sequenti Roma sedet supra acervum armorum, ad ejusque latus tropæum erigitur, Victoria rotundum ipsi clypeum ostendit, in quo forte scripta est victoria ob quam tropæum fuit erectum.

Dissertatio sequens in discum argenteum Valentiniani quod non ita pridem propter Genevam effossum, est viri doctissimi D. Abauzit Genevensis. Quæ certe dissertatio docto cuilibet admodum placitura est. In illa quippe enitet tum eruditio singularis, tum acutum singulis de rebus κριτήριον.

CATIFS

Marbre Romain

TRIB. SVC. CORP. FOEDER.

Boissard

DISSERTATION SUR UNE ANTIQUE.

CHAPITRE SIXIEME.

» *Dissertation sur une antique ou disque d'argent trouvé près de Geneve en 1721.*

I. DEs ouvriers qui creusoient la terre tout auprès de cette Ville, sur le « bord de la riviere d'Arve & dans son ancien lit, y ont trouvé depuis « peu un disque circulaire d'argent fin & du poids de 34. onces & 1.quart. Il est « presque plat, & sur dix pouces de diametre; il n'a guere plus d'un demi pouce « d'enfonçure avec un petit rebord qui ne semble avoir été fait que pour mieux « conserver le relief des figures. Cependant les traits des visages qui devoient « avoir assez de saillie, se sont effacez par le frottement. L'enfonçure dont je « parle n'a été faite en partie qu'après coup, elle a rendu un peu difformes les « personnages situez près du bord, leurs jambes ne se trouvent pas avec le corps « dans la vraie ligne de direction; mais la figure du milieu n'a pas dû se disloquer ainsi, elle est droite & se presente naturellement. L'Orfévre à qui l'on « avoit apporté cette piece, commençoit à lui donner la forme d'un bassin; « il ne soupçonnoit pas que ce pût être un tableau d'argent qui ne servoit, « comme on le verra dans la suite, qu'à representer quelque action. «

Pl.
XXVIII

II. Tout le champ est occupé par diverses figures, avec ces mots au tour « en caracteres Romains & fort lisibles, excepté trois ou quatre lettres vers la « fin. «

LARGITAS DN VALENTINIANI AUGV ::::·····

L'Empereur Valentinien que l'on reconnoit au diademe & à sa tête entou- « rée de raions, paroit au milieu en habit de guerre & l'épée au côté. Il est de- « bout & élevé sur une espece de marchepié. De la main gauche il s'appuie sur « la baniere appellée *labarum*; & de la main droite qu'il avance, il tient un « globe qu'il semble presenter à ceux qui sont auprès de lui. Au dessus de ce « globe est la figure d'une victoire ailée, elle porte d'une main une branche « de palmier, & de l'autre une couronne qu'elle veut mettre sur la tête de Va- « lentinien. «

CAPUT SEXTUM.

» *Dissertatio in monumentum vetus seu discum argenteum*
» *prope Genevam erutum anno 1721.*

» I. CUm operæ quædam prope hanc urbem non » ita pridem ad oram fluminis Arvæ & in vete- » ri quodam ejus alveo jam arido terram foderent, in- » ciderunt in discum rotundum argenteum ex argento » puro, pondo triginta quatuor unciarum & quartæ » unciæ partis. Est porro discus fere planus, cumque » in diametro decem pollices habeat, non multo plus » quam dimidio circiter pollice concavus est; est vero » circum prominens ora, quæ sic concinnata fuisse » videtur, ut anaglyphi schemata tueretur & serva- » ret. Attamen vultus, lineamenta & forma quæ » olim sat prominuisse videntur, confricata sæpius » superficie, abrasa deletaque sunt. Si ita concavus » sit discus, id partim ab origine consequutus est, » partimque ex detritis imaginibus quæ hinc defor- » mitatem contraxerunt, eæ videlicet quæ oræ vici- » niores erant; crura namque reliquo corpori hærent, » sed non directe nec secundum naturalem situm.

Quæ autem medium discum occupat figura, in « parem casum non incidit, rectumque corporis si- « tum retinuit. Aurifex cui allatus discus fuit, ipsum « jam in pelvis formam concinnare cœperat: neque « suspicabatur esse tabulam argenteam, ea solum « mente adornatam, ut infra dicetur, ut rem quam- « piam gestam repræsentaret. «

II. Discum totum occupant diversa schemata, « cum hac circum inscriptione Romano characte- « re lectuque facili, exceptis tribus quatuorve literis in « fine, quæ abrasæ pene sunt. «

LARGITAS DN VALENTINIANI AUGV:::·····

Imperator Valentinianus qui tum ex diademate, « tum ex capite radiis circumdato agnoscitur, in « medio comparet, militari vestitu; gladium ad la- « tus sinistrum gestans. Stat autem quodam ceu sca- « bello nixus cæterisque sublimior. Sinistra vexillum « seu labarum tenet illoque nititur: dextera vero « quam extendit globum tenet, quem adstantibus sibi « offerre videtur. Globo imponitur victoria alata, « altera manu palmam tenens, altera coronam quam « Valentiniani capiti impositura est. «

Tome *IV.*

32 SUPPLE'MENT DE L'ANT. EXPLIQ. Liv. III.

» A la droite & à la gauche de l'Empereur, auſſi-bien que derriere, on
» voit des ſoldats ou des Officiers tournez de ſon côté, tenant la pique haute
» & droite comme dans une alte, couverts de leurs boucliers, avec des caſques
» ſurhauſſez de plumes de paon. Ces perſonnes au nombre de ſix & rangées en
» demi-cercle autour de Valentinien qui ſemble les haranguer, rempliſſent
» tellement tout le front, qu'elles laiſſent à deviner que le reſte des troupes
» eſt derriere & alentour, dans une campagne dont la partie qui ſe voit eſt fort
» unie.

» Au bas on rencontre ici un bouclier, là une épée, & à quelque diſtance
» un caſque ; le tout à terre, negligemment & en deſordre.

» III. On ne ſauroit douter que la legende ne veüille dire *une largeſſe de l'Em-*
» *pereur Valentinien.* Mais qu'eſt-ce qu'elle entend par cette *largeſſe* ? Eſt-ce la
» piece elle-même qui ſeroit en ce ſens quelque utencile ou petit plat donné par
» l'Empereur ? Ou bien la legende doit-elle s'entendre de l'action repreſentée
» ſur le diſque ? Il ne ſeroit pas aiſé d'imaginer un troiſiéme ſens.

» Je ne ſaurois admettre le premier pour plus d'une raiſon. Outre que cette
» piece n'a pas un air d'utencile ou de petit plat, le preſent répondroit peu à la
» qualité du donateur & à l'idée qu'emportoit le titre de LARGITAS. On eut
» mis *donum,* terme uſité pour un preſent de cette nature. D'ailleurs on ne di-
» roit pas d'un utençile : *hoc eſt largitas &c.* Ce mot ne ſignifie pas la choſe elle-
» même que l'on donne, il veut dire l'action de celui qui donne & qui donne
» avec quelque profuſion.

» IV. C'eſt donc à l'action repreſentée que ſe rapporte la legende, comme
» cela s'obſerve ſur les medailles ; & la grandeur du diſque ne doit pas le tirer
» hors de la regle generale des monumens.

» Heliogabale faiſoit battre pour ſes largeſſes publiques (*a*) de grandes pieces
» d'or de divers poids juſqu'à celui de deux livres, & au centuple de la piece
» ordinaire, *uſque ad bilibres quoque & centenarias.* Elles avoient apparemment
» pour legende LIBERALITAS AVG. qu'on lit (*b*) aujourd'hui dans toutes
» les medailles de ce Prince frappées pour le même ſujet. Ce mot ſe rapportoit
» à la choſe repreſentée, & non pas à la piece en particulier, qui veritable-

(*a*) Lamprid. in *Alex. Sev.* pag. 127. inter ſcript. Hiſt. Auguſtæ, Ed. Pariſ.

(*b*) Mediobarbi *Numiſm. Imp. Rom.* p. 311. 312. 313.

» A dextris & a ſiniſtris, imo & a tergo Impera-
» toris, adſunt milites aut tribuni ad ipſum tantillum
» converſi, haſtamque erectam tenentes, ut fere fit
» cum militum manus gradum ſiſtit : ſinguli obtecti
» clypeis ſunt, galeaſque geſtant pavonis pennis cri-
» ſtatas. Hi ſex numero ſive milites ſive tribuni in ſe-
» micirculum poſiti circa Valentinianum qui ipſos
» alloqui videtur, totam frontem ſic occupant, ut
» hinc augureris multos alios a tergo & circumſtare,
» & quidem in planitie, ut arguitur ex ea campi parte
» quæ in diſco repræſentatur.

» In ima diſci parte hic clypeum cernas, illic gla-
» dium, & haud procul caſſidem, quæ nullo ordine,
» & ut fors tulit, humi jacent.

» III. Dubitari nequit quin inſcriptio indicet Im-
» peratoris Valentiniani largitatem, verum quid hac
» voce *largitas* ſignificatur ? Num de diſco ipſo ar-
» genteo intelligatur qui in munus & in domeſticum
» uſum cuipiam ab Imperatore oblatus fuerit ? An
» vero explicanda inſcriptio de re illa ipſa quæ geri-
» tur in diſco exhibita ? Vix certe poſſit tertia expli-
» catio menti ſuccurrere.

Ne primam explicandi viam ineam, multa de- «
hortantur. Præterquam enim quod non pelvem non «
domeſtici uſus lancem refert, non eſſet ſane largi- «
tore dignum munus, neque huic unquam vox illa «
largitas competere poſſit. Potius enim hæc altera «
vox *donum* uſurpata fuiſſet, quæ ſane in hujuſmodi «
munus probe conveniret. Ad hæc vero de diſco ad «
diurnum uſum deputato appoſite dici non poſſet, «
hoc eſt largitas, &c. Hæc quippe vox largitas ipſam «
rem datam non ſignificat, ſed dantis potius & lar- «
giter dantis actum atque *largitionem.* «

IV. Ad rem ergo quæ geritur quæque hic repræ- «
ſentatur, inſcriptio referatur oportet, ut in num- «
mis etiam obſervatur. «

Heliogabalus pro largitionibus publicis cudi ju- «
bebat teſte Lampridio in Alexandro Severo 39. for- «
mas diverſi ponderis etiam uſque ad bilibres & cen- «
tenarias. Harum inſcriptio, ut veriſimile eſt, hæc «
erat : *Liberalitas Aug.* quam legimus hodie in om- «
nibus Principis hujuſce nummis qui ad largitiones «
ſpectant. Vox porro iſthæc non ad nummum ipſum, «
ſed ad rem in nummo exhibitam referebatur. Licet «

DISSERTATION SUR UNE ANTIQUE. 53

ment faisoit partie de la liberalité dans la distribution, mais ce n'étoit qu'après coup, & non pas dans le sens de la legende qui visoit au Type & à la representation. «

V. Les Empereurs en de certaines solennitez, comme au tems de leur adoption ou de leur élection, à la fête du jour de leur naissance ou de l'année 5ᵉ. 10ᵉ. 15ᵉ. &c. de leur regne, ou dans un triomphe, ou même immédiatement après la victoire, faisoient des largesses extraordinaires au Peuple Romain ou à l'armée ou à tous les deux ensemble. «

Et pour se rappeller toute l'idée qu'on en doit avoir, Severe dans l'une de ses huit Liberalitez, fit donner dix pieces d'or par tête aux Citoiens Romains & aux soldats de sa garde. La somme totale que marque (*a*) Dion, revient à près de vingt millions de notre monnoie. Je ne parle point du prodigue Heliogabale, qui pour immortaliser ses folies faisoit distribuer ces Disques d'or que j'ai dit, & qu'Alexandre son successeur fit refondre (*b*) par une raison de prudence & d'économie ; *Quum diceret plus largiendi hanc esse Imperatori causam, si quum multos solidos minores dare posset dans decem vel amplius, unâ formâ triginta & quinquaginta & centum dare cogeretur.* Malgré cette reforme il nous laisse lui-même entrevoir que la dépense montoit encore bien haut. «

VI. On comprend assez que ces Princes devoient s'en faire honneur dans les monumens publics. Rien aussi n'est plus fréquent sur les Médailles, tantôt sous le terme de CONGIARIVM qui se prenoit d'ordinaire pour une somme d'argent : tantôt, & même depuis M. Aurele jusqu'à Quintillus successeur de Claude le Gothique, presque toujours sous le mot de LIBERALITAS. «

Quelque varieté quelles aient dans le type du revers, le symbole le plus commun est une Tablette quarrée, du moins pour les Largesses *Civiles*. Et les *Militaires* se distinguent (*c*) par des figures de soldats ou par le *Labarum*. Les unes & les autres conviennent en ceci, que lorsque l'Empereur y paroit, c'est sur une espece de Tribune ou lieu élevé. Mais il y est, tantôt en

---

(*a*) Apud Xiphil in *Sept. Severo* pag. 331. Ed. H. Steph.
(*b*) Lamprid. ubi supra.
(*c*) Mediob. *Numism.* pag. 329. 425. &c. Spanh. de *Præst. num.* Dissert. 13. t. 2. p. 533.

« enim nummus ipse in distributione & largitione pars liberalitatis esset ; at illud postmodum insequebatur ex largitione, neque ex mente typi repræsentati erat, ad imaginem enim solam inscriptio pertinebat, non ad nummos singulos qui erant tantum levissimæ liberalitatis.

» V. Imperatores in solemnitatibus quibusdam, ut adoptionis vel inaugurationis tempore, in die suo natali, vel anno quinto, decimo, decimo quinto &c. Imperii sui ; sive etiam in triumpho, vel statim post victoriam, largitiones effusas præterque vulgarem morem populo Romano faciebant, vel exercitui, vel ambobus simul.

» Ut autem in mentem revocetur quidquid ea de re censendum est, Septimius Severus in aliqua ex octo liberalitatibus quas emisit, populo Romano & prætorianis militibus decem aureos singulatim dedit, summa illa tota quam Dio commemorat, ducenties centena millia pene exæquat. Non Heliogabalum prodigum illum principem commemoro, qui ut insaniæ suæ immortalia monumenta relinqueret, discos aureos, quales supra dixi, distribuebat, quos Alexander Severus successor ejus prudenter agens parsimoniæque studens denuo conflari jussit ; *Quum diceret plus largiendi hanc esse Imperatori causam, si quum multos solidos minores dare possit, unâ vel amplius, unâ formâ triginta & quinquaginta & centum dare cogeretur.* Verum hac etiam restituta parsimonia subindicare ipse videtur ingentem adhuc sumtum expensamque fuisse.

VI. Facile credatur Principes eo animum appulisse, ut hujusmodi liberalitatibus honorem sibi per monimenta publica conciliarent. Nihil certe frequentius in nummis, ubi modo *congiarium*, quod ut plurimum pro data argenti summa accipebatur, modo etiam *liberalitas* commemoratur ; quæ postrema vox fere semper in nummis a Marco Aurelio ad usque Quintillum Claudii Gotthici fratrem usurpatur.

Etiamsi porro varietas quædam in posticæ partis typo observetur, symbolum vulgatius usitatiusque est tabella quadrata pro largitionibus saltem populum spectantibus. Militares autem liberalitates vel per militum schemata, vel per labarum distinguuntur. Ambæ autem ea in re consentiunt, quod quando adest Imperator, in tribunali vel suggestu quodam

G iij

» robe & tantôt en habit de guerre, d'ordinaire assis & quelquefois debout,
» souvent dans l'attitude d'une personne qui distribuë, quelquefois qui ne
» fait qu'assigner de la main, comme s'il parloit ou haranguoit. Ces remar-
» ques ne seront pas inutiles à mon sujet.

» Depuis Quintillus (*a*) cette liberalité commence à disparoitre sur les
» Médailles, Legende & Representation, tout devient confus ou trop gene-
» ral. Les monnoies revenoient insensiblement sur le pied de celles d'au-
» jourd'hui, & l'on perdoit la coutume de les faire servir de monument.
» J'ai voulu prévenir une objection qu'on pourroit me faire, sous prétexte
» que dans la suite elles ne parlent d'aucune largesse.

» VII. Mais l'histoire en fournit divers exemples depuis Quintillus jusqu'à
» la fin du IVe. siecle, car il n'est pas necessaire que j'aille plus loin. Vopiscus
» parle des Largesses Civiles (*b*) & Militaires d'Aurelien, de Tacite & de Pro-
» bus. S. Gregoire de Nazianze décrit une Largesse Militaire (*c*) de Julien,
» & je reserve à son vrai lieu celle qu'Idace & le Comte Marcellin rappor-
» tent sous Valentinien second & Theodose le Grand, à l'année 389. de J. C.

» VIII. Il semble même que dans tout le quatriéme siecle le terme de
» LARGITAS, qui est celui de notre Inscription, devint le plus usité pour
» une *Largesse* d'Empereur. Spartien, écrivain du tems de Constantin, ap-
» pelle ainsi les liberalitez publiques que les monnoies du deuxiéme & du
» troisiéme siecle nomment LIBERALITAS AVG. Il dépeint Caracalla
» dans sa jeunesse, (*d*) *Non tenax in largitate &c. sed sub Parentibus visus*; par
» allusion aux (*e*) *cinq liberalitez* qu'il avoit faites du vivant de son pere.

» Le code Theodosien, (*f*) dans une loi de l'an 393. rapelle les *largesses*
» des Empereurs défunts : *Divæ memoriæ Constantini vel Constantii largitates*. Et
» dans la loi précédente, datée de la même année, il est ordonné de
» ménager les revenus publics, afin que la Largesse soit toujours prête dans
» le besoin, *Ut & parata sui munera habeat Largitas*.

» IX. On a donc vu jusqu'ici ce que les Romains entendoient par une *Lar-*

(*a*) Hist. de l'Ac. des belles lettres. t. 1. p. 248.
(*b*) Pag. 225. 229. 231. 240. inter script. *Hist.*
Aug. Edit. Paris.
(*c*) Orat. 3. t. 1. p. 84. & 85. Ed. Paris.
Voyez aussi Zozime l. 3. c. 13.

(*d*) In ejus vita p. 85. Ed. Paris. *Hist. Augusta.*
(*e*) Mediob. *Num.* p. 290.
(*f*) T. V. p. 252. Ed. Lugd.
Voyez aussi *Opera S. Ambrosii* t. 2. col. 832. 836.
Ed. P.P. Benedict.

» comparet. Cæterum ibi ille modo togatus, modo ar-
» mis instructus visitur ut plurimum sedens, aliquando
» stans, sæpe distribuentis modum gestumque præ se
» ferens, nonnunquam manum jubentis vel alloquen-
» tis more obtendens. Quæ annotavisse in sequenti-
» bus juvabit.

» A Quintilli imperio liberalitas in nummis vix
» observatur. Cum inscriptiones tum imagines, omnia
» ut uno verbo dicam, confusa perplexaque sunt, nec
» satis peculiares rerum notitias suppeditant. Monetæ
» illo tempore jam ad monetarum hodiernarum simi-
» litudinem sensim accedere videbantur; & mos ille
» priscus quo nummi ut rerum gestarum monumenta
» spargebantur, paulatim exolescebat. Hæc porro di-
» xi, ut objectionem quamdam præverterem, nem-
» pe quid causa sit cur post Quintillum nulla in num-
» mis sit liberalitatum largitatumque mentio.

» VII. Verum historiæ multa largitarum exempla
» suppeditant a Quintilli tempore ad usque finem
» quarti sæculi, neque enim ultra quartum sæculum
» progredi necesse est. Vopiscus largitates civiles mi-
» litaresque commemorat Aureliani, Taciti & Probi.

Gregorius Nazianzenus largitatem militarem Ju- «
liani describit ; & suo loco referam illam quam «
Idatius & Marcellinus sub Valentiniano secundo & «
Theodosio magno commemorant ad annum Christi «
389. «

VIII. Videturque per totum quartum sæculum «
illa vox *largitas* quæ in nostra inscriptione fertur, «
magis in usu fuisse ad Imperatoris cujuspiam largi- «
tionem designandam. Spartianus qui Constantini «
magni tempore scripsit, ita vocat largitiones pu- «
blicas, quas monetæ secundi tertiique sæculi sic «
exprimunt : Liberalitas Aug. De Caracalla juvene «
sic loquitur : *Non tenax in largitate, &c. sed sub* «
parentibus visus; queis subindicantur quinque libe- «
ralitates quas vivente patre dederat. «

Codex Theodosianus in lege quapiam anni 393. «
Imperatorum defunctorum largitates recenset : *Divæ* «
memoriæ Constantini vel Constantii Largitates. Atque «
in lege præcedenti ejusdem anni notam præferente, «
præcipitur ut publici reditus cum parsimonia trac- «
tentur, *ut & parata sui munera habeat* LARGITAS. «

IX. Hactenus itaque visum quid Romani intel- «

DISSERTATION SUR UNE ANTIQUE.

gesse d'Empereur, & l'idée de magnificence qu'ils y ont toujours attaché, « combien ces Princes eux-mêmes en faisoient gloire dans les monumens « publics, comment elle s'appelloit proprement dans le quatriéme siecle où « elle étoit encore en usage: à la verité beaucoup plus rare qu'auparavant, « mais d'autant plus glorieuse pour celui qui la faisoit. «

Tout cela n'est qu'une préparation à croire que le Disque dont il s'a- « git, pourroit être le monument d'une de ces largesses publiques, j'entens « une largesse *Militaire* & faite à l'occasion de quelque *Victoire*, comme cela « paroitra davantage en considerant de plus prés toutes les circonstances « de l'Action representée. «

X. En effet, de toutes les figures que l'on voit ici, les unes ne respirent « pour ainsi dire, que la guerre, & les autres n'expriment que des choses « qui s'y rapportent immediatement. «

Valentinien en habit de guerre, l'étendart militaire qu'il tient, cette « troupe de soldats armez de piques & de boucliers, surtout ces armes dis- « persées çà & là dans une plaine, signe moins équivoque d'un champ de « bataille & d'une défaite. Enfin, la figure symbolique de la Victoire qui « tient une branche de palmier & qui couronne l'Empereur; déja toutes « ces images s'accordent à faire entendre, ou plutôt à mettre sous les yeux « une victoire remportée sur l'ennemi. «

C'est-là ce qui s'étoit passé, & qui est, comme l'on parle, hors de « l'action. Venons à l'action elle-même exprimée par la legende. «

XI. Après la victoire, comme on l'apprend de Polybe (*a*) & d'autres « Ecrivains, l'Empereur assembloit ses troupes autour de lui, il les haran- « guoit, les loüoit & leur assignoit des recompenses, les unes generales, les « autres plus particulieres, selon le merite. Hirtius dit tout en deux mots ; « (*b*) *Postero die* (le lendemain de la victoire) *divinâ re factâ, concione advocatâ* « *&c. milites collaudat totumque exercitum veteranorum donavit præmiis ac fortis-* « *simo cuique & bene merenti pro suggestu tribuit.* «

Cette Tribune, *suggestus*, que l'on voit presque toûjours sur les Médailles « qui dépeignent une largesse où l'Empereur est present, ne paroît dans le « disque qu'un simple gasonnement qui s'eleve au-dessus de la campagne, «

(*a*) *Hist.* Lib. VI. (*b*) *Bell. Afr.* cap. 10.

---

ligerent per largitatem Imperatoris, & quantùm huic voci *largitas* magnificentiæ notam indiderint, quantum sibi honoris, quantum gloriæ, per hanc in monumentis publicis adjici putaverint. Quo nomine illa appellata fuerit quarto sæculo, quo adhuc erat in usu, quo & longe rarior quam antè erat, ideoque largitori honorabilior.

« Hæc quæ supra diximus omnia viam parant, ut credamus statuamusque discum illum de quo nunc agitur, monumentis esse posse alicujus ex largitatibus publicis. De largitate militari loquor, & occasione victoriæ cujuspiam facta, ut clarius perspicietur, si quæ ad rem gestam hic repræsentatam spectant, singulatim consideremus.

« X. Vereque res omnes quæ hic perspiciuntur, vel rem bellicam unam spectant, vel res ad bellum spectantes omnino exprimunt;

« Valentinianus militari veste, vexillum quod ipse tenet, militum hastis atque clypeis armatorum numerus, maximeque arma hinc & inde per planitiem sparsa, quod signum evidens est, & commissæ pugnæ & illatæ cladis partaque victoriæ: tandemque schema illud symbolicum victoriæ, palmam tenentis & Imperatorem coronantis. Hæ, inquam, imagines omnes indicant sive potius ob oculos ponunt victoriam de hostibus reportatam. «

Illud jam gestum erat, & extra actionem, ut vulgo dicitur, est, jam ad actionem ipsam veniamus quæ per inscriptionem exprimitur. «

XI. Post victoriam, ut docent Polybius aliique scriptores, Imperator exercitum convocabat, milites alloquebatur, laudabat, muneraque assignabat, tum omnibus unà, tum quibusdam solum, pro merito nempe ac virtute. Hirtius hæc omnia paucis complectitur : *Postero die divina re facta, concione advocata &c. milites collaudat, totumque exercitum veteranorum donavit præmiis, ac fortissimo cuique & bene merenti pro suggestu tribuit.* «

Tribunal illud sive suggestus qui ferè semper conspicitur in nummis, qui liberalitatem Imperatore præsente actam depingunt, in disco nostro cespes tantum videtur esse, qui parum prominentiæ in planitie «

» ou pour parler avec Vopiscus, (*a*) *Cespiticium tribunal.* D'ordinaire on n'y
» mettoit pas plus de façon selon Stace, (*b*)

Hic suetus dare jura parens, hoc cespite Turmas
Adfari.

» Et dans Lucain, (*c*) Cesar haranguant l'armée, *Stetit aggere fulti*
» *cespitis.*

» *Fultus cespes* est un gazon artificiel & fait exprès, tel que paroît le nôtre
» par la regularité de ses angles.

» A des Poëtes qui se rappellent volontiers ou des usages surannez ou des
» idées aussi riantes que le sont celles de la campagne, joignons les Histo-
» riens les plus sérieux. Dion Cassius nous represente la Reine Boudicée ha-
» ranguant les Bretons (*d*) *sur une tribune*, dit-il, *faite avec de la terre humide*
» *à la maniere des Romains*. Et pour venir au siecle même des Valentiniens,
» *Ipse aggere globali assistens*, dit Ammien Marcellin (*e*) de l'Empereur Julien,
» *Coronaque celsarum circumdatus potestatum, talia ore sereno disseruit.*

» Elevé sur cette espece de tribune, & s'appuyant de la main gauche sur
» le *Labarum*, Valentinien a tout l'air d'une personne qui harangue ; comme
» ses soldats appuyez sur leurs piques & tournant la tête de son côté, res-
» semblent à des gens qui écoutent. Claudien le dira mieux que moi (*f*) dans
» un endroit où le General est dépeint avec les mêmes circonstances.

Aggere conspicuus ; stat circumfusa juventus
Nixa hastis, pronaque ferox accommodat aures.

» XII. Enfin le Globe symbolique qu'il tient, & que de la main droite
» qu'il avance, il paroît presenter à ceux qui sont autour de lui, désigneroit
» non-seulement le maître de la terre, mais aussi le distributeur des graces
» assignées aux soldats.

» Le Globe se trouve sur plusieurs médailles parmi les symboles de la Li-
» beralité. Sur des revers de Geta (*g*) & de Gallien, avec le mot LIBERA-
» LITAS, on voit une Figure tenant de la main droite une Tablette quar-
» rée, & à la gauche une Corne d'abondance, avec un Globe à ses pieds,

(*a*) In Probo p. 236.
(*b*) Sylv. l. V. *Protrepticon. ad Crispin.*
(*c*) Bell. *Phars.* l. V. vers. 315.
(*d*) ἐπὶ βῆμα ἐκ γῆς ἐλώδους ἐς τὸν ῥωμαϊκὸν τρόπον πεποιημένον. Apud Xiphil. in *Ner.* p. 169. Ed. H. Steph.
(*e*) *Hist.* l. XXIII. cap. 5.
(*f*) Bell. *Gildon.* vers. 425.
(*g*) Mediob. *Numism.* pag. 302. & 370.

» habet, quemque Vopiscus appellat, *Cespiticium tri-*
» *bunal.* Ut plurimum autem levi opera apparabatur
» secundum Statium.

Hic suetus dare jura parens, hoc cespite turmas
Adfari.

» Et apud Lucanum, Cæsar exercitum alloquens,
Stetit aggere fulti
Cespitis.

» *Fultus cespes*, id est, arte paratus, qualem nostrum
» cernis, cujus anguli recte adornantur.

» Poëtis qui vel veterum morem in medium revo-
» cant, vel lætas agrorum imagines adhibent, histo-
» riarum scriptores adjungamus , illosque graves,
» unamque rei veritatem sectantes. Dio Cassius Bun-
» duicam Reginam exhibet Britannos suos alloquentem
» *in tribunali facto ex terra palustri more Romano ἐπὶ*
» *βῆμα ἐκ γῆς ἐλώδους ἐς τὸν Ῥωμαϊκὸν τρόπον πεποιημέ-*
» *νον*. Et ut ad ipsum Valentinianorum sæculum ve-
» niamus ; *Ipse aggere globali assistens*, inquit Am-
» mianus Marcellinus de Juliano Imperatore loquens,

coronaque celsarum circumdatus potestatum , talia ore
sereno disseruit.

In hoc ceu tribunali sublimior, & sinistra manu
labaro nixus Valentinianus, milites alloqui omnino
videtur, quemadmodum & ipsi hastas tenentes, &
capite ad Principem converso, auscultantium ritum
exhibent. Hæc Claudianus disertius expressurus
est de duce loquens in eadem rerum conditione con-
spicuo.

Aggere conspicuus ; stat circumfusa juventus
Nixa hastis , pronaque ferox accommodat aures.

XII. Globus tandem ille symbolicus quem tenet,
quemque manu extensa dextera præsentibus & circumstantibus offerre videtur , designat non modo
orbis dominum , sed etiam largitorem munerum
quæ militibus deputabantur.

Globus in nummis quamplurimis inter liberalitatis symbola occurrit. In postica nummorum Getæ
& Gallieni facie, cum hac voce *liberalitas* figura
quædam videtur dexteram tabellam quadratam tenens,

En

En deux (a) autres de Geta, tout y est semblable aux precedens, si ce n'est que la mesure appellée *Congius* est à la place de la Tablette. Surtout, une Médaille de Commode d'une représentation assez approchante de celle du Disque, viendroit encore mieux à propos. (b) Le Prince y est debout, en habit de guerre, couronné par la Victoire, & tendant un Globe à une Figure casquée. Il est vrai que ce revers n'a pas sa legende, & qu'il ne fait que continuer les titres de la tête, ainsi que d'autres revers du même (c) Commode, & qui conviennent à quelques-unes de ses neuf *Liberalitez*.

Il semble que le Globe presenté par l'Empereur à des soldats ou à des citoyens, auroit eté pris pour un emblême de quelque faveur ou liberalité, parce que de tout temps on leur faisoit aussi des largesses en don de terres assignées sur les Pays conquis. Peut-être encore qu'il auroit eu cette signification, parce que la marque que les particuliers apportoient étoit quelquefois une Boule pour les largesses publiques. Dans celles que firent Neron (d) & (e) Titus, & qui furent des plus remarquables par leur magnificence, d'un lieu élevé où étoit l'Empereur, on jettoit de petites boules de bois sur chacune desquelles étoit écrit ce qu'il donnoit, un champ, une pierre précieuse, une somme d'argent, &c. Continuons.

XIII. L'Empereur dans sa harangue s'adressoit premierement à toute l'armée, & s'il avoit jugé à propos de faire une largesse, ce qui ne manquoit gueres après une victoire éclatante, il assignoit tant par tête aux soldats, souvent même des terres aux veterans.

Puis il s'adressoit nommément à ceux qui s'étoient distinguez dans l'action, & il leur distribuoit divers prix selon le cas specifié par les loix militaires. (f) *Suscipe ** præmia pro Republicâ, suscipe coronam, &c.* Mais il ne faut pas confondre ces dons honoraires & particuliers avec la largesse, *Largitas*, qui ne s'entend que de l'utile & qui se versoit sur la generalité.

XIV. Pour reprendre en un mot tout ce que j'ai dit, je conjecture donc que le sujet representé sur le Disque, c'est l'Empereur Valentinien harran-

(a) Ibid. p. 303.
(b) Vaillant *Num. Imp.* t. 1. p. 96. *Imperator paludatus, stans a Victoria coronatus, globum porrigit Romæ stanti &c.*
(c) Mediobarb. *Num. Imp.* p. 245. & alibi passim.
(d) Dio apud Xiphil. in *Ner.* p. 166. Ed. H. Steph.
(e) Idem in *Tito*, p. 229.
(f) Vopiscus in *Probo*. p. 235.

sinistra autem cornu copiæ, ad ejus vero pedes globus est. In duobus aliis Getæ nummis omnia sunt præcedentibus similia, hoc uno discrimine, quod mensura illa congius appellata tabellæ locum occupet. Nummus porro Commodi ad disci nostri repræsentationem accedens, & re maxime nostra fuerit. Commodus stat veste militari indutus, a Victoria coronatus, galeatæ figuræ globum porrigit. Hæc tamen postica pars solitam non habet inscriptionem; sed in ea tantum continuantur quæ ad Commodum ipsum Imp. ejusque attributa quæ in antica ut plurimum facie scribuntur, spectant; id quod etiam in aliis Commodi nummis observatur, in iis scilicet qui ad aliquam ex ejus novem liberalitatibus conveniunt.

Videtur globus ab Imperatore militibus oblatus accipi potuisse pro emblemate quodam concessæ gratiæ aut muneris, quia in qualibet ætate prædia & agri ipsis dabantur in provinciis bello subactis; hanc etiam ideo significationem habere forte posset, quia symbolum quod referebant populares in largitionibus publicis erat quandoque pila. In Neronis & Titi largitionibus quæ ob magnificentiam celebratæ fuerunt, ex sublimi loco ubi stabat Imperator, pilæ ligneæ jaciebantur, in quarum singulis scriptum erat quid Imperator daret, verbi gratia, agrum, gemmam, pecuniæ summam &c. jam pergamus.

XIII. Imperator in alloquutionibus primo toti exercitui verba faciebat, si vero largitionem in animo haberet; id quod solebat post insignem victoriam, statam cuique militi summam assignabat, imo sæpe veteranis prædia.

Postea vero eos qui strenue fortiterque se gessissent in prælio speciatim alloquebatur, ac diversa ipsis præmia largiebatur, prout in militaribus legibus præcipiebatur: *Suscipe ** præmia pro Republica, suscipe coronam &c,* sic Vopiscus. Verum hæc honoris causâ data peculiaria munera distinguenda sunt a largitate, quæ utilitatem solum spectat, quæque omnibus generatim dabatur.

XIV. Ut uno verbo ea quæ modo dixi referam, hoc in disco repræsentari conjicio, ipsum Impera-

» guant ſes troupes après une grande victoire, & leur aſſignant de ſa propre
» bouche la liberalité uſitée en pareille occaſion.

„ Il a plû au Graveur de ſaiſir la circonſtance de la liberalité *aſſignée*,
» ainſi qu'il en eſt divers exemples dans les médailles, entr'autres en une
» de Caracalla (*a*) ſous le terme LIBERALITAS AUG. VIIII. Ce Prince y
» eſt debout, ſur une eſpece de Tribune, comme s'il ne faiſoit qu'aſſigner
» en parlant ou en s'adreſſant à des figures qui ſont auprès ; ſauf à ces
» citoyens ou ſoldats à courir enſuite chez * le Tréſorier.

„ Auſſi ne pouvoit-on repreſenter deux temps à la fois, il falloit opter;
» & une raiſon qui peut avoir fait préferer le temps de l'*Aſſignation* à celui
„ de la *Diſtribution* actuelle, c'eſt que les Empereurs ne ſe faiſoient pas moins
„ d'honneur de leurs harangues prononcées avant ou après une expedition,
„ témoin le grand nombre de médailles frappées uniquement pour ce ſujet,
„ ADLOCUTIO. Ils y paroiſſent ſur une Tribune, avec des figures mili-
„ taires au bas.

» XV. Après tout, cette circonſtance d'une liberalité *aſſignée*, ſoit qu'on
» la conſidere comme partie d'une *Allocution* ou autrement, ne laiſſe pas d'a-
» voir ici ſon rapport avec la legende ; & pour adoucir un peu la critique
» qu'on pourroit faire du deſſein, au moins eſt-il meilleur que celui de
» pluſieurs médailles, où l'on ne ſent point ce rapport. Sur des (*b*) revers
» de Gordien le fils, des deux Philippes, de Valerien &c. on n'y voit
„ autre choſe que les Empereurs ſimplement aſſis ; & pour remonter à un
„ ſiecle de meilleur goût ; dans (*c*) une Médaille de Titus, ce Prince pa-
„ roît ſur un lieu élevé, avec trois figures auprès, ſans rien de plus précis.
„ Dans une (*d*) autre d'Antonin le Pieux, on n'y voit abſolument qu'une
„ figure debout & les mains jointes. On ne devineroit guere ces enigmes,
„ ſi la legende n'en donnoit le mot, LIBERALITAS.

„ Quoiqu'il en ſoit, notre Graveur, ainſi que je l'entens, auroit beau-
„ coup mieux fait que tout cela. Sous une legende convenable, il auroit
„ repreſenté à la fois une Victoire, une Allocution & une Largeſſe ; le tout

(*a*) Mediob. *Numiſm.* p. 293. *Imp. ſtans in ſub-
ſtructione pro congiario diſtribuendo aſſiſtentibus aliis figuris.* Vide & pag. 294. & alibi paſſim.
* Appellé *Comes largitionum* au 4ᵉ & 5ᵉ ſiecle.

(*b*) Ibidem p. 332. 346. 365. &c.
(*c*) Ibid. p. 121.
(*d*) Ibid. p. 205.

» torem Valentinianum milites poſt inſignem victo-
» riam alloquentem, & ore ſuo cuique liberaliter
» aſſignantem munus in pari occaſione offerri ſo-
» litum.

» Sculptori placuit hoc punctum temporis arripere,
» aſſignatam liberalitatem exprimere, cujus rei mul-
» ta ſunt in nummis exempla, verbi gratia in Cara-
» callæ nummo illo qui hanc habet inſcriptionem :
» LIBERALITAS AVG. VIIII. Imperator ſtat in tri-
» bunali, ac ſi tantum præſentibus loquendo quid-
» piam aſſignaret, quibus poſtea licitum erat ærarii
» præfectum adire.

» Non poterant certe duo temporis ſpatia ſimul
» repræſentari, alterutrum deligendum erat; atque ideo
» fortaſſe *aſſignationis* tempus, *diſtributionis* tempori ideo
» præpoſitum fuit, quia Imperatores non minorem ſi-
» bi attrahi honorem putabant ex alloquutionibus vel
» ante vel poſt expeditionem quamdam habitis ; id-
» que comprobatur ex magno illo numiſmatum nu-
» mero, ubi ADLOCVTIO inſcribitur. Ii autem in

tribunali comparent cum militibus infra poſitis. "

XV. Hæc porro liberalitas aſſignata, ſive quaſi "
pars alloquutionis, ſive alio modo conſideretur, ad "
inſcriptionem certe refertur ; ac ne gravius in rem "
depictam inſurgant critici ; illa certe repræſentatio "
cæteris nummis præſtat, ubi nulla perſpicitur in- "
ſcriptionis cum re depicta affinitas. In num- "
mis Gordiani filii, duorum Philipporum, Vale- "
riani &c. nihil aliud conſpicitur quam Imperator "
ſedens. Et ut ad florentis ſculptoriæ artis ſæculum "
veniamus, in nummo quodam Titi hic Imperator "
in ſublimi loco poſitus eſt cum tribus figuris, nihil- "
que aliud viſitur. In alio Antonini Pii, una figura "
ſolum comparet junctis manibus. Hæc ænigmata "
quis divinaret, niſi adeſſet inſcriptio LIBERALI- "
TAS. "

Ut ut res eſt, meo quidem judicio ſagacius "
ſculptor noſter rem peregit : cum conſentanea rei "
inſcriptione, victoriam ſimul, alloquutionem & lar- "
gitatem expreſſit, obſervato tempore & actionis "

en observant l'unité de lieu, de temps & d'action. L'unité de lieu & de temps, en ce que tout se passe sur le champ de bataille immédiatement après la victoire, & l'unité d'action, en ce que tout se raporte à la LAR-GESSE comme à l'action presente & principale. C'est assez, & peut-être même un peu trop, pour un siecle où les beaux arts étoient fort déchûs.

XVI. Voyons encore, s'il se peut, auquel des trois Valentiniens appartiendroit ce monument. A commencer par le troisiéme, l'histoire ne lui attribuë aucune largesse, il n'étoit pas même en état d'en faire ; l'Empire d'Occident tendoit à sa fin, ses Provinces étoient presque toutes occupées ou ravagées par les barbares. D'ailleurs, ce Prince qui n'étoit pas de la famille des deux premiers, s'appelloit *Placidius Valentinianus*, ainsi qu'il est nommé constamment sur ses monnoïes ; & là-dessus je dois dire un mot de quelques Pieces très rares qui se trouvent dans le beau Recueil du Pere Banduri (*a*) & sur quoi je recevrois avec plaisir des instructions.

L'une a donc simplement A. VALENTINIANVS P. F. AVG. & comme cette premiere lettre A seroit inutile, je soupçonnerois que le coin n'ayant pas porté juste, ou quelques lettres s'étant effacées, il y auroit eu PLA. abreviation la plus ordinaire du nom *Placidius*.

Deux autres qui omettent ce même nom seroient plus embarassantes, si les titres du revers IMP. XXXXII. COS. XVII. n'étoient faux, puisque Valentinien troisiéme mourut âgé de 36. ans & dans son VIII. Consulat. Je pourrois reflechir sur une équivoque du monetaire, peut-être même faite à dessein ou par necessité, en prenant quelque vieux coin de la tête d'un des deux premiers Valentiniens. Ce qu'il y a de vrai, c'est que le revers ne convient qu'à Theodose (*b*) le jeune, & que le Comte Mezzabarba (*c*) cite d'après M. du Cange une pareille piece dont il attribuë la tête à Valentinien I. Mais il me suffit pour le present, qu'un tel exemple ne doive pas servir d'exception.

XVII. Il ne resteroit donc que les deux Valentiniens, le pere & le fils, qui dans les monumens n'ont d'autre nom que celui de *Valentinianus*. Le

(*a*) *Numism. Imp. R.* t. 2. p. 571.
(*b*) *Medicb. Numism.* p. 536.

(*c*) *Ibid.* p. 505. & du Cange *Constantinop. Christ.* Tab. 17.

,, puncto. Unitatem servat loci & temporis, quia totum agitur eo ipso quo commissum fuit prælium loco, statim atque victoria consequuta est. Unitatem quoque actionis, quia omnia ad largitatem referuntur, quasi ad actionem præsentem ac præcipuam. Sat accurate res tractatur ; imo plus quam sperari posse videbatur in sæculo illo, cum artes jam admodum lapsæ essent.

,, XVI. Jam videamus, si quidem fieri possit, quis ex tribus Valentinianis hoc in monumento repræsentetur ; si a Valentiniano tertio incipiamus, historia nullam ipsi largitatem tribuit ; neque enim sat facultatum aderat, ut largitiones effundere posset, Occidentale Imperium jam tunc in exitium vergebat, omnes fere Provinciæ a barbaris captæ & expilatæ erant. Ad hæc vero hic Princeps qui non erat ex genere priorum duorum, vocabatur Placidius Valentinianus, sic quippe appellatur perpetuo in nummis. Qua de re pauca referam de quibusdam nummis rarissimis qui occurrunt in pulcra illa collectione P. Banduri, circa quos facile patiar me ab illo edoceri.

,, In uno simpliciter legitur *A. Valentinianus p. f.*

Augustus. Et quia prima hæc litera A inutilis esset, suspicarer typum non recte impressum fuisse, vel aliquas literas deletas abrasasque fuisse, forteque legi debuisse PLA, quo modo ut plurimum abreviatur vox illa *Placidius.*

Duo alii nummi qui nomen illud omittunt majus negotium facesserent, nisi inscriptiones illæ posticæ partis falsæ essent Imp. XXXII. Cos. XVII. quandoquidem Valentinianus tertius triginta sex annos natus obiit, quando octavum consulatum gerebat. Possem id referre ad monetarii lapsum, qui forte de industria & necessitate compulsus hoc fecerit, qui veterem aliquem typum duum priorum Valentinianorum cepit. Illud porro pro vero habendum, hanc posticam faciem nonnisi Theodosio juniori competere posse, Comitemque Mezzabarbam parem post Cangium nummum afferre in medium, cujus caput Valentiniano primo tribuit. Verum pro re præsenti satis mihi est, quod hujusmodi exemplum nullum hic exceptionem inducere possit.

XVII. Sic ergo duo tantum Valentiniani supersent, pater nempe & filius, qui in monimentis nullum

„ fils s'appelle ainfi fans diftinction fur plufieurs (*a*) marbres anciens. Il eſt
„ vrai que fes monnoïes ajoutent d'ordinaire le titre IVN*ior*, mais on en
„ trouve d'autres (*b*) où il n'eſt point. Outre celles dont la tête qui eſt d'un
„ jeune homme, ne convient guere au premier qui ne devint Empereur qu'à
„ l'âge de 43. ans; il y en a que des caracteres chronologiques donnent au
„ fils, (*c*) comme Dom Banduri le fait voir, & où ce titre ne ſe lit point.
  „ Dans cette confufion de nom, je ne laiſſerois pas de pancher vers le
„ fils. Il ſe peut même qu'après le mot AVG. de notre Inſcription, quelques
„ lettres en partie effacées aient été IVN. P. P. En effet, entre le G. du
„ mot AVG. & l'V ſuivant qui eſt fort diſtinct, il y a un intervalle trop
„ grand pour ne faire que ſéparer les lettres, & trop petit pour admettre
„ toute autre lettre qu'un I dont il reſte même la tête avec la baſe : & im-
„ médiatement après V, ſont deux lignes perpendiculaires qui pourroient
„ être les jambes d'une N. La ligne du milieu a pu s'effacer toute ſeule.
  „ Il eſt vrai que l'uſage étoit de mettre le titre IVN*ior* avant AVG*uſtus*.
„ Le contraire n'eſt pourtant pas ſans exemple ; on lit ſur une Médaille de (*d*)
„ Commode, M. AVR. COMMO. ANTON. AVG. IVN. Il eſt même
„ naturel de ne mettre ce qui diſtingue qu'après ce qu'il y a de commun.
„ Mais je laiſſe tout cela dans le doute, pour venir à d'autres raiſons.
  „ XVIII. Valentinien I. fut bien un Capitaine très experimenté, il munit
„ les frontieres de Châteaux & de bonnes garniſons, ſoutint l'Empire contre
„ les excurſions des barbares ; mais faute d'occaſion ou autrement, il ne rem-
„ porta jamais de ces victoires ſignalées que ſuivoit une largeſſe extraor-
„ dinaire & digne d'être conſacrée par des monumens tels que celui-ci.
„ Ammien, que l'on peut appeller le dernier des Hiſtoriens Romains, &
„ qui emploie cinq livres entiers à détailler les actions militaires de ce Prince,
„ ne parle point d'une telle largeſſe ; & veritablement cette coutume ſe perdoit
„ peu à peu, ſurtout à cauſe de l'épuiſement du tréſor public, qui pouvoit
„ à peine ſuffire aux dépenſes les plus neceſſaires.
  „ Il s'en faut bien que le fils ait été auſſi heureux en Hiſtoriens. Ce ne

(*a*) Gruter *Thzſ.* pag. 27. num. 4. p. 28. n. 5. pag.
292. n. 3. & Sponii *Miſcellan.* p. 20.
(*b*) Banduri *Numiſm.* t. 2. p. 491. 492. & 493.
(*c*) Ibid. p. 491. & 492.
(*d*) Mediob. *Numiſm.* p. 258.

„ aliud nomen habent quam Valentinianus. Filius
„ nulla alia diſtinctione ſic vocatur in multis
„ veterum marmoribus. Verum tamen eſt in monetis
„ ejus vulgo adjici JVN, hoc eſt *Junior* ; ſed in ali-
„ quibus hæc vox non comparet. Præter eos nummos
„ quorum caput, juvenis nempe viri, primo Valenti-
„ niano competere non videtur, qui quadraginta
„ trium annorum Imperator factus eſt ; ſunt etiam
„ qui ex chronologicis characteribus filio tribui de-
„ bent, ut oſtendit Bandurius, in quibus illa vox
„ addita non eſt.
  „ In hac porro nominum difficultate, verſus filium
„ tamen inclinare me fateor. Accidiſſe quoque po-
„ tuit ut poſt vocem AVG. quæ in noſtra inſcriptio-
„ ne comparet, aliquot literæ partim deletæ hæ fue-
„ rint IVNPP. Certe inter illud G. vocis AVG. &
„ V ſequens quod diſtincte legitur, duæ ſunt per-
„ pendiculares lineæ quæ poſſent eſſe lineæ laterales
„ literæ N. media vero linea deleri potuit.
  „ Verum quidem eſt ex vulgatiore uſu IVN po-
„ ſitum fuiſſe ante AVG. ſed contrarium etiam exem-
„ plum ſuppetit. In nummo quodam Commodi
legitur M. AVR. COMMO. ANT. AVG. "
IVN. Imo naturalis ordo melius ſervatur, cum id "
quod commune eſt, ei quod diſtinguit præmittitur. "
Verum hæc ſub dubio relinquo ut alia argumenta "
proferam. "
  XVIII. Valentinianus primus, dux vere fuit in re "
bellica clarus & expertus, fines Imperii munimentis "
ac præſidiis inſtruxit, Imperium contra barbarorum "
incurſiones defendit. Verum ſive quod nulla dare- "
tur occaſio, ſive alio quovis modo, nullam un- "
quam inſignem victoriam reportavit, quam largitio "
conſequi poſſet talis, quæ in monumentis huic ſi- "
milibus conſecrari poſſet. Ammianus qui jure voce- "
tur hiſtoricorum Romanorum poſtremus & qui in "
totis quinque libris militaria hujuſce Principis geſta "
minutatim deſcribit, largitionem talem non com- "
memorat : verumque eſt conſuetudinem illam pau- "
latim abolitam fuiſſe, eo maxime quod ærarium "
publicum pene exhauſtum ad prorſus neceſſarios "
ſumtus vix ſufficeret. "
  Longe pauciora de filio refert jejuna illius tem- "
poris hiſtoria. Chronica tantum ſuperſunt breviſſima "

DISSERTATION SUR UNE ANTIQUE.

font que Chroniques feches ou abregez fort imparfaits, qui ne s'attachent même qu'à fon collegue comme au plus illuftre & au plus actif; prefque tout s'y fait fous le nom de Theodofe le grand : on lui approprie les actions communes aux deux Empereurs. Mais parmi ces évenemens mal racontez ou peu circonftanciez, il ne laiffe pas d'y en avoir qui fe rapportent à notre Difque ; une *Victoire* qui changea fubitement la fortune de Valentinien, & une *Largeffe* faite pour le même fujet.

XIX. Maxime, le meurtrier de Gratien & l'ufurpateur de fes Etats, envahit enfuite l'Italie, qui appartenoit à Valentinien. Ce Prince implora le fecours de Theodofe Empereur d'Orient, qui réfolut de maintenir un Collegue à la famille duquel il devoit fon élévation. L'action décifive fe (*a*) paffa dans la Plaine d'Aquilée ; le tyran fut vaincu, pris & conduit au quartier imperial. Theodofe vouloit lui fauver la vie, mais les troupes fe mutinerent, & quelques foldats lui trancherent la tête fur le champ.

XX. La Chronique du Comte Marcellin, ajoute immédiatement après & commeà cette même occafion, que Theodofe fit une liberalité (*b*) publique & extraordinaire; *Congiarium Romano populo tribuit*. Il eft vrai que le terme de *Peuple* ne marqueroit qu'une largeffe *civile* ; car pour celui de *Congiarium*, il fe difoit auffi des (*c*) *Militaires*. Mais fi le Peuple Romain, qui n'étoit plus qu'un vain nom, reçut alors une telle faveur, eft-il à croire que les légions, en qui réfidoit plus que jamais toute la force & toute l'autorité de l'Empire, aient été oubliées dans cette réjouïffance publique, & qu'après avoir contribué de leur fang à la victoire, elles n'en euffent point partagé les fruits ? Puis donc que Theodofe diftribua le *Congiaire* civil, apparemment que Valentinien, malheureux en Hiftoriens, comme je l'ai dit, s'étoit chargé du militaire, lui à qui cette victoire valut les Gaules & le refte de l'Occident, outre l'Afrique & l'Italie d'où Maxime l'avoit chaffé.

XXI. Peut-être auffi qu'Idace, plus ancien que Marcellin, & qui fait (*d*) mention de cette même largeffe, auroit compris les foldats avec les ci-

---

(*a*) Chronic. Profperi & Marcellini ad ann. 388. Pacat. in *Panegyr. ad Theod.* p. 280.
(*b*) Inter Opera Sirmundi. t. 2. col. 351.
(*c*) Cicero *ad Attic*. l. XVI. ep. 8.& Capitol. in *Anton. Pio.* p. 18.
(*d*) Inter Op. Sirmundi t. 2. col. 341.

,, aut epitomæ quæ de collega tantum ejus fere verba
,, faciunt, utpote qui & illuftrior & rebus agendis
,, aptior fuerit. Omnia pene Theodofii magni nomi-
,, ne & opera perpetrantur, & quæ a duobus gerun-
,, tur Imperatoribus, uni Theodofio tribuuntur. Ve-
,, rum inter illa gefta aut fecus quam par eft enarrata,
,, aut non fufficienter quod ad omnes fui partes cogni-
,, ta, quædam tamen reperiuntur quæ ad difcum
,, noftrum pertinent, victoria nempe quæ Valenti-
,, niani fortunam fubito commutavit, & largitas pro
,, eadem effufa.

,, XIX. Maximus occifo Gratiano, poftquam par-
,, tem Imperii ejus ufurpaverat, Italiam quoque in-
,, vafit, quæ ad Valentinianum pertinebat. Hic porro
,, Princeps opem imploravit Theodofii qui tunc in
,, Oriens imperabat, qui Collegæ opem ferre decre-
,, vit, a cujus familia ad Imperium fuerat evectus.
,, Poftrema pugna in planitie ante Aquileiam com-
,, miffa fuit. Tyrannus victus & captus eft, & ad
,, imperiale prætorium adductus. Theodofius vitam
,, ipfi concedere cupiebat, verum milites obftrepen-
,, tes renuebant, & quidam ex ipfis confeftim caput
,, ipfi præciderunt.

XX. Chronicon Marcellini Comitis continenter addit, & quafi hinc fumta occafione, Theodofium liberalitatem publicam & extraordinariam feciffe, *congiarium Romano populo tribuit*, Verum tamen eft illam vocem *populo* civilem tantum largitionem fignificare ; nam *congiarium* de militaribus etiam largitionibus dicebatur. At fi populus Romanus qui tunc inane tantum nomen erat, largitionem tum accepit ; an credatur legiones in quibus tunc maxime tota vis & autoritas Imperii refidebat, in hac lætitia & largitione publica oblivioni traditas fuiffe ; an poftquam fanguinem pro victoria paranda fuderant, nullam ejus fructuum partem percepiffent ? Cum ergo Theodofius civile & populare illud congiarium dederit, verifimile eft Valentinianum ab hiftoricis, ut dixi, neglectum, militare congiarium fibi diftribuendum refervaviffe ; cum maxime ex victoria hujufmodi & Galliarum & Occidentis Imperium ipfi obvenerit ; imo & Africæ & Italiæ ex qua ipfum Maximus exturbaverat.

XXI. Forte etiam Idatius Marcellino antiquior, qui hanc & ipfe largitionem commemorat, milites cum civibus una voce comprehendiffe cum ait,

SUPPLÉMENT DE L'ANT. EXPLIQ. Liv. III.

» toiens sous un terme commun, *dedit congiarium Romanis*, pour dire, *con-*
» *giarium Militibus ac Populo de proprio dedit*, (*a*) ainsi que s'exprime Capito-
» lin en pareil cas, plus distinctement que ne fait Idace, qui ne voulant
» donner qu'une suite de Consuls, abrege ou tronque le récit de quelques
» événemens qu'il y mêle. Et s'il ne parle que de Theodose, c'est que les
» abregez historiques mettent volontiers sous le nom de l'Empereur le plus
» connu ce qui de fait ou de droit lui est commun avec son collegue. En
» voici la preuve dans le passage même dont il s'agit.

» 1°. Il ne parle que de Theodose dans la défaite de Maxime, que Pros-
» per attribuë aussi à Valentinien. (*b*) *Maximus tyrannus a Valentiniano & Theo-*
» *dosio Impp. in III. ab Aquileiâ lapide spoliatus.... sistitur*, &c. Et Marcellin dit
» (*c*) aussi ; *Valentinianus*, &c. *& Theodosius Impp. Maximum Tyrannum ... apud*
» *Aquileiam vicerunt*.

» 2°. Il ajoute que *peu de jours après*, *Victor fils de Maxime, fut tué dans les*
» *Gaules par un Comte* ou Lieutenant *de Theodose*. C'étoit Arbogaste un des Ge-
» neraux de Valentinien, à qui il restoit quelques troupes de ce côté-là.
» Celles de Theodose arrivées de l'Orient auprès d'Aquilée ne pouvoient faire
» *en peu de jours* cette expedition.

» Après cela, s'il continue à ne nommer que Theodose pour la *liberalité*
» *publique*, on voit bien que c'est pure habitude & non pas dessein d'exclure
» son collegue. Rien ne s'opposeroit donc à leur attribuer le tout en commun,
» & l'on n'auroit pas besoin de supposer, comme je l'ai fait d'abord, que
» l'un se fut chargé du *Civil*, & l'autre du *Militaire*.

» XXII. Mais aussi, dira-t-on, d'où vient que le Disque ne fait pas men-
» tion de Theodose ? Je ne saurois mieux répondre que par le fait tiré du
» fond de la chose même. Sous deux ou plusieurs Empereurs, lors même
» qu'ils gouvernoient l'Empire par indivis, il n'est très souvent parlé que d'un
» seul dans les monumens des mêmes *Largesses* qu'ils ont faites conjointe-
» ment.

» M. Aurele & L. Verus firent quatre liberalitez (*d*) en commun, & la

(*a*) Ubi supra.
(*b*) Part. 2. Chron. col. 736. Ed. P.P. Benedict.
(*c*) Ubi supra.
(*d*) *Hist. de l'Ac. des belles lettres* t. 1. art. des *Con-*
giaires.

„ *Dedit congiarium Romanis*, ac si diceret, *Congiarium*
„ *militibus & populo de proprio dedit*: sic Capitolinus
„ in pari casu rem exprimit, & quidem accuratius
„ quam Idacius, qui cum seriem tantum Consulum
„ dare velit, res historicas quas admiscet perstringit
„ tantum & detruncat. Si vero Theodosium tantum
„ commemoret ; ideo sic agit, quod compendia hi-
„ storica nomine Imperatoris celebrioris, ea quæ ad
„ ambos Imperatores spectant libenter referant. Quæ
„ res sic comprobatur in loco ipso in medium ad-
„ ducto.

„ 1°. Unum Theodosium commemorat in Maxi-
„ mi clade quam Prosper etiam Valentiniano tri-
„ buit. *Maximus tyrannus a Valentiniano & Theodosio*
„ *Impp. in III. ab Aquileia lapide spoliatur .... sistitur*
„ &c. Marcellinus quoque ait : *Valentinianus & Theo-*
„ *dosius Impp. Maximum tyrannum .... apud Aqui-*
„ *leiam vicerunt*.

„ 2°. Addit filium Maximi Victorem paucis post
„ diebus in Galliis occisum fuisse per Comitem sive
„ Ducem Theodosii. Is erat Arbogastus ex ducibus

Valentiniani, qui Arbogastus cum militum manu
in illis regionibus aderat. Theodosii quippe milites
& copiæ quæ ex Oriente Aquileiam petierant, non
poterant *paucis diebus* talem expeditionem facere.

Postea vero si in congiario unum Theodosium
commemorare pergat, id certe ex consuetudine
facit, non quo velit Collegam ipsius excludere. Nihil ergo obstaret quominus totum ambobus simul
tribuatur, neque supponendum esset, quod ego
statim feci, alterum civilem, alterum militarem
largitionem in se suscepisse.

XXII. Verum, dicet quispiam, quid causæ est
quod Theodosius in disco non commemoretur ? Ap-
tius respondere nequeamquam ex re ipsa & ex gestis
similibus. Sub duobus vel pluribus Imperatoribus
etiam cum simul illi Imperium regebant, unus &
solus sæpissime in monumentis hujusmodi largitionum commemorare, licet largitiones una fece-
rint.

Marcus Aurelius & Lucius Verus quatuor liberalitates in communi & ambo gesserunt, & tamen

plufpart des monnoies du premier ne font (a) pas mention de Verus, comme quelques-unes (b) de celui-ci ne parlent pas non plus de M. Aurele. Celles de Commode (c) en grand nombre omettent son pere encore vivant. Des huit largesses de Severe les (d) cinq & quatre dernieres sont les mêmes que les cinq premieres de Caracalla & les quatre premieres de Geta (quoique plusieurs Médailles ne parlent que (e) de chacun d'eux à part.) Depuis la mort de Severe, ces deux Princes firent ensemble une largesse, & le cadet ne paroit point sur les monnoies de l'aîné, LIBERALITAS AVG. VI. non plus que l'aîné sur celles du cadet, LIBERALITAS AVG. V. (f) A plus forte raison, depuis le partage de l'Empire en occidental & oriental, chaque Empereur de son côté pourvoioit-il à sa propre gloire; & si le Disque ne nomme que Valentinien, d'autres monumens ne parloient aussi que de Theodose.

XXIII. Ces grandes pieces de métal, destinées à representer les grands hommes ou leurs actions, étoient appellées des Romains *Clypei*, soit à cause de leur ressemblance avec la figure des Boucliers militaires, soit parce que les Boucliers auroient été les plus anciens Tableaux de gravure ou de sculpture. Et de peur qu'on ne confondit une *Arme* avec un *Tableau*, les Grammairiens distinguoient par l'ortographe, comme fait Cornelius Fronto, (g) CLYPEVM *armorum* & CLVPEVM *imaginis*. Ou bien par le genre, comme Charisius (h) après Labienus; *Clypeus Masculino genere in significatione scuti ponitur, ut Labienus ait; neutro autem genere imaginem significat*. Ou même par tous les deux, comme Isidore, (i) CLYPEVS *scutum*; CLVPEVM *imago*.

Il est certain que le même mot désignoit un Bouclier & un Tableau. Trebellius Pollio (k) dit de Claude le Gothique: *Illi Clypeus aureus, vel ut Grammatici loquuntur, Clypeum aureum senatûs totius judicio in Romanâ curiâ collocatum est, ut etiam nunc videtur. Expressâ thorace vultus ejus imago*. Je lirois volontiers, *expressâ, thorace tenus, ejus imago*; pour dire qu'il n'y avoit que le Buste; ce que la basse latinité a dit depuis par un seul mot (l) *Thoracida*. Et ce n'étoit pas toujours un simple Portrait, les Empereurs y étoient

(a) Mediob. *Num*. p. 216. 219. 221.
(b) Ibid. p. 236. 237.
(c) Ibid. p. 241. 242. 244. & *Hist. de l'Acad*. ubi supra.
(d) Ibid.
(e) Mediob. *Num*. p. 276. & seqq.
(f) Mediob. *Num*. p. 290. & 303.
(g) *Autores Gramm. Lat.* col. 2197. Ed. Hanov.
(h) Ibid. col. 59.
(i) Lib. *different*.
(k) In *Claud*. p. 103.
(l) Vide *Gloss*. de du Cange.

,, Marci Aurelii nummi, Lucium Verum non commemorant; ut etiam Lucii Veri nummi quidam Marcum Aurelium tacent. Commodi nummi magno numero patrem adhuc viventem tacent. Ex octo illis largitionibus Severi, quinque & quatuor posteriores, sunt quinque priores Caracallæ & quatuor priores Getæ; etsi multi nummi ipsos solum singulatim nominent: Post Severi mortem duo illi fratres Principes simul largitionem fecerunt, minorque in nummis majoris non comparet, *Liberalitas Aug. VI.* ut neque major in nummis minoris, *Liberalitas Aug. V.* Longe majori de causâ, postquam Imperium in Occidentale & Orientale divisum est, Imperator quisque ex suâ parte gloriam suam curabat; & si in disco unus memoratur Valentinianus, in aliis monumentis unius Theodosii mentio erat.

,, XXIII. Hæ majores ex metallo orbiculatæ imagines, queis celebriorum viri eorumque gesta repræsentari solebant, ab Romanis clypei appellabantur, sive quod similes essent militaribus clypeis, sive quia clypei antiquissimas imagines insculptas atque incisas repræsentarunt: Ne vero clypeus ad armaturam militis spectans cum imagine confunderetur, Grammatici ex orthographiâ distinguebant, ut Cornelius Fronto, *clypeum armorum*, & *clypeum imaginis*. Sive ex genere, ut Charisius post Labienum. *Clypeus masculino genere in significatione scuti ponitur, ut Labienus ait; neutro autem genere imaginem significat*; sive etiam ex orthographiâ simul & ex genere; ut Isidorus, *clypeus scutum, clupeum imago*.

Certum est eâdem voce designatum fuisse scutum & sculptam imaginem. Trebellius Pollio de Claudio Gothico ait: *Illi clypeus aureus, vel ut Grammatici loquuntur, clypeum aureum Senatûs totius judicio in Romanâ curiâ collocatum est, ut etiam nunc videtur. Expressâ thorace vultus ejus imago*. Libenter legerem, *expressâ, thorace tenus, vultus ejus imago*, ut significaretur solam ibi protomen fuisse, quam infima postea Latinitas uno verbo thoracida vocavit. Neque semper solus vultus solave protome visebatur: Impe-

,, representez, tantôt allant contre l'ennemi, tantôt retournant de la guerre
,, &c. On voit de ces Boucliers *representatifs* sur les (a) Médailles de Probus.
,, Ils étoient nommez par les Grecs Πίνακες (b) ou συλβπνάκια s'ils étoient attachez
,, ou appliquez à des piliers; quelquefois Δίσκοι, comme il paroit par une Ode
,, d'Anacreon au (c) sujet d'un Disque d'argent, où l'on voioit Venus sor-
,, tant de la mer. Pour venir à des tems posterieurs, Paul le Silenciaire dans
,, sa description de l'Eglise de S. Sophie parle de plusieurs (d) *disques d'argent*
,, qui representoient divers sujets de l'Histoire sainte; & il les appelle en-
,, suite (e) du nom de *Boucliers circulaires* par une imitation du langage des
,, Romains. Les Grecs du bas Empire disoient aussi Μισσόριον tiré du Latin *Mis-*
,, *sorium*, qui revenoit à l'idée de Disque; & l'on trouve dans Constantin
,, Porphyrogenete (f) τὰ ἀργυρᾶ μισσόρια τὰ ἀνάγλυφα, c'étoient des Disques d'argent
,, gravez sous Arcadius, & que l'on conservoit comme des curiositez dans
,, le cabinet de l'Empereur.

,, Il en étoit de ces Disques ou Boucliers representatifs, à peu-près comme
,, de nos tableaux. Les uns étoient exposez dans les Temples & dans les
,, édifices publics; d'autres ne servoient qu'à parer les maisons des particuliers. Il
,, y en avoit apparemment de toutes les sortes, de grands & de petits. Comme
,, il n'en est venu que deux ou trois jusqu'à nous, on ne sauroit établir
,, aucune regle là-dessus. Je ne connois, outre le nôtre, que (g) celui qu'em-
,, portoit Scipion à son retour d'Espagne, & qui se perdit au passage du Rhô-
,, ne, où il est demeuré jusqu'à l'année 1656. que des Pêcheurs le trouverent
,, heureusement. Ce qui a été cause qu'il s'en est conservé si peu, c'est que
,, le prix & la quantité du metal engageoient enfin le proprietaire à les
,, fondre.

,, XXIV. Après la défaite de Maxime & de son fils Victor, Valentinien
,, second vint bientôt se mettre en possession des Gaules, où il perit mise-
,, rablement par la trahison d'Arbogaste, qui l'an 392. le fit étrangler à
,, Vienne en Dauphiné.

(a) Vaillant *Select. Num. maximi moduli.* p. 118.
(b) Salmas. not. in *Hist. Aug.* p. 326.
(c) Od. 51. Εἰς Δίσκον ἔχοντα Ἀφροδίτην.
(d) Part. 2. vers. 275.
(e) Vers. 298.
(f) *Themath.* l. 1. pag. 6. & 7. Ed. Elzevir.
(g) Spon dissert. *sur les boucliers votifs*, & M. l'Abbé Massieu, *Mem. de literat.* de l'Ac. des belles lettres,
t. 2.

,, ratores enim ibi repræsentabantur, aut ad bellum
,, proficiscentes, aut a bello reducentes &c. Hujus-
,, modi clypei imaginum in nummis Probi visuntur.
,, A Græcis porro vocitabantur πίνακες, sive συλο-
,, πίνακια, si quidem columnis alligarentur aut hære-
,, rent, aliquando etiam δίσκοι, ut in Anacreontis
,, ode observatur, ubi de disco agitur argenteo in
,, quo repræsentabatur Venus e mari emergens. Ut
,, ad posteriora tempora redeamus, Paulus Silentiarius
,, in descriptione Ecclesiæ sanctæ Sophiæ, multos dis-
,, cos argenteos commemorat, in quibus exhibeban-
,, tur diversæ historiæ sacræ partes, posteaque illos
,, appellat clypeos orbiculares ad linguæ Romanæ
,, imitationem. Græci infimi ævi μισσόριον quoque
,, vocabant ex voce latina *Missorium*, quæ ad disci
,, speciem refertur; & apud Constantinum Porphy-
,, rogenitum legitur τὰ ἀργυρᾶ μισσόρια τὰ ἀνάγλυφα;
,, erantque disci argentei tempore Arcadii elaborati,
,, qui ut cimelia servabantur in gaza Imperatoria.

,, Hi disci sive clypei imaginum, perinde atque
tabulæ nostræ depictæ, vel in templis seu in ædificiis publicis exponebantur, vel in ædibus privatorum ad ornamentum patebant. Erantque haud
dubie diversæ magnitudinis, majores nempe mi-
noresve. Cum autem duo tantum vel tres ad
ætatem & notitiam nostram devenerint, vix quidpiam ea de re certum statui potest. Præter nostrum
hunc de quo agimus, alterum tantum nosco quem
referebat Scipio cum ex Hispania rediret, quique
in Rhodani transitu lapsus ibi mansit usque ad annum 1656. quo a piscatoribus favente fortuna ex
aquis eductus est. Ideo autem tam pauci ad nos
usque devenerunt, quia eorum precium atque
moles possessores eo impellebant, ut discos hujusmodi in usum atque monetam converterent. "

XXIV. Post cladem Maximi filiique ipsius Victo-
ris, Valentinianus secundus in Gallias earum recu-
perata possessione se contulit. Ibique misere periit
ex proditione Arbogasti, a quo strangulari jussus
est Viennæ anno 392. "

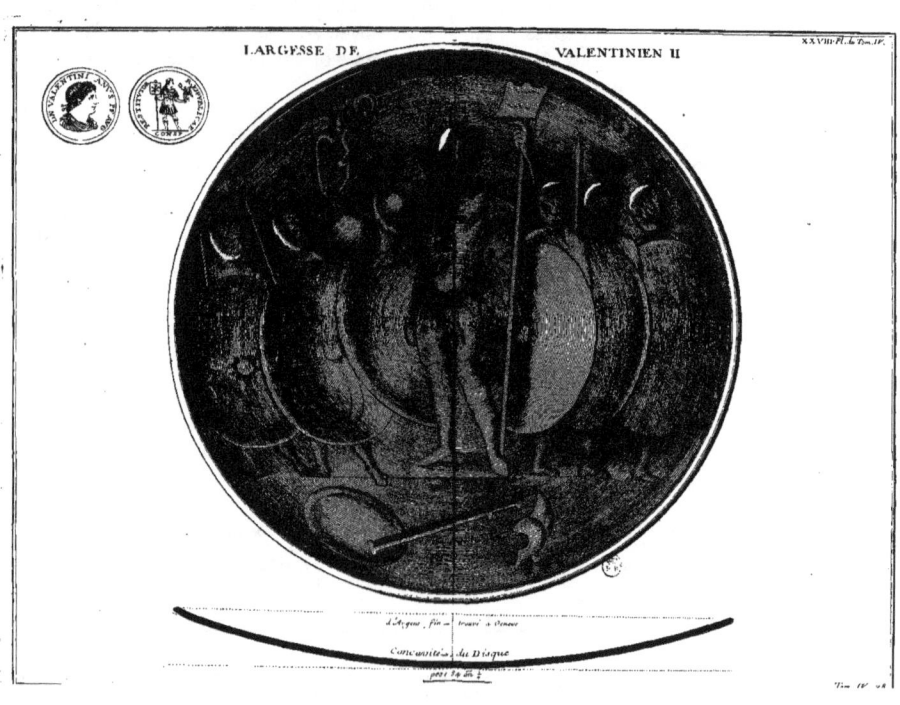

MARQUES DE VICTOIRES. 65

Geneve, comme il paroit par la Carte Theodosienne, étoit sur la grande route militaire qui conduisoit des Alpes Pennines ou du grand S. Bernard à Vienne; & ce ne seroit pas une merveille que le monument qui a fait le sujet de ce discours, se fut perdu au passage de la riviere d'Arve, par une avanture pareille à celle du Bouclier de Scipion. Je croirois même qu'ils doivent tous deux leur conservation à cet accident, qui les a garantis de la fonte; & l'on pourroit leur appliquer le mot de Themistocle, ἀπολόμεθ' ἂν εἰ μὴ ἀπολώλειμεν. S'ils ne s'étoient perdus d'abord, ils étoient perdus pour jamais.

Une médaille de Valentinien le represente à peu-près de même tenant le Labarum d'une main, & de l'autre la Victoire qui le va couronner; mais dans la médaille il tient le Labarum de la main droite, & la Victoire de la gauche, & dans le disque au rebours. L'inscription du revers est *restitutor reipublicæ*. On croit que la médaille est de Valentinien premier, ce qui pourtant n'est pas certain; au lieu que le disque paroit être de Valentinien second; les raisons qu'en donne M. Abausit me paroissent très-fortes. On remarque ici le *nimbus* ou le cercle lumineux autour de la tête de Valentinien. Cet ornement se voit autour de la tête de Trajan à la planche CLXXIX. du troisiéme tome de l'Antiquité, d'autres Empereurs le portoient aussi. Il se trouve bien plus communément sur les médailles du bas empire. Nos rois de France de la premiere race le portoient aussi: ils l'avoient pris des Empereurs Romains, comme bien d'autres marques de roiauté & de souveraineté; mais dans la suite des tems on ne le mit plus qu'à la tête des Saints.

Valentinien porte l'épée au côté presque à la maniere des derniers tems: on en voit qui la portent de même sur la colonne de Theodose. Dans les plus anciens tems, il est rare de la voir porter ainsi, du moins dans les images qui sont venues jusqu'à nous.

Les boucliers sont les plus grands que nous ayions vus dans les troupes Romaines; leur figure est ovale, ils sont fort larges, en les mesurant sur la taille des soldats, il faut qu'ils aient environ quatre pieds en leur plus grande longueur.

,, Geneva, ut ex Theodosiana charta liquet, in itinere magno militari erat, quo ab Alpis Penninis, vel a magno sancto Bernardo Viennam itur; neque mirum esset, si discus ille de quo tot tantaque supra dicta sunt, dum trajiceretur Arva fluvius, amissus fuisset, id quod etiam clypeo Scipionis in trajectu Rhodani accidit. Libenter etiam crederem hac ratione ad hæc usque tempora servatum utrumque fuisse; nam si in quorumdam manus incidissent, periculum erat ne conflarentur in monetam. Illisque posset hoc Themistoclis dictum adscribi, ἀπολόμεθ' ἂν εἰμὴ ἀπολώλειμεν: nisi enim statim periissent, æternum perituri erant.

Valentiniani nummus eadem in tabula positus, ipsum pene qualem in disco cernis repræsentat, manu altera labarum tenentem, altera vero Victoriam ipsum coronantem. Verum in nummo labarum dextera manu tenet, & Victoriam sinistra, in disco autem secus, sinistra labarum, dextera Victoriam. Inscriptio faciei posticæ est, *Restitutor Reipublicæ*. Nummus esse putatur Valentiniani primi, id quod tamen prorsus certum non est; contra vero Valentinianus in disco exhibitus, ejus nominis secundus esse videtur: argumenta enim D. Abausit prævalida omnino videntur. Hic observatur nimbus sive luminosus circulus circum caput Valentiniani. Illud autem ornamentum circum caput Trajani visitur in tabula CLXXIX. tertii Antiquitatis explanatæ tomi; alii quoque Imperatores ipsum gestabant. Sed frequentissime in nummis Imperatorum infimi ævi observatur. Reges Francorum primæ stirpis id ab Imperatoribus Romanis mutuati erant, quemadmodum & alias regni, imperii, supremæque potestatis notas. Sed post primam stirpem nimbus capitibus Sanctorum tantum adhibitus est.

Valentinianus gladium ad latus gestat, ut fere sit ætate nostra. In columna Theodosiana quidam eodem modo gladium gestare deprehenduntur. Antiquioribus autem temporibus id raro observes, in imaginibus saltem illis quæ ad nostra usque tempora devenerunt. Clypei majores sunt quam usquam ad Romanorum usum observaverimus: ovatæ porro formæ ii sunt & latissimi, si secundum militum staturam ipsos dimetiaris, erunt quatuor circiter pedum, qua longiores sunt.

Tome IV.　　　　　　　　　　　　　　　　　I

LIVRE QUATRIEME.

Triomphes, Arcs de Triomphe, Guerre de Troie.

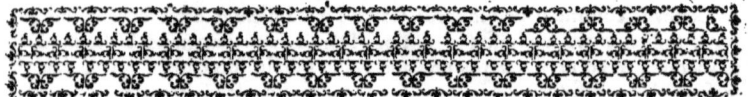

CHAPITRE PREMIER.

I. Triomphe de Septime Severe sur les Parthes. II. Bataille de Constantin contre Maxence. III. Triomphe de Constantin. IV. Plusieurs chaussures barbares dans les troupes de Constantin.

Pl. XXIX.

I. LE Triomphe de Septime Severe après sa victoire sur les Parthes, est tiré de l'arc de Severe de Rome. Il est représenté en quatre longues bandes, qui ne sont presque qu'une repetition l'une de l'autre; en sorte que qui décrit la premiere, décrit en même tems les quatre. La premiere figure vers laquelle les autres marchent, est la Ville de Rome assise qui s'appuyie sur son bouclier, & qui est armée d'un casque. Il est surprenant que dans ce triomphe, représenté sur l'arc de Septime Severe, on ne voit ni Severe ni ses enfans; mais seulement la Ville de Rome, comme si Rome eut encore été une republique, & n'eut pas été sujette à un Prince. Ce qui est d'autant plus singulier, que ceci ne se passe pas sous un Prince moderé, comme étoient, par exemple, Trajan ou Marc Aurele; mais sous Severe, qui gouvernoit en tyran, qui sous le moindre prétexte ou vrai ou faux, faisoit mourir un grand nombre de Sénateurs; & cela se faisoit encore lorsque Caracalla étoit déja proclamé Empereur, Prince plus cruel que son pere, & qui surpassoit presque tous ses prédécesseurs en arrogance. Septime Severe entra pourtant triomphant dans Rome, & fut ac-

LIBER QUARTUS.

Triumphi, Arcus triumphales, Bellum Trojanum.

CAPUT PRIMUM.

I. Triumphus Septimii Severi de Parthis. II. Pugna Constantini magni contra Maxentium. III. Triumphus Constantini. IV. Barbarica calceamenta quædam in Constantini copiis.

I. Septimii Severi triumphus post victoriam de Parthis reportatam, ex arcu Severi Romano desumtus est: quatuor autem oblongis ordinibus repræsentatur, qui ordines ita sunt concinnati ut tres posteriores primum fere repetant; & qui primum describit, sequentes una eademque opera depingat. Prima igitur figura ad quam omnes aliæ figuræ tendunt & properant, est urbs Roma sedens galeata nixa clypeo. Mirari sane subit quid causæ sit cur in hoc triumpho, in arcu scilicet Severi repræsentato, ipse Severus filiique ipsius non compareant, sed urbs Roma tantum, ac si videlicet respublica Romana tunc sui juris fuisset, nec principi subdita: quod eo magis spectaculo dignum est, quod non sub modestis principibus, quales erant Trajanus, & Marcus Aurelius Antoninus, sed sub Severo, qui tyranni mores sectabatur, innumeros ex Senatu trucidabat, quavis vel levissima aut data aut ficta occasione, cum jam Caracalla Imperator esset, qui & patrem crudelitate, & omnes fere decessores suos protervia, arrogantia, pravisque moribus superabat. Attamen Severus ipse Herodiano teste *in urbem triumphans invectus est, multis acclamationi-*

TRIOMPHES, ARCS DE TRIOMPHE, &c.

cueilli du peuple avec les acclamations & toutes les cérémonies ordinaires. Quoiqu'il en soit, Rome assise tenant à sa main un globe, tend sa main à un Parthe qui vient en suppliant, & flechissant les genoux. A côté de Rome à la droite sont des soldats Romains armez & portant leurs boucliers. Auprès du Parthe suppliant, on en voit un autre qui flechit de même les genoux. Après ceux-ci un autre Parthe marche vers Rome. Après viennent d'autres soldats qui menent un Parthe les mains liées derriere le dos, & ensuite une femme Parthe qui a aussi les mains liées, portant une robe qui va jusqu'aux pieds & couverte d'un voile; ce sont differens spectacles qui marquent les malheurs des vaincus, & la gloire des triomphateurs. D'autres soldats Romains amenent encore un Parthe qui porte une tiare semblable à la Phrygienne, un candys & tout ce qui composoit l'habit des Parthes. Deux autres Parthes qui suivent ont aussi les mains liées derriere le dos, tournez l'un vers l'autre, & déplorant peut-être ensemble leur infortune. On voit ensuite un autre spectacle. Une femme assise, se fait remarquer par son bonnet ou sa tiare; je croirois que c'est une Province. Seroit-ce la region des Parthes qui se remarque aussi vis-à-vis dans le second rang aiant la tête apuiée sur la main? Il vaut mieux rester dans le doute. Des chariots chargez des dépouilles des nations vaincues viennent ensuite: le premier est tiré par deux chevaux, il est chargé de sacs pleins des plus précieuses dépouilles des vaincus, & peut-être d'or & d'argent. Un autre char qui suit, a les roues solides & sans raions, tels que nous les avons vus à la planche CXXI. du quatriéme tome de l'Antiquité & ailleurs: ce char est mené par deux bœufs: ce qui est à remarquer, est que les chars menez par des bœufs dans cette planche, au nombre de six, ont tous des roues solides, & ceux qui sont tirez par des chevaux au même nombre, ont des roues à raions. Ce char est suivi par un autre tiré par des chevaux. Sa charge differe des autres, en ce que les sacs sont bandez de cordes qui se croisent. Deux soldats Romains terminent la bande, & montrent si bien leur cuirasse, qu'on voit qu'elle est composée de six larges courroies de cuir. Plusieurs font venir le nom de cuirasse de ces courroies de cuir.

Au second rang on voit presque les mêmes choses qu'au premier, avec très peu de difference: par exemple, au premier rang un Parthe a les mains

---

bus omnique ceremonia populo excipiente. Ut ut res est Roma sedens globum manu tenens manum tendit Parthe cuidam supplici manus obtendenti & genu flexo. Ad latus Romæ dextrum stant milites Romani armati scutaque ferentes. Parthe autem illi supplici adstat alius perinde genua flectens, deindeque alius Parthus versus Romam gradiens. Subsequuntur alii milites Parthum ligatis a tergo manibus ducentes; & mulier deinde ligatis ante pectus manibus talari tunica atque velo obtecta. Sicque variæ devictæ gentis calamitates diversis iisque miserabilibus spectaculis celebrantur. Succedunt alii milites Romani Parthum adducentes tiaram Parthicam Phrygiæ similem gestantem, candyn quoque & totum Parthicum cultum exhibentem. Post sequuntur Parthi duo ligatis a tergo manibus, alter ad alterum conversi, mutuisque forte colloquiis præsentem miserabilemque fortunam deplorantes. Subinde autem aliud offertur spectaculum. Mulier quædam sedens a pileo sive tiara spectabilis est. Provinciam esse crederem; sed an Parthia, quæ in secundo hujus tabellæ ordine, capite in cubitum nixo sedet? hæc in dubio relinquere melius fuerit. Sequuntur postea currus spoliis devictarum gentium onusti, primus bigæ equorum junctus est, qui plenus atque cumulatus est saccis cimelia vel pretiosa quæque, vel demum aurum & argentum subactæ regionis, complectentibus. Huic succedit alius currus, rotis solidis neque radiatis uti solent, quales vidimus in quarto Antiquitatis explanatæ tomo tab. CXXI. & alibi: huic vero currui duo juncti boves sunt. Quodque observes velim, quotquot currus in hoctriumpho a bobus trahuntur; sunt autem hujusmodi sex numero, rotas solidas habent, qui autem radiatis sunt rotis, sex perinde numero, equis juncti sunt. Hunc currum tertius currus excipit equis junctus, cujus sarcina a præcedentibus hac in re differt, quod sacci decussatis funibus sint constricti, agmen claudunt duo milites Romani quorum lorica hic apprime se in conspectum offerens, sex loris constat. Loricam enim à loris multi deducunt.

In secundo ordine idipsum ferme quod in primo conspicis, parvo discrimine; verbi causa Parthus quispiam est in primo manibus a tergo liga-

Tome IV. I ij

68 SUPPLEMENT DE L'ANT. EXPLIQ. Liv. IV.

liées derriere le dos, ici il les a liées devant la poitrine : des chariots, celui qui est le second en rang porte des tonneaux faits comme les nôtres, avec des cerceaux qui retiennent toute la machine.

Au troisième rang il y a deux chariots conduits par des bœufs & un par des chevaux, & tout de même au quatriéme ; au lieu que dans les deux premiers rangs il y a à chacun deux chars conduits par deux chevaux, & un par deux bœufs.

Pl. XXX. II. La Bataille de Constantin contre Maxence, sa victoire & son triomphe après la victoire sont décrits dans la planche suivante tirez de l'arc de Constantin de Rome. L'évenement de la bataille fut quelque tems douteux, mais enfin l'armée de Maxence aiant été mise en déroute, les fuiards se sauvoient par le pont appellé Milvius, ou la presse fut si grande, que le pont fondit sous eux, & qu'ils tomberent dans la riviere. C'est ce qui est representé dans la bande de dessus. On les voit, cavaliers & pietons, nager comme ils peuvent, tandis que leurs ennemis leur portent des coups. Les nageurs en foule s'embarrassent les uns les autres. Les archers de Constantin les percent à coups de fléches ; ceux de Maxence ont ainsi deux ennemis à combattre. Ces archers portent des bonnets extraordinaires, on diroit qu'ils sont faits de plumes. Quelqu'un a cru que c'étoient des archers Maures ; mais je ne sai point d'auteur qui nous apprenne que les archers Maures eussent des bonnets de cette forme. A l'autre côté de l'image la Victoire marchoit devant l'Empereur Constantin, mais sa figure est entiérement tombée par l'injure du tems ; en sorte pourtant que la trace y reste encore ; cette victoire tenoit une couronne pour couronner Constantin, la couronne est aussi tombée. Au-dessous de la victoire le Tibre peint en vieillard est étendu dans les eaux & verse son urne.

III. Dans le tableau de dessous on voit le triomphe de Constantin pour la victoire qu'il vient de remporter contre Maxence. Les trompettes precedent avec quelques soldats armez de casques & de boucliers ovales. Leur arme offensive, est la demi pique, si courte, que mesurée sur la taille de l'homme, elle n'a pas plus de trois pieds en y comprenant le fer. Les enseignes militaires sont une Victoire & un autre personnage nud, difficile à reconnoitre. Après viennent des chevaux chargez des plus riches dépouilles empaque-

tis, hic vero manus ante pectus alligatæ visuntur; ex curribus autem qui secundus est dolia gestat ex tabellis ligneis pro more hodierno adornata ; circumductis ligneis circulis qui totam struem contineant.

In tertio ordine duo currus bobus juncti, unus equis, habentur, quod & in quarto quoque observatur, cum contra in duobus primis duo sint currus equis juncti, unus bobus.

II. Pugna Constantini magni contra Maxentium, ejus victoria atque triumphus in tabula sequenti depinguntur, totumque ex arcu Constantini magni Romæ expressum fuit. Dubio marte aliquamdiu pugnatum fuit ; tandem vero in fugam versi Maxentiani militesversus pontem Milvium fugerunt, ubi tam frequens fugientium numerus una confluit, ut pons tantæ moli cederet subrueretque, ita ut ii in flavium sint collapsi ; illud autem in suprema tabula repræsentatur. Una pedites equitesque visuntur nantes ut facultas ferre potest : intereaque Constantiniani telis ipsos conficiunt. Ita videlicet illi cum duplici malo conflictantur, Dum vero flumen nando trajicere contendunt, sibi mutuo impedimento sunt, Constantinique sagittarii ἀκηδόνως illos telis conficiunt. Hi porro sagittarii pileos gestant insolitæ prorsus formæ, ex avium plumis factos diceres. Putavit quispiam Mauros esse ; sed neminem scriptorem novi qui talibus pileis usos Mauros commemoraverit. In altera imaginis parte victoria ante Constantinum gradiebatur, cujus victoriæ figura penitus excidit remanente tamen vestigio ipsius. Hæc coronam gestabat qua Imperatorem Constantinum coronaret, corona quoque cecidit remanente vestigio illius. Sub victoria Tiberis fluvius senis forma comparet, in aquis extensus, urnamque suam effundens.

III. In supposita imagine Constantini triumphus conspicitur, pro victoria de Maxentio ejusque exercitu reportata. Præcedunt tubæ cum quibusdam militibus galeatis, qui ovatæ formæ clypeos gestant. Hastam gestant adeo exiguam, ut si ad staturam militum ipsam dimetiamur, non plusquam ternos pedes longitudinis habeat, annumerato ferro atque lamina. Signa militaria sunt victoria aliaque persona nuda cognitu admodum difficilis. Hinc equi succedunt onusti

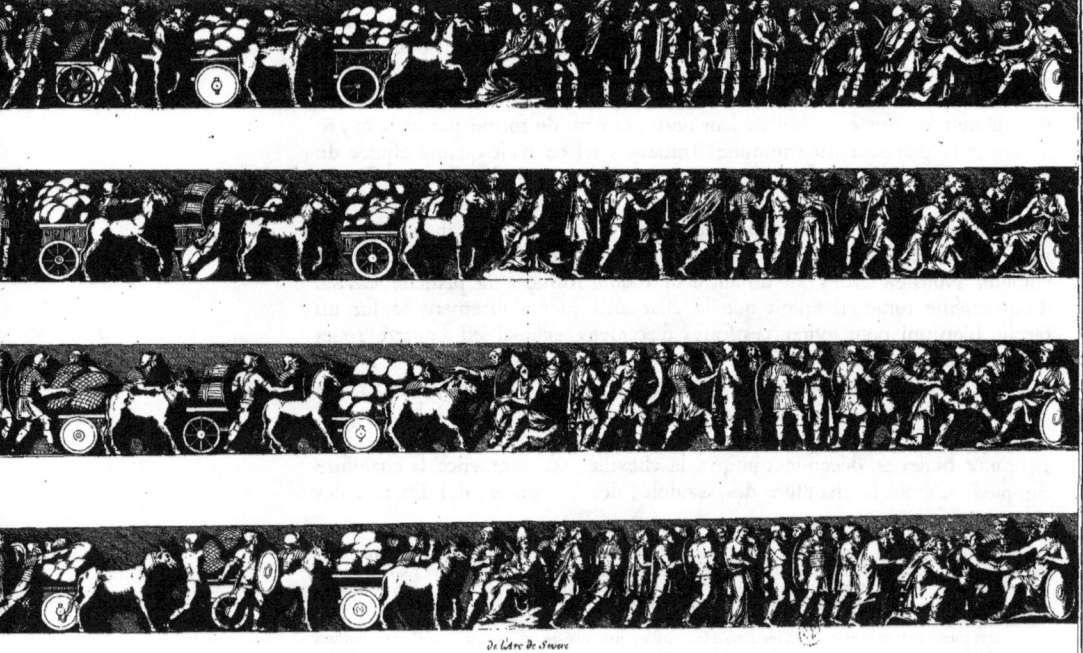

de l'Arc de Severe

TRIOMPHES, ARCS DE TRIOMPHES, &c.

tées. Les dépouilles faisoient toujours partie de ces grands triomphes. Ceux qui conduisent ces chevaux portent les uns des haches, les autres des demi piques. Ils ont tous des bonnets qui ressemblent à ceux de nos Présidens à Mortier, & que je n'ai jamais vû dans aucun autre monument. La quadrige triomphale termine la bande. Les quatre chevaux vont de front à l'ordinaire; ils ont une large bande qui les ceint au milieu du corps. Le cocher assis à l'extremité du char sur le devant porte le bonnet dont nous venons de parler; les autres qui sont auprès des chevaux le portent de même, & ce qui est plus surprenant, l'Empereur Constantin lui-même qui triomphe porte ce bonnet ou ce mortier comme les autres. Sur le char auprès de l'Empereur on voit un Officier qui porte un bonnet rond tout different des autres. Ce sont peut-être ses cheveux, qui dans la gravure paroissent être un bonnet. L'Empereur tient d'une main un globe, marque de souveraineté, & de l'autre je ne sai quoi. Son char est construit fort simplement; ce n'est point un de ces magnifiques chars ornez de sculptures, tels que sont ceux de Tite, de Marc Aurele & plusieurs autres qu'on peut voir au chapitre des triomphes tome quatriéme : ces *Thensæ*, c'étoient leur nom, étoient de forme particuliere, & sentoient la grandeur du triomphe Romain : ici ce n'est qu'une espece de coffre sur lequel est un siege fermé de tous côtez & de la derniere simplicité : il n'y a rien pour appuier les mains ou les coudes, point de dossier : il est enfin construit de maniere qu'il faut qu'au moindre cahot le triomphateur soit jetté à bas, sans rien trouver qu'il puisse saisir pour éviter la culbute. Nous en avons vû un autre de même forme à la planche CXXI. du quatriéme tome : il falloit que le char allât bien doucement & sur un terrain bien uni pour éviter ces sortes d'accidens : celui-ci est à quatre roues tiré par quatre chevaux.

IV. Une chose à remarquer ici, c'est que la plupart de ceux qui forment la grande troupe de ce triomphe, trompettes, porte-enseignes, soldats, porteurs de haches, ont la chaussure barbare ; des bas larges mal unis qui tiennent aux braies & décendent jusqu'à la cheville, où commence la chaussure du pied. C'étoit la chaussure des Gaulois, des Germains, des Daces, des

---

sarcinis, spoliis haud dubie preciosissimis, obtectis obstrictisque. In triumphis enim hujusmodi spolia semper efferebantur, & inter præcipuas spectaculi partes connumerari solebant. Qui equos hujusmodi ducunt, alii securibus, alii lanceolis supra memoratis armantur. Pileos autem gestant iis non absimiles, quos senatus præsides illi primarii nostrates gestare solent, quibus similes in veterum monimentis nusquam vidi. Quadriga triumphalis agmen claudit. Quatuor equi eadem linea procedunt pro vulgari veterum more, lato autem vinculo per medium corpus alligantur. Auriga in extremo curru sedet in anteriore parte, pileumque ut supra gestat, gestant perinde illi omnes qui circa currum graduntur. Quodque plane stupendum Constantinus ipse simili caput opertum pileo habet. Ad Imperatoris latus tribunus quispiam visitur, pileo rotundo obtectus secus quam circumstantes cæteri, nisi forsassis ipsa coma pilei speciem præ se ferat in insculpta imagine. Imperator altera manu tenet globum imperii symbolum, altera vero nescio quid. Currus extremæ simplicitatis est, nullisque ornamentis decoratus, Non Thensa est illa prisca ornamentis fulgens, sculptis imaginibus decorata, qualem conspicimus in triumphis Titi & Marci Aurelii, inque aliis multis quas repræsentavimus cum de Triumphis ageremus tomo quarto. Illæ vero thensæ formam sibi peculiarem habebant & Romani triumphi magnitudinem præ se ferebant ; hic autem arca simplex est, cui imponitur sedile undique clausum nulla ornatum figura. Nihil hic offertur quo cubiti manusve inniti possint, nihil quo dorsum triumphantis sustentari valeat. Ut uno verbo dicam ita constructa sella est, ut ex motu vel succussione perquam minima, triumphator in terram decutiatur; nihil enim adest quod arripere possit, ne delabatur. Similem vidimus currum in tabula CXXI. quinti Antiquitatis explanatæ tomi. Necesse erat ut currus admodum lente procederet in locisque planis, ne in pares casus incideret. Hic currus quatuor est rotis instructus & quatuor equis junctus, ut diximus.

IV. Rem notatu dignam hic observamus ; maxima nempe pars eorum qui triumpho adsunt, & triumphalem cœtum constituunt, tubicines scilicet, signiferi, milites, securibus armati viri, calceamento barbarici usus sunt instructi : tibialia nempe lata sunt, quæ tibiam minime stringant, & quibusdam in locis ne tangant quidem, quæ braccis hærent, & usque ad malleolos pedum pertingunt, quo loco pedis, calceus statim sequitur. His Galli, Germani, Daci, Parthi, generatimque omnes pene nationes, quæ

Parthes, & generalement de toutes les nations qu'on appelloit Barbares. Il y a grande apparence que Constantin élevé dans les Gaules, où Constance son pere avoit dominé plusieurs années, avoit beaucoup de Gaulois avec lui ; c'étoit sans doute la force de son armée, & c'est apparemment d'eux que sont venus ces chaussures barbares : ce sont principalement les porte-enseignes & les trompettes qui les portent.

barbaræ appellabantur. Verisimile porro est Constantinum in Galliis educatum, ubi Constantius ejus pater sedem multis annis habuerat, multos secum habuisse Gallos. Hoc erat ut existimo robur exercitus ejus, & ab illis haud dubie hæc barbarica tibi alia profecta sunt : quæ maxime gestant tubicines atque signiferi.

CHAPITRE SECOND.

I. Arc de Portugal à Rome. II. N'étoit pas antique. III. Le petit Arc de Severe. IV. L'Arc de Gallien.

Pl. XXXI.

I. L'Arc qu'on appelloit à Rome, *Arco di Portogallo* a causé de grandes contestations entre les Antiquaires ; les uns vouloient qu'il eut été fait pour Domitien, d'autres pour Claude ou pour Drusus, d'autres pour Marc Aurele, & ce dernier sentiment étoit le plus suivi, depuis que le Nardini l'avoit embrassé, fondé sur ce que dans des bas reliefs qu'on y voioit, on reconnoissoit indubitablement M. Aurele & Faustine sa femme. La question n'étoit pourtant pas encore décidée, on disputoit toujours : mais voici ce qui doit mettre fin à toutes les disputes au sentiment des plus habiles Romains ; je rapporterai ce que le feu Cavalier Alessandro Maffei celebre Antiquaire de nos jours en a écrit.

II. Alexandre VII. voulant embellir la rue qu'on appelle à Rome *il corso*, qui est l'ancienne *via Flaminia*, & l'arc de Portugal qui la coupoit en deux, empêchant la vûë de cette grande & belle ruë, sa Sainteté chargea Mgr. Ottavio Falconnieri, Mgr. Marcello Severoli, le Bellori & plusieurs autres habiles gens, tous bons connoisseurs en ce qui regarde l'Antiquité, d'examiner bien cet arc & de lui en faire le rapport. Ils executerent cette commission avec toute la recherche & l'exactitude possible, & reconnurent que la structure de l'arc étoit irreguliere en toutes ses parties, que ses orne-

CAPUT SECUNDUM.

I. Arcus Portugalliæ Romæ sic dictus. II. Antiquus non erat. III. Arcus Severi minor. IV. Arcus Gallieni.

I. Arcus ille Romanus, qui vocabatur *Arco di Portogallo*, inter Antiquariæ rei studiosos magnam controversiæ causam præbuit : alii pro Domitiano structum volebant, alii pro Claudio vel pro Drusio, alii demum pro Marco Aurelio, quæ postrema sententia a pluribus propugnabatur, quoniam Nardinus illam fuerat amplexus, in eam adductus opinionem, quod in anaglyphis ejusdem Marcus Aurelius & ejus uxor Faustina procul omni dubio agnoscerentur. Quæstio tamen nondum soluta erat, semperque res in controversiam vocabatur. Sed ex his quæ mox dicturi sumus, omnis disputatio cesset oportet, ut opinantur viri plerique omnes inter Romanos eruditissimi. Hic referam ea quæ Maffeius eques ὁ μακαρίτης in re antiquaria peritissimus ea de re scripsit.

II. Cum Alexander VII. vicum illum Romanum qui cursus *il corso* appellatur, in elegantiorem formam deducere cogitaret, & Arcus Portugalliæ, qui mediam secabat viam, istiusmagni pulcherrimique vici prospectui officeret. Summus ille Pontifex, Octavium Falconerium, Marcellum Severolum, Bellorium, plurimosque alios, eosque antiquariæ rei peritissimos jussit explorature ire, quæ esset arcus istius conditio, quæ antiquitas, & sibi quid tandem de illo censerent aperire. Ii jussum exsequuti sunt, & quanta potuerunt diligentia accuratioreque rem examinarunt, deprehenderunt arcus structuram non ad architecturæ normam factam esse, idque in omnibus singulisque sui partibus, ornatus autem varios esse, qui nullam inter se haberent affinitatem, nullam propor-

BATAILLE ET TRIOMPHE DE CONSTANTIN.

de L'Arc de Constantin

mens n'avoient nul rapport les uns aux autres, & ce qui étoit encore plus à remarquer, que le plan & le terrain sur lequel cet arc étoit construit, s'accordoit fort bien avec l'élevation du terrain tel qu'il est aujourd'hui; mais nullement avec l'ancien, qui étoit beaucoup plus bas, & qui a été depuis fort élevé par les décombres & par les ruines, comme il paroit manifestement, en ce que presque tous les bâtimens antiques qui sont restez jusqu'aujourd'hui sont sur un terrain bien plus bas que n'est celui de la Ville, telle qu'elle est presentement. Ils concluent donc unanimement que cet arc ne pouvoit pas être de ces anciens tems, quoiqu'on y eut emploié des bas reliefs & des marbres antiques, tirez de masures & pris d'un côté & d'autre, ce qui faisoit qu'ils n'avoient nul rapport les uns avec les autres; ils jugerent qu'il avoit été construit dans un siecle de barbarie fort posterieur à ces anciens tems, & qu'il avoit été fait pour servir de passage d'une maison qui étoit à un des côtez de la rue à une autre opposée. Sur le rapport de tant d'habiles gens, le Pape fit détruire cet arc, ce qu'il n'auroit jamais pu se résoudre de faire, s'il avoit été reconnu veritablement antique. De-là vient que cet arc que nous donnons ici n'est pas fait comme les autres. Les bas reliefs qu'on y voit, dont l'un represente Marc Aurele tenant des libelles ou des placets que des particuliers lui avoient presentez; & l'autre l'apotheose de Faustine; ces bas reliefs, dis-je, se trouvent en leur place dans ce Supplement.

III. Le petit arc de Severe, qui est près de S. George *in velabro* à Rome, Pl. a quelques morceaux d'architecture remarquables. Les deux petits côtez nous XXXII. instruisent sur bien des choses aussi-bien que le grand. Le premier des petits tableaux represente Septime Severe qui sacrifie en versant sa patere sur le foier d'un trépied. Nous avons vu assez souvent des sacrifices où le trépied sert d'autel. Septime Severe est voilé : les sacrificateurs étoient voilez quand ils sacrifioient aux grands dieux, & ils ne l'étoient point quand ils sacrifioient à ceux qu'on appelloit *dii minorum gentium*, selon M. Fabretti. Mais nous avons fait voir que cette regle n'étoit ni generale ni sure. Il y en a qui ont cru que la femme voilée qui est auprès de l'Empereur étoit Julia Pia sa femme, ou la Paix déesse marquée par le caducée qu'on voit ici. Je

---

tionem: quodque præsertim observandum erat, solum in quo construtus arcus erat, cum hodierno solo urbis optime quadrare, cum veteri autem solo quod longe demissius erat, minime, nam solum ex ruderibus & ruinis ædificiorum non parvam ab illis usque priscis temporibus altitudinem acquisivit; idquod liquidum est & manifeste comprobatur, quod omnia pene vetera ædificia, quæ hodieque supersunt, in solo structa fuerint longe humiliore, quam est solum hodiernæ urbis. Una ergo sententia unoque ore omnes dixerunt, arcum illum ad prisca tempora non posse revocari: tametsi in illo struendo anaglypha marmoraque veterum adhibita fuerant ex ruinis ædificiorum, hinc & inde consarcinata, unde etiam evenerat ut nulla esset inter partes illius affinitas. Existimaruntque arcum illo tempore exædificatum fuisse, quo magna barbaries omnia invaserat, non autem priscis illis temporibus: ideoque structum fuisse, ut transitus fieret commodus ab ædibus quæ in altero latere vici erant, ad ædes quæ in opposita vici parte e regione positæ erant. Tot viris doctis idem ipsum referentibus & judicantibus, summus Pontifex arcum dirui jussit: qui nunquam eo animum appulisset, si ex opinione eruditorum arcus priscæ vetustatis fuisset.

Hinc autem accidit, hunc arcum, quem hic proferrimus, non esse aliis arcubus similem. Anaglypha in illo repræsentata; quorum unum Marcum Aurelium exhibet libellos sibi a supplicibus oblatos tenentem, aliud vero Faustinæ consecrationem; hæc, inquam, anaglypha in hoc supplemento suis in locis habentur.

III. Arcus Severi minor, qui Romæ visitur prope S. Georgium in Velabro, in aliquot sui partibus architectonices & artis sculptoriæ notas non spernendas præ se fert. Duo minora latera multa docent, perinde atque facies major. Ex parvis illis tabulis prima Septimium Severum exhibet, qui pateram effundens sacrificat ad ignem in tripode succensum. Non raro sacrificia vidimus, ubi tripus aræ loco adhibebatur. Septimus Severus velatus est. Sacerdotes porro velabantur, quando diis majorum gentium sacrificabant, non velabantur autem cum sacrificia oblaturi erant diis minorum gentium, secundum Raphaelis Fabretti opinionem. Verum alibi ostendimus hunc aritum nec generalem nec omnino certum fuisse. Non desunt qui putaverint mulierem velatam quæ prope Imperatorem visitur esse Juliam Piam ejus uxorem, vel Pacem deam ex caduceo notam, qui caduceus

croirois plus volontiers que c'est l'Imperatrice. Le caducée, qui est derriere elle, peut marquer la paix procurée par les victoires de Severe. Derriere l'Imperatrice & le caducée il y avoit une autre figure qui a été ôtée exprès avec le ciseau, & dont il ne reste plus que la trace du contour. C'étoit Geta qu'on avoit mis là comme spectateur du sacrifice. Après que Caracalla son frere l'eut tué, il fit ôter sa figure des monumens publics; il fit encore ôter son nom du grand arc de Severe, où l'on ne voit plus que sa place vuide & les traces du ciseau qui a fait sauter ce nom. Au-dessous de ce sacrifice sont rangez en bon ordre les instrumens des sacrifices. On y voit premierement le *lituus* ou bâton augural. Ensuite le prefericule, vase pour les libations, le disque ou bassin, le bonnet pontifical apellé *albogalerus*, l'aspergile, le simpule espece de cueillere, la guaine à trois couteaux pour dépecer la victime. Ces instrumens sont continuez dans l'autre petit tableau, où l'on voit l'*acerra* ou le coffret pour l'encens & les parfums, la hache pour frapper la victime, un autre disque, la tête du taureau immolé avec ses ornemens, un autre prefericule, la masse pour assommer la victime, l'*aquiminarium* ou le vaisseau pour l'eau de l'aspersion; au plus bas du premier tableau est l'immolation du taureau. Deux victimaires le tiennent, un autre le frappe de sa hache. Le *tibicen* joue des deux flûtes, le camille à l'ordinaire tient un petit coffret, le sacrificateur qui vient ensuite & qui est voilé, tient la patere. Ce sacrificateur qui est sans barbe pourroit être Caracalla. Le grand tableau qui vient ensuite est entre deux pilastres d'ordre composite. Sur la corniche entre les deux chapiteaux, on voit deux hommes qui tiennent chacun un vase, l'un verse de son vase dans celui de l'autre: deux autres hommes plus près des chapiteaux tiennent l'un un prefericule, & l'autre une *acerra*. Plus bas sont deux captifs Parthes, les mains liées derriere le dos, & deux soldats qui les menent; l'un tient la chaîne dont les captifs sont enchaînez. Au-dessous on voit des trophées d'armes, des boucliers, haches, signes militaires, un dragon, un carquois. Au plus bas du tableau un homme conduit des bœufs, pris sans doute sur les ennemis. L'autre petit tableau represente Caracalla versant sa patere sur un trépied chargé de fruits. A son côté étoit son frere Geta; mais après qu'il l'eut tué, il le fit ôter de là; en sorte

hic conspicitur. Libentius crederem Augustam ipsam Juliam esse. Caduceus autem poue illam positus fortasse notat pacem, quam pepererunt Septimii Severi victoriæ. Pone Imperatorem & caduceum alia erat figura, quæ scalpro de industria sublata fuit, cujusque solum vestigium ambitusque supersunt. Geta erat hic olim insculptus quasi sacrificii spectator. Postquam Caracalla ipsum occiderat ejus figuram ex monumentis publicis abradi curavit, nomen quoque ejus ex magno Severi arcu deleri jussit, ubi hodieque locum in quo sculptum erat nomen vacuum conspicimus, cum ipsis scalpri, quo nomen sublatum est, vestigiis. Sub sacrificio illo ritu vulgari solitoque posita sunt sacrificiorum instrumenta. Ibi primo visitur *lituus*, sive auguralis virga. Deinde præfericulum vas ad libationes destinatum, discus, albogalerus, seu galerus quo pontifex caput operiebat, Aspergillum, Simpulum, Vagina in qua tres cultri ad membra victimæ secanda. Hæc instrumenta etiam in vicina tabula minore continuantur, ubi etiam cernitur acerra, sive arcula condendo thuri aliisve aromatibus: securis ad percutiendam victimam, discus alius, caput tauri immolati cum ornatibus suis, aliud præfericulum, malleus pro ferienda victima, aquiminarium sive amula in qua lustralis aqua servabatur. In ima parte minoris tabulæ, immolatio tauri repræsentatur, duoque victimarii qui taurum tenent, alter illum securi percutit. Tibicen duabus tibiis ludit; Camillus pro more suo acerram tenet, sacerdosque postea cernitur, qui velatus est pateramque tenet; hic porro sacerdos imberbis est fortasse Caracalla. Major visitur tabula, quæ postea sequitur inter duas parastatas ordinis compositi, supra coronidem inter duo capitella duo viri sunt singuli vasa suum tenentes; unus autem ex vasi suo in vas alterius liquorem effundit; duo alii viri capitellis vicinores tenent alius præfericulum, alius acerram. Infra visuntur duo Parthi captivi, manibus à tergo ligatis, duoque milites qui ipsos ducunt. Alius catenam tenet qua captivi vinciuntur. Subtus armorum tropæa conspiciuntur, clypei, secures, signa militaria, draco, pharetra. In ima tabula vir boves ducit, hostibus, ut videtur, abreptos. Alia minor tabella Caracallam repræsentat pateram effundentem in tripodem fructibus onustum. Ad ejus latus Geta erat, quem cum occidisset ille à latere suo in arcu abradi jussit; ita ut nihil aliud su-

qu'il

PARTIES DU PETIT ARC DE SEVERE DE ROME

CHAISE CONSULAIRE TRIOMPHALE DE ROME

qu'il n'en reste plus que la ligne du contour & les traces du ciseau. Au bas de l'image deux Victoires tiennent un grand feston.

IV. L'arc de Gallien se ressent un peu des malheurs du tems de cet Empereur, où tout l'Empire Romain étoit en combustion, & où les Finances se trouverent épuisées, l'or & l'argent & même le cuivre des particuliers fut enterré, la terreur generalement repanduë, faisant que chacun craignoit pour son bien. Cet arc fut donc bâti par Marc Aurele Victor en l'honneur de Gallien & de Salonine sa femme. Je n'entends pas trop bien ce que veulent dire ces mots de l'inscription qui se rapportent à Gallien, *cujus invicta virtus sola pietate superata est*. Cela doit avoir rapport à quelque action de sa vie. *Pietas* se prend souvent pour l'amour & le respect que les enfans ont pour leur pere ; ce n'est pas assurement en ce sens qu'on a pu attribuer le nom de pieux à Gallien, qui vit avec joie Valerien son pere tomber entre les mains des Parthes ses ennemis, & qui fut fort aise de le laisser captif, de peur qu'il ne partageât l'Empire avec lui. Les chapiteaux de cet arc sont d'ordre corinthien d'un gout fort mediocre. On s'apperçoit ici que les arts tomboient alors, & suivoient le sort de l'Empire.

Pl. XXXIII.

---

periit nisi vestigium corporis & ambitus simulque scalpri notæ. In ima demum imagine duæ Victoriæ magnum tenent sertum.

IV. Arcus Gallieni ingentem illius ævi calamitatem refert diramque fortunam : ipso namque imperante totum Romanum imperium intestinis bellis pessumdabatur, ærarium exhaustum erat. Aurum, argentum, etiamque æs privatorum omnium pene, in terra condebatur. Terror imminentis aderat periculi; omnes de fortunis timebant. Hic porro arcus ædificatus est a Marco Aurelio Victore in honorem Gallieni & Saloninæ uxoris ejus. Me vere fateor non sat intelligere verba quædam quæ in inscriptione feruntur, quæque Gallienum respiciunt, *cujus invicta virtus sola pietate superata est*. Id referri potest ad aliquid quod in vita sua egerit. Pietas sæpe intelligitur honor & affectus erga parentes. Hoc autem sensu certe non potuit Gallienus pius dici, qui cum gaudio patrem vidit captum a Parthis, & *cum comperta patris captivitate gauderet*, inquit Trebellius Pollio 1. ipsum libenter captivum reliquit, ne in partem Imperii veniret. Capitella hujus arcus ordinis Corinthii sunt, mediocrem artis scientiam præ se ferentes. Jam hic perspicitur artes Imperii sortem sequentes in deteriora vergere.

CHAPITRE TROISIEME.

I. Notes de M. de Peiresc sur l'Arc d'Orange. II. Observations sur le même Arc.

I. J'Ai donné dans le quatriéme tome de l'Antiquité l'arc d'Orange, sur le dessein que m'en envoia feu M. Mignard, cousin germain de M. Mignard Peintre. Ce M. Mignard Architecte, mourut à Avignon il y a peu de tems âgé de plus de quatre-vingt dix ans. J'ai eu depuis lors la communication d'un MS. de M. de Peiresc de la Bibliotéque du Roi, où l'arc d'Orange se trouve dessiné cinq ou six fois par autant de differentes mains. Tous ces desseins sont si mal faits, qu'ils ne peuvent presque servir de rien. M. de Peiresc en demandoit & en recevoit de toutes parts, & n'étoit jamais con-

---

CAPUT TERTIUM.

I. Nota V. Cl. Peirescii in arcum Arausicanum. II. Observationes aliæ in eumdem arcum.

I. IN quarto Antiquitatis explanatæ tomo, arcum illum Arausicanum dedi secundum exemplar mihi transmissum à D. Mignardo architecto, Mignardi pictoris celeberrimi patruele. Qui Mignardus architectus Avenione non ita pridem obiit annorum nonaginta. Nuper autem in manus incidit meas codex manuscriptus viri cl. D. Peirescii qui nunc est in Bibliotheca Regia: ubi arcus ille Arausicanus quinquies vel sexies a diversis delineatus occurrit. Verum hæ delineationes tam imperite sunt adornatæ, ut vix quidpiam in illis expiscari possis. Peirescius similes delineationes a multis petebat ac recipiebat, neque cessabat donec ad rei accuratam delineationem pervenisset : id

tent qu'il n'eut trouvé les veritables, ce qui étoit difficile, tant on entendoit peu le dessein en ce payis-là. Ce grand homme a fait quelques notes sur cet arc, que j'ai jugé à propos de mettre ici sans rien changer à son stile, qui se ressent & du tems (c'étoit l'an 1610.) & de sa Province.

quod admodum difficile erat; tanta nempe erat in istis regionibus delineandi imperitia. Vir ille præclarus notas aliquot in arcum illum scripsit Gallico idiomate, quas hic apponere visum est nulla inducta verborum mutatione, etsi stylus ejus & temporis, scripsit enim anno 1610. & patriæ suæ asperitatem oleat.

Notes de Mr. de Peiresc sur l'Arc d'Orange du Manuscrit du Roi 9932. fol. 116.

» L'Arc triumphant d'Aurenge composé de trois arcades embellies par dedans la voulte de tous les plus beaux compartiments, feuillages, fleurons & fruicts qui se puissent voir. Filletées le plus mignonement qu'il se puisse faire en l'ordonnance Corinthienne.

» Sur la grande arcade du mitan y a tout au haut devers toutes les deux advenues, une longue table d'atante, où est representée une bataille de gens des pied & de cheval, les uns armez & les autres tous nuds.

» Sur les petites portes des côtez de toutes les quatres advenues y a des amas de boucliers, dagues, couttelas, espieux, trombes, heaulmes, habillemens, & quelque signe militaire relevé en bosse entiere, lesquels ne sont composez que d'un sanglier porté sur un bâton.

» Les heaulmes sont composez quelquefois à la Romaine, & ont la plus part des roues à leur cime : quelquefois sont tous couverts de bouillons de chevcux, comme si c'étoit la tête toute nüe.

» Les coutteaux sont tousjours assemblez trois à trois avec leurs ceintures pendantes.

» Les trombes sont aussi de trois en trois & aboutissent toutes en teste de Dauphin.

» Les boucliers retiennent tous une forme d'ovale fort longuette, & sont chargez trestous de diverses devises & ornemens. L'un a des cicoignes, l'autre de tours de col, seuls ou entrelassez de deux en deux, l'autre des brasselets, l'autre des croissans de lune, l'autre des soleils, l'autre des étoiles, l'autre des cœurs, l'autre des coutteaux, l'autre des petits boucliers

---

Nota viri clarissimi Peirescii in arcum Arausicanum ex ms. Reg. 9932. fol. 116.

» Arcus triumphalis Arausicanus tribus constat arcubus, quorum fornices intus plurimis decorantur ornatibus concinna dispositione, foliis, sertis, fructibus, venustè omnino elaboratis, ordineque Corinthio.

» Supra magnum mediumque arcum in utraque facie inque magna tabula, pugna repræsentatur equitum peditumque, quorum alii armati, nudi alii sunt.

» Supra minores arcus in lateribus in quatuor faciebus, hinc & inde, ante & retro acervi sunt clypeorum, gladiorum, ensium, pilorum, tubarum, cassium, vestium, & aliquot signorum militarium, quæ retro prominent cum tota spissitudine, quæ signa aprum tantum referunt baculo sive hastæ affixum. «

Cassides nonnunquam Romano more adornatæ sunt, & rotas loco cristarum habent: aliquando etiam cincinnos capillorum referunt, ac si caput nudum repræsentarent. «

Gladii sive cultri terni & terni sunt, cum cingulis pendentibus. «

Tubæ etiam ternæ & ternæ exprimuntur, & in caput delphini omnes desinunt «

Clypei omnes ovatæ formæ sunt & oblongæ: omnesque aut literis quibusdam aut ornatibus sunt onusti; alius ciconias habet, alius torques vel solos vel binos complicatos, alius armillas, alius crescentem lunam, alius solem, alius stellam, alius parvos cly-

TRIOMPHES, ARCS DE TRIOMPHE, &c.

🜚 (ce sont des peltes) quelques-uns de tiltres où étoient leurs noms, comme BODVACVS, CATVS, MVDILLVS, MARCVS, D

Plusieurs ont des bordures, l'une engleclée, l'autre crenellée, l'autre à petits points, l'autre couronnée, l'autre à denteure de feuille de chesne, l'autre à chaine de fermesses. «

Des habillemens, il y paroit des cottes d'armes, maillées, escaillées, vellues, &c. «

Les espieux sont à grosses trousses. «

Par dessus les mêmes petites portes, y a d'autres tables d'attentes, où sont les trophées navaux, de rostres, acrostiles, proues de navires, mas, pollies, cordages, rames, tridents, tiltres, labares, &c. «

Aux costez de levant & de ponant y a trois trophées dressez parfaitement sur des troncs d'arbres avec des captifs tant hommes que femmes, lesquels sont debout de chasque costé. Lesquels trophées ne representent que le heaulme, les boucliers, espieux, signes du sanglier, trompettes, & quelques saye, mantelets & autres draps, dont est couvert le corps du tronc. «

Au dessus des trophées du costé de levant y a la teste du soleil rayonnant dans un petit arc semé d'estoilles. «

Ez costez duquel petit arc y a des tritons ou autres monstres marins. Tout au haut de l'arc, sur la petite porte gauche du costé du septentrion y a un lituo, une patere, un urceolus, un simpule & un aspergille. «

A rencontre de cela en même hauteur du costé de midy y a une demi figure d'une femme vieille, entourée d'un grand voile, comme l'Æternité. «

Mr. de la Pise Greffier de la Cour d'Orange, m'a dit d'avoir veu attesté par escrit dans la maison de Ville, qu'il y a quelques années qu'estant tombé un quartier dudit arc, entre autres desbris y avoit un fragment d'une figure d'un captif où estoit escrit TEVTOBOCHVS, qui est le nom d'un des Cimbres que nomme Florus. «

Les frises principales tout à l'entour de l'arc sont toutes parsemées de soldats combatans à pied. «

II. Il est à remarquer que le penultieme article rapporté sur la foi de M. de la Pise est barré avec du craion par M. de Peiresc, qui non content de

---

» peos 🜚 (hæ sunt peltæ) aliqui tabellas, ubi ipsorum nomina inscripta erant, ut BODVACVS, CATVS, MVDILLVS, MARCVS, D.
» Plurimi oras habent, alii angulis, alii pinnis, alii punctis, distinctas, alii corollis, alii ceu dentibus quernorum foliorum, alii catenulis.
» Militares vestes ibi comparent, loricæ nempe, hamatæ, aut squamatæ, aut hirtæ, &c.
» Pila seu spicula in fasciculos sunt colligata.
» Supra eosdem arcus sive portas minores aliæ tabulæ sunt anaglyphis plenæ, ubi tropæa navalia, rostra, acrostolia, proræ navium, mali, trochleæ, rudentes, remi, tridentes, tituli, labari &c.
» Ad orientem & occidentem tria tropæa concinne posita supra arborum truncos, cum captivis hominibus mulieribusque qui utrinque stant. Quæ tropæa galeam repræsentant, clypeos, pila, signa militaria apri, tubas & saga quædam, palliola, aliosque pannos queis opertus est arboris ille truncus.
» Supra tropæa versus orientem est caput solis radiantis in parvo arcu stellis consperso. «

Ad latera ejusdem minoris arcus, tritones sunt seu alia marina monstra. In summo arcu supra minorem portam quæ est ad lævam versus septentrionem, est lituus, patera, urceolus, simpulum & aspergillum. «

E regione horum eadem altitudine ad partem meridiei, est protome mulieris vetulæ magno velo obtectæ, Æternitatis instar. «

D. de la Pise Tabularius in Curia Arausicana retulit mihi vidisse se rescriptum quodpiam in basilica urbis quo ferebatur, cum ab aliquot annis lapides ex arcu decidissent, inter ruinas fragmentum schemati fuisse viri cujusdam captivi, in eoque scriptum fuisse TEVTOBOCHVS, quod est nomen cimbri cujusdam a Floro nominati. «

Zophori præcipui circa arcum militibus iisquepeditibus pugnantibus consperso sunt. «

II. Observandum porro est penultimum articulum qui ad fidem D. de la Pise assertur, creta notatum & quasi deletum ab ipso Peirescio fuisse, qui cum

l'avoir barré là, continuë à barrer encore vis-à-vis dans la page suivante 117. qui est en blanc ; ce qui fait voir qu'il n'y ajoute aucune foi. Le fils de M. de la Pise, qui a écrit l'histoire d'Orange, donne encore lieu de soupçonner que le fait est faux, quand il dit que son pere lui a raconté, non pas qu'il avoit vu cela attesté par écrit dans la maison de Ville ; mais qu'il avoit vu lui-même la pierre où étoit écrit le nom de Theutobochus.

M. de Peiresc qui ne neglige rien pour avoir des connoissances les plus exactes, a manqué ici de bons dessinateurs. Cet arc d'Orange se trouve dans ce volume ou croqué, ou dessiné cinq ou six fois par differentes mains. Après cela les diverses parties de cet arc se trouvent dessinées en quatorze feuillets, tantôt plus, tantôt moins mal. Voici quelques remarques que j'ai faites sur ces morceaux mal dessinez.

Le dragon s'y voit souvent dans les trophées parmi les signes militaires. C'étoit une enseigne fort commune aux peuples du Nort, comme on peut voir dans la colonne Trajane : les Parthes s'en servoient aussi. Le sanglier se trouve encore parmi ces signes. C'étoit une des plus anciennes enseignes militaires. Avant Marius, les Romains avoient pour enseignes l'aigle, le loup, le minotaure, le cheval & le sanglier. Mais Marius retint l'aigle seule, ce qui n'empêcha pas qu'on ne se servit quelquefois depuis des autres signes militaires. Nous avons vu le loup entre les signes militaires de Trajan : ce qui peut faire quelque difficulté ici, c'est que le sanglier qui se trouve plusieurs fois dans les trophées de l'arc d'Orange, est sans doute là comme une enseigne prise sur les ennemis, & dont les ennemis se servoient, quoique le même signe fut compté entre les signes militaires des Romains. Mais ces nations ennemies des Romains pouvoient l'avoir pris d'eux.

Les boucliers sont ici partie ovales, partie hexagones longs ; ce qui a été souvent remarqué dans ces sortes de monumens.

A la page 126. sur les trophées des victoires navales, on voit une partie d'un vaisseau du côté de la poupe, & sur l'acrostolion une échelle bien formée, qui pouvoit peut-être servir à l'abordage.

A la même page se voient les noms rapportez ci-devant par M. de Peiresc, mais fort differemment. Sur un bouclier on lit MARIO, sur un au-

---

non satis haberet, articulum ipsum sic delevisse, & quasi indignum fide notasse, similes notas eregione in sequenti pagina ad oram usque folii continnavit, ut indicaret se illud omnino respuere & falsum putare. Hujus D. de la Pise filius qui historiam Araussicanam scripsit, falsi suspicionem auget, cum ait audivisse se a patre suo, non quod id ipse vidisset in basilica urbis scriptum, sed quod ille ipse vidisset lapidem ubi hoc nomen Teutobochus scriptum erat.

V. cl. Peirescius qui nihil unquam neglexit ut ad veram rerum notitiam pertingeret, delineatores sat imperitos invenit, ut diximus. Arcus Araussicanus quinquies vel sexies hic delineatus conspicitur a diversis : ad hæc vero partes arcus illius in quatuordecim sequentibus foliis reperiunturdelineatæ, modo cum majori, mox cum minori imperitia.

Draco sæpe in tropæis habetur inter signa militaria. Eratque draco vexillum usitatissimum apud septentrionales nationes, ut in columna Trajana videre est, Parthi quoque illo utebantur signo. Aper etiam inter hujusmodi signa occurrit. Eratque aper inter priscasigna militaria. Ante Marium enim Romani signa habebant, aquilam, lupum, minotaurum, equum & aprum. Marius vero aquilam tantum retinuit. Neque tamen alia signa ita rejecta fuerunt, ut nunquam postea usurpata sint. Vidimus namque lupum inter signa militaria Trajani. Verum id difficultatis quidpiam parere possit, quod aper in Araussicano arcu sæpe comparens, ibi quasi signum hostibus abreptum repræsentari videatur, cum tamen idem signum in usu esset apud Romanos ; at illi etsi Romanorum hostes, hoc illorum signum adoptavisse poterant.

Clypei partim ovatæ formæ sunt, partim hexagoni & oblongi, id quod jam persæpe in hujusmodi monimentis observatum est.

In pagina 126. in tropæis victoriarum navalium, pars navis cujuspiam habetur ex parte puppis, & supra acrostolion scala hodiernis similis, quæ fortasse poterat ad expugnandas naves usurpari.

Eadem pagina nomina quæ supra retulit V. cl. Peirescius occurrunt, ac longe diversa scripta. In uno clypeo legitur MARIO, in alio MCVPD, in tertio

TRIOMPHES, ARCS DE TRIOMPHE, &c.

tre MCVPD, fur un troifiéme VONIVS, ou peut-être Nonius ; celui-ci eſt caſſé du côté de la premiere lettre, qui eſt peut-être eſtropiée. Au verſo de la page 130. M. de Peireſc qui ne negligeoit rien pour ſavoir les choſes exactement, & qui prenoit des memoires de differentes perſonnes, met tous ces boucliers au nombre de cinq à part, & on y lit ces noms BODVA-CVS, CATVS, VDILLVS, MCVLO, MARIO, un à chaque bouclier; la penultieme lettre du dernier mot paroit trop courbe pour en faire un I, & trop peu pour en faire un C. M. de Peireſc dans ſes notes cy-deſſus a tout lu au nominatif. BODVACVS, CATVS, MVDILLVS, MARCVS. Il a pris pour un C au mot *Marcus*, la lettre que d'autres ont priſes pour un I *Mario*. C'eſt apparemment ſur ce mot *Mario*, que ſe ſont fondez ceux qui ont cru que c'étoit un arc fait en l'honneur de Marius qui gagna la grande victoire contre les Cimbres. Mais les trophées d'une victoire navale qu'on voit ſur cet arc, ne peuvent convenir à Marius. M. de Peireſc en homme ſage ne dit rien ſur cela. Ce qui eſt à remarquer, eſt que ces noms ſe trouvent ſur des boucliers pris aux ennemis ; c'eſt ce qu'on n'a encore vu nulle part. Ces noms ſont la pluſpart Teutons, & comme le nom Mario ou Marco eſt ſur un bouclier pris ſur les ennemis comme les autres, il eſt à croire que c'eſt un nom d'un chef des ennemis.

VONIVS, vel fortaſſe NONIVS : hoc vero nomen ex parte prioris literæ ruptum eſt, quæ fortaſſis & ipſa aliquid amiſit. In averſa pagina 130. Peireſcius qui ut omnia accurate perciperet nihil negligebat, & qui diverſorum notitias & narrationes excipiebat, hoſce clypeos quinque numero ſeorſim poſuit, ubi hæc nomina ſic leguntur, BODVACVS, CATVS, VDIL-LVS, MCVLO, MARIO, nomen ſcilicet quodlibet in quolibet clypeo : penultima poſtremæ vocis litera nimis curva videtur eſſe, quam ut I poſſit exprimi, neque ſatis curva eſt ut C deſignetur. Peireſcius in notis ſuis ſupra omnia in nominativo caſu legit, BODVACVS, CATVS, MVDILLVS, MARCVS.

In hoc autem nomine MARCVS, quam literam alii per I legerant, ipſe per C. legit. Veriſimile porro eſt ex ea voce ſic lecta MARIO, quoſdam inductos fuiſſe ut putarent arcum in honorem Marii ob Cimbricam victoriam conſpicui erectum fuiſſe. At victoriæ navalis tropæa quæ in hoc arcu conſpiciuntur, non poſſunt Mario competere. Peireſcius autem vir ſagax & judicio præditus rem illam non tetigit. Illud vero obſervatu dignum prorſus eſt, iſthæc nomina videlicet in clypeis haberi qui hoſtibus erepti fuere; Illud autem nuſquam alias, ut puto, viſum fuit. Nomina autem magna pars Teutonica ſunt ; & cum nomen illud MARIO ſive MARCO in clypeo & ipſum jaceat hoſtibus erepto ut & alia omnia, veriſimile eſt nomen eſſe cujuſdam ex hoſtium ducibus.

CHAPITRE QUATRIEME.

I. L'Arc de S. Remi en Provence. II. Triomphes tirez des médaillons du Roi.

Pl. I.
XXXIV

I. L'Arc de S. Remi se trouve assez bien dessiné dans le manuscrit de M. de Peiresc de la Bibliotheque du Roi, en l'état qu'il étoit de son tems. Quoiqu'il fut fort exact à marquer les mesures, il ne les a pas mises ici ; peut-être étoient-elles dans quelqu'un de ses autres manuscrits. L'arc n'a qu'une porte qui est large. Au-dessus de la porte il y a sur chaque côté une Victoire. A chaque côté de la porte on voit entre deux colonnes cannelées, deux figures d'hommes maltraitées par le tems, toute l'architecture qui est au-dessus est tombée.

II. Pour remplir cette Planche nous y ajoutons quatre triomphes tirez des médaillons du Roi. Le premier est sur une médaille de Lucius Verus, que nous donnons avec son revers, où se voient Marc Aurele & Lucius Verus sur un char de triomphe à quatre chevaux, pour la victoire remportée par ce dernier sur les Parthes. On y voit plusieurs gens de guerre qui font honneur au triomphe, & au-dessus un trophée avec deux captifs au bas qui ont les mains liées derriere le dos.

L'autre triomphe est de Commode, tiré d'un médaillon frappé à Mitylene lorsque M. Aurele Protée y étoit Gouverneur, comme porte l'inscription. Commode est sur le char avec sa femme Crispine. On y voit aussi un trophée & des soldats qui accompagnent le triomphe.

Le médaillon suivant est de Gordien Romain, ou Gordien le Pieux, dont le buste est representé couronné de laurier. L'Empereur est revetu de la tunique, & par-dessus de la toge ou de la chlamyde ; comme ce n'est qu'un buste, on ne peut pas bien distinguer si c'est l'un ou l'autre. Il tient de la main droite un sceptre surhaussé d'un aigle ; on le trouve ailleurs de même, surtout dans les médailles du bas Empire. Nos Rois de la premiere race, qui avoient pris beaucoup de choses des Empereurs Romains, le portoient de

CAPUT QUARTUM.

I. Arcus sancti Remigii in Gallo-provincia. II. Triumphi ex nummis Regiis educti.

I. ARcus S. Remigii non imperite delineatus occurrit in illo Peirescii manuscripto nunc Bibliothecæ Regiæ, quo in statu videlicet suo tempore erat. Etsi autem ut plurimum accuratissime mensuras monumentorum adscriberet, hic tamen non apposuit, fortasse quia in alio quodam ex manuscriptis suis illæ notabantur. In arcu una tantum porta conspicitur ; in utroque latere Victoria visitur. Ad utrumque portæ latus inter duas columnas striatas sunt duæ humanæ figuræ injuria temporum labefactatæ, & omnia architectonices ornamenta quæ supra figuras erant, collapsa sunt.

II. Ut tabulam totam impleamus, quatuor triumphos adjicimus ex nummis Regiis maximi moduli desumtos. Primus triumphus est in nummo Lucii Veri, cujus posticam faciem proferimus, ubi Marcus Aurelius & Lucius Verus in curru triumphali visuntur quatuor equis juncto, pro victoria ab hoc postremo de Parthis reportata. Multi autem hic seu tribuni seu milites visuntur, qui triumphum honoris causa comitantur ; & superne tropæum conspicitur cum captivis duobus, qui manibus a tergo ligati sunt.

Alter triumphus est Commodi, exque nummo eductus est qui Mitylenæ percussus fuit, cum Marcus Aurelius Proteus ibi Prætor esset, ut docet inscriptio. Commodus in curru est cum Crispina conjuge. Tropæum ibi quoque visitur, militesque triumphatorem comitantur.

Nummus sequens est Gordiani Romani sive Gordiani Pii, cujus in antica facie protome repræsentatur lauro coronata. Imperator tunica induitur, & supra tunicam toga operitur aut chlamyde, cum autem protome sit, non potest distingui utra sit vestis. Manu dextera sceptrum tenet cui insidet aquila. Alibi quoque observatur maximeque in nummis inferioris ævi. Reges Francorum primæ stirpis qui multa mutuati erant ex Imperatoribus Romanis, sceptrum simi-

TRIOMPHES, ARCS DE TRIOMPHE, &c. 79

même. Au revers, l'Empereur triomphe sur un char rond tiré à quatre chevaux. Dans le même char derriere l'Empereur, est une Victoire qui le couronne. Les soldats qui vont à côté des chevaux portent des palmes.

Le quatriéme triomphe est des deux Philippes pere & fils. Les quatre chevaux ne sont pas ici comme dans les triomphes precedens, ils s'écartent à droite & à gauche, & semblent vouloir prendre differentes routes, de même que ces quatre chevaux attachez au char du Soleil qui s'écartent les uns des autres, & semblent vouloir marcher vers les quatre climats opposez. La Victoire est dans le char même, & couronne Philippe le pere, & non pas le fils, qui est present au triomphe, sans triompher lui-même. Les triomphateurs, selon la plus ancienne coutume, faisoient quelquefois monter leurs enfans dans le char.

---

liter aquilam gestans præ manibus tenebant. In postica facie Imperator triumphat in rotundo curru quatuor equis juncto. In eodem curru pone Imperatorem Victoria est quæ triumphantem coronat. Milites qui circa currum & equos gradiuntur, palmas & ipsi gestant.

Quartus triumphus est Philippi patris simul & Philippi filii. Quatuor equi hic non sicut in cæteris triumphis juncti sunt, disjuncti enim & alii alio conversi diversam carpere viam videntur, perinde atque illi equi currui Solis juncti, qui alius ab alio discedunt, & ad oppositas quatuor mundi plagas pergere videntur. Victoria in curru ipso est quæ Philippum patrem coronat, non vero filium qui potius triumpho præsens esse quam triumphare dicatur. Et vere triumphatores nonnunquam filios suos in thensam conscendere jubebant.

CHAPITRE CINQUIE'ME.

I. Enlevement d'Helene tiré d'une Pierre. II. La table des combats de Troie. III. Jugement de Paris. IV. Combat sur le corps de Patrocle. V. Hector tué & trainé.

I. L'Enlevement d'Helene se trouve representé dans une belle Pierre du Cabinet de Mrs Masson. Paris & Helene qui vont s'embarquer, sont arrivez sur le bord de la mer. Le vaisseau vient à bord pour les prendre. Deux rameurs, qui rament actuellement, portent le bonnet Phrygien, qui étoit en usage anciennement, non-seulement dans presque tout l'Orient, mais aussi parmi plusieurs nations de l'Europe, les Daces, les Germains, les Gaulois. Paris est accompagné de plusieurs gens de guerre armez de casques, de cuirasses, de boucliers & de piques; un de ces boucliers qui sont tous ovales, a une grande tête de Meduse avec ses serpens.

Pl. XXXV.

II. La table Iliaque que nous avons donnée à la fin du quatriéme tome, represente en figures l'histoire du siege & de la prise de Troie; histoire interessante, & que les auteurs tant ecclesiastiques que prophanes rappellent cent & cent fois. Elle est si celebre que j'ai cru que certains monumens qui la regardent

---

CAPUT QUINTUM.

I. Helena raptus ex gemma eductus. II. Tabula Trojanarum pugnarum. III. Judicium Paridis. IV. Pugna de corpore Patrocli. V. Hector occisus & raptatus.

I. Helenæ raptus in eximia gemma musei DD. Masson repræsentatur. Paris & Helena navem conscensuri, jam ad littus maris pervenerunt, navis ad littus appellit ut recipiat. Duo remiges officio fungentes suo tiaram gestant Phrygiam, quæ tiara olim non modo per totum ferme orientem in usu erat, sed etiam apud plurimas Europæ gentes, apud Dacos, Germanos, Gallos. Paris comites habet milites complures, qui armati munitique sunt galeis, loricis, hastis atque clypeis. Unus ex clypeis, qui omnes ovatæ formæ sunt, magnum Medusæ caput cum serpentibus præ se fert.

II. Mensa Iliaca quam protulimus in fine quarti Antiquitatis explanatæ tomi, cum figuris repræsentat historiam obsidionis & excidii Trojani, historiam vulgatam & conspicuam quam scriptores cum profani tum Ecclesiastici sexcenties in memoriam revocant. Cum porro adeo celebris sit, spero quædam monu-

80 SUPPLEMENT DE L'ANT. EXPLIQ. Liv. IV.

& que j'avois passez dans l'ouvrage, ne devoient pas être oubliez dans le Supplement.

PL. XXXVI.
III. Le premier est un marbre Romain ; où l'on voit six Tableaux, tous sur ce même sujet. Le premier est le Jugement de Paris. Ce Berger fils de Roi, est assis sur une grosse pierre, la tiare Phrygienne en tête : il tient d'une main le bâton pastoral, & presente l'autre main à Mercure, qui lui remet la pomme, afin qu'il la donne à celle des trois Déesses qu'il jugera la plus belle. Venus la premiere est déja couronnée de laurier. Il semble que Paris ait dit en recevant la pomme, qu'il la va donner à celle-là. Junon vient ensuite ; & Pallas la derniere de toutes armée d'un casque, d'un bouclier & d'une cuirasse, semble plus propre à combattre qu'à briller entre des belles.

IV. Le second Tableau represente Hector & Ajax combattans pour le corps de Patrocle, qui se voit étendu sur une espece de brouette. Minerve est là pour secourir Ajax & les Grecs.

Dans le troisiéme Tableau, Achille muni des armes forgées de la main de Vulcain, que Thetis sa mere lui a apportées, & tenant une pique à la main, va monter sur son char pour combattre contre Hector ; son écuier retient les chevaux fougueux.

V. Dans le quatriéme Tableau Hector tué par Achille est attaché à son char & trainé autour des murailles de Troie ; attaché à un char à deux chevaux, dit Virgile : mais ici il l'est à un char à quatre chevaux. Achille court, un autre chariot va devant. Hecube sur la porte de la Ville, desolée de la mort de son fils, & du traitement qu'on fait à son corps, tend les bras toute échevelée ; d'autres femmes pleurent avec elle. Achille qui montoit ci-devant sur un char à deux chevaux, court ici sur un à quatre.

Les deux derniers Tableaux représentent des preparatifs pour des sacrifices & pour des jeux funebres. Le Bellori a cru que c'étoit pour les funerailles de Patrocle. C'est un marbre Romain, & les Romains qui croioient descendre des Troiens s'interessoient assurément plus pour Hector que pour Patrocle ; ce qui pourroit faire croire que ces préparatifs sont pour les funerailles d'Hector, ou peut-être que le cinquiéme Tableau est pour Patrocle, & le sixiéme pour Hector.

menta ad illam pertinentia, quæque in primo opere prætermissa fuerant, non ingrata lectori, neque injucunda fore.

III. Primum monumentum marmor est Romanum in quo visuntur sex tabellæ quæ res Trojanas exprimunt. Prima est judicium Paridis. Pastor autem ille Regis filius in petra sedet tiaram gestans Phrygiam ; altera manu pedum pastorale tenet, alteram vero manum Mercurio offert, qui ipsi malum porrigit ; quod ille trium dearum pulcherrimæ traditurus est. Venus quæ prima visitur jam lauro coronata est, ac si Paris cum malum accepit, jam dixerit se illud Veneri traditurum. Junio sequitur : Pallas vero postrema omnium, armata cassidæ, clypeo & lorica, plus ad pugnam parata credatur quam ad certandum de pulcritudine.

IV. Secunda tabula Hectorem & Ajacem exhibet circa corpus Patrocli decertantes, cujus cadaver in essedo perquam minimo extensum est.

In tertia tabula Achilles armis munitus a Vulcano adornatus, quæ attulerat Thetis mater ipsius, hastamque manu tenens in currum conscensurus est, ut cum Hectore pugnet ; armiger autem ejus agitatos equos cohibet.

V. In quartà tabulà Hector ab Achille occisus ejus currui alligatur & raptatur circa Trojæ muros. Raptatur bigis, inquit Virgilius Æneidos secundo libro : verum hîc raptatur quadrigis. Achilles currit, quem aliæ quadrigæ currentes præcedunt. Hecuba in urbis porta mœrens lugensque filium, cujus cadaver sic raptatur, sic indigne trahitur, palmas tendit passis crinibus ; aliæ mulieres funebrem luctum lacrymantes agant. Nescio autem cur Achilles qui paulo ante bigas conscendebat, jam in quadrigis currat.

Duæ postremæ tabulæ apparatum exhibent ad sacrificia & funebres ludos. Bellorius putavit hæc ad funus Patrocli apparari. Est marmor Romanum : Romani vero qui se a Trojanis ortos putarunt, plus utique curabant rem Trojanam quam Græcam ; & Hectori potius quam Patroclo funera paravisse putandum. Quamobrem apparatus hujusmodi funus Hectoris spectare potius crediderim quam Patrocli ; vel fortassis quinta tabula Patroclum, sexta Hectorem respicit.

CHAPITRE

ENLEVEMENT D'HELENE.

du Cabinet de Mr. Masson.

GUERRE DE TROIE

Marbre Romain.

CHAPITRE SIXIE'ME.

I. Observation sur les anciens Portraits d'Hector. II. Portrait d'Hector, d'Andromaque & d'Astyanax. III. Fragmens antiques de la guerre de Troie.

I. IL faut que l'art de la peinture & de la statuaire ait été bien ancien chez les Grecs, puisqu'ils avoient, selon l'histoire, des images ressemblantes aux Heros de Troie; témoin ce jeune Lacedemonien dont parle Plutarque dans la vie d'Aratus, sur la foi d'un plus ancien historien appellé Myrsilus. Ce jeune Lacedemonien donc ressembloit si fort à Hector, que le bruit s'en étant repandu, on y accourut de tous côtez comme à un spectacle, tant la figure & les traits du visage d'Hector étoient connus, même de la populace. Il y en avoit sans doute beaucoup de statuës, de tableaux & de peintures ; car la peinture étoit necessaire, pour que les traits du visage & le feu des yeux fut connu si parfaitement. La foule fut si grande, que le pauvre garçon fut jetté à terre & foulé aux pieds. C'étoit plusieurs siecles après la prise de Troie : il falloit cependant que la figure d'Hector & les traits de son visage fussent bien empreints dans l'imagination de tous ces gens-là, puisqu'au seul bruit repandu, qu'un jeune homme ressembloit à Hector, ils accoururent pour voir s'ils y remarqueroient cette ressemblance.

Pl. XXXVII.

Cela me fait souvenir d'une chose arrivée du tems de nos peres. Quand Louis XIII. passa à Narbonne pour aller au Siege de Perpignan, toute la Ville sortit pour aller au-devant de lui. Le grand chemin étoit bordé des deux côtez d'une foule de monde ; un de mes oncles qui se trouva des plus avancez, & qui vit le Roi à son aise, s'écria : Il ressemble parfaitement à M. de la Bastide. Ce M. de la Bastide étoit un Gentilhomme fort connu de toute la Ville, où il faisoit ordinairement sa résidence. Tous ceux qui virent Louis XIII. dirent la même chose, & Messieurs les Consuls qui haranguoient le Roi le considerant à loisir, trouverent la ressemblance si parfaite, que voulant le faire peindre, ils le firent tirer sur M. de la Bastide, & le portrait se trouva des plus ressemblans. Le lecteur me

---

CAPUT SEXTUM.

I. Observatio circa veteres Hectoris imagines. II. Imago Hectoris Andromachæ & Astyanactis. III. Fragmenta vetera belli Trojani.

I. ARs picturæ atque statuariæ apud Græcos remotissimæ antiquitatis fuerit oportet, quandoquidem, ut docet historia, imagines sive depictas sive sculptas heroibus Trojanis similes habebant. Testis ille juvenis Lacedæmon quem commemorat Plutarchus in vita Arati, qui auctorem hac in re vetustiorem habet, nomine Myrsilum. Ille ergo juvenis Lacedæmon ita Hectori ex vultu similis erat, ut cum ea fama percrebuisset, omnes undique quasi ad spectaculum visendi causa accurrerent. Tantum scilicet Hector vel a turba populi notus erat ex statuis, etiamque ex depictis imaginibus, illæ namque ad tam perfectam vultuum similitudinisque cognitionem omnino necessariæ erant. Tanta igitur fuit populi ad hujusmodi spectaculum accurrentis turba, ut juvenis ille misere obrutus in terram decussus pedibusque conculcatus fuerit. Hoc accidit multis post Trojana tempora sæculis. Tamenque necesse erat ut Hectoris figura vultusque ipsius lineamenta in omnium etiamque popularium imaginatione alte depicta essent, quandoquidem ex sparso hujusmodi rumore statim omnes accurrerunt, ut an vere similis Hectori esset, explorarent.

Hæc porro historia mihi in memoriam revocat rem patrum nostrorum ævo actam, cum Ludovicus XIII. ad obsidionem Perpiniani pergens Narbona transivit, civitas pene tota ipsi obviam venit, iter utrinque magno spectantium turbam præferebat : tunc ex patruis meis unus qui inter primos erat, & eos qui Regis visendi causa longius processerant, ut Regem de facie vidit, exclamavit: omnino similis est Domino de la Bastide. Erat autem ille Dominus de la Bastide vir nobilis, qui ut plurimum Narbonæ versabatur. Quotquot autem Regem conspexerunt, idem ipsum dixerunt : Consulesque qui Regi obviam venerant, ipsumque oratione habita exceperunt, ita similem ipsi D. de la Bastide judicarunt, ut cum Regem in tabella depingi curarent, pictori exemplar adducerent ipsum D. de la Bastide. Depicta autem imago Regem apprime referebat. Hanc digressionem mihi haud dubie

pardonnera, s'il lui plaît, cette digreſſion, à moi ſur-tout qui ne ſuis point accoûtumé d'en faire.

Le portrait d'Hector étoit donc fort commun chez les Grecs ; il l'étoit auſſi chez les Romains, comme on voit dans la vie de Brutus, où il eſt dit que Porcia ſa femme vit un tableau où étoit peint Hector, qui ſortoit de Troie pour retourner au combat, & ſa femme Andromaque, qui l'accompagnoit aprés avoir repris le petit Aſtyanax d'entre les bras de ſon pere.

III. Voici les trois, tels qu'on les voit gravez ſur une belle pierre du Cabinet de M. Crozat. On remarque qu'Andromaque, qui eſt peinte ici en très belle femme, a l'air grand & majeſtueux, bien plus qu'Hector ſon mari.

III. Nous ajoutons à cette image deux fragmens tirez d'un monument où la guerre de Troie étoit repreſentée, & où les figures étoient bien plus grandes que dans la table Iliaque, comme il paroît par ce fragment, & par l'autre qui eſt vis-à-vis. Ils ſont repreſentez tous deux dans leur propre grandeur. Dans le premier fragment on voit Homere aſſis ſur un ſiege rond, aiant la tête ornée d'un diademe. Il tient des deux mains un grand rouleau deplié, où il ſemble lire. Autour du ſiege ſont repreſentées pluſieurs figures ; apparemment les mêmes ou approchantes de celles que nous avons vûes dans l'apotheoſe d'Homere, où les noms de chacun des perſonnages ſont écrits. Ce ſont des hommes & des femmes qui repreſentent ou divers genres de poëſie, ou les vertus, ou d'autres choſes qui conviennent à Homere, perſonifiées à la maniere des anciens. Si le nom eſt maſculin, la perſonne eſt peinte en homme ; ſi feminin, en femme ; ici preſque tout eſt feminin. Voici les perſonnages repreſentez ; l'Iliade, l'Odyſſée, la Fable repreſentée en jeune garçon, parce que μῦθος qui veut dire Fable eſt maſculin ; la Poëſie, l'Hiſtoire, la Tragedie, la Comedie, la Nature, la Vertu, la Memoire, la Foi, la Sageſſe. Voila les perſonnages de la planche CXXX. du cinquiéme tome de l'Antiquité, qui repreſentent l'apotheoſe d'Homere. Ce ſont apparemment les mêmes qui occupent cette baſe. On n'y voit que des femmes, parce que la baſe ronde qui ſert de ſiege à Homere, ne montre qu'un côté : le jeune garçon qui eſt Mythos ou la Fable, eſt ſuppoſé être de l'autre.

---

benignus lector condonabit, mihi, inquam, qui ſic digredi & extra vagari non ſolitus ſum.

Hectoris ergo depictæ imagines admodum frequentes apud Græcos erant, atque etiam apud Romanos, ut apud Plutarchum in Bruto colligimus, ubi dicitur Porciam ejus uxorem vidiſſe tabulam depictam, ubi Hector repræſentabatur Troja egrediens ut ad pugnam rediret, ejuſque uxor Andromache quæ ipſum comitabatur, poſtquam Aſtyanactem puellum ex manibus patris recepiſſet.

II. En tres illos quales expreſſos videmus in egregia gemma ex muſeo Domini Crozat. Hic autem obſervatur Andromachen, quæ ut formoſiſſima mulier depingitur, plus dignitatis ingenuitatiſque in vultu præferre, quam ipſum Hectorem.

III. Huic porro imagini ſubjungimus duo fragmenta ex veteri quodam monumento educta, ubi bellum Trojanum repræſentatum erat, & ubi ſchemata longe majora erant quam in tabula Iliaca quarto Antiquitatis explanatæ tomo publicata, ut ex hoc fragmento & ex regione poſito æſtimare licet. Ambo autem fragmenta eadem ipſa qua vere ſunt magnitudine repræſentantur. In primo fragmento Homerus conſpicitur ſedens in rotundo ſedili, diademate ornatus. Ambabus porro manibus amplum volumen tenet, in eoque legere videtur. Circa ſedile illud rotundum plurima ſchemata repræſentantur, atque ut veriſimile eſt, eadem ipſa vel circiter quæ in Homerica apotheoſi vidimus in quinto Antiquitatis tomo, ubi nomina cujuſque adſcripta ſunt. Sunt porro viri mulierèſque qui repræſentant vel diverſa poëſeos genera, vel virtutes, aut res alias quæ Homero competere poſſint, quæque perſonarum more depinguntur more veterum. Si nomen maſculinum fit, perſona illa in viri formam depingitur, ſi femininum, in muliebrem formam. Hic porro omnia ferme feminina ſunt. En perſonas quæ hic repræſentantur ; Ilias, Odyſſea, Fabula quæ per adoleſcentem quemdam exprimitur, quia μῦθος generis eſt maſculini, Poëſis, Hiſtoria, Tragœdia, Comœdia, Natura, Virtus, Memoria, Fides, Sapientia. En perſonas tabulæ CXXX. quinti Antiquitatis explanatæ tomi, quæ apotheoſim Homeri repræſentat. Videntur autem eædem ipſæ perſonæ eſſe quæ hanc baſim occupant. Hic nonniſi mulieres conſpiciuntur, quia baſis rotunda quæ ſellæ loco Homero eſt, unum dumtaxat latus commonſtrat. Juvenis porro ille qui Mythos ſeu Fabula eſt, in alio latere occultus ſit oportet.

HECTOR, ANDROMAQUE, ASTYANAX.

1.

du Cabinet de Mr Crozat

HOMERE

2.

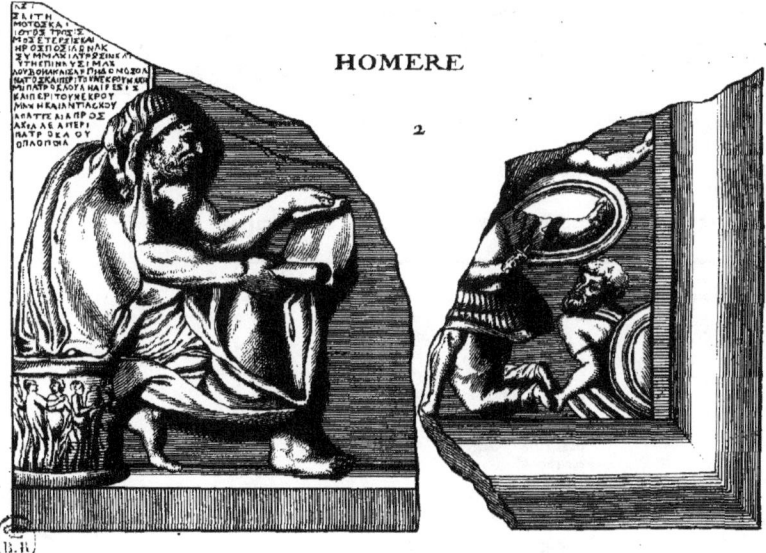

Beger.

GUERRE DE TROIE.

Au-dessus de la tête d'Homere on voit un fragment d'une inscription que M. Fabretti a lue ainsi.

ΑΣΙ
ΣΑΙΤΗΣ
ΜΟΓΟΣ ΚΑΙ
ΨΟΓΟΣ ΤΡΩΣΙΣ
ΜΟΣΕΓΕΡΣΙΣ ΚΑΙ
ΠΡΟΣ ΠΟΣΙΔΩΝΑΚ
ΣΥΜΜΑΧΙΑ ΤΡΩΣΙΝ ΚΑΙ
ΦΥΓΗ ΕΠΙ ΝΑΥΣΙ ΜΑΧΗ
ΛΟΥ ΒΟΗΘΕΙΑ ΚΑΙ ΣΑΡΠΗΔΟΝΟΣ ΘΑ
ΝΑΤΟΣ ΚΑΙ ΠΕΡΙ ΤΟΥ ΝΕΚΡΟΥ ΜΑΧΗ
ΚΑΙ ΠΑΤΡΟΚΛΟΥ ΑΝΑΙΡΕΣΙΣ
ΚΑΙ ΠΕΡΙ ΤΟΥ ΝΕΚΡΟΥ
ΜΑΧΗ ΚΑΙ ΑΝΤΙΛΟΧΟΥ
ΑΠΑΓΓΕΛΙΑ ΠΡΟΣ
ΑΧΙΛΛΕΑ ΠΕΡΙ
ΠΑΤΡΟΚΛΟΥ
ΟΠΛΟΠΟΙΑ.

L'inscription marquoit en abregé les combats de Troie qui étoient representez sur une table de marbre cassée depuis ; le sens de cette inscription alterée & mutilée en plusieurs endroits, est à peu-près tel. *Neptune donna secours aux Grecs, ce qui tourna au malheur & à la honte des Troiens. Jupiter s'éveilla & envoia ordre à Neptune de se retirer du combat. La fuite des Grecs. Combat auprès des navires. Secours amené par Patrocle. Mort de Sarpedon. Combat sur son cadavre. Patrocle tué, combat sur son corps. Antiloque porte à Achille la nouvelle de la mort de Patrocle. Armes forgées par Vulcain pour Achille.*

Quoique ce premier fragment ait été donné à la fin du quatriéme tome de l'Antiquité, nous avons cru le devoir mettre encore ici, tant pour ne le pas séparer de l'autre fragment, que pour expliquer l'inscription que nous avions passée.

L'autre fragment n'apprend rien, sinon qu'on y voit la forme des cuirasses

---

Supra caput Homeri visitur fragmentum inscriptionis, quam ita legit Fabrettus.

Ασι ....
σαιτης
μογος και
ψογος τρωσις
προς ποσειδωνακ
συμμαχια τρωσιν και
φυγη επι ναυσι μαχη
λυ βοηθεια και Σαρπηδονος θα
νατος και περι του νεκρυ μαχη
και πατροκλυ αναιρεσις
και περι τυ νεκρυ
μαχη και Αντιλοχυ
απαγγελια προς
Αχιλλεα περι
πατροκλυ
οπλοποια

Quæ sic legit atque vertit Fabrettus.

. . . . .
. . . . .

Labor &
ignominia Trojanis
. . . . Juscitatio &
ad Neptunum &
fuga ad naves pugna
[Patrocli] auxilium & Sarpedonis
mors, & circa cadaver pugna
& Patrocli nex
& circa cadaver
pugna, & Antilochus
nuncius ad
Achillem de
Patroclo
armorum confectio

Etsi porro hoc fragmentum jam casum fuerit in quarto Antiquitatis explanatæ tomo versus finem ; hic denuo afferendum censuimus tum ne ab aliis fragmentis ipsum separaremus, tum etiam ut inscriptionem nulla ibi interpretatione donatam hic explicaremus.

Aliud fragmentum nihil aliud omnino docet nisi formam loricæ Græcorum, maximeque ornamento-

84 SUPPLEMENT DE L'ANT. EXPLIQ. Liv. IV.

des Grecs, & sur-tout des ornemens qui pendent au bas. La chaussure barbare qui est apparemment de quelque Troien, & les boucliers ovales avec un grand bord, comme des bassins.

rum ex lorica dependentium, etiamque barbaricum calceamentum quod, ut videtur, Trojani cujuspiam est, clypeosque ovatæ formæ cum ora magna oræ pelvium hodiernarum simili.

CHAPITRE SEPTIEME.

I. Fragmens de la table Iliaque donnée au quatriéme tome de l'Antiquité. II. Genealogie de Cadmus.

PL. XXXVIII

I. LES deux fragmens de la table Iliaque, qui font partie de celle que nous avons imprimée après M. Fabretti à la fin du quatriéme tome de l'Antiquité, ces deux fragmens, dis-je, m'ont été donnez par Mgr. Bianchini, qui les a faits imprimer à Rome. Comme ils sont gravez dans l'original des deux côtez, ce sont quatre faces differentes, qui manquoient à la table Iliaque, où il manque bien d'autres choses qu'on n'a pas encore trouvées. Celles qu'on donne ici sont fort defigurées. On voit d'abord au commencement de l'Iliade Diomede & Achille assis. Ensuite Chrysés à genoux offre des presens à Agamemnon pour le rachapt de sa fille. A la bande de dessous on voit Nestor, Agamemnon & un autre assis qui tiennent conseil. Tout ce qui suit paroit confus, les inscriptions sont gâtées. Il est difficile d'en rien tirer, & quand on en tireroit quelque chose par conjecture, on n'en seroit pas plus avancé. Au côté droit du fragment on voit une partie de Troie, des murs & de la Ville.

Au dos de ce fragment, il y a une espece de jeu fait sur l'arrangement de quelques lettres, qui ne font point de sens. Presque toute la face est divisée en petits quarrez qui font une espece de damier. Dans chaque petit quarré il y a une lettre disposée de maniere, qu'elle se rapporte aux autres lettres qui vont en ligne droite comme une ligne d'écriture, & on y lit ΟΣΗΙΤΕΧΝΗΙ, qu'on repete toujours jusqu'à la sixiéme ligne, où l'on ajoute d'autres lettres qui ne font aucun sens. Ces lettres se lisent de même de gauche à droite, de droite à gauche, de haut en bas, de bas en haut, en échiquier de droite à gauche; quant à l'échiquier de gauche à droite, vous trouvez toujours la même lettre sur la

---

CAPUT SEPTIMUM.

I. Fragmenta tabulæ Iliacæ quæ data fuit in quarto Antiquitatis explanatæ tomo. II. Genealogia Cadmi.

I. DUo fragmenta tabulæ Iliacæ quæ partes erant illius Iliacæ tabulæ quam post Fabrettum edidimus in fine quarti Antiquitatis explanatæ tomi; hæc duo fragmenta, inquam, a V. cl. Blanchinio oblata mihi fuere, qui ipsa Romæ cudi & in ære incidi curavit, quoniam autem in archetypo in utraque facie insculpta erant, jam quatuor fragmenta diversa exhibent, quæ in tabula illa Iliaca desiderabantur, in qua etiam multa alia desiderantur ac deficiunt, quæ nondum reperta fuere: quæ vero dantur hic admodum labefactata & deformata sunt. Statim autem in principio Iliados visuntur Diomedes & Achilles sedentes. Deinde vero Chryses genu flexo munera Agamemnoni offert pro redimenda filia sua, sub hac imagine offeruntur Nestor, Agamemnon, atque alius quispiam una consultantes. Quæ sequuntur autem perplexa omnino sunt, inscriptionesque sunt labefactatæ, ex quibus nihil explicari possis: & si quid per conjecturam proponeres, quid hinc emolumenti? In latere fragmenti dextero pars Trojæ conspicitur murorumque urbis.

In aversa fragmenti parte est ludus quidam ex literis aliquot concinnatus, quæ literæ nullum, ut videtur, sensum offerre possunt. Facies illa pene tota in quadrata parva distribuitur; in quadrato autem quolibet litera est, ita disposita, ut ad vicinas in eadem linea referatur. Ibi legitur ΟΣΗΙΤΕΧΝΗΙ, quæ voces semper repetuntur usque ad sextam lineam, ubi aliæ literæ adjiciuntur nullum exprimentes sensum. Hæ vero literæ eodem modo leguntur a lævæ ad dexteram, a dextera ad lævam, a summo ad imum, ab imo ad summum. In quincuncem vero si legas semper eadem

XXXVIII.Pl. du Tom.IV

QUATRE FRAGMENS DE L'ILIADE

Mgr. Bianchini

Tom. IV. 98.

GUERRE DE TROIE. 85

même ligne prise en échiquier du haut en bas. Vous trouvez, par exemple, seize fois O, quinze fois Σ, toujours en diminuant, à mesure qu'on approche de l'angle. Ce sont des petits jeux d'esprit, dont l'invention ne sert que d'amusement. Les anciens s'y sont quelquefois appliquez ; on en trouve aussi dans le moien & dans le bas âge.

L'autre fragment exprime quelques choses de la continuation de l'Iliade, qu'Homere n'a poussée que jusqu'aux funerailles d'Hector, & que d'autres Auteurs ont continuée en rapportant l'arrivée de Pentasilée l'Amazone à Troie, son combat contre Achille qui la tue, l'arrivée de Memnon qui fut aussi tué par Achille, la mort d'Achille tué à la porte Scée. De l'autre côté il est parlé de Priam, d'Agenor, & des autres qui furent tués au sac de Troie.

II. Au revers de ce fragment est la genealogie de Cadmus, qui se peut ainsi rétablir presque à coup sûr, en ajoutant quelques lettres.

ΚΑΔΜΟΣ ΕΞ ΑΡΜΟΝΙΑΣ ΘΥΓΑΤΡΟΣ ΑΡΕΟΣ ΚΑΙ ΑΦΡΟΔΙΤΗΣ ΓΕΝΝΑ ΚΟΡΑΣ Δ ΙΝΩ ΑΓΑΥΗΝ ΑΥΤΟ-
ΝΟΗΝ ΣΕΜΕΛΗΝ ΤΙΟΝ ΔΕ ΠΟΛΥΔΩΡΟΝ. ΑΡΙΣΤΑΙΟΥ ΔΕ ΚΑΙ ΑΥΤΟΝΟΗΣ ΑΚΤΑΙΩΝ ΑΘΑΜΑΝΤΟΣ ΔΕ
ΚΑΙ ΙΝΟΥΣ ΛΕΑΡΧΟΣ ΚΑΙ ΜΕΛΙΚΕΡΤΗΣ ΕΧΕΙΟΝΟΣ ΔΕΣΠΑΡΤΟΥ ΚΑΙ ΑΓΑΥΗΣ ΓΕΝΝΑΤΑΙ ΠΕΝΘΕΥΣ ΖΕΥΣ
ΣΕΜΕΛΗ ΠΛΗΣΙΑΣΑΣ ΚΑΙ ΚΕΡΑΤΝΩΣΑΣ ΑΥΤΗΝ ΑΝΕΛΟΜΕΝΟΣ ΤΟΝ ΔΙΟΝΥΣΟΝ ΚΑΙ ΕΝΡΑΨΑΣ ΕΙΣ
ΤΟΝ ΜΗΡΟΝ ΥΣΤΕΡΟΝ ΔΙΔΩΣΙΝ ΙΝΩ ΤΡΕΦΕΙΝ ΗΡΑΣ ΑΡΓΕΙΑΣ ΙΕΡΕΙΑ ΕΥΠΥ.... c'est-à-dire,

Cadmus eut d'Harmonie fille de Mars & de Venus quatre filles, Ino, Agavé, Autonoé, Semelé, & un fils nommé Polydore. Aristée & Autonoé eurent pour fils Actéon. Athamas & Ino eurent Learque & Melicerte. Echion.... & Agavé, Penthée. Jupiter aiant approché de Semelé & l'aiant foudroiée, tira d'elle Dionysus ou Bacchus, & le cousit dans sa cuisse, d'où il le tira après pour le donner à nourrir à Ino. Eupy.... Prétresse de Junon l'Argienne.

Cette Genealogie de Cadmus est conforme à ce qu'en dit Apollodore.

---

in linea, eamdem literam reperias, si a lævâ ad dexteram legas : exempli causâ sexdecies literam O sic repetitam habes, & quindecies literam Σ, & sic semper minuuntur numeri, dum versus angulum pergitur. Hi sunt ludi quorum inventio recreationis tantùm materiam præbet. Veteres hæc aliquando suscepere, in medio ævo similia deprehenduntur, ætate nostra ludi hujuscemodi ut pueriles habentur.

Aliud fragmentum quædam ad seriem Iliados pertinentia exprimit, quam Homerus ad usque Hectoris tantùm funus produxit, quamque alii postea scriptores continuaverunt, narraveruntque Pentasilæ Amazonis adventum Trojam, ejus cum Achille pugnam qui ipsam interfecit. Adventum quoque Memnonis Trojam, qui & ipse ab Achille occiditur. Mors Achillis ad portam Scæam occisi. In alio latere de Priamo agitur, de Agenore, deque aliis qui in excidio Trojano interfecti sunt.

II. In aversâ hujus fragmenti facie est Cadmi genealogia quæ sic potest restitui, ac pene sine errandi periculo, aliquot additis literis.

Κάδμος ἐξ Ἁρμονίας θυγατρὸς Ἄρεος καὶ Ἀφροδίτης γεννᾷ κόρας Δ' Ἰνώ, Ἀγαύην, Αὐτονόην, Σεμέλην, υἱὸν δὲ Πολύδωρον. Ἀρισταίῳ δὲ καὶ Αὐτονόης Ἀκταίων, Ἀθάμαντος δὲ καὶ Ἰνοῦς Λέαρχος καὶ Μελικέρτης, Ἐχείονος δὲ Σπάρτου καὶ Ἀγαύης γεννᾶται Πενθεύς. Ζεὺς Σεμέλῃ πλησιάσας καὶ κεραυνώσας αὐτὴν, ἀνελόμενος τὸν Διόνυσον, καὶ ἐγράψας εἰς τὸν μηρὸν, ὕστερον δίδωσιν Ἰνοῖ τρέφειν Ἥρας Ἀργείας ἱέρεια εὐπυ... Sensus est Cadmus ex Harmonia Martis & Veneris filia, quatuor gignit filias, Ino, Agaven, Autonoen & Semelen, filium autem Polydorum ; Aristai & Autonoes filius Acteon fuit ; Athamantis & Inûs Learchus & Melicertes, Echionis autem Sparti & Agaves filius Pentheus fuit. Jupiter cum ad Semelen accedens, illam fulmine totigisset & occidisset, Dionysum seu Bacchum suscepit, & cum intra femur suum consuisset ipsum, dedit postea educandum Ino, Junonis Argivæ sacerdotissæ Eupy. Hæc Cadmi genealogia consonat cum Apollodoro libro 2.

L iij

CHAPITRE HUITIEME.

Monumens & marques de victoire tirées de l'Eglise de Flavigny.

PL. XXXIX.

Les deux planches suivantes representent des monumens qui se voient dans l'Eglise du Monastere de S. Pierre de Flavigny, sur trois pilliers qui soutiennent l'arcade de la voute du Sanctuaire, dessinez par D. Pierre Thivel Religieux de notre Congregation, qui s'en est acquitté avec tout le soin possible. Ce sont des marques de victoires fort singulieres, & où l'on observe bien des choses uniques. La premiere planche montre d'abord un quarré long où étoit une inscription, si defigurée aujourd'hui, qu'on n'en peut plus rien tirer. C'est grand dommage, car nous aurions appris quelle victoire on a voulu celebrer dans ce monument. A droite & à gauche de l'inscription dans deux quarrez semblables, on voit deux boucliers fort extraordinaires. Ils ont la figure de losanges, en sorte qu'en haut & en bas au lieu de pointes il y a des demi-cercles en creux. Au milieu du bouclier s'éleve en bosse un demi globe; au haut & au bas du globe est la pointe d'un quarré solide. Au-dessous du bouclier qui est à la gauche de l'inscription, on lit AVC. SAC. Il y a grande apparence qu'au lieu d'AVC il faut lire AVG. le C & le G se confondent aisément dans les inscriptions: s'il faut substituer un G en la place du C, il faudra lire *Augusto Sacrum*. Ce seroit donc un monument consacré à Auguste, ou à l'Empereur de ce temslà après quelque victoire signalée. Les figures sont d'une femme & d'un homme placez chacun dans un quarré semblable aux precedens. La femme tient le pied sur un globe, a les bras étendus & tient de la main gauche un feston. Elle a la poitrine nue, & elle porte une bande en écharpe. L'homme revêtu d'une tunique ceinte & relevée au milieu, tient de la main droite une torche ardente. Sa gauche est couverte par un degré qui conduit à la haute Eglise & au dortoir des Religieux. Il n'est pas bien sûr si cette figure est d'un homme ou d'une femme.

PL. XL.

Les six figures de la planche suivante sont dans des quarrez longs de même, ornez chacun d'une corniche. La premiere est une femme qui tient de la main

---

CAPUT OCTAVUM.

Monumenta & victoriæ symbola ex Ecclesia Flaviniacensi educta.

Duæ tabulæ sequentes monumenta exhibent, quæ visuntur in Ecclesia Monasterii S. Petri Flaviniacensis, in tribus videlicet pilis quæ arcum fornicis Sanctuarii sustentant. Hæc porro delineata sunt a D. Petro Thivel Congregationis nostræ Monacho Benedictino, qui ut hæc accurate repræsentaret nullam non curam adhibuit. Sunt autem victoriæ signa & symbola admodum singularia, ubi multa observantur nova. Prima tabula statim exhibet in quadrato & oblongo spatio inscriptionem hodie sic deformatam, ut frustra quid expiscari coneris. Hinc magnum monumento detrimentum accessit: ibi namque didicissemus quam victoriam hic celebrare voluerint. Ad dexteram atque ad sinistram inscriptionis, in quadratis & oblongis similibus duo clypei sunt, formæ singularissimæ & nusquam observatæ. Rhombum il pene referunt, ita ut in summa & ima parte pro angulis ora in semicirculos excavetur. In medio clypeo prominet semiglobus, in summo & imo globo aculeus est quadratus atque solidus. Sub clypeo a sinistris posito legitur AVC. SAC. Verisimile prorsus est pro AVC. legendum esse AVG, nam in monumentis veterum C. & G. sæpe confunduntur & indiscriminatim ponuntur, id quod sæpe experimento comprobavimus; si substituendum sit G, pro C: legendum erit *Augusto sacrum*. Esset ergo monumentum consecratum Augusto, sive istius ævi Imperatori post insignem quamdam reportatam victoriam: Schemata sunt mulieris atque viri, qui singuli in quadrato præcedentibus simili stant. Mulier globum pede uno premit, brachia extendit, & læva sertum tenet, pectore autem nuda transversam fasciam habet. Vir autem indutus tunica cingulo constricta in medio, dextera facem ardentem tenet: læva autem ejus operta est a scala qua ascenditur in superiorem Ecclesiam & in dormitorium Monachorum. Neque tamen omnino planum est sitne viri an mulieris statua.

Sex figuræ tabulæ sequentis in quadratis similibus repræsentantur, ita ut hinc palam sit hæc omnia ex uno eodemque monumento excerpta fuisse; quadrata autem illa singula coronide exornantur. Prima est

MARQUES DE VICTOIRE

trouvé a Flavigni

MARQUES DE VICTOIRE.

droite une pique, & qui porte la gauche fur le flanc. La fuivante fe tient dans un vaiffeau ou dans une barque, ce qui pourroit faire croire qu'on celebre ici une victoire navale, ou peut-être une victoire de terre & de mer enfemble. Elle tient la main fur un inftrument qui s'éleve fur la poupe. La troifiéme figure eft une Victoire ailée qui tient un pied fur un globe. Elle a la forme ordinaire des Victoires, & elle tient d'une main une couronne, & de l'autre une palme. La premiere figure de deffous eft un foldat tout nud le cafque en tête. Il tient d'une main un bouclier, & de l'autre un dard. Il paroit tout prêt à combattre; dans le Tableau fuivant, un homme le cafque en tête orné d'un panache, fe tient dans un vaiffeau; ce qui fembleroit confirmer que ce font des monumens d'une victoire navale. Il tient la main fur un inftrument qui s'éleve fur la poupe. La proue du navire eft furhauffée d'une Fleur de lis bien formée. Cet homme tient fur la main gauche élevée une efpece de globe, marqué de certaines figures, qu'on ne fauroit diftinguer. La derniere figure eft d'une femme qui tient un pied fur un globe, elle porte d'une main une pique fort courte ou un dard, & de l'autre une couronne apparemment de laurier.

---

mulier dextera haftam tenens, finiftram vero in latus immittens. Sequens in navi vel in fcapha ftat; unde fortaffe credi poffit hic celebrari navalem victoriam, aut fortaffe victoriam fimul terreftrem atque navalem: manum illa immittit in inftrumentum quodpiam ex puppi emergens. Tertia eft victoria alata quæ pedem in globum immittit. Ea forma eft qua folent victoriæ depingi, atque altera manu coronam, altera vero palmam tenet. Prima figura quæ in fecundo & inferiori ordine vifitur, militem nudum exhibet, caffide munitum, qui altera manu clypeum tenet, altera fpiculum & ad pugnam promtus paratufque inftruitur. Imago fequens virum exhibet galeatum, cujus galea criftam emittit: hic quoque ftat in navi, unde fortaffe confirmatur id quod fupra diximus, nempe hæc effe victoriæ navalis monimenta: manum & ipfe immittit in quoddam inftrumentum ex puppi quafi emergens. In prora autem navis lilii flos vifitur: vir porro ille manu finiftra quam erigit, globum aut quid fimile tenet, aliquibus notatum figuris feu lineamentis quæ diftingui nequeunt. Poftrema figura eft mulieris globum pede prementis, quæ altera manu haftam feu fpiculum tenet, altera vero coronam, & quidem lauream, ut credere eft.

LIVRE CINQUIEME.

Ponts, Aqueducs, Colonnes milliaires.

CHAPITRE PREMIER.

I. Le Pont d'Ambrois sur l'ancien chemin Romain. II. Le Pont Ælius de Rome tiré d'un medaillon. III. Le Pont d'Antioche sur le Meandre sur deux medaillons.

PL. XLI.

I. LE Pont d'Ambrois est au lieu nommé anciennement *Ambrussum*, qui faisoit une mansion entre Sestantio lieu près de Montpellier & Nismes. Cette mansion se trouve en la même situation dans l'itineraire d'Antonin, & dans la premiere table de Peutinger. C'étoit sans doute le Pont du grand chemin établi par les Romains ; mais ce grand chemin aiant été abandonné du côté de ce Pont, depuis qu'on passe au Pont de Lunel, demi lieuë plus bas, on a negligé ce premier Pont ; deux arches sont tombées, en sorte que de cinq il n'en reste plus que trois, qui ont d'ouverture environ trente pieds ou cinq toises. La riviere qui y passe est le Vidourle, dont les eaux sont fort basses en Eté ; mais elles s'enflent beaucoup en Hiver. Il est à remarquer que les piles n'ont d'éperon que du côté d'où l'eau vient & se fend pour passer sous le Pont ; de l'autre côté, le mur est tout droit sans aucune avance. Voici un Memoire que m'a envoié M. le Marquis d'Aubaïs Seigneur du voisinage, recommandable par son amour pour la litterature, & par le beau Cabinet de livres

---

LIBER QUINTUS.

Pontes, Aquaductus, Columnæ milliares.

CAPUT PRIMUM.

I. Pons Ambrussi in veteri via Romana. II. Pons Ælius Romæ ex nummo eductus. III. Pons Antiochiæ ad Mæandrum ex duobus nummis.

I. POnsille qui hodie *d'Ambrois* dicitur, in loco est qui olim Ambrussum appellabatur, eratque mansio in via inter Sestantionem & Nemausum. Hæc porro mansio eodem situ reperitur in itinerario Antonini, & in prima tabula Peutingeriana. Eratque haud dubie pons magnæ illius viæ a Romanis constitutæ. Sed cùm via isthæc, quod ad illam partem spectat in qua pons occurrit, deserta mutataque fuerit, a tempore videlicet illo quo per pontem Lunelli pergitur, qui pons duobus hinc milliaribus situs est ; pons ille alius Ambrussi in superiore alveo structus, exinde neglectus fuit, ita ut duo arcus ceciderint, ex quinque igitur tres tantum supersunt, qui ab altera ad alteram pilam triginta circiter pedes regios habent. Fluvius est Vitturlus, cujus aquæ æstivo tempore pene deficiunt ; sed hieme magna copia exundant. Observandum porro est pilas rostrum habere tantum, qua parte adventantem fluminis alveum respiciunt, ut aqua facilius dividatur & sub arcubus fluminis transeat ; ex altera vero parte murus ad perpendiculum rectus est. En descriptionem ejus brevem quam ad me misit D. Marchio de Aubais, qui in locis huic ponti vicinis sedes habet & dominia atque prædia sua, qui sane vir omnino spectabilis est à literarum studio & a museo Bibliothecaque sua libris

& de

MARQUES DE VICTOIRE TROUVÉES A FLAVIGNI

PONTS, AQUEDUCS, COLONNES MILLIAIRES.

& de manuscrits ; non content de m'avoir fait dessiner le Pont avec toute l'exactitude possible, il m'a envoié avec le dessein les notes suivantes.

« Pour aller de Montpellier à Nismes dans la voie ancienne élevée de cinq pieds sur terre, on passoit sur le Pont Ambrois, qui est sur le Vidourle à un quart de lieue de Galargues le montueux. Ce Pont avoit cinq arcades, trois desquelles restent encore aujourd'hui, & l'on voit la pile qui servoit à la quatriéme & à la cinquiéme avec les naissances de l'arc de chaque côté. La premiere arche qu'on trouve en venant de Nismes, fait une continuation avec la chaussée de l'ancien chemin qui a six pieds d'élevation du côté où elle joint le premier côté de l'arche, qui est éloigné de l'eau d'environ vingt pieds. La chaussée étoit élevée de même de l'autre côté, en sorte qu'on passoit le Pont sans guere monter ni descendre. A deux cens pas de la riviere, le chemin tournoit à main droite autour d'une montagne ; le détour étoit d'environ cinq cens pas ; il alloit ensuite quelque tems en droite ligne vers le bois taillis de la Deveze, & faisoit après plusieurs contours jusqu'au Pont de Salefon qui est près de Montpellier. «

Ce Pont avoit cela de particulier, qu'au lieu que les autres ont un pavé, ou de plein pied ou en dos d'âne, selon que les bords de la riviere sont ou plus hauts ou plus bas ; ici le pavé suivoit les contours des arches, en sorte qu'il étoit comme ondoiant, mais si legerement, que quoiqu'on le remarquât à l'œil, on ne sentoit point l'incommodité de monter & de descendre. «

Ce pavé & les parapets sont presque tous enlevez ; on n'y voit plus que les grosses pierres qui composent les voutes des arcades. «

II. Le Pont Ælius bâti par Adrien sur le Tibre, au même endroit qu'est aujourd'hui le Pont S. Ange, se voit sur un beau medaillon du Roi en la forme que cet Empereur le fit bâtir. C'est un revers du même Empereur, où le Pont est representé avec ses ornemens. Il est de sept arches ? celles des côtez sont & plus étroites & plus basses que les autres. A chaque bord du Pont regne une balustrade interrompue par quatre bases d'autant de colonnes qui s'élevent, & au sommet desquelles sont des Statues. Ces Statues, au nombre de huit, quatre de chaque côté, faisoient un bel ornement, & devoient être apperçues de fort

---

atque manuscriptis codicibus referta : neque satis habens quod pontem summa accuratione delineandum curavisset, notas etiam sequentes mihi transmisit.

» Qua itur Montepessulano Nemausum in via ve-
» teri aggerata & quinque pedibus altior vicinis agris,
» per pontem Ambruisii transibatur, qui pons Vitturli
» fluvii oras jungit uno milliaria Galarga montuosa.
» Pons tunc quinque arcus habebat, tres adhuc su-
» persunt, & pila adhuc visitur ea quæ quartum at-
» que quintum fulciebat cum curva nascentis arcus
» ora utrinque relicta. Primus arcus qui Nemauso ve-
» nientibus occurrit, cum antiqua aggerata via jun-
» gebatur, quæ, qua pontem tangebat, est sex pedum
» regiorum altitudine, qui arcus qua parte terram
» vicinam tangit, viginti circiter pedibus ab aqua
» fluente distat : agger perinde in alio latere sublimis
» erat, ita ut per pontem fere plana via transiretur.
» Ducentis circiter a flumine passibus via ad dexteram
» deflectebat circa montem, ita ut quingentis itineris
» passibus circiter ille gyrus viatoribus viam augeret.
» Deinde vero recta linea ibatur versus saltum illum
» cui nomen Deveza, & multi deinceps gyri occur-
» rebant ad usque pontem de Salefone qui est prope

Montem pessulanum. «

Pons hic à cæteris ea in re differebat, quod omnes alii pontes pavimentum habeant aut planum aut in medio surgens quasi in angulum obtusum, hic undosum haberet, quod arcuum formam fere repræsentaret ; sed ita tamen ut etsi id oculis adverteretur, nihil tamen molestiæ euntibus crearet. Pavimentum autem & parietes hinc & inde oras pontis munientes, avulsi fere sunt ubique, solummodo supersunt prægrandes illi lapides qui arcus constituunt. «

II. Pons Ælius ab Hadriano Imperatore structus supra Tiberim eodem in loco ubi visitur hodie pons Sancti Angeli dictus, in egregio numismate Regio conspicitur, ea forma qua ab illo Imperatore excitatus fuit. Est autem postica pars nummi ejusdem Imperatoris, in qua pons cum ornamentis suis. Septem habet arcus : qui in lateribus & angustiores & humiliores sunt aliis. In utraque pontis ora sunt cancelli haud dubie lapidei ; interque cancellos quatuor bases utrinque : supra bases imponuntur columnæ, & supra columnas statuæ. Illæ vero statuæ octo numero, quatuor nempe in utroque latere, multum ad ornatum præstabant, & procul haud dubie conspiciebant

loin, sur-tout quand on venoit par la riviere. La montée du Pont de chaque côté devoit être fort roide, si elle étoit telle que l'image la montre. Une chose que je ne comprend pas, c'est une espece de canal qui conduit à la penultiéme arche de l'un des côtez du Pont, étoit-ce pour conduire sûrement les batteaux qui vouloient venir à bord ? A chaque extremité du Pont on voit comme un grand piedestal posé à l'endroit où commence cette montée si roide, que les gens à pied n'y pouvoient monter qu'avec beaucoup de peine; il ne paroit pas que les chevaux, ânes ou mulets y aient jamais pû passer, encore moins les voitures roulantes, supposé que la montée fut aussi rude qu'elle est représentée sur le medaillon du Roi. Ce Pont a été refait depuis, & beaucoup plus large qu'il n'étoit anciennement. On y voit encore aujourd'hui des Statues, mais bien moins élevées que celles du Pont Ælius.

III. Les deux medaillons du même Cabinet qui suivent, representent le Pont d'Antioche, Ville de Carie sur le Meandre. Ce Pont a six arches; les ornemens des bords se remarquent à l'œil. On entroit dans le Pont par une grande porte qui ressemble à une porte de Ville; on en a fait une à peu-près semblable, mais plus magnifique, au Pont Neuf de Touloufe. Au-dessus du Pont est la figure du Fleuve couché, & derriere lui deux femmes qui ressemblent aux Nemeses de Smyrne. Ce Pont est à un revers de l'Empereur Dece. L'autre figure du même Pont est sur un revers de l'Empereur Valerien; on y voit le même Pont & la porte mieux dessinée, le fleuve couché, & au lieu des deux femmes, un cavalier qui passe. Il y a si peu de tems depuis Dece jusqu'à Valerien, qu'il n'y a point d'apparence qu'on ait fait dans ce peu d'intervalle les changemens que nous voions sur les bords de ce Pont : ceux du premier sont incomparablement plus ornez que ceux du second. Cela peut venir de ce que le graveur n'y a pas regardé de si près. Il ne paroit que six arches dans l'un, & l'autre en a sept, dont la premiere & la derniere ne paroissent qu'à demi.

tur; maxime quando per flumen ipsum descendebatur. Ascensus ad pontem utrinque admodum asper fuisset, si talis erat qualem imago monstrat. Hic quidpiam occurrit quod vix intelligo, canalis nempe quispiam in flumine, qui in penultimum arcum ad alterum pontis latus ducit, an ut hoc ducerentur naviculæ quæ ad oram fluminis appellere volebant? In utraque pontis extremitate est ceu magnus quidam stylobates ibi positus, ubi ascensus ille asper incipit, tam utrique arduus, ut etiam qui pedibus irent vix possent eo conscendere, nec videntur unquam equi, asini, muli, illac transire potuisse, multoque minus currus cujusvis generis, si tamen ita asper ascensus ille esset, ut in numismate Regio exhibetur. Hic pons hisce postremis sæculis exædificatus est, & multo latior quam olim erat. Ibi quoque statuæ hodieque visuntur, sed longe minus sublimes quam illæ.

III. Duo nummi qui sequuntur ex eadem gaza Regia, pontem exhibent Antiochiæ ad Mæandrum urbis Cariæ. Hic vero pons sex habet arcus, ornatus in superna ora utrinque positi uno conspectu cernuntur. In pontem intrabatur per magnam portam; quæ portæ urbis speciem præ se ferebat : cui fere similis, sed magnificentior, structa est in ponte novo Tolosæ supra pontem est figura fluvii de more decumbentis, & pone illum duæ mulieres quæ certe Nemesibus Smyrnæis sat similes sunt. Hic pons est in postica facie nummi cujusdam Decii Imperatoris. Alterum ejusdem pontis schema est in postica facie nummi Valeriani; adeo parum temporis interstitium habetur inter Decium & Valerianum, ut verisimile non sit tam modico tempore invectas eas in ponte mutationes fuisse, quas in oris pontis conspicimus. Primi pontis oræ longe magis ornantur quam secundi. Id fortassis ex Sculptoris oscitantia processerit, qui hæc accurate referre non studuit. In altero sex solum arcus sunt, in altero septem, quorum primus & postremus tantillum comparent.

PONT D'AMBROIS ET AUTRES

M. le Marquis d'Aubais

Medaillons du Roy.

CHAPITRE SECOND.

Description du Pont d'Alcantara.

IL y a long-tems que je demande le dessein du Pont d'Alcantara, & que je fais tous les efforts possibles pour l'avoir & le donner au public. On me l'a souvent promis, & comme il n'y a nulle apparence que je puisse l'avoir à tems pour le mettre dans ce Supplement, à moins que je n'en voulusse retarder trop long-tems la publication, je vai donner ici la description que m'en a envoiée M. le Gendre Chirurgien du Roi d'Espagne; la voici donc telle que je l'ai traduite de l'Espagnol.

Ce Pont a six arches : les deux du milieu, d'une hauteur extraordinaire, « sont égales entre elles. La longueur du Pont, en la prenant sur le pavé de dessus, « est de six cent soixante deux pieds, & sa largeur de vingt-quatre. Les parapets « qui bordent le Pont des deux côtez ont d'épaisseur deux pieds, & de hauteur « quatre pieds & demi. La hauteur du Pont depuis le fond de l'eau jusqu'au « plus haut des parapets est de deux cent quatre pieds & demi. On compte ainsi « le tout en détail; tout ce qui est dans l'eau, de la même structure que ce qu'on « voit au-dessus, a trente-sept pieds de hauteur; depuis la surface de l'eau jus- « qu'à la naissance de l'arc, il y a quatre-vingt sept pieds : voilà déja 124. pieds. « Depuis la naissance de l'arc jusqu'au haut du pavé par ou l'on passe, il y a soi- « xante dix-sept pieds, si vous y joignez les quatre pieds & demi de hauteur des « parapets, ce seront deux cent quatre pieds & demi. Dans les deux arcs du mi- « lieu le vuide entre deux piles est de cent dix pieds, l'épaisseur des piles est de « trente-huit pieds. «

Au milieu du Pont s'éleve un arc de la même structure, qui a quarante- « sept pieds de hauteur, & onze de largeur. Si vous joignez la hauteur de l'arc « à celle du Pont, le tout aura 247. pieds, car la hauteur du parapet est com- « prise dans l'arc même. Sur la corniche de l'arc on lit sur des tables de marbre « l'inscription suivante : «

CAPUT SECUNDUM.

Descriptio pontis Alcantarensis.

Pontis Alcantarensis delineationem diu petii, diu expectavi, ejusque depictam imaginem lectori offerre cupiebam; verum quia nulla fere jam spes est posse me illam in hoc Supplemento locare, nisi ejus publicationem longius extraham; interim ejus descriptionem hic apponendam duxi, quam mihi D. le Gendre Chirurgus Regis Hispaniæ procuravit, Hispanico vulgari idiomate descriptam. Sic autem habet illa.

„ Hic pons sex habet arcus; duo autem in medio „ positi insignis magnitudinis, æquales inter se sunt, „ his vero minores ii qui ad latera positi sunt, qui „ autem extremi a lateribus sunt, istis adhuc mino- „ res. Longitudo pontis in superficie qua fit transitus „ est sexcentorum septuaginta pedum. Latitudo vi- „ ginti quatuor pedum, loricarum autem, quæ hinc „ & inde pontistransitum terminant, latitudo duorum „ pedum est; altitudo vero earum est quatuor pedum & dimidii : pontis totius altitudo ab aquæ fundo « ad usque supremam loricam, est ducentorum qua- « tuor pedum & dimidii, qui hoc modo minutatim « numerantur : quod intra aquam habetur, ejus- « dem fabricæ atque illa quæ supra aquam visun- « tur : est pedum triginta septem, ab aquæ superficie « usque ad arcus initium pedes octoginta septem ; « jam hæc centum viginti quatuor pedes habent : ab « arcus initio usque ad superficiem viæ qua supra pon- « tem transitur, septuaginta sex pedes sunt : his si an- « numeres, loricæ altitudinem quatuor pedum & di- « midii 204. pedes cum dimidio erunt. In arcubus « in medio sitis, id quod inter ambas pilas vacuum « est, centum & decem pedes habet, pilarum autem « spissitudo est pedum triginta octo. «

In medio ponte erigitur arcus eodem structuræ « genere, qui est altitudine pedum quadraginta septem, « latitudo undecim. Si hujus arcus altitudinem pontis « altitudini annumeres, ducenti erunt quadraginta « septem pedes, loricæ enim altitudo in hoc arcu « comprehenditur. Supra coronidem arcus in tabulis « marmoreis legitur inscriptio sequens. «

IMP. CAESARI. DIV. NERVAE. F. NERVAE
TRAIANO. AVG. GERM. DACICO. PONTIF. MAX.
TRIB. POTEST. VIIII. IMP. V. COS. V. P. P

Dans la description qui m'a été envoiée d'Espagne, le tribunat est marqué VIII. & le Consulat VI. mais il vaut mieux suivre Gruter pag. CLXII. qui l'a tirée des copies d'Alfonso Castro & d'Antoine Augustin. Le memoire Espagnol continue ainsi:

" Il y avoit encore sur cet arc quatre grandes tables avec le nom des Villes
" municipales de Lusitanie, qui avoient contribué à la construction du Pont.
" Des quatre il n'en reste plus qu'une; on a remplacé les autres de nouvelles
" pierres, dont l'inscription porte, que Charles-Quint Empereur a fait restau-
" rer cet arc qui est dessus le Pont, & qui regarde l'Occident. Cet arc avoit été
" détruit par les Maures, lorsqu'ils enleverent les soixante pierres principales
" pour boucher le passage à Alphonse de Leon, lorsqu'il venoit contre Alcan-
" tara. L'inscription des trois pierres est telle.

CAROLVS V. IMPERATOR CAESAR
AVGVSTVS HISPANIARVMQ. 3. REX
HVNC PONTEM BELLIS ET ANTIQVITATE
DIRVPTVM RVINAMQVE MINANTEM
INSTAVRARI IVSSIT ANNO DOMINI
MDXLIII. IMPERII SVI XXIIII. REGNI
VERO XXXVI.

Dans l'autre table, la seule des anciennes qui est restée on lit:

MVNICIPIA
PROVINCIAE
LVSITANIAE. STIPE
CONLATA. QVAE. OPVS
PONTIS. PERFECERVNT
ICAEDITANI
LANCIENSES. OPPIDANI

IMP. CAESARI. DIVI. NERVAE. F. NERVAE
TRAIANO. AVG. GERM. DACICO. PONTIF. MAX.
TRIB. POTEST. VIIII. IMP. V. COS. V. P. P

In descriptione illa quæ mihi ex Hispania transmissa fuit, notatur Tribunitia potestas VIII. & Consulatus VI. sed præstat Gruterum sequi p. CLXII. qui hæc ex Alphonsi Castri & Ant. Augustini, aliorumque schedis excepit. In descriptione illa vulgari Hispanico idiomate descripta sic pergitur.

" Erant etiam in hoc arcu quatuor grandes tabulæ
" cum nominibus municipiorum Lusitaniæ, quæ ad
" pontis constructionem symbolam dederant. Ex illis
" porro quatuor nonnisi prima superest; in aliarum
" vero locum aliæ substitutæ sunt, in iisque narratur
" quomodo Carolus Quintus Imperator arcum illum
" minorem restaurari jusserit, qui ad occidentem
" spectat. Hic autem arcus a Mauris diruptus fuit,
" cum sexaginta lapides præcipuos ab eo abstulerunt,
" ut impedirent quominus Alphonsus Legionis istac

transire posset, quando Alcantaram infestus pete- "
bat. Trium porro lapidum inscriptio hæc est. "

CAROLVS V. IMPERATOR CAESAR
AVGVSTVS HISPANIARVMQ. 3. REX
HVNC PONTEM BELLIS ET ANTIQVITATE
DIRVPTVM RVINAMQVE MINANTEM
INSTAVRARI IVSSIT ANNO DOMINI
MDXLIII. IMPERII SVI XXIIII. REGNI
VERO XXXVI.

In alia tabula quæ sola ex antiquis illis remansit, ita legitur.

MVNICIPIA
PROVINCIAE
LVSITANIAE. STIPE
CONLATA. QVAE. OPVS
PONTIS. PERFECERVNT
ICAEDITANI
LANCIENSES. OPPIDANI

PONTS, AQUEDUCS, COLONNES MILLIAIRES 93

TALORI
INTERANNIENSES
COLARNI
LANCIENSES
TRASCVDANI
ARAVI
MEIDVBRIGENSES
ARABRIGENSES
BANIENSES
PAESVRES

Nous suivons encore ici Gruter, qui a tout tiré des memoires de très-habiles gens. Dans la copie qu'on m'a envoiée, je remarque ces differences. Entre ces Villes municipales, les ARABRIGENSES sont omis, d'autres noms y sont écrits ainsi, IGAEDITANI, LANCIENSES, OPIDANI, INTERAMNIENSSES, ainsi toujours avec deux S. COIARNI, LANCIENSSES, TRANCVDANI, MEIDVBRIGENSSES. Ces deux S S se trouvent ainsi toujours ; il n'y en avoit qu'un dans deux noms, mais celui qui a copié a eu soin de marquer l'autre par-dessus, ce qui pourroit faire croire qu'ils sont effectivement par tout.

A l'autre côté du Pont par où l'on passe en venant de Castille, il y a une « Chapelle large de dix pieds & longue de vingt. Les pierres sont d'une gran- « deur énorme ; elles semblent sortir du mur pour faire un toit ou une espece « de voute. Elles sont jointes avec tant d'artifice, que quoique l'édifice soit si « ancien, la pluie n'a jamais pu le percer. La porte est faite de trois grandes « pierres, deux pierres debout en soutiennent une en travers. Sur cette pierre cou- « chée & soutenue par les deux autres, sont premierement cette inscription, IMP. « NERVAE. CAESARI. AVGVSTO. GERMANICO. DACICO. SACRVM. que le temple est consacré à l'Empereur Nerva Trajan Cesar Auguste le Germanique & le Dacique, après quoi suivent douze vers elegiaques imprimez dans le latin, dont le sens est, que ce temple a été bâti sur la roche du Tage ; que la majesté des Dieux & de l'Empereur y est presente ; que l'art* y surpasse la matiere. Si quelque passant, dit-il, veut savoir qui est l'auteur de ce merveilleux Pont,

* Ce doit être le sens, quoique le latin semble dire autrement.

TALORI
INTERANNIENSES
COLARNI
LANCIENSES, TRASCVDANI
ARAVI
MEIDVBRIGENSES
ARABRIGENSES
BANIENSES
PAESVRES

Hic quoque Gruterum sequimur qui ex schedis virorum doctissimorum quos supra commemoravimus hæc excepit. In schedis quæ nobis transmissæ sunt, hæc discrimina observantur, *Arabrigenses* prætermittuntur, in cæterisque nominibus hæc discrimina observantur IGAEDITANI scribitur, LANCIENSSES, OPIDANI INTERAMNIENSSES, sic semper cum duplici S. COIARNI LANCIENSSES TRANCVDANI, MEIDVBRIGENSSES, BANIENSSES, PAESVRES, ARABI. Pergit autem is qui schedas dedit.

» In altero pontis latere qua parte intrant ii qui ex Castella veniunt, est Sacellum latitudine decem pe- « dum, longitudine viginti. Lapides sunt magnitu- « dinis ingentis atque extra muros erumpentes tectum « sive quasi fornicem efficiunt, atque cum tanto ar- tificio junguntur, ut etsi adeo antiquum sit ædifi- « cium aqua pluvia, nunquam ipsum penetrare « potuerit. Porta ex tribus tantum lapidibus præ- « grandibus construitur, quorum duo laterales, alium « transversum sustentant. In quo transverso lapide « insculpti sunt duodecim versus elegiaci, hac præ- « missa Trajanum, cui templum sacratum est, spec- « tante inscriptione. «

IMP. NERVAE. TRAIANO. CAESARI. AVGVS-
TO. GERMANICO. DACICO. SACRVM
TEMPLVM. IN. RVPE. TAGI. SVPERIS. ET
CAESARE. PLENVM
ARS. VBI. MATERIA. VINCITVR. IPSA. SVA
QVIS. QVALI. DEDERIT. VOTO *al.* BOTO.
FORTASSE. REQVIRET
CVRA. VIATORVM. QVOS. NOVA. FAMA,
IVVAT. *al.* IVBAT.)

c'est Lacer, qui devoit sacrifier après avoir consommé l'ouvrage. Le même Lacer qui a fait le Pont, a fait aussi le Temple. C'est par un art divin que Lacer a fait un Pont qui durera pendant tous les siecles ; il a fait aussi ce Temple pour les dieux Romains & pour Cesar, heureux d'avoir accompli l'un & l'autre.

» Sous ces vers on lit encore cette inscription qui apprend & le nom de l'ou-
» vrier, & à qui il a dedié ceci. C. IVLIVS. LACER. H. S. F. ET. DEDICA-
VIT. AMICO. CVRIO. LACONE ICEDITANO.

H. S. F. veut dire *hoc sepulcrum fecit*, il a fait ce sepulcre & il l'a dedié à son ami *Curius Lacon Iceditain*. Il est fort nouveau de voir un sepulcre dedié à un ami.

» Le même ouvrier mit un Autel dans le Temple pour qu'on y offrit des sacri-
» fices aux dieux, & mit l'inscription suivante.

CAIVS. IVLIVS. LACER. HANC. ARAM. EREXIT.
VT. DIIS. SACRA FACERET.

Caius Julius Lacer a érigé cet autel pour y sacrifier aux dieux.

Cette inscription ne se trouve point dans Gruter, non plus que la suivante : l'Auteur du memoire Espagnol continue ainsi :

» Le même Architecte commanda qu'après sa mort ses cendres fussent mises
» dans le Temple à la droite de l'entrée, & que son urne fut couverte d'une table
» de pierre qui auroit cette inscription :

C. I. L. H. S. E. S. T. T. L.

Ce qui se doit lire ainsi : *Caius Julius Lacer hic situs est, sit tibi terra levis*. Ci gît *Caius Julius Lacer, que la terre vous soit legere*.

Ce n'étoit pourtant pas la coutume de mettre les cendres des morts dans des Temples. Cette inscription n'est pas aujourd'hui dans le Temple, elle pourroit avoir été tirée d'ailleurs.

» Ces deux pierres avec leurs inscriptions ne sont plus dans le Temple, conti-
» nue le même, parce qu'étant une fois déplacées, on ne les a plus reppor-
» tées au même endroit, mais elles trainoient là auprès, & changeoient de
» place, jusqu'à ce qu'un homme du lieu, qui avoit du goût pour ces monu-
» mens, les emporta chez lui, de peur qu'elles ne se perdissent ou ne fussent
» cassées.

INGENTEM. VASTA. PONTEM. QVI. MOLE.
PEREGIT
SACRA. LITATVRO. FECIT. HONORE
LACER
QVI. PONTEM. FECIT. LACER. ET. NOVA
TEMPLA. DICAVIT
SCILICET. ET. SVPERIS. MVNERA. SOLA.
LITANT
PONTEM. PERPETVI. MANSVRVM. IN. SAE-
CVLA. MVNDI
FECIT. DIVINA. NOBILIS. ARTE. LACER
IDEM. ROMVLEIS. TEMPLVM. CVM. CAE-
SARE. DIVIS
CONSTITVIT. FELIX. VTRAQVE. CAVSA.
SACRI

» Sub versibus his hæc leguntur quibus nomen artifi-
» cis discitur, & cui hæc consecraverit.

C. IVLIVS. LACER. H. S. F. ET. DEDICAVIT.
AMICO. CVRIO. LACONE ICEDITANO

» Artifex autem ille in templo aram posuit, ut ibi
» sacra diis offerrentur cum insequenti inscriptione,

CAIVS. IVLIVS. LACER. HANC. ARAM. EREXIT.
VT. DIIS. SACRA. FACERET.

Hæc autem inscriptio apud Gruterum non legitur, ut nec sequens, sic autem pergit is qui schedas paravit.

Jussit præterea memoratus artifex post obitum « suum cineres reponi in templi loco sublimi ad « dexteram intrantibus, urnamque operiri tabula la- « pidea rotunda cum hac inscriptione. «

C. I. L. H. S. E. S. T. T. L.

id est, *Caius Julius Lacer hic situs est. Sit tibi terra levis.*

Verum non erat hæc consuetudo, ut defuncto- rum cineres in templis conderentur. Cum autem hæc inscriptio non jam sit in templo, potuit aliunde ex- portari, pergit autem is qui schedas descripsit.

Hosce duos lapides cum inscriptionibus non intra « templum jam videre est, quia cum ex proprio sibi « loco delapsi essent, non ultra repositi fuere, sed « in vicinia jacebant & revolvebantur; donec quis- « piam ex isto loco, harumce rerum studiosus, ne pe- « rirent aut frangerentur, illos in ædes suas exporta- « vit, ubi jam servantur. «

PONTS, AQUEDUCS, COLONNES MILLIAIRES. 95

Le Pont fait en six ans fut achevé l'année 105. de Jesus-Chrit. Tout l'édifice est de grandes pierres de couleur grise. Ces pierres ne sont pas jointes avec de la chaux ou avec quelque autre espece de ciment, mais avec des ligamens de fer plombez.

Le cinquiéme Consulat de Trajan concourt avec l'an 105. de Jesus-Chrit. Il conclud de là qu'il fut achevé en six ans, en supposant qu'on avoit commencé de le bâtir au commencement de l'Empire de Trajan, & qu'on l'avoit fini en son cinquiéme Consulat.

Trajan fut porté à le faire, selon l'opinion de plusieurs Auteurs, pour faciliter le commerce entre Emerita & Norba Cæsarea colonies, qu'on appelle aujourd'hui Merida & Alcantara. Avant que le Pont fut fait on ne pouvoit sans peril passer le Tage, bordé de tant de rochers & de précipices.

« Perfectus autem absolutusque pons fuit sex annorum spatio, anno ab ortu Christi 105. Totum ædificium est ex lapidibus grandibus cinerei coloris. Lapides autem sine calce vel cæmento aut materia simili, ligaminibus ferreis plumbatis junguntur.

Consulatus quintus Trajani cum anno Christi centesimo quinto concurrit. Hinc concluditur ex illo scriptore intra sex annos perfectum absolutumque pontem fuisse, supponendo ab inito Trajani Imperio initum fuisse opus, & perfectum fuisse ipso quintum Consule.

Eo autem adductus Trajanus fuit ut pontem construeret, secundum scriptorum quorumdam sententiam, ut hinc commercium facilius evaderet inter Emeritam & Norbam Cæsaream colonias: non sine periculo enim trajectus Tagi fieri poterat, in cujus ripis tot ingentia saxa & prærupta loca erant. »

CHAPITRE TROISIE'ME.

A l'occasion des pieds d'Espagne dont nous parlons ici souvent, on compare le pied roial Phileterien en usage chez les anciens, avec les pieds d'Espagne, d'Italie, de France & d'Angleterre, en donnant les mesures de tous ces pieds.

EN parlant du Pont d'Alcantara & de toutes ses parties, on a donné exactement, quoique sur la foi d'autrui, les mesures & du pont & de ses parties, en mesurant toujours selon le pied Espagnol. Ce même pied Espagnol est encore emploié souvent dans la description du Pont de Segovie qui viendra bientôt. Comme ce pied differe considerablement de notre pied, de celui d'Italie & d'Angleterre, & de presque tous les autres, j'ai jugé à propos de comparer ici tous ces pieds ensemble, & d'en donner les mesures : & comme je crois avoir trouvé la comparaison du pied ancien Italien & du Romain d'aujourd'hui qui est le même, avec l'ancien pied de roi Phileterien, je commencerai par ce pied & par l'Italien, & après avoir fait la comparaison des deux, je viendrai aux autres. Il est à propos que ces mesures se trouvent dans cet ouvra-

Pl. après la XLI.

CAPUT TERTIUM.

Occasione pedum Hispanicorum qui frequenter adhibentur, fit comparatio pedis regii Phileterii, qui apud veteres in usu erant, cum pedibus Hispanicis, Italicis, Gallicis, Anglicis, quorum omnium mensura datur.

IN capite præcedenti ubi de ponte Alcantarensi, necnon de ejusdem partibus agitur, datis accuratissime, quantum fas est judicare, singulorum mensuris, pedibus Hispanicis ad eam rem semper usi sumus; mox etiam ubi de aquæductu Segoviano agetur pedes Hispanici passim adhibebuntur, quod mensuræ Hispanicæ genus, cum a nostris pedibus, ab Italicis, Anglicis aliisque pene omnibus differat, operæ pretium duxi hic de pedibus veterum agere, ipsosque cum pedibus nostris; itemque Italicis, Hispanicis, Anglicisque conferre, omniumque quantum fas erit, mensuram ob oculos adducere. Jam vero quia comparationem pedis veteris regii Philæterii cum Italico & Romano hodierno invenisse me puto, a pedibus veterum Græcis Italicisque incipiamus, & amborum comparatione facta ad nostros demum veniamus. Illud quippe ad institutum nostrum maxime quadrat:

ge, où nous avons souvent parlé du pied des anciens, des nôtres que nous appellons pied de roi, du pied d'Italie & de celui d'Angleterre ; & enfin ici du pied d'Espagne, qui vient à tout bout de champ. Il semble donc que nous ne puissions nous dispenser de comparer tous ces pieds ensemble : nous en avons déja parlé ailleurs, comme en passant. Nous allons le faire ici plus à fond & avec toute l'exactitude possible.

Les anciens Auteurs, Herodote, Thucydide, Xenophon & les autres, parlent souvent de cette mesure, qu'on appelloit le pied. Mais il est difficile, pour ne pas dire impossible, de dire précisément quelle mesure ils donnoient à ce pied, ni si le pied dont differens Auteurs parlent étoit le même ; car on croit qu'il y avoit anciennement autant de differences entre les mesures de differens païs, qu'il y en a aujourd'hui entre celles des François, des Anglois, des Italiens & des autres.

Nous ne voulons point toucher à ces mesures si anciennes & si difficiles à démêler ; mais nous nous arrêtons à Heron celebre Mathematicien de tems plus bas. Cet Auteur dans son livre περὶ εὐθυμετρικῶν, des mesures en droite ligne, ce qui veut dire des mesures en longueur, largeur & profondeur ; dans ce livre, dis-je, il met deux sortes de pieds, le pied roial Phileterien, & le pied Italien. Ce pied roial Phileterien a pris ce nom, à ce qu'on croit, de Philetere, qui peu après la mort d'Alexandre le Grand, se saisit de Pergame, y fut tyran pendant vingt ans, & inventa ce pied qui fut appellé de son nom Phileterien. Heron dit donc : *Le pied roial appellé Phileterien a quatre palmes ou seize doigts, & le pied Italien a treize doigts & un tiers de doigt.*

Le pied Phileterien étoit donc beaucoup plus grand que l'Italien, nous verrons plus bas qu'il fut fort en usage chez les Grecs, Heron Auteur Grec le marque assez lui-même, puisqu'il ne met que ce pied-là avec l'Italien. Pour ce qui est du pied Italien, je ne crois pas que personne nie que ce ne soit le pied Romain, & nous ne pouvons pas douter que le pied ancien Romain ne fut le même que le pied Romain d'aujourd'hui. Le pied ancien Romain qu'on conserve au Capitole en est une preuve ; c'est la même mesure que le pied d'aujourd'hui. Quoique je l'eusse vu pendant mon séjour à Rome, pour m'en assurer davantage, j'écrivis à mon ami Mgr. Fontanini Prélat Romain, dont l'érudition est connue de toute l'Europe ; il me marqua que c'est certainement le même, & ajouta

---

sæpe namque pedes veterum commemoravimus, itemque nostros quos regios vocamus. Italicos item sæpe, & nonnunquam Anglicos, hic autem Hispanici pedes frequentissime commemoratur & adhibentur. Has autem mensuras mutuo comparare necesse est ; jam hac de re carptim alicubi verba fecimus : sed hic res est tractanda pluribus.

A vetustissimis scriptoribus id mensuræ genus quod πούς sive pes vocabatur, non raro commemoratur, ab Herodoto videlicet, Thucydide, Xenophonte, aliisque : sed quam illi pedi mensuram tribuerent, & an pedes qui a diversis commemorantur ejusdem sint mensuræ omnes, id vero difficile est assequi & explorare, cum tanta fuerit olim in mensuris varietas, quantam hodie inter diversas nationes experimur.

Illis porro dimissis, ad Heronem nobilem Mathematicum, sed inferiorum temporum, nos conferimus. Ille vero in libello suo περὶ εὐθυμετρικῶν, seu de corporibus in rectum metiendis, quem edidimus in Analectis Græcis p. 313. pedum duo genera commemorat ; regium nempe sive Philetærium & Italicum. Pes vero Philetærius regius sic dictus putatur a Philetæro, qui paulo post ævum Alexandri magni Pergami tyrannidem per annos viginti occupavit, quique hanc pedis mensuram invexerit, quæ a suo nomine Philetæria vocata est. Hero igitur de pede loquens hæc habet : ὁ πὲς μὲν βασιλικὸς, καὶ φιλεταίριος λεγόμενος, ἔχει παλαιστὰς δ᾽, δακτύλους ις᾽. ὁ δὲ Ἰταλικὸς πούς, ἔχει δακτύλους ιγ τρίμοιρον, hoc est, Pes regius & Philetærius dictus habet palmos quatuor, digitos sexdecim ; Italicus vero pes habet digitos tredecim & tertiam digiti partem.

Pes igitur Philetærius longe major Italico erat, atque in usu fuisse apud Græcos infra comprobabitur. Hero autem scriptor Græcus id satis indicat, quando nullum alium cum Italico pedem adfert. Pedem vero Italicum hic Romanum pedem intelligi, neminem puto inficiaturum esse. Romanum autem veterem hodierno parem fuisse non est quod dubitemus. Nam hodieque pes antiquus Romanus hodierno par observatur in Capitolio in illo subdiali loco ubi statuæ visuntur. Etsi autem viderim cum Romæ degerem, a Fontanino meo, viro omni exceptione majore, certo ediscere volui, atque edidici. Scripsit ille præque

PONTS, AQUEDUCS, COLONNES MILLIAIRES.

que Mgr. Bianchini, dont nous avons si souvent parlé, avoit un pied ancien Romain de bronze, divisé en quatre palmes, & chaque palme en quatre doigts, & qu'il croit que c'est le même pied qui a autrefois appartenu à Lucas Pætus. Ce pied est aussi le même que le Romain d'aujourd'hui. Ce pied de Mgr. Bianchini est divisé en quatre palmes, & chaque palme en quatre doigts : c'est ce que dit ci-dessus Heron du pied Phileterien ; mais le palme & le doigt de Heron ne conviennent pas avec ceux-ci ; car selon Heron le pied Italien étoit beaucoup plus petit que le pied Phileterien, & par conséquent le palme qui faisoit la quatriéme partie du pied Phileterien, étoit plus grand que celui qui faisoit la quatriéme partie du pied Romain : il faut dire la même chose du doigt.

Il est certain que le pied roial Phileterien étoit fort en usage chez les Grecs, cela se prouve par ce que Heron dit peu après le passage rapporté cy-dessus, en parlant ainsi de la coudée : *La coudée*, dit-il, *a six palmes & vingt quatre doigts : on l'appelle la coudée Xylopristique*, c'est-à-dire, la coudée à mesurer le bois que l'on veut couper. Il parle sans doute ici selon la mesure du pied Phileterien, ce qui se prouve en ce qu'il donne vingt-quatre doigts à la coudée, venant d'en donner seize au pied Phileterien.

Selon Heron donc la coudée avoit un pied Phileterien & demi, il ne donne point d'autre coudée que celle là, & c'étoit sans doute la coudée ordinaire des Grecs : ils comptoient trois coudées pour la taille ordinaire des hommes, qui n'étoient ni grands ni petits. S. Jean Chrysostome sur le Pseaume 48. nom. 7. parle ainsi de l'homme : *Il n'a de taille que trois coudées, il cede aux bêtes quant à la force, mais la raison dont Dieu l'a orné l'éleve par-dessus toutes les choses de la terre.* Et dans une autre Homelie sur le même Pseaume p. 517. de notre édition, il dit, parlant d'un homme avide du bien d'autrui : *Celui qui avoit ravi le bien d'autrui autant qu'il avoit pu, va ainsi au sepulcre : il ne faut que l'espace de trois coudées pour l'enterrer, & c'est là tout le fruit de ses rapines.* La coutume de compter trois coudées pour la taille d'un homme paroit avoir été si établie, que la taille même d'un homme étoit emploiée pour une mesure de trois coudées. Le Geographe de Nubie au troisiéme climat, dit que la tour du Phare avoit trois cent coudées,

---

terea Dominum Blanchinium quem sæpe memoravimus, pedem veterem Romanum æneum habere quatuor in palmos divisum, & quemlibet palmum in quatuor digitos, putareque pedem hujusmodi mensuralem ad Lucam Pætum olim pertinuisse ; qui pes hodierno Romano paromnino est. In hoc igitur pede quatuor notantur palmi, & in quolibet palmo quatuor digiti, quod & dicebat supra Hero de pede Philetærio ; sed palmi Heronis non ejusdem erant mensuræ, ut neque digiti. Nam secundum Heronem pes Italicus longe minor erat Philetærio, palmusque etiam, qui quarta pars Philetærii, major erat palmo illo qui quarta pars erat Italici sive Romani, idipsumque de digito inferas.

Pedem vero Philetærium regium apud Græcos in usu fuisse compertum nobis est ; idque facile probatur ex iis quæ Hero Mathematicus paulo post verba superius allata subjicit, de cubito sic loquens : ὁ πῆχυς ἔχει παλαιστὰς ϛ΄ δακτύλους κδ΄ καλεῖται δὲ καὶ ξυλοπριστικὸς πῆχυς, hoc est, *cubitus habet palmos sex, digitos viginti quatuor. Vocatur quoque Xylopristicus, sive ligni sectilis cubitus.* Hic vero secundum pedis Philetærii mensuras loquitur illudque hinc manifeste probatur, quod 24. digitos cubito adscribit qui sexdecim digitos pedi Philetærio regio paulo ante adscripsit.

Itaque secundum Heronem cubitus pedem unum Philetærium cum dimidio habuerit : & hanc unam ille mensuram cubiti agnoscit : quæ etiam apud Græcos communis fuisse videtur, qui vulgaris staturæ homines, eos videlicet qui neque inter proceros neque inter pusillos esse censebantur, sed mediocris staturæ, τρίπηχεις sive tricubitales esse dicebant. Sic Chrysostomus in Psalm. 48. num. 7. de homine loquens, hæc habet : τὸν βραχὺν τοῦτον καὶ τρίπηχυν καὶ τοιούτῳ τῶν ἀλόγων ἐλάττονα, κατὰ τὸν τοῦ σώματος ἰσχὺν, τῷ τε λόγῳ συγγενείᾳ ὑψηλότερον πάντων ἐποίησε, id est, *& hunc brevem ac tricubitalem, ac viribus corporis brutis longe inferiorem, ex innata ratione fecit cunctis excelsiorem.* Sic & in alia in eumdem Psalmum homilia p. 517. editionis nostræ de rapacibus viris loquens ait : ἀπέρχεται εἰς τὸν τάφον ὁ πάντα ἀρπάξων, εἰς τρεῖς πήχεις θάπτεται, καὶ πλέον οὐδὲν. *In sepulcrum abit qui omnia rapuerat, intra tres cubitos sepelitur, nec quid amplius.* Ita porro in consuetudinem abierat hominem tricubitalem dicere, ut statura hominis aliquando in mensuram adhibita trium cubitorum fuerit. Sic Geographus Nubiensis in climate tertio turrim Phariam dicit habere trecentos cubitos vel centum

ou cent tailles d'hommes ; il met lui-même cette disjonctive, comme comptant par l'un & par l'autre.

Il s'enfuit de tout ce que nous venons de dire, que la taille ordinaire & médiocre de l'homme étoit de trois coudées, ou de quatre pieds & demi. Cela se doit entendre du pied roial Phileterien ; car si on l'entendoit du pied Italien, un homme de quatre pieds & demi Italiens ne seroit qu'un nain, & un homme de quatre pieds & demi de nos pieds de roi, qui ont un pouce plus que ceux d'Italie, seroit un fort petit homme. Cela se doit donc entendre du pied Phileterien considerablement plus grand que le nôtre, comme l'on verra dans la planche suivante.

Le pied roial Phileterien avoit seize doigts, & le pied Italien le même que le Romain d'aujourd'hui, avoit treize doigts & un tiers. Pour comparer ce pied Italien avec le pied de roi Phileterien, je m'y prens ainsi. Si l'on divise les seize doigts du pied roial Phileterien en trois parties chacun, il aura quarante-huit tierces, & le pied Italien qui n'a que treize doigts & un tiers, aura quarante tierces. De sorte que le pied roial Phileterien aura huit tierces plus que le pied Italien ; ces huit tierces font deux de nos pouces & lignes comme on verra sur la planche ; ainsi le pied de roi Phileterien, a deux pouces sur l'Italien, & il excedera notre pied de roi qui a un pouce plus que l'Italien, d'un pouce & lignes, après quoi il est aisé de le comparer avec tous les autres pieds.

On comprend presentement, que ces anciens qui donnoient trois coudées à un homme de taille ordinaire, assignoient au juste la stature ordinaire de l'homme qui est d'environ cinq pieds. Ces trois coudées faisoient quatre pieds & demi Phileteriens, qui sont comme on voit sur la planche cinq de nos pieds de roi.

Voila pour ce qui regarde le pied roial Phileterien, notre pied de roi & le pied Italien. Le pied Anglois, comme l'on voit sur la planche, est moindre que le notre de sept lignes & demi, & le pied Espagnol d'un pouce & demi & deux lignes. Les mesures de la planche ne sont pas tout-à-fait exactes ; mais chacun les peut rectifier sur ce que nous venons de dire.

staturas hominum.

His ita statutis & probatis, hominem vulgaris staturæ tres cubitos sive quatuor pedes & dimidium habuisse censendum est. Pedes autem intelligas illos Philetærios ; nam si Romanos intelligeres, si quis τρίπηχυς aut trium cubitorum homo quatuor tantum cum dimidio Romanos pedes haberet, is esset haud dubie pumilio. Nam pes Romanus nostro minor est uno pollice : imo apud nos qui quatuor tantum cum dimidio pedes habet proceritatis, is inter pusillos censetur. Quamobrem hic pes ille Philetærius intelligendus omnino est qui nostro major erat, ut mox videbimus.

Pes enim Philetærius regius sexdecim digitos habebat, pes vero Italicus tredecim digitos & tertiam digiti partem. Ut autem pes Italicus cum illo Philetærio regio comparetur, sic procedendum. Si sexdecim digitos in tres tertias partes singulos dividas, pes Philetærius quadraginta octo tertias habebit, pes vero Italicus quadraginta tantum tertias. Jam vero ad comparationem pedis nostri regii cum Italico procedo. Pes regius noster uno pollice Italicum sive Romanum excedit, ita ut pes Italicus undecim tantum pollices nostros habeat.

Hinc jam intelligitur eos qui hominem olim τρίπηχυν tricubitalem vocabant de vulgaris staturæ viris loquentes, recte staturam hominis expressisse, dum quatuor pedes Philetærios & dimidium ipsi assignabant, nempe quinque circiter pedes regios nostros.

Hæc quantum ad pedes regium Philetærium illum, regium nostrum & Italicum. Anglicus autem pes, ut in schemate videas lineis septem cum dimidia minor est nostro. Hispanicus vero, ut vides, est uno pollice & dimidio atque duabus lineis circiter nostro regio minor, & plusquam tribus pollicibus minor Philetærio, octo lineis minor Italico.

DIFFERENTES MESURES DU PIED

Palme Romain

Pied Romain

Pied Roial Philetærien ancien, qui a huit quarante huitiemes plus que le Romain

Pied de Roi François

Pied Anglois

Pied Espagnol

PONTS, AQUEDUCS, COLONNES MILLIAIRES.

CHAPITRE QUATRIEME.

Monument élevé sur le Pont de la Charente à l'entrée de la Ville de Saintes.

CE monument a été donné dans l'Histoire de l'Académie des Inscriptions & Belles Lettres tom. 3. p. 235. avec une explication savante de M. Mahudel. Nous le mettons ici, parce que ces deux arcs sur un Pont, ont quelque rapport avec l'arc érigé sur le Pont d'Alcantara, dont nous venons de parler. Ce monument est au milieu du Pont sur la Charente à l'entrée de la Ville de « Saintes. C'est un pan de mur à deux faces semblables avec deux retours. Le « mur est épais de 20. pieds, large de 45. & haut d'environ 60. si l'on prend « cette hauteur depuis la surface de la Charente, lorsqu'elle est dans son état « ordinaire. «

La moitié de cet édifice est un massif de grands quartiers de pierre de taille « posez à sec les uns sur les autres. La partie élevée sur ce massif est percée de « deux portes en plein ceintre, dont les arcades sont ornées d'archivoltes posées « sur de petites impostes qui couronnent les pieds droits. Ces ornemens, pour « être dans les regles de l'architecture, devroient supposer une base dans les « pieds droits ; cependant il ne paroit point y en avoir dans ceux-ci, ce qui « rend les arcades difformes par le deffaut de la juste hauteur qu'elles devroient « avoir. On peut dire neanmoins pour l'honneur de l'ouvrage & de l'antiquité, « que comme le Pont au milieu duquel sont ces arcades, a été sans doute repa- « vé plusieurs fois qu'il a été construit depuis, la base de ces pieds droits a peut- « être été couverte & enterrée, lorsqu'on a élevé le pavé. «

Ces pieds droits sont cannelez jusqu'à un peu plus de la moitié de leur hauteur, & l'on voit par-dessus quelques têtes de bœufs qu'on mettoit ordinairement dans les metopes de l'ordre dorique.

Au-dessus des arcades est un grand entablement qui regne sur toutes les « faces, & dont les quatre angles sont posez sur autant de petites colonnes can- « nelées & taillées dans la pierre qui fait l'encoignure des retours. Ces colonnes « sont saillantes des deux tiers de leur diametre, & posées sur l'imposte des « arcades. «

CAPUT QUARTUM.

Monumentum erectum in medio pontis Carentonensis in ingressu Mediolani Santonum.

Hoc monumentum editum fuit in historia Academiæ inscriptionum & literatorum tom. 3. p. 235. cum erudita ejusdem explicatione a v. cl. Mahudello adornata. Hoc autem loco opportune datur, quia arcus illi duo supra pontem, affinitatem quamdam habent cum arcu illo, de quo paulo ante agebamus, supra pontem Alcantarensem erecto. Hoc monumentum in medio pontis est ad ingressum Mediolani Santonum. Est murus cujus ambæ facies eadem ipsa repræsentant; muri spissitudo viginti pedum est, latitudo quadraginta quinque, altitudo, si ex aquæ superficie, cum sedatus amnis est, duceris, est pedum sexaginta.

Dimidia hujus ædificii pars, infima moles est ex magnis quadratisque lapidibus sine cæmento positis. Pars autem moli imposita duas habet portas in arcûs modum concinnatas decoratasque, supposita incumbâ fultas. Quæ incumbæ pilas inferiores exornant. Si architectonices norma servata fuisset, hæc ornamenta basim inferne positam desiderarent. Sed nullæ hic bases comparent, quod tamen arcuum elegantiam tollit, quorum altitudo ea non est quam ædificii ratio exigit. Fortassis structorum honori consulas si dixeris, quoniam pontis in cujus medio arcus illi sunt, pavimentum sæpe restauratum mutatumque fuit, hinc bases pilarum forte obrutas fuisse, dum pavimentum altius exsurgeret.

Pilæ striatæ sunt plusquam usque ad dimidiam sui partem, & supra strias illas visuntur capita boum, quæ poni solebant in μετόποις ordinis Dorici.

Supra arcus magnum est tabulatum quod omnes muri facies comparat, quod tamen arcuum elegantiam tollumellis striatis impositi sunt, & in lapide ipso angulari insculpti. Hæ porro columnæ duabus tertiis diametri sui partibus prominent, & incumbæ arcuum fulciuntur.

100   SUPPLEMENT DE L'ANT. EXPLIQ. Liv. V.

» Dans la frife du grand entablement, on lit cette infcription en gros ca-
» racteres Romains.

O. CAESARI. NEPOTI. DIVI. IVLII.
PONTIFICI. AVGVRI.

» Immediatement au-deffous de cette infcription on voit les fragmens d'une
» feconde ligne, & quoi qu'elle foit effacée, on peut encore juger que les ca-
» racteres en étoient plus petits. Au-deffous de la corniche eft une efpece d'atti-
» que de trois affifes de pierre, dont la premiere eft foutenuë d'un focle qui a
» autant de faillie que de hauteur. La feconde contient une infcription en ca-
» racteres femblables à ceux de la frife.

C. IVLIVS. C. IVLII. OCTVANEVNI. F. RVFVS. C. IVLI. GEDOMO-
NIS. NEPOS. EPOTSOROVIDI. PRON. SACERDOS ROMAE. ET AV-
GVSTO. AD. ARAM QVÆ. EST. AD. CONFLVENTEM. PRÆFECTVS
FABRVM. D. c'eft-à-dire, que Caius Julius Rufus, fils de Caius Julius Octua-
neunus, petit-fils de Caius Julius Gedomon, arriere-petit-fils d'Epotforovidus
Prêtre de Rome & d'Augufte à l'autel qui eft au confluant, prefet des ouvriers,
a dedié ce monument à Tibere Cefar fils d'Augufte, petit-fils de Jules, Pontife
& Augure.

On voit dans l'eftampe ces premiers mots écrits ainfi quoi qu'à demi effacez,
DIVO AVGVSTO. mais M. Mahudel, qui a fait graver l'infcription comme
nous la donnons ici, affure que de ces deux mots il n'y a que la derniere lettre
O qui refte, & en effet Gruter qui a donné toute l'infcription la commence par
C Æ S A R I tout le refte étant effacé. M. Mahudel croit qu'en la place
de DIVO AVGVSTO il faut lire TI. AVGVSTO. *Tiberio Augufto.* On ne peut
pas douter que ce ne foit Tibere dont il eft parlé dans l'infcription ; mais ce
qui fait de la peine, eft que l'on ne voit guere d'infcription de Tibere, ni fur
les médailles, ni fur les marbres, ou la qualité de fils d'Augufte foit paffée,
fur tout quand celle de petit-fils de Jules s'y trouve ; ainfi je lirois plus volontiers TI. D. AVG. FILIO. ou TI. AVG. FILIO, & il me femble que la place
eft affez grande pour cela. L'autre qualité de petit-fils de Jules fe voit fouvent
dans Gruter ; il y eft dit *Divi nepos* dans les pages XLVI. 8. CCXXXV. 6. &
MLXX. 3. *Julii nepos* CLIII. 7. & CLX. 2. DIVI *Julii nepos* CLXXXVIII. 2. &
CCXXXV. 7. 8.

M. Mahudel refute avec raifon l'opinion des gens du payis, qui croient que

---

In zophoro majoris tabulati legitur hæc infcriptio literis majoribus.
.... O. CAESARI. NEPOTI. DIVI. IVLII. PONTI-
FICI. AVGVRI.
Sub hac infcriptione erafus videtur alter verfus, etfi vero deletæ literæ fint, eas præcedentibus fuiffe mi-
nores dijudicari poteft. Sub coronide, Attici quædam fpecies eft tribus lapidum ordinibus, quorum prior
a fecundo fuftentatur in tabulati morem erumpente.
In fecunda infcriptio legitur cujus literæ funt priori-
bus fimiles.

C. IVLIVS. C. IVLII. OCTVANEVNI F. RVFVS.
C. IVLI. GEDOMONIS. NEPOS. EPOTSOROVI-
DI. PRON. SACERDOS. ROMAE. ET AVGVSTO.
AD. ARAM QVAE. EST. AD. CONFLVENTEM.
PRAEFECTVS. FABRVM. D.

In tabula hæc, DIVO AVGVSTO vifuntur, etfi fe-
mierafa. Verum D. Mahudellus qui infcriptionem qualem hic damus, edi curavit, teftificatur ex hifce duobus
verbis O poftremum tantum fupereffe, & vere Gru-
terus qui hanc infcriptionem dedit, a voce *Cæfari* illam incipit, ac fi omnia quæ præcefferant jam fublata
effent. Putat D. Mahudellus loco τῶ DIVO AVGV-
STO legendum effe TI. AVGVSTO. Vereque de
Tiberio Augufto hic agitur, fed vix reperias infcriptionem quampiam vel in nummis vel in marmoribus
ubi Tiberius Augufti filius non dicatur, maximeque
cum dicitur Julii nepos. Quapropter libentius legerem
TI. D. AVG. FILIO, vel TI. AVG. FILIO, & vere
locus fufficere videtur ad hafce literas recipiendas. Nepos autem Julii Tiberius fæpe dicitur apud Gruterum, fed diverfe : dicitur enim DIVI NEPOS pag.
XLVI. 8. CCXXXV. 6. & MLXX. 3. IVLII NEPOS
CLIII. 7. & CLX. 2. DIVI IVLII NEPOS CLXXXVIII.
2. & CCXXXV. 7. 8.

Jure D. Mahudellus Santonum opinionem rejicit,
qui putant hoc totum cum arcubus ædificium arcum

MONUMENT construit au milieu du pont sur la Charente, à l'entrée de la ville de Saintes.

Memoir. de l'Academie des belles lettres

PONTS, AQUEDUCS, COLONNES MILLIAIRES.

ces deux arcades & leurs accompagnemens font un arc de triomphe. Ce monument avec l'inscription ne paroit avoir été mis là, que pour faire honneur premierement à l'Empereur qui alloit toujours devant tout, & ensuite à ceux qui avoient fait ou dedié l'ouvrage, ou contribué à la dépense, comme nous venons de voir dans les inscriptions de l'arc du Pont d'Alcantara.

M. Mahudel remarque fort bien que les noms du pere & du grand pere de Caius Julius Rufus, sont precedez de prenoms Romains; ils le sont non-seulement de prenoms, mais aussi de noms. Son pere s'appelle C. Julius Octuaneunus, & son grand pere C. Julius Gedomon. Caius est le prenom, Julius le nom, & Octuaneunus & Gedomon noms Gaulois deviennent le *cognomen* ou le surnom. Le bisaieul Epotsorovidus vivoit sans doute avant que les Gaules fussent subjuguées par Jules Cesar. Ce qui est à remarquer, est qu'ils ont tous pris le nom & le prenom de Cesar *Caius Julius*: peut-être même que Gedomon le prit dans le tems que Jules Cesar étoit dans les Gaules. Ce qui paroit certain, est qu'ils ont voulu se faire honneur de ce nom par rapport à Jules Cesar. Il ne faut pas oublier de dire ici, que les Gaulois après avoir été subjuguez par les Romains, abolirent peu-à-peu dans la suite du tems leurs noms Gaulois, pour prendre ceux des vainqueurs; c'est ce qu'on peut remarquer dans plusieurs inscriptions: cela se voit aussi clairement dans cette inscription. Octuaneunus pere, & Gedomon aieul de *Rufus* gardent leurs surnoms Gaulois; mais Caius Julius Rufus prend un surnom Romain, & n'en a plus de Gaulois.

M. Mahudel rejette avec raison le sentiment de ceux de Saintes qui veulent trouver dans leur voisinage ce confluent où étoit l'autel dedié à Rome & à Auguste, & où Caius Julius Rufus étoit Prêtre. Ce confluent étoit sans doute celui du Rhône & de la Saône; Scaliger dans son laborieux index au trésor de Gruter, n'a pas manqué de renvoier dans l'index geographique à ce mot *confluentes Araris & Rhodani* à l'inscription de Saintes dont nous parlons qui s'y trouve en la pag. CCXXXV. 5. c'est ce fameux autel érigé au confluent du Rhône & de la Saône par tous les Gaulois en commun, dit Strabon, ὑπὸ πάντων κοινῇ τῶν Γαλατῶν, où il y avoit soixante Statues pour autant de peuples Gaulois, & où chacune avoit mis sa Statue, & outre ces Statues-là une plus grande. Ce fameux autel a été décrit tant de fois, que nous ne nous y arrêterons pas davantage. C'étoit de cet autel que Caius Julius Rufus étoit Prêtre; il étoit aussi *Præfectus fabrum*, qualité

---

esse triumphalem. Monumentum enim istud cum inscriptione eo loci positum fuisse videtur, ut cederet in honorem primo Imperatoris pro solito more, deindeque ejus qui opificium vel dedicaverat, vel suis sumtibus fecerat, ut vidimus in inscriptionibus ad arcum superiorem pontis Alcantarensis.

Optime observat D. Mahudellus nomina patris & avi Caii Julii Rufi, a Romanis prænominibus præcedi; neque prænominibus vero tantum, sed etiam nominibus. Pater ipsius est C. Julius Octuaneunus, avus C. Julius Gedomon. Caius est prænomen, Julius nomen, Octuaneunus & Gedomon Gallica nomina, cognomen sunt. Proavus autem Epotsorovidus procul dubio vixit antequam Galliæ a Julio Cæsare subactæ fuissent. Quodque est summopere notandum omnes prænomen & nomen Cæsaris usurparunt, *Caius Julius*. Atque fortassis Gedomon ea tunc temporis assumpserit, cum Julius Cæsar in Galliis esset. Id autem certissimum videtur ipsos in Julii Cæsaris honorem hæc nomina sibi adoptavisse. Neque prætermittendum est Gallos successu temporis nomina gallica ut plurimum deposuisse, id quod in multis inscriptionibus observatur; in hac autem perspicue deprehenditur, Octuaneunus enim pater & Gedomon avus cognomina gallica servant; sed Caius Julius Rufus Romano assumto cognomine, Gallicum nomen omnino respuit.

Jure etiam Mahudellus opinionem Santonum illorum rejicit, qui in vicinia sua confluentem illum volunt reperiri, in quo erat ara dicata Romæ & Augusto, ubi etiam Caius Julius Rufus sacerdos erat. Hic haud dubie agitur de confluente Araris & Rhodani. Josephus Scaliger in laborioso suo indice ad thesaurum Gruteri, in Geographico, inquam, indice ad vocem *confluentes Araris & Rhodani* ad inscriptionem hanc Santonensem mittit; quæ in thesauro illo habetur p. ccxxxv. 5. Hæc erat illa celebris ara in confluente Araris & Rhodani erecta ab omnibus simul Gallis, inquit Strabo, ὑπὸ πάντων κοινῇ τῶν Γαλατῶν, ubi sexaginta statuæ erant pro tot Gallicis nationibus; singulæ porro nationes ibi statuam suam erexerant, & præterea etiam cæteris majorem. Hæc celeberrima ara sæpissime descripta fuit, nec est quod eam hic pluribus persequamur. Hujus aræ sacerdos erat Caius Julius Rufus. Erat ipse etiam *Præ-*

N iij

SUPPLEMENT DE L'ANT. EXPLIQ. Liv. V.

dont il semble se faire honneur, & en effet, on trouve des Ediles, des Tribuns & d'autres gens en charge, qui ne dédaignent point de se dire *Præfecti fabrum*, prefets des ouvriers ou en fer, ou en bois, ou en pierre, *murarii*, ou en quelque autre matiere.

fectus Fabrum, quod munus ipse honoris causa commemorat. Vereque Ædiles & Tribuni occurrunt qui hunc sibi honorem adscribere dignantur, ac sese præfectos Fabrum dictitant, Fabrum videlicet aut Ferrariorum, aut lignariorum, aut murariorum, aut aliorum quorumcumque.

CHAPITRE CINQUIEME.

Description de l'Aqueduc de Segovie, dont le dessein a été envoié d'Espagne.

PL.
XLIII.

LE dessein du merveilleux Aqueduc de Segovie m'a été envoié par M. le Gendre Chirurgien du Roi d'Espagne, avec quelques Memoires dont je vais me servir pour en faire la description. Il en est de cet Aqueduc comme de presque tous les autres grands ouvrages ; on en veut découvrir le fondateur, quoi qu'aucun monument ne l'apprenne ; & la diversité des sentimens fait d'abord juger que ceux qui font ces recherches, ne se fondent que sur des conjectures vagues & incertaines. Quelques-uns prétendent que ce fut Hercule qui le fonda dans son voiage d'Espagne ; d'autres croient que c'est l'Empereur Trajan. Plusieurs d'entre le peuple disent, que c'est l'ouvrage du diable ; quelques-uns veulent que l'Aqueduc ait été fait avant que l'Espagne tombât sous la domination des Romains, & cela pour attribuer à leur Nation la gloire d'un si magnifique ouvrage. Une grande partie de l'Aqueduc a deux rangées d'arcades l'une sur l'autre, & cette partie est d'une si grande hauteur, que pardessus les maisons de quatre ou cinq étages, on voit en plusieurs endroits la seconde rangée des arcades, & en quelques autres une partie de la premiere. Le nombre de ces arcades est de cent cinquante neuf. L'édifice est tout composé de grandes pierres de taille : l'Auteur des Memoires qu'on m'a envoiez, dit que toutes les pierres qu'on a emploiées à cette fabrique font face en dehors, *todas haçen cara o muestran frente*, de sorte qu'il ne seroit pas difficile de compter combien il est entré de pierres dans un si grand ouvrage. Il ne paroit aucun ciment dans les jointures, & l'on ne s'est servi, dit l'Auteur, pour bâtir l'Aqueduc, ni de

CAPUT QUINTUM.

Descriptio Aquæductus Segoviani, cujus delineatum exemplar ex Hispania missum fuit.

AQuæductus Segoviani exemplar a D. le Gendre Hispaniæ Regis Chirurgo transmissum mihi fuit cum notis quibusdam Hispanico idiomate conscriptis, queis utar ad illum describendum. Ejus aquæductus, perinde atque aliorum omnium insignium operum, fundatorem atque originem perquisiere multi, nullo tamen monumento ad eam rem juvante. Opinionumque diversitas ipsa, conjecturis levibus niti omnia ratiocinia demonstrat. Sunt qui dicant ipsum Herculem in Hispaniis peregrinantem hoc opus aggressum esse ac perfecisse ; alii putant a Trajano ædificatum. Ex popularibus multi opus esse diaboli dictitant. Non desunt qui censeant aquæductum conditum fuisse antequam Romani Hispaniarum dominio potirentur ; ut videlicet Hispanis ipsis suscepti absoluti que tam magnifici operis gloriam adscribere possint. Magna pars aquæductus duos ordines arcuum habet, quorum alterum alteri impositum est. Hæc vero aquæductus pars tantæ est sublimitatis, ut etiam supra ædes trium quatuorve tabulatorum conspiciatur ex multis locis, & totus arcuum ordo superior offeratur oculis, & aliquando etiam pars inferiorum supra vicinas ædes prominentium. Numerus arcuum est centum quinquaginta novem. Ædificium totum magnis incisis lapidibus structum est. Qui notas mihi transmissas descripsit, ait lapides omnes qui sunt in structuram adhibiti, aliquam sui partem in extima superficie exhibere, *todas haçen cara, o muestran frente* ; ita ut difficile non fuerit omnes omnino lapides qui in tantum adhibiti sunt ædificium numerare. Nullum ibi cæmenti vestigium, nec calce, inquit ille, usi sunt

chaux, ni de bitume. Il a cela de commun avec le Pont d'Alcantara dont nous parlions ci-devant, avec le Pont du Gard & avec beaucoup d'autres ouvrages Romains. Il y a apparence qu'on s'est servi ou de fer ou de plomb pour retenir les pierres, ou peut-être de ligamens de fer plombez à chaque bout, tels qu'on en découvrit dans cette partie du Colisée qui tomba au dernier tremblement de terre, sous le Pontificat de Clement XI. & au Pont d'Alcantara ci-devant.

Les piles des arcades ont de face huit pieds, & onze pieds sur les côtez de dedans ; ce sont des pieds Espagnols plus petits que nos pieds de roi de plus d'un pouce & demi, & plus petits encore que les Romains moindres que les nôtres d'un bon pouce, comme on voit dans la planche precedente.

L'eau que cet Aqueduc mene à la Ville prend sa source à la pente occidentale d'une montagne qui est à trois lieues de là. De plusieurs fontaines il se forme un ruisseau, à qui la fraicheur de ses eaux a fait donner le nom de *Rio frio*, Riviere froide. De ce ruisseau on détourne un petit canal pour mener l'eau dans la Ville. Cette eau qui peut faire environ la grosseur d'un homme, vient à découvert jusqu'à cinq cent pas de la Ville, où elle entre dans une grande & profonde cuve de pierre : là elle se purifie, & va ensuite à couvert du Nort au Midi, jusqu'à ce qu'elle arrive au premier arc de l'Aqueduc où elle entre ; cet arc n'a que dix-sept pieds de haut, mais comme ces arcs sont dans un penchant ; pour donner à l'eau une juste pente & point trop precipitée, les arcs sont toujours de plus hauts en plus hauts jusqu'à ce qu'ils arrivent au Convent de S. François, où le dernier arc de cette premiere ligne a trente-neuf pieds de haut. Du commencement jusqu'à ce Convent de S. François il y a cinq arcades. En cet endroit l'Aqueduc fait un coude, & va de l'Orient à l'Occident. Depuis ce Convent de S. François les arcades sont toujours doubles, deux rangées l'une sur l'autre ; elles traversent une vallée, & elles ont de hauteur, en y comprenant le canal de l'eau, cent deux pieds Espagnols, dont nous venons de parler. L'Aqueduc traverse donc cette vallée pleine de maisons & d'autres édifices, & vient se joindre aux murs de la Ville, qui sont là d'une hauteur surprenante. Cette eau entre par les creneaux & descend ensuite dans un canal couvert qui

---

nec bitumine ii qui tantum opificium exædificarunt. Illud vero commune habet cum ponte Alcantarensi supra memorato, necnon cum ponte Vardi, & cum aliis multis publicis Romanorum ædificiis. Verisimile autem est aut ferro aut plumbo usos fuisse artifices ad jungendos firmandosque lapides, aut fortasse ligaminibus ferreis plumbo utrinque munitis, qualia deprehensa sunt in amphitheatro Romano seu in Colisæo, cum in postremo terræ motu aliqua ejus pars excidit Pontifice Romano Clemente XI. qualia etiam memorata vidimus supra in descriptione pontis Alcantarensis.

Pilæ arcuum octo pedes latitudinis habent, qua conspectui patent, spissitudinis autem undecim. Sunt autem Hispanici pedes pedibus nostris regiis plusquam uno pollice & dimidio minores, etiamque Romanis ipsis minores, qui uno pollice minores sunt nostris, ut in præcedente delineata tabula videre est.

Aqua per hujusmodi ductum in urbem transmissa originem scaturiginemque habet in declivi occidentali montis cujuspiam decimo ab urbe milliari. Ex fontibus plurimis rivus efformatur, qui ob aquarum frigiditatem *Rio frio*, sive rivus frigidus appellatus est. Ex hoc autem rivo alveus derivatur qui aquam ducat in urbem. Aqua vero istæc quæ viri spissitudinem attingere possit, aperta manat usque ad quingentos ab urbe passus, ubi in magnum profundumque labrum sese exonerat, ubi etiam purgatur : hinc influit in canalem, & tecta manat a septentrione ad meridiem, usque dum influit supra primum aquæ ductus arcum. Hic porro arcus septemdecim tantum pedes altitudinis habet. Verum quia illi arcus in declivi sunt, ut aqua leniter fluere possit nec præceps feratur, arcus quo magis ultra procedunt semper altiores sunt, usquedum aquæductus pervenit in Conventum sancti Francisci, ubi arcus postremus hujusce prioris lineæ triginta novem pedes altitudinis habet. Ab initio autem arcuum ad usque hunc sancti Francisci Conventum, centum & quinque arcus sunt. Ibi vero aquæductus in cubitum vertitur, & ab oriente ad occidentem vergit. Ab hoc sancti Francisci Conventu arcus semper duplices sunt, duoque ordines unus supra alium visuntur, vallemque trajiciunt, & altitudinis habent cum ipso aquæ alveo centum duosque pedes Hispanicos, de quibus pedibus modo loquebamur. Aquæductus igitur vallem trajicit ædibus plenam aliisque ædificiis, & ad urbis muros pertingit accedit, qui muri eo loci ingentis sunt altitudinis. Per pinnas aqua ingreditur, posteaque descendit in

traverse la Ville de l'Orient à l'Occident, en laissant chemin faisant, des filets d'eau pour les Communautez & pour des maisons particulieres, & tout ce qu'il en reste va se rendre à l'autre bout de la Ville du côté de l'Occident dans l'Alcaçar ou Forteresse. Entre ces grands Aqueducs anciens, il y en a peu qui aient fourni l'eau jusqu'à ces bas tems comme celui-ci. Je ne saurois pourtant dire si ce grand Aqueduc a été toujours entretenu de même depuis le tems de sa fondation.

L'Espagnol qui a donné avec ce dessein de dix arches de l'Aqueduc les Memoires dont nous nous sommes servis pour en faire la description, n'a pas eu soin de marquer en quel endroit de l'Aqueduc est cette tête à longue chevelure que nous voions ici entre deux fleurs ; il s'est contenté de mettre au-dessus de la tête cette inscription en grosses lettres : *Cabeça de Estremadura*. Au-dessous de cette tête dans la pile est pratiquée une niche où l'on voit une petite Statue.

alveum opertum, qui urbem trajicit ab oriente in occidentem, & manando identidém canaliculos aquæ emittit pro cœnobiis & pro privatorum quorumdam ædibus, quidquid vero post tantum cursum, postque tantam derivationem aquæ superest, in oppositam occidentalemque urbis extremitatem, in arcem seu munitionem influit. Inter aquæductus autem veterum celeberrimos pauci sunt qui ad usque hæc postrema sæcula aquam urbibus subministraverint. Dicere autem nequeo utrum hic tantus aquæductus a principio semper aquam subministraverit, nec restauratus aliquando fuerit.

Hispanus ille qui cum exemplari delineato decem arcuum, notas etiam queis usi sumus ad hanc descriptionem, misit, non monuit in qua aquæductus parte sit caput illud bene capillatum, quod hic inter binos flores conspicimus, Hanc porro tantum inscriptionem Hispanicam supra caput majusculis literis apposuit, *Cabeça de estremadura*. Sub capite illo intra pilam apsidula insculpta parvam statuam continet.

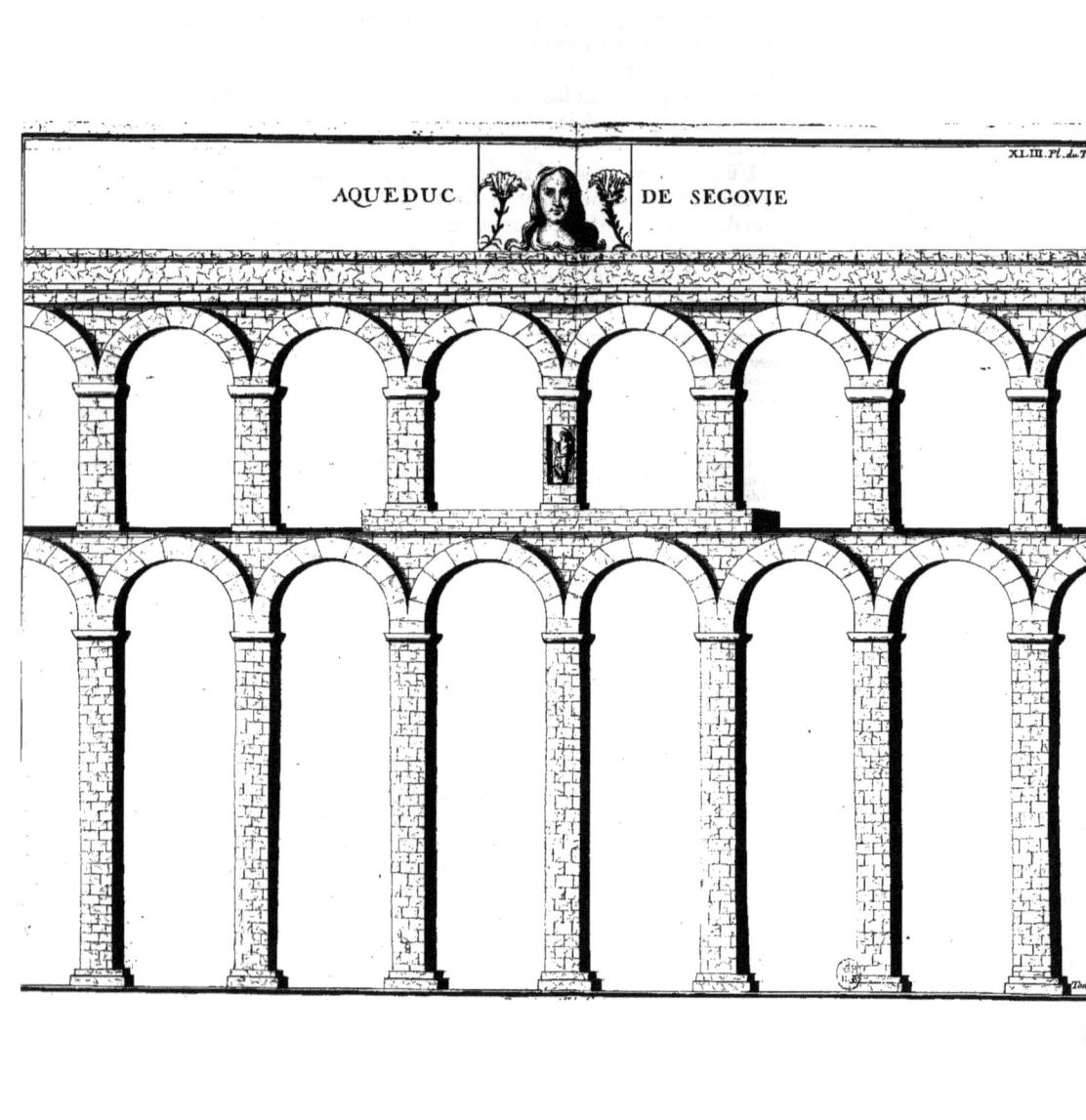

PONTS, AQUEDUCS, COLONNES MILLIAIRES. 105

CHAPITRE SIXIEME.

Description de l'Aqueduc de Mets avec ses arches representées en grand.

Nous avons donné l'Aqueduc de Mets à la planche CXXXII. du quatriéme tome de l'Antiquité; mais comme cette planche comprend tout ce grand nombre d'arcades qui restent encore, elles sont toutes si petites, qu'on n'y peut presque rien remarquer. Cependant l'ouvrage est si magnifique, & fournit une preuve si manifeste de la hardiesse des anciens à entreprendre pour la commodité, & quelquefois même pour le plaisir, des travaux incomparables, que je jugeai à propos d'en donner en grand quelques arches. Pour le faire avec toute l'exactitude possible, j'écrivis à D. Claude Bertrand Prieur de S. Arnoul de Mets, pour avoir par son moien des Memoires pris sur les lieux mêmes. Il y envoia un Religieux intelligent, & me fit tenir ensuite les Memoires dont je me servirai pour en faire la description, en ajoutant à l'ordinaire mes reflexions.

Pl. XLIV.

Cet Aqueduc cedoit à celui de Segovie quant à la grandeur des pierres; mais il ne lui cedoit en rien quant au nombre des arches, ni quant à la hauteur de celles au moins qui étoient sur la riviere ou aux environs. Il le surpassoit même quant à la grandeur de l'entreprise, qui étoit de faire un Aqueduc pour porter l'eau d'une montagne à une autre, en fondant des piles dans une riviere aussi grande que la Moselle. Mais enfin l'Aqueduc de Segovie a toujours un avantage sur la plupart des autres anciens Aqueducs, c'est que sans avoir été refait, il sert encore aujourd'hui comme il servoit dans ses plus anciens tems.

Les arches dont on voit encore bon nombre auprès de Joui sur Moselle, & dont quelques-unes sont dans le lieu même, ont toutes la même ouverture en bas qui est de quatorze pieds & demi. Les piles se retrecissant de chaque côté à quelques pieds du rez de chaussée, & se retrecissans encore de nouveau à quelques pieds du premier retrecissement, l'ouverture s'élargit d'autant. L'arc qui est au-dessus de l'imposte a seize pieds & demi de diamettre, & fait en son

CAPUT SEXTUM.

Descriptio aquæductus Metensis cum arcubus in majorem formam deductis ac delineatis.

Aquæductum Metensem dedimus in tab. CXXXII. quarti Antiquitatis explanatæ tomi. Verum quia tabula illa magnum illum numerum arcuum qui adhuc stant, vel quorum vestigia supersunt, totum complectitur; arcus singuli ita exigui sunt, ut vix quidpiam in iis perspici possit. Sed adeo magnificum ædificium est, adeo comprobandæ veterum animi magnitudini opportunum; imo ut jam dicam audaciæ, qua pro utilitate, atque etiam interdum pro voluptate, labores & opera suscipiebant incomparabilia, ut operæ precium duxerim aliquot arcus majore forma proferre. Ut autem illud quanta poteram accuratione præstarem, D. Claudio Bertrando S. Arnulphi Metensis Priori literas misi, ab ipsoque notas quasdam petii in ipsis locis diligenter adornatas. Is Monachum misit sagacem, & res ab eo notatas descriptasque ad me perferri curavit, quibus in sequenti narratione descriptionque utar, additis pro more quibusdam animadversionibus.

Hic aquæductus, quod ad lapidum magnitudinem molemque, Segoviano aquæductui comparandus non erat; sed quantum ad numerum arcuum & altitudinem illorum saltem; qui vel in flumine vel e vicino positi erant, eodem Segoviano inferior non erat. Superabat autem in audacia suscepti operis, nimirum aquæductus qui aquam ab alio in alium montem transmitteret, fundatis pilis in tam grandi tamque lato flavio, in Mosella scilicet illa celebri. Verum aquæductus Segovianus hac in re præstat cæteris ferme omnibus veterum aquæductibus illis mirificis; quod ut primum ædificatus fuit, aquam hodieque, perinde atque priscis temporibus subministret.

Arcus illi quorum hodieque magnus numerus conspicitur prope Joviacum ad Mosellam, & quorum quidam ipsum Joviacum attingunt, eamdem habent omnes latitudinem ab altera ad alteram pilam, quæ est pedum regiorum quatuordecim atque dimidii; sed angustius evadit utrinque spatium, quia pilæ angustiores fiunt ubi aliquot pedibus ex terra surrexerunt, deindeque etiam angustiores de novo factæ latius spatium vacuum relinquunt. Arcus qui supra incumbam erigitur in vacuo spatio diametrum habent sexdecim pedum & dimidii; & semicirculum efficit;

Tome IV
O

ceintre un demi cercle. Au-dessus de l'arc & du mur qu'il soutient, on trouve encore quelques restes du canal qui conduisoit l'eau ; ce sont des pierres creuses de quatre ou cinq pouces sur huit de large.

La largeur & l'ouverture des arcades est la même par-tout ; mais la hauteur est inégale, parce que cet Aqueduc portant l'eau d'une montagne à l'autre, au travers d'une prairie & d'une riviere, il faut necessairement que les piles qui sont dans la prairie soient plus hautes que celles qui sont, ou à la pente, ou au sommet de la montagne. Ainsi la pile qui approche le plus de la prairie a quarante-sept pieds quatre pouces de hauteur sous l'imposte seulement, en sorte que le tout a plus de soixante-dix pieds de haut, au lieu que celle qui est à l'autre bout du penchant de la montagne n'en a que vingt-deux sous l'imposte ; les autres qui étoient sur la montée & au sommet en avoient beaucoup moins. Il paroit par les canaux de l'Aqueduc qui restent, que la pente de l'eau étoit douce. Toutes les piles des arcades sont égales en cela, qu'elles ont chacune treize pieds de face, & douze pieds d'épaisseur.

Les piles & les arcades sont construites en dedans de blocailles entassées & unies avec du ciment, mais tous les dehors sont des pierres de taille plattes, aussi dures actuellement que la pierre de roche, toutes égales, taillées au ciseau ou sciées. Elles ont six pouces & deux lignes de large, trois pouces d'épaisseur & quatorze de long. Il ne se trouve pas une brique, ni dans le dehors, ni dans le corps de maçonnerie.

Quand l'eau est basse on voit encore à distances inégales la superficie du bas de trois piles seulement. Je parle ici du nouveau lit de la riviere qui peut avoir deux cens pieds de large. Je ne l'appelle nouveau lit que par rapport à un plus ancien qu'on voit de l'autre côté ; car il y a long-tems que la riviere s'est tracée une nouvelle route. Depuis le bord de ce nouveau lit de la riviere jusqu'à la premiere pile qui paroit du côté de Joui, il y a quatre cent quarante-deux pieds de terrain, & dans tout cet espace qui est partie en prairie, il ne paroit qu'un reste du fondement d'une pile : il y a apparence qu'on les a toutes démolies pour cultiver & tirer profit de ce terrain. La Moselle qui est assez rapide en cet endroit, aura couvert de sable & de terre les restes des autres piles.

Le terrain qui est de l'autre côté de la riviere est aussi tout en prairie, & il

Supra arcum & murum ab arcu sustentatum vestigia adhuc remanent alvei quo aqua ducebatur, sunt autem lapides ad quatuor vel quinque digitos excavati, concavi autem latitudo est octo pollicum.

Latitudo arcuum atque spatium inter pilas vacuum semper eadem sunt ; sed altitudo inæqualis est, quia cum aquæductus ab altero ad alterum montem aquam transmittat per prata atque per fluvium, necesse est ut pilæ longe altiores in prato & in fluvio sint, quam in declivi vel in cacumine montis. Sic autem pila quæ vicinior est pratis sub incumba tantum quadraginta septem pedes habet & quatuor pollices, ita ut altitudo tota ibi sit plus quam septuaginta regiorum pedum, cum contra pila quæ in altero latere versus declive montis est, viginti duos tantum pedes sub incumba habeat, quæ autem in ipso declivi vel in cacumine montis erant, longe demissiores erant. Ex canalis autem reliquiis vestigiisque quæ adhuc conspiciuntur, arguitur aquam lente & remisse in ipsis manavisse. Omnes arcuum pilæ latitudine profunditateque sunt æquales, habentque singulæ faciem tredecim pedum, spissitudinem duodecim.

Pilarum atque arcuum interna structura est lapidum promiscuæ magnitudinis, qui cum cæmento ligantur & firmantur, verum externa superficies est lapidum incisorum duritie petras quaslibet imitantium æqualium que latitudine sex pollices duasque lineas habent, spissitudine tres pollices, longitudine quatuordecim. Lateres nulli neque in superficie neque intra structuram sunt.

Quando aqua minus profunda est, in fluvio visuntur trium pilarum superficies, sed inæquali distantia separatarum. Hic de novo fluminis alveo loquor, cujus latitudo est ducentorum circiter pedum. Novum alveum voco ea de causa tantum, quod alius alveus antiquior in altero fluminis latere conspicitur. Nam a multo jam tempore fluvius novam sibi viam paravit. Ab ora hujusce novi alvei usque ad primam pilam quæ versus Joviacum erigitur, sunt ducenti quadraginta duo pedes, & in hoc toto spatio, quod pratis & pascuis plenum est, unius tantum pilæ fundamentum conspicitur. Verisimile autem est pilas omnes illas a fundamentis dirutas fuisse, ut terra in usum commodiorem verteretur. Cæterarum vero pilarum reliquias Mosella hac in parte sat rapidus arena & terra operuerit.

In altera item fluminis ora, terra in prata conversa

PONTS, AQUEDUCS, COLONNES MILLIAIRES.

n'y paroit plus aucun reste de pile. Ce terrain assez égal est entre les Villages d'Ars & d'Ancy du côté de Gorze ; il a six cens pieds de large depuis la Moselle jusqu'au bas de la côte, au pied de laquelle est l'ancien lit de la Moselle, où il y a encore quelques fosses pleines d'eau. Sur le bord de cet ancien lit de la riviere, il y avoit encore en 1706. un reste de pile, que l'on démolit l'année suivante, comme nous allons dire. Dans cet espace donc de mille quarante-huit pieds, qui est depuis la derniere pile de Joui jusqu'au bord opposé de l'ancien lit de la riviere, il n'y paroit d'autres restes de piles, que les trois qu'on voit dans le nouveau lit de la riviere, & seulement lorsque les eaux sont basses. L'ancien lit de la riviere est très-profond, mais il ne paroit pas avoir été large en cet endroit. Il n'a guere que quatre-vingt pieds de large, & il n'y paroit plus aucun reste de piles. On n'en voit que sur un des bords.

Dans le Village de Joui en remontant dans la côte & dans les vignes, on compte encore dix-sept arcades en assez bon état, excepté le haut que l'injure du tems a fort endommagé. Une partie des maisons du Village est appuiée contre les arcades. On voit aussi une arcade qui sert de porte à la Forteresse, qui est au milieu du Village.

Ces dix-sept arches avec leurs piles occupent un terrain long de 493. pieds & demi. On trouve encore un peu plus haut dans la montagne quelques restes de cinq piles à distance égale l'une de l'autre, qui occupent la longueur de 103. pieds.

De l'autre côté de la riviere en montant la côte du côté de Gorze, il y a seize arcades en dix-huit piles, mais très endommagées, soit par l'injure de l'air, soit parce qu'on les a démolies pour profiter des matériaux. Elles occupent toutes un terrain de 466. pieds de long. Comme la derniere de ces dix-huit piles qui est au milieu de la montée a encore quinze pieds de haut, il y en avoit sans doute encore d'autres qui continuoient jusqu'au canal ou reservoir des eaux des fontaines de Gorze, duquel reservoir il reste des vestiges sur la montagne d'Ancy environ douze ou treize cens pieds plus loin que la derniere de ces dix-huit piles, non pas tout-à-fait en ligne droite, mais en déclinant & tirant vers Gorze.

En 1708. un Architecte de Mets, dans l'espérance de profiter des maté-

---

fuit, neque pilæ vestigium ullum ibi comparet. Planum solum est inter vicos quibus nomen Arsum & Anciacum qua itur ad Gorzam : sexcenti pedes intersunt Mosellam inter & declive montis videlicet orgyiæ centum. In ipso pede montis visitur vetus fluminis alveus, ubi adhuc fossæ & gurgites aqua pleni sunt. Ad oram illius veteris alvei anno 1706. pars pilæ semiruta adhuc supererat, quæ destructa penitus fuit anno sequenti, eo quo mox dicturi sumus modo. In hoc igitur spatio mille quadraginta & octo pedum, quod intercedit inter primam Joviaci pilam & oram oppositam veteris Mosellæ alvei, nullæ aliæ pilarum reliquiæ supersunt, quam tres illæ quæ in novo fluminis alveo conspiciuntur, quæ tamen tunc oculis possunt percipi, cum aquæ, admodum imminutæ ex siccitate sunt. Vetus fluvii alveus profundissimus est ; sed non latus fuisse videtur hoc loco. Non multo plus quam octoginta pedes latitudinis habet: nulla ibi pilarum vestigia comparent; in altera solum ora aliquot visuntur.

In vico illo, qui Joviacus dicitur, ubi ascenditur ad declive montis & ad vineas, septemdecim adhuc arcus numerantur, iique non multum labefactati, excepta summitate, quam injuria temporum detrimento affecit. Pars ædium vici arcubus hæret. Est etiam arcus qui portæ majoris loco habetur in arce medio in vico posita.

Illi porro septemdecim arcus cum pilis suis spatium occupant 493. pedum atque dimidii. In ipso monte paulo longius ab istis arcubus quinque pilarum rudera supersunt, quæ spatium occupant centum & trium pedum. Hæ quoque pilæ altera ab altera æquali spatio distant.

In adversa fluminis ora versus Gorzam tendentibus sexdecim arcus sunt cum octodecim pilis, sed admodum aut ab aeris injuria labefactatis, aut destructis ut lapides alio asportarentur & adhiberentur in usus varios. Illæ vero omnes spatium occupant 466. pedum. Cum autem postrema pila quæ in montis acclivi quasi in ascensus medio posita est, quindecim adhuc pedes altitudinis habeat, alii haud dubie erant arcus qui continuabantur usque ad canalem seu ad aquarum receptaculum ex fontibus Gorzæ fluentium, cujus receptaculi vestigia adhuc in monte Anciaci superstant procul a postrema pila spatio mille ducentorum aut trecentorum pedum, non omnino recta linea, sed versus Gorzam declinando.

Anno 1708. Architectus quidam Metensis, cum

riaux, s'avisa de démolir une de ces piles qui étoit sur le bord du vieux lit de la riviere; mais après avoir emploié bien du tems, du travail & de la poudre, il vint bien à bout de faire enfin tomber la pile, mais il n'en tira aucun profit; on casloit plutôt les pierres en vingt pieces, que de les détacher du ciment. Cette pile avoit alors trente pieds de haut, mais elle étoit bien plus haute autrefois, puisque la voisine, qui est la premiere des dix-huit dont il est fait mention ci-dessus, a actuellement 53. pieds sous l'imposte.

Cette pile donc avec l'arc, le mur de dessus & le canal devoit avoir environ 76. pieds. Cependant ce sont les arcades des bords, tant du vieux que du nouveau lit de la riviere, & il falloit que celles qui étoient au plus bas de la vallée & dans la riviere même, fussent bien plus hautes; car à ce que m'ont dit des gens qui ont été sur les lieux, & qui ont consideré attentivement les arcades & l'élevation du terrain, ces piles qu'on voit dans la riviere quand l'eau est basse du côté de Joui, étoient incomparablement plus hautes que la plus haute de Joui qui a environ 70. pieds de hauteur en tout ; car, disent-ils, le terrain de là à la Moselle baisse beaucoup, & ces piles qui restent encore dans la riviere sont si profondes, qu'on ne les voit que quand l'eau est basse: & tout combiné ils croient que ces arcades qui sont dans la riviere, & celles qui étoient dans le plus bas terrain avoient plus de cent pieds de roi de haut, & ce qu'ils disent convient fort bien avec la description cy-dessus. De sorte que ces arches ou arcades étoient considerablement plus hautes que celles de l'Aqueduc de Segovie tant vantées, qui ont, du moins quelques-unes, cent deux pieds Espagnols de haut ; cent deux pieds Espagnols ne font guere plus de 90. de nos pieds de roi. Il paroit que le nombre des arcades de celui de Mets ne cedoit point à celui de Segovie. Les habitans de Segovie pourront toujours se glorifier qu'ils jouissent encore aujourd'hui de leur merveilleux Aqueduc, & que ceux de Mets n'ont point cet avantage : ceux-ci pourront répondre que si leur Aqueduc traversoit une aussi grande riviere que la Moselle, il y a long-tems qu'une bonne partie seroit à bas, & qu'il ne conduiroit plus l'eau dans leur Ville.

pilæ cujusdam ruinas & materiam se posse in alios usus transferre speraret, ipsam pilam diruit, quæ ad oram veteris fluminis alvei erigebatur ; sed postquam multum laboris, temporis & pyrii pulveris insumsisset, pilam quidem in terram dejecit ; sed nihil inde commodi eduxit, lapides enim in partes minutissimas dirumpebantur potius quam ex cæmento sejungerentur. Hæc porro pila adhuc triginta pedes habebat ; sed multum remiserat ex prisca altitudine, quandoquidem vicina pila quæ prima est ex illis octodecim quas supra commemoravimus, quinquaginta tres pedes sub incumba habet.

Hæc pila igitur cum arcu superiori atque alveo aquæ circiter 76. pedes altitudinis habuit. Et hi arcus & alii supra memorati ad oram erant utramque & novi & veteris Mosellæ alvei : illæ vero pilæ quæ in profundiore valle erant, & illæ maxime quæ in ipso flumine erigebantur, longe sublimiores necessario erant. Nam, ut narravere mihi quidam viri harumce rerum studiosi qui loca illa explorarunt, & soli altitudinem secum reputarunt, quæ in ipso fluminis alveo visuntur pilæ ex ora in qua Joviacus vicus est, quæque cum aquæ fluminis imminutæ sunt, superficiem monstrant, longe altiores erant ea quæ in vico visitur altissima, quæ est septuaginta circiter pedum. Nam, inquiunt, Mosellæ solum profundum demissumque est, & pilæ memoratæ quæ in flumine sunt nonnisi æstate videri possunt. Quibus omnibus perpensis putant arcus illos qui in ipso flumine fundabantur, & eos etiam qui in profundiore solo erant, altitudine plus quam pedum centum fuisse, quorum opinioni optime consentanea sunt ea quæ superius dicebantur. Ita ut hi arcus multo sublimiores essent quam aquæductus Segoviani arcus supra memorati, illique celebres, quorum aliquot altitudine sunt centum ac duorum pedum. At centum & duo pedes Hispanici non multo plus sunt quam nonaginta pedes regii nostri. Numerus item arcuum aquæductus Metensis par saltem erat numero arcuum Segovianorum. Poterunt tamen Segoviæ cives ea de causa gloriari ; quod ipsi hodieque suo coque mirabili aquæductu fruantur, quo commodo non fruuntur Metenses. At hi reponent : si aquæductus Segovianus tantum flumen trajiceret, quanta est Mosella, jamdiu magna pars arcuum diruta esset, & aquarum ductu jamdiu privati essent Segoviani.

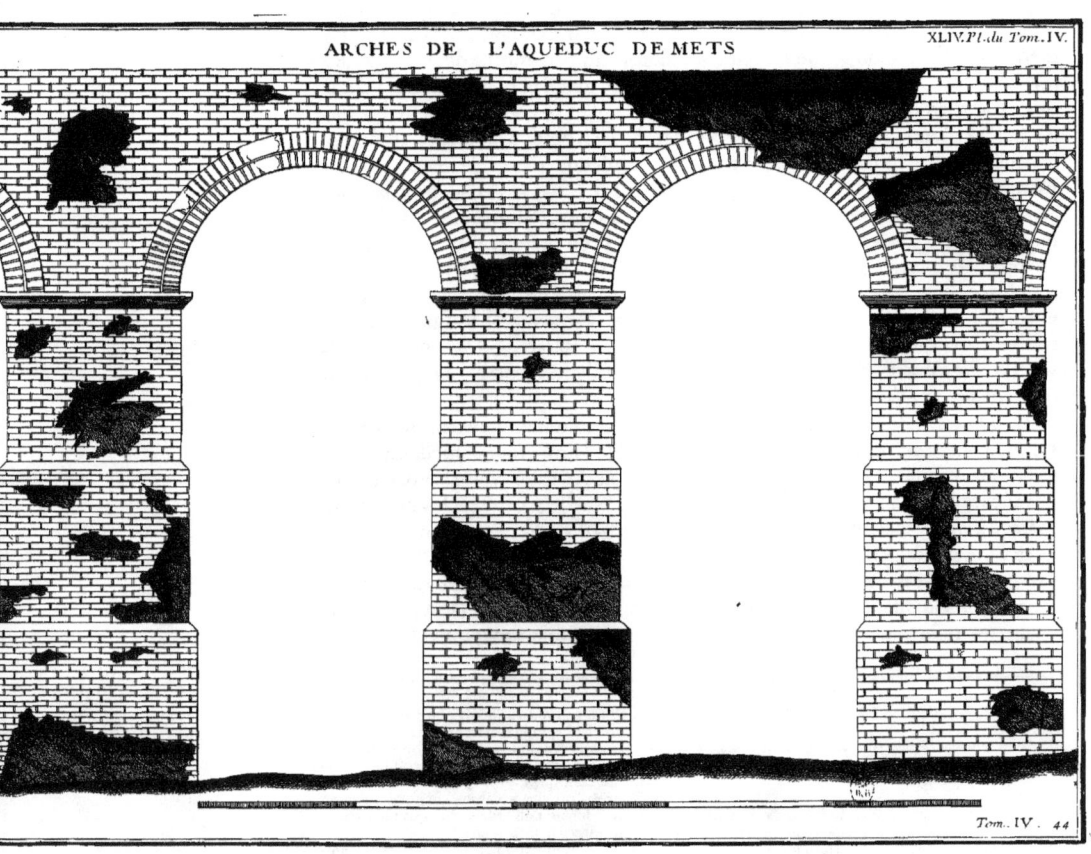

PONTS, AQUEDUCS, COLONNES MILLIAIRES.

CHAPITRE SEPTIE'ME.

I. L'usage des Colonnes milliaires. II. Les noms des Empereurs sur les Colonnes milliaires. III. Colonne milliaire trouvée auprès de Soissons.

I. CE fut C. Gracchus, selon Plutarque, qui fit mettre sur les grands chemins ces colonnes de mille en mille, pour marquer les distances des lieux. Le mille, selon le même Auteur, faisoit un peu moins de huit stades : τὸ δὲ μίλιον ἐντὸς ςαδίων ὀλίγον ἀποδεῖ. La plûpart donnent aux milles huit stades : d'autres ne leur en donnent que sept & demi. Ces milles se commençoient en Italie par la colonne milliaire qui étoit au marché de Rome. De là l'on comptoit les distances par milles. A chaque mille il y avoit une pierre plantée, où l'on marquoit II. IV. VIII. selon la distance, & qui se lisoit ainsi : *ad quartum, ad quintum, ad octavum ab urbe lapidem*, à quatre, à cinq, à huit milles de la Ville. Quand ces pierres venoient à manquer, on y en mettoit d'autres. On voit encore à Rome au Capitole la colonne milliaire qui fut découverte, dit Flaminius Vacca, au bas du même Capitole vers le theatre de Marcellus. Il y en a encore une à la vigne Justiniene. A la place de Terracine il y a une colonne milliaire marquée LIII. qui étoit autrefois dans les marais voisins qu'on appelloit *Pontinæ paludes*. Elle étoit à cinquante-trois milles de Rome, *ad quinquagesimum tertium ab urbe lapidem*.

II. Du tems des Empereurs on mettoit à ces colonnes leurs noms. On en trouve encore aujourd'hui quantité où le nom de l'Empereur actuellement regnant est marqué. J'en vis une à Rome qui avoit été découverte deux ou trois ans auparavant dans l'enclos des Celestins de S. Eusebe ; cette colonne est de marbre blanc. Elle étoit autrefois érigée en la maison de campagne d'Herode Atticus appellée *Villa Triopia*, à trois milles de Rome, comme nous l'apprennent les deux colonnes de Farnese dont j'ai donné l'explication dans la Paleographie Greque p. 141. Cette colonne dont nous parlons étoit apparemment au même endroit ; l'inscription Greque semble devoir s'entendre de

---

CAPUT SEPTIMUM.

I. Columnarum milliarium usus. II. Imperatorum nomina in columnis milliaribus. III. Columna milliaris prope Suessionas reperta.

I. CAius Gracchus, auctore Plutarcho in Gracchis, in viis illis majoribus columnas ad milliaria singula poni jussit, ut spatiorum mensuras daret, & quantum loca a locis distarent edoceret. Milliare autem, eodem referente scriptore, paulo minus quam stadia octo complectebatur : τὸ δὲ μίλιον ὀλίγο ςαδίων ὀλίγον ἀποδεῖ. Milliari magna pars octo stadia tribuunt. Hæc milliaria in Italia incipiebant a columna milliati quæ in foro Romano erigebatur. Hinc per milliaria itineris spatia metiebantur. Ad singula milliaria lapides erant erecti, ubi insculptum erat II. IV. VIII. & similia secundum numerum milliarium. Dicebatur autem, *ad quartum, ad quintum, ad octavum lapidem*, id est, ad quartum, ad quintum, ad octavum milliare ab urbe. Cum avulsi aut fracti erant lapides, alii substituebantur. Hodieque Romæ in Capitolio visitur columna milliaris, quæ referente Flaminio Vacca ad Capitolii radices eruta fuit versus Marcelli theatrum. Est adhuc milliare aliud in vinea Justinianæa. In Terracinensi foro est item columna milliaris notata LIII. quæ olim in paludibus vicinis erat, quas Pontinas paludes vocabant. Eratque columna illa Roma distans milliaribus quinquaginta tribus *ad quinquagesimum tertium ab urbe lapidem*.

II. Impetatorum ævo ipsorum Augustorum nomina in hujuscemodi columnis adscribebantur. Hodieque multæ supersunt ubi Imperatoris nomen tum viventis legitur. Romæ columnam hujuscemodi vidi, quæ duobus tribusve ante annis ex terra eruta fuerat Romæ in hortis Cælestinorum, quorum Ecclesia S. Eusebii nomen præfert. Hæc columna ex marmore albo est. Erecta autem olim fuerat in villa Herodis Attici, quæ villa Triopia appellabatur, tertioque ab urbe lapide erat ; ut discimus ex duabus ædium Farnesiarum columnis, quarum explicationem dedi in Palæographia Græca p. 141. Illa vero de qua jam loquimur columna eodem sita loco videtur fuisse, inscriptio quippe Græca de villa Triopia intelligenda esse vide-

O iij

cette Villa Triopia. La voici telle que je l'ai rapportée dans mon Journal d'Italie. ΑΝΝΙΑ ΡΗΙΛΛΑ ΗΡΩΔΟΥ ΓΥΝΗ ΤΟ ΦΩΣ ΤΗΣ ΟΙΚΙΑΣ ΤΙΝΟΣ ΤΑΥΤΑ ΤΑ ΧΩΡΙΑ ΓΕΓΟΝΑΝ, Le sens de cette inscription qui n'est pas faite par un habile homme est tel : *ces terres appartiennent à Annia Regilla femme d'Herode* [Atticus] *cette Dame étoit comme la lumiere de sa maison*. Cette colonne qui a six pieds de haut, servit depuis pour marquer le septiéme milliaire, & selon toutes les apparences dans la même voie Appienne. L'inscription qui marque le milliaire fut mise à l'autre bout de la colonne, en sorte que celle d'Annia Regilla fut fichée en terre. Cette inscription est en ces termes.

DONINO (sic) NOSTRO MAXENTIO PIO
FELICI INVICTO AVGVSTO VII.

A notre Seigneur le pieux, l'heureux & l'invincible Maxence Auguste VII.

PL.
XLV.

Il y avoit aussi de ces colonnes milliaires dans les Provinces, dans les Gaules, dans l'Espagne, dans la Germanie, dans la Pannonie, &c. On en a trouvé assez grand nombre, & l'on en déterre tous les jours. Elles portent les noms des Empereurs, & quelquefois aussi celui des personnes qui ont eu soin de les ériger. En voici quelques-unes découvertes depuis peu d'années ; l'une fut déterrée en 1709. auprès de l'Abbaye de S. Medard lez Soissons dans un champ de la même Abbayie. Elle est d'une pierre dure, qui néanmoins à la longueur du tems a été écaillée en divers endroits, & fort gâtée au milieu par une charrue. Elle a six pieds de hauteur en y comprenant la base qui a quatorze pouces. Chaque côté de la base a deux pieds deux pouces de long. La colonne a quatre pieds neuf pouces de circonference par le bas, & quatre pieds cinq pouces par le haut. En vain chercheroit-on ici les mesures & les proportions ordinaires des colonnes. Le trou qui est à la surface de dessus peut avoir été fait, dit-on, pour y planter une Croix ; mais je ne sai si ceux qui le disent ont bien conjecturé. Voici comment l'inscription se peut lire en suppléant, sans trop deviner, à ce qui y manque.

IMPERATORE CAESARE LVCIO
SEPTIMIO SEVERO PIO PER-
TINACE AVGVSTO ARA-

---

tur. En illam qualem in Diario Italico retuli. ANNIA ΡΗΙΛΛΑ ΗΡΩΔΟΥ ΓΥΝΗ ΤΟ ΦΩΣ ΤΗΣ ΟΙΚΙΑΣ ΤΙΝΟΣ ΤΑΥΤΑ ΤΑ ΧΩΡΙΑ ΓΕΓΟΝΑΝ. Hæc inscriptio a viro non erudito facta sic explicatur. *Annia Regilla Herodis uxor, lux domus, cujus hæc prædia fuerunt.* Hæc vero columna quæ est sex pedum altitudine, adhibita postea fuit, ut milliare septimum notaret, atque ut verisimile est, in eadem via Appia. Inscriptio illa quæ milliare annotat, inversa columna in alio columnæ capite insculpta fuit, ita ut inscriptio illa alia Anniæ Regillæ in terram desigeretur. Inscriptio autem illa posterior sic habebat.

DONINO (sic) NOSTRO MAXENTIO PIO
FELICI INVICTO AVGVSTO VII.

Erant quoque columnæ milliares in Provinciis, in Galliis, in Hispaniis, in Germania, in Pannonia, &c. Eæ magno numero detectæ fuerunt, ac quotidie quædam ex terra educuntur. Nomen autem Imperatorum habent ; aliquando etiam eorum qui ipsas erigi curavere. En aliquot columnas hujuscemodi paucis hinc annis erutas. Prima detecta fuit anno 1709.

prope Cœnobium sancti Medardi Suessionensis in agro ad idem ipsum Cœnobium pertinente. Ex petra durissima adornata illa fuit, quæ tamen diuturnitate temporis frusta quædam amisit, atque admodum in medio labefactata fuit ex impressione aratri. Est autem altitudine pedum sex, si basim una comprehendas, quæ quatuordecim pollicum est : latera singula basis duos pedes longitudinis habent duosque pollices : columnæ vero ambitus inferne est pedum quatuor novemque pollicum, superne vero pedum quatuor & quinque pollicum. Hic frustra quæras mensuram proportionemque columnarum vulgarium. Foramen autem in suprema columna excavatum dicunt potuisse sic concinnari, ut crux ibi desigeretur. Verum nescio an hæc conjectura quidpiam habeat probabilitatis, quandoquidem & in aliis columnis foramen simile conspicimus. Hoc autem modo inscriptio legi posse videtur, quædam quæ desunt supplendo, ita tamen ut non nimia libertas in restituendis literis usurpetur.

IMPERATORE CÆSARE LVCIO
SEPTIMIO SEVERO PIO PER-
TINACE AVGVSTO ARA-

PONTS, AQUEDUCS, COLONNES MILLIAIRES

BICO ADIABENICO
PARTHICO MAXIMO
PATRE PATRIÆ CONSVLE TERTIVM ET IMPERATORE
CÆSARE
MARCO AVRELIO ANTONI-
NO PIO FELICE
. . . .
CONSVLE CVRANTE LVCIO P
POSTVMO LEGATO AVGVSTORVM
P. P. AB AVGVSTA SVESSIONVM
LEVGA SEPTIMA.

Sous l'Empereur Luce Septime Severe Pertinax le pieux & l'auguste vainqueur des Arabes, des Adiabeniens & des Parthes, très-grand, pere de la patrie, Consul pour la troisiéme fois, & sous l'Empereur Cesar Marc Aurele Antonin le pieux & l'heureux . . . . Consul ; par les soins de Luce P. Postume Legat des Augustes, Propreteur. Septiéme lieuë depuis Soissons.

Je ne m'arrêterai point sur les qualitez d'Auguste, de pieux, de très-grand, de pere de la patrie, que tous les Empereurs de son siecle prenoient indifféremment ; tout le monde sait aussi qu'il se nommoit Pertinax, en memoire d'Helvius Pertinax qui fut fait Empereur aprés la mort de Commode. Je viens d'abord à son Consulat troisiéme qui concourt avec le premier Consulat de Marc Aurele Antonin Caracalla son fils, ce qui reviendroit à l'an 202. de Jesus-Christ, comme l'on voit dans les fastes consulaires. Mais comme l'année du Tribunat de l'un ni de l'autre, ni l'année de l'Empire ne sont point marquées, ce pourroit aussi être l'an 203. & l'an 204. où ils prenoient tous deux les mêmes dattes de Consulat; Septime Severe COS. III. & Caracalla Cos. simplement, comme ils faisoient aux années qui suivoient ce Consulat, jusqu'à ce qu'ils l'étoient une autre fois. Caracalla le fut en 205. avec Geta son frere, & prit alors la qualité de Cos. II. jusqu'au Consulat suivant, qui fut le troisiéme du vivant de son pere. On ne voit qu'un C avant *curante*, mais comme il y a l'espace qu'il faut pour ajouter OS, il faut lire certainement COS, quoique cela ne nous serve gueres pour fixer le tems, comme nous allons dire. La ligne qui manque se doit, ce semble, suppléer par d'autres inscriptions, comme dans Gruter

---

BICO, ADIABENICO
PARTHICO MAXIMO
PATRE PATRIÆ COS. III. ET IMP. CÆS.
MARCO AVRELIO ANTONI-
NO PIO FELICE

COS. CVRANTE LVCIO P
POSTHVMO LEGATO AVGVSTORVM
P. P. AB AVGVSTA SVESSIONVM
LEVGA SEPTIMA.

Hic nihil morabor verba, Augusto Pio Maximo patre patriæ, quæ Imperatores omnes illo ævo sibi adscribebant. Ignorat nemo Severum sese Pertinacem appellavisse in memoriam & honorem Helvii Pertinacis qui post Commodi necem Imperator factus est. Ad ejus Consulatum tertium statim me confero, qui concurrit cum primo Marci Aurelii Antonini Caracallæ Con-

sulatu, quod in annum Christi confertur 202. ut in fastis Consularibus perspicitur. Verum cum neutrius anni Tribunatus annotentur, neque etiam annus Imperii, posset etiam esse annus 203. & annus 204. in quibus iidem eumdem notant consulatum tertium ; videlicet Septimius Severus dicitur COS. III. & Caracalla COS; simpliciter ; id quod etiam observabant in annis hunc Consulatum sequentibus, donec alium ac novum inirent Consulatum; Caracalla Consul iterum fuit anno 205. cum fratre Geta : tunc autem in nummis & inscriptionibus COS. II. cœpit appellari, & sic vocatus fuit usque ad Consulatum sequentem ; quem tertium inivit vivente patre. Ante vocem illam *curante* C tantum advertitur lapidi labefactato lapide, sed quia spatii satis est ut OS adjiciatur, COS certissime legi debet ; etsi illud parum momenti adferat ad tempus assignandum, ut mox dicturi sumus. Qui vero deficit versus, suppleri debet, ni fallor, ex aliis in-

p. 1. où Septime Severe & Caracalla se trouvent avec les mêmes termes, avec cette difference que le Tribunat de Septime Severe y est marqué: celui de Caracalla y est marqué ainsi: *Imp. Cæsar M. Aurelius Antoninus pius Felix. Trib. potest. V. COS. Procos.* Il se trouve de même avec son pere dans une autre inscription de Gruter p. CLXXII. & dans une autre donnée par M. l'Abbé Fontanini dans sa description d'Horta p. 47. toujours avec COS. PROCOS, qui marque le Proconsulat, & qui se trouve encore dans le pere. L'inscription du grand Arc de Severe l'a de même à Rome sur Severe & sur Caracalla ; & on le trouve encore dans l'inscription suivante de la colonne du Château de Vic sur Aine, de sorte que selon toutes les apparences il faut lire *Pio felice Augusto, Tribunitia potestate, COS. PROCOS.* COS de la ligne suivante sera la seconde syllabe de PROCOS. Nous laissons un blanc après *tribunitia potestate*, & de même après COS, parce que tout est sauté, & que nous n'avons rien pour fixer les nombres. Il y a treize Tribunats & trois Consulats de Caracalla avant la mort de son pere, & ne sachant quel nombre il y avoit pour l'un & pour l'autre, tout ce que nous pouvons dire, est que la colonne a été posée depuis le troisiéme Consulat de Septime Severe jusqu'à la guerre Britannique, c'est-à-dire, depuis l'an 202. jusqu'à l'an 210. où il prit le nom de Britannicus, qui ne se trouve point ici, parce qu'il n'avoit pas encore fait l'expedition de la Grande Bretagne. Tous les Antiquaires savent que ces Consulats étoient toujours marquez selon le nombre du dernier Consulat dans les monumens publics, quoique les Empereurs ne fussent pas alors Consuls, & cela jusqu'à ce qu'ils fussent nommez Consuls pour une autre année, ou jusqu'à leur mort, s'il n'y avoit point d'autre Consulat.

Les mots suivans sont *Curante L. P. Postumo leg. Augg. pp.* C'est donc *Lucius Postumus* qui a eu le soin de faire faire & d'ériger cette colonne. On ne sait ce que veut dire le P. après l'L. cette lettre veut dire certainement Lucius, c'est un prénom des plus ordinaires. Le P suivant, est sans doute un nom qu'on ne peut lire qu'en devinant ; on ne peut pas lire *Publius* qui seroit un autre prénom, car on n'en mettoit jamais deux de suite. *Legato Augustorum:* Legat des Augustes. Il y avoit sous les Empereurs des Legats de Legions envoiez pour les commander, & des Legats de Provinces de l'Afrique, de l'Aquitaine, de la Narbonnoise;

scriptionibus, ut apud Gruterum p. 1. ubi Septimius Severus & Caracalla iisdem cum literis & vocibus comparent, hoc uno excepto quod Tribunatus Septimii Severi annotetur. Caracallæ quoque Tribunatus sic notatur. IMP. CÆSAR M. AVREL. ANTONIN. PIVS FELIX TRIB. POTEST. V. COS. PROCOS. Item cum patre occurrit in alia Gruteri inscriptione p. CLXXII. & in alia a D. Abbate Fontanino data in descriptione Hortæ p. 47. semper cum COS. PROCOS. quo Proconsulatus notatur; id quod etiam in patre occurrit. Inscriptio magni illius arcus Septimii Severi Romæ idipsum quoque habet in Severo & in Caracalla; & in sequenti etiam inscriptione idipsum observatur columnæ in Vico ad Axonam repertæ. Itaque, ut omnino verisimile est, quæ abrasa pene fuerant, ita legi debent PIO FELICE AVGVSTO, TRIBVNITIA POTESTATE COS. PROCOS. COS autem versum sequentem incipiens, secunda syllaba erit vocis PROCOS. Spatium autem relinquimus post TRIBVNITIA POTESTATE, ut etiam post COS, quia omnia abrasa sunt, nihilque opis suppetit ut numeros adjiciamus. Sunt enim tredecim Tribunatus & tres Consulatus Caracallæ ante obitum patris sui, & cum ignoremus quis numerus utrique voci additus esset, hoc unum possumus concludere, nempe columnam positam fuisse a tertio Septimii Severi Consulatu ad usque Britannicum bellum ; id est, ab anno 202. Christi usque ad annum 210. quo Britannici nomen accepit ; hoc autem cognomen hic non comparet, quoniam Britanniæ expeditionem nondum susceperat. Antiquariæ rei periti omnes probe sciunt Consulatum semper notatum fuisse secundum numerum postremi initi Consulatus ; sicque semper observari in monumentis publicis, etiamsi Imperatores illo anno Consules non essent, sicque inscribi solere semper, donec alterius anni Consulatum inirent, vel usque ad mortem, si nullus alius sequeretur Consulatus.

Verba sequentia sunt CVRANTE L. P. POSTVMO LEG. AVGG. P. P. Lucius ergo Postumus hujus erigendæ columnæ curam suscepit. Quid porro significet P. post L. positum ignoratur. L. certissime significat Lucius, estque illud vulgarissimum prænomen. P. vero sequens est haud dubie nomen, quod nonnisi divinando legi potest; non licet hoc modo legere *Publius*, aliud enim prænomen esset, & unum tantum prænomen semper apponebatur. *Legato Augustorum*: Erant sub Augustis Legati Legionum, missi ut Legiones regerent ipsique imperarent ; & Legati quoque Provinciarum, Africæ verbi gratia, Aquitaniæ, Nar-

ceux-ci

COLONNE MIL   LIAIRE DE SEVERE.

IMP CAE
SEPTIMI
V RO PIO
NACEA
ICO ADIA
ARTHICO
P COS III ET
M AVRELIO A
NO PIO FELI
AVG PM COS
COS CVRAN
POSTVMO
P R AB AVG SV
LEVG VI

de l'Abbaye de S.t Medard lez Soissons.

PONTS, AQUEDUCS, COLONNES MILLIAIRES.

ceux-ci étoient envoiez pour gouverner les Provinces. Le nom de la Province est le plus souvent exprimé, d'autres fois il n'en est point fait mention, sur-tout lorsque l'inscription indique d'ailleurs quelle est la Province, comme celle-ci fait. Le PP. qui vient après s'explique differemment suivant le sens de l'inscription. Il se prend quelquefois pour *propria pecunia*, ou pour *pecunia publica*, qui ne viendroit pas mal ici ; il se met aussi pour *præpositus*. Je le prendrois ici plus volontiers pour *proprætore*. Dans le laborieux index que Scaliger a fait pour le tresor de Gruter, il y a dans la lettre L une quantité surprenante d'inscriptions marquées pour cette clause, *Legatus Augusti pro prætore*, pour ceux qu'on envoioit Legats, & dans les notes abregées du même Index on trouve p. p. pour *proprætore*. Les Propreteurs étoient envoiez dans les Provinces pour tenir la place de Preteurs, comme le nom le porte ; quoiqu'ils eussent presque la même puissance que les Proconsuls, ils n'avoient pas la même dignité. Les Proconsuls avoient comme les Consuls, douze Licteurs portant des faisceaux & des haches, au lieu que les Propreteurs n'en avoient que six.

Ab Augusta Suessionum Leuga Septima. *Augusta Suessionum* est Soissons, comme *Augusta Veromanduorum* S. Quentin, *Augusta Helviorum* Viviers, & un grand nombre d'autres. *Leuca*, *Leuga* ou *Leuva* est une mesure Gauloise, dit Hesychius, λεύγη μέτρον τι γαλατικόν. Cette lieuë étoit de quinze cens pas, selon Isidore & Ammien, qui dans son seiziéme livre dit que quatorze lieues *leucæ* font vingt & un mille. Mais il y a de grandes questions sur l'étenduë du mille, dans laquelle je n'ai pas dessein de m'engager. Je dirai seulement qu'il y a en Italie beaucoup de difference entre les milles, ceux de Rome sont bien plus petits que ceux des Provinces éloignées, comme la Lombardie & d'autres : tout de même que les lieues d'autour de Paris sont bien plus petites que celles des Provinces de France. Trois mille de Rome font à peine une petite lieue de Paris. Nous comptons quatre lieues de la Porte de la Conference à Versailles, on compte de la Porte de S. Jean de Rome à Frescati douze milles marquez par autant de pierres milliaires. Ces douze mille à trois milles par lieue feroient quatre lieues. Il y a pourtant plus loin, si je ne me trompe, de la Porte de la Conference à Versailles, que de la Porte de S. Jean de Rome à Frescati. Un carrosse à six chevaux qui vont

---

bonensis. Hi vero ad Provincias regendas mittebantur. Provinciæ autem nomen in monumentis plerumque exprimitur ; aliquando etiam tacetur, idque cum maxime ex inscriptione indicatur aliunde quænam sit illa Provincia, id quod in hac observatur. PP. sequens varie explicatur habita ratione sensus ; quem præ se fert inscriptio. Aliquando explicatur *propria pecunia* aut *pecunia publica* ; quæ interpretatio hic quadrare potest ; aliquando intelligi debet *præpositus* ; verum hic Propretorem potius interpretarer. In laborioso illo indice quem Josephus Scaliger thesauro Gruteri apparavit in litera L. numerus ingens occurrit inscriptionum ubi hæc clausula, *Legatus Augusti Propretore* exprimitur ; in iis videlicet qui ab Augustis Legati mittebantur ; atque in notis abbreviatis ejusdem indicis P. P. occurrit *Propretore*. Propretores in Provinciis mittebantur, ut Pretorum loco essent, ut ipsum nomen sonat. Etiamsi eadem pene potestate essent qua Proconsules, non eadem tamen dignitate fruebantur. Proconsules ut & Consules duodecim lictores habebant qui fasces & secures gestabant ; Propretores vero sex tantum.

Ab Augusta Suessionum leuga septima. Augusta Suessionum ea est quæ hodie *Soissons* dicitur, ut Augusta Veromanduorum est Sancti Quintini civitas, & Augusta Helviorum ea quæ hodie *Viviers* dicitur, & aliæ multæ ; leuca, leuga vel leuva est mensura spatii Gallica, λεύγη μέτρον τι γαλατικόν, inquit Hesychius. Hæc porro leuca mille quingentorum passuum erat secundum Isidorum & Ammianum Marcellinum, qui libro sextodecimo ait quatuordecim leucas viginti & unum milliare efficere. Verum de milliaris spatio vero multæ controversiæ moventur, quas in medium afferre non libet. Hæc tamen dicam, in Italia magnum inter milliaria discrimen observari, Romana milliaria multo breviora sunt aliis multis quæ in Provinciis Italiæ remotioribus observantur, ut sunt Longobardia & aliæ ; quemadmodum etiam leucæ circa Lutetiam longe minores sunt, quam in cæteris Franciæ Provinciis, Tria milliaria Romana vix leucam Parisiensem efficiunt. Quatuor leucas numeramus a Porta *Conferentia*, ut vocant, Versalias ; duodecim vero milliaria numerantur a Porta S. Joannis Romana Tusculum, quæ milliaria singula suis notantur lapidibus milliaribus. Hæc duodecim milliaria quatuor leucas Parisinas, siquidem tria milliaria pro singulis leucis numeres, efficiunt. Attamen plus est itineris, ni fallor, a Porta *conferentia* Versalias, quam a Porta Sancti Joannis Romana Tusculum. Currus sex equis junctus gradu con-

Tome IV.

au trot arrive en une heure de Frefcati à la Porte S. Jean, ce qu'on ne fauroit faire de la Porte de la Conference à Verfailles, à moins qu'on aille au grand galop. On en fit l'experience au pari fameux qui fe fit en 1698.

citato quidem euntibus, fed non currentibus intra fpatium horarium a Porta S. Joannis Romana Tufculum adventat; illud vero præftari minime poteft a Porta *Conferentiæ* Verfalias, nifi equi concitatiffimo curfu properent. Hujufce rei experimentum factum eft, fponfione data, anno 1698. quæ res per totam, ferme Europam pervagata eft.

CHAPITRE HUITIE'ME.

Colonne milliaire de Vic fur Aine.

Pl.
XLVI.
L'Autre colonne milliaire qui eft dans la cour du Château de Vic fur Aine, appartenant à M. l'Abbé de S. Medard lez Soiffons, eft à peu-près de la hauteur d'un homme : l'infcription n'a rien fouffert de l'injure du tems; la voici tout au long.

Imperatore Cæfare Marco Aurelio Antonino pio Augufto Britannico Maximo Tribunitia poteftate decimum quartum, Imperatore fecundum, Confule tertium, patre Patriæ, Proconfule, ab Augufta Sueffionum leuga feptima; c'eft-à-dire, *Sous l'Empereur Cefar Marc Aurele Antonin le pieux, l'Augufte, le Britannique, le très-grand en fon quatorziéme tribunat, aiant la qualité d'Imperator pour la feconde fois, de Conful pour la troifiéme fois, pere de la Patrie, Proconful. Septieme lieue depuis Soiffons.*

Toutes les notes que nous voions ici concourent avec l'an de Jefus - Chrit 211. c'étoit l'an premier de l'Empire de Caracalla, qui s'appelloit M. Aurele Antonin, pour fe faire honneur du nom du Philofophe Marc Antonin, ou Marc Aurele, le plus excellent Empereur qui fut jamais, & le moins reffemblant à Antonin Caracalla, qui ne s'eft jamais fait connoitre que par des mauvais côtez. Cette colonne qui marque la feptiéme lieue comme l'autre, fut apparemment mife en fa place d'abord après la mort de Severe, afin que Caracalla s'y trouvat le premier & feul. L'une & l'autre colonne pourroit bien avoir été placée auprès du Château de Vic fur Aine, qui eft à trois lieues & demi de Soiffons; ce qui feroit fept lieues de demi lieue chacune, telles qu'étoient les lieues de ce tems-là, comme nous venons de dire. La colonne paroit creufe en haut. On a peine à deviner pourquoi on les faifoit creufes. Le grand trou que

CAPUT OCTAVUM.

Columna milliaria in vico ad Axonam reperta.

Altera columna milliaris quæ in vico ad Axonam habetur, vifitur in Caftelli atrio fubdiali, quod Caftellum eft Abbatum fancti Medardi Sueffionenfis & prope Sueffionas fitum eft; æquat autem circiter viri ftaturam. Infcriptio nihil ex injuria temporum labefactata fuit, En illam integram fuifque numeris omnibus abfolutam.

Imperatore Cæfare Marco Aurelio Antonino Pio Augufto Britannico Maximo, Tribunitia poteftate decimum quartum, Imperatore fecundum, Confule tertium, patre Patriæ, Proconfule, ab Augufta Sueffionum leuga feptima.

Notæ omnes quas in hac infcriptione confpicimus cum anno Chrifti 211. concurrunt. Hic erat annus primus Imperii Caracallæ, qui M. Aurelius Antoninus appellari voluerqt, honori fibi ducens, fi Philofophi illius Imperatoris Marci Antonini vel Marci Aurelii nomine vocaretur, qui Imperator omnium qui unquam fuerant, excellentiffimus erat, omniumque remotiffimus a Caracallæ moribus, quem quavis ex parte confideres, æque improbum comperias. Hæc porro columna quæ feptimum leucam ut & præcedens notat, fortaffis, ut quidem conjectare licet, in locum præcedentis fubftituta fuit ftatim poft mortem Severi, ut ibi Caracalla primus & folus commemoraretur. Utraque columna prope caftrum Vici ad Axonam locari potuit, qui ab Augufta Sueffionum tribus leucis & dimidia diftat. Id quod feptem leucas efficeret, fi dimidiam pro leuca haberes, quales erant illius ævi leucæ, ut modo dicebamus. Columna fuperne excavata eft, qua vero de caufa vix divinare poffis. Foramen illud magnum quod in illa

PONTS, AQUEDUCS, COLONNES MILLIAIRES. 113

l'on voit fur celle-ci qui occupe prefque toute la largeur de la colonne, affoiblit beaucoup la conjecture de ceux qui croient que la precedente a été percée par le haut pour y ficher une croix. Ce font des chofes dont il fera toujours difficile de donner raifon, à moins que quelque monument nouvellement deterré ne nous inftruife là-deffus.

On m'a dit depuis peu qu'on a encore trouvé d'autres colonnes milliaires femblables dans le Soiffonois, & auprès des lieux où celles-ci ont été découvertes. Il n'eft point d'année où l'on ne deterre dans le Roiaume quelque monument confiderable. Il feroit à fouhaiter qu'on eut plus de foin de conferver ces pierres nouvellement découvertes, qu'on n'en a eu jufqu'à prefent.

La colonne qu'on voit auprés de celle-ci fut deffinée & publiée par Gabriel Simeoni au feiziéme fiecle. Il ne paroit pas par l'infcription qu'elle ait été mife comme une colonne milliaire. Il n'eft pas aifé de dire à quelle fin elle a été mife ; l'infcription porte qu'elle a été érigée en l'honneur de l'Empereur Adrien. Voici comment on doit la lire : *Imperator Cæsar Divi Trajani Parthici filius, Divi Nervæ Nepos Trajanus Hadrianus.* Le fens eft ; *l'Empereur Cefar Trajan Hadrien, fils de Trajan le Parthique, petit-fils de Nerva.* Hadrien étoit fils de Trajan par adoption, de même que Trajan étoit fils adoptif de Nerva. C'eft en ce fens qu'Hadrien fe dit petit-fils de Nerva.

---

fuperne vides, quodque pene totam columnæ amplitudinem occupat, conjecturam de præcedentis foramine prolatam admodum debilitat, eorum videlicet qui putabant ideo fuperne perforatam fuiffe, ut ibi Crux infigeretur. Harumce porro rerum caufam explorare difficile erit, donec aliquod monimentum rei veritatem edoceat.

Nuper dictum mihi fuit multas alias his fimiles columnas repertas fuiffe in Sueffionenfi regione & in vicinis locis. Vix aliquis annus elabitur, quo aliquod eximium monumentum in hujus Regni finibus non eruatur : optandum prorfus effet, ut majori cura iftæ quæ quotidie eruuntur, quam præterito ævo affervarentur.

Columna quæ prope illam Sueffionenfem depicta vifitur ; delineata publicataque fuit decimo fexto fæculo per Gabrielem Simeonem. Ex infcriptione vero argui videtur illam non pro columna milliaria pofitam fuiffe. Neque facile eft divinare quo fcopo illa erecta fuerit. Ex infcriptione liquet erectam fuiffe in honorem Imperatoris Hadriani. Sic autem legenda illa eft : *Imperator Cæsar divi Trajani Parthici filius, divi Nervæ nepos, Trajanus Hadrianus.* Hadrianus per adoptionem filius erat Trajani, quemadmodum & Trajanus filius Nervæ, & illo fenfu fefe Hadrianus Nervæ nepotem vocat.

CHAPITRE NEUVIEME.

Colonne milliaire d'Arles.

LA Colonne milliaire d'Arles se trouve dans le manuscrit de M. de Peiresc de la Bibliotheque du Roi ; l'inscription en a été donnée par Bergier en son livre des grands chemins de l'Empire p. 463. & depuis par Spon dans ses Miscellanea p. 166. qui dit qu'il l'a tirée des manuscrits de Scaliger & de Knibb. Tous deux l'ont donnée assez correctement. M. de Peiresc a dessiné, quoique grossierement, la colonne, & y a mis cette note : *Columna lapidea palmorum duodecim, circumferentiæ palmorum quinque & semis in ædibus Vallensibus Arelate.* La colonne est de pierre, elle a douze palmes de haut, & cinq palmes & demi de circonference ; mais comme il en a éclaté une piece du haut en bas qui lui a sans doute fait perdre un peu de sa grosseur, nous pouvons mettre environ six palmes de circonference, c'est-à-dire, qu'elle aura huit à neuf pieds de hauteur, environ quatre pieds de circonference, & seize à dix-huit pouces de diametre ; l'inscription se doit lire ainsi à mon avis : *Salvis Dominis nostris Theodosio & Valentiniano pio, felice, victore & triumphatore semper, Augusto XV... Consularis vir inlustris Auxiliaris Præfectus Prætorio Galliarum de Arelate Ma* [*ssiliam*] *miliaria poni s* [*uscepit.*]

Miliare passuum primum.

C'est-à-dire, que sous l'Empire de Theodose & de Valentinien, pieux, heureux, toujours vainqueur & triomphant, Auguste XV... Auxiliaris, homme Consulaire & illustre, Prefet du pretoire dans les Gaules, a fait mettre les pierres milliaires depuis Arles jusqu'à Marseille.

Miliaire premier.

Sur tout ceci il y a bien des difficultez, & qui ne sont pas aisées à résoudre. *Salvis DD NN Theodosio & Valentiniano.* Nosseigneurs les Empereurs Theodose & Valentinien étant en bonne santé. Les deux D & les deux N se mettent en style d'inscriptions & de médailles, quand il y a deux Empereurs. Ce Theodose est celui qu'on appelle le jeune, qui commença à être Empereur d'Orient avec son pere Arcadius en 402. & à regner seul en l'an 408. que son pere mourut,

---

CAPUT NONUM.

Columna milliaris Arelatensis.

MIlliaris columna Arelatensis in MS. v. cl. Peirescii in Bibliotheca Regia habetur. Inscriptio a Bergierio data fuit in libro de magnis Imperii viis p. 463. & postea ab Sponio Miscellaneorum p. 166. qui dicit se illam eruisse ex MSS. Scaligeri & Knibbii. Ambo illam sat emendatam dederunt. Peirescius vero columnam ipsam, etsi non eleganter, delineavit, hancque ibidem apposuit notam. *Columna lapidea palmorum duodecim, circumferentiæ palmorum quinque & semis, in ædibus Vallensibus Arelate.* Sed quoniam pars quædam a summo ad imum dirupta est, quæ haud dubie ambitus partem quamdam sustulit, sex palmos circiter in ambitu ipsi dare possumus. Erit itaque octo vel novem pedum altitudine : quatuor circiter pedum ambitus erit, diametrum vero sexdecim vel octodecim pollicum. Inscriptio sic, ut puto, legenda est. *Salvis Dominis nostris Theodosio & Valentiniano pio, felice, victore & triumphatore semper, Augusto XV... Consularis vir inlustris Auxiliaris Præfectus Prætorio Galliarum de Arelate Ma* [*ssiliam*] *miliaria poni s* [*uscepit.*]

Miliare passuum primum.

In hæc omnia multæ oriuntur difficultates quas non ita facile solvas. *Salvis DD NN Theodosio & Valentiniano.* D. & N. repetita in monimentis & inscriptionibus ponuntur cum duo sunt Imperatores. Hic Theodosius, ille est quem juniorem appellant, qui Orientis Imperator esse cum patre cœpit anno 402. & solus regnare anno 408. quo pater ejus Arcadius

COLONNES

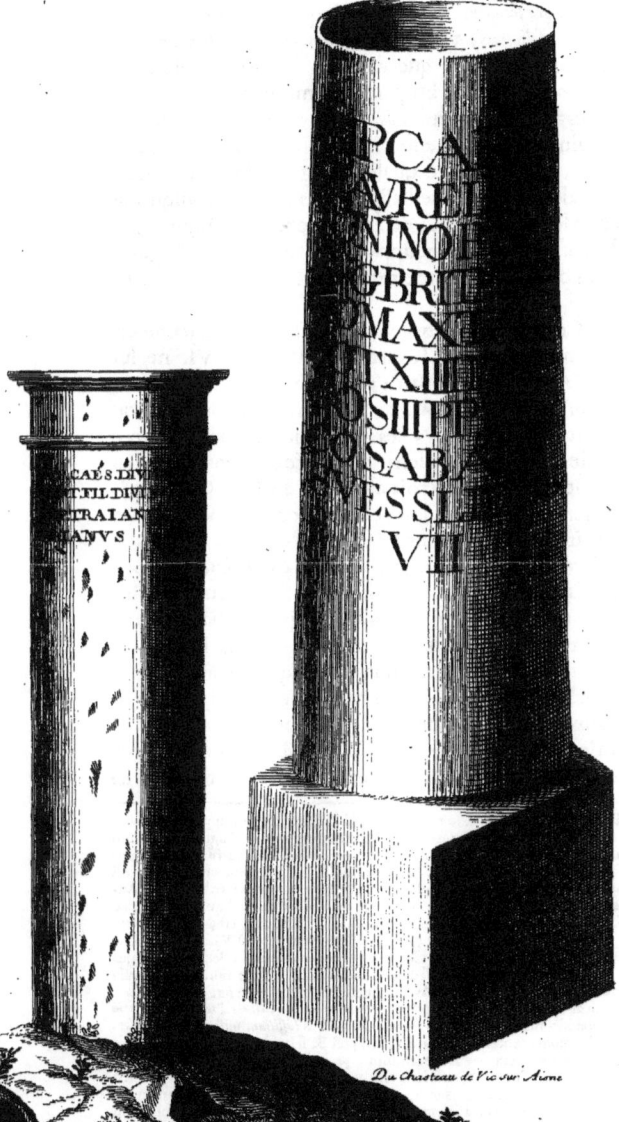

Du Chasteau de Vic sur Aisne

Simeoni

PONTS, AQUEDUCS, COLONNES MILLIAIRES. 117

En 425. il éleva à l'Empire Valentinien III. fils de Constance & de Placidie, sœur d'Arcadius & Honorius ; de sorte que c'est depuis cette année que la colonne milliaire a été mise.

Pio, felice, victore ac triumphatore semper. Il sembleroit qu'aiant mis les deux Empereurs, il faudroit lire *piis, felicibus, victoribus ac triumphatoribus semper*, ou que si ces qualitez ne se devoient entendre que d'un, il faudroit, selon les regles de la Grammaire, qu'il n'y eut qu'un Empereur nommé. Mais s'il falloit lire *piis, felicibus &c.* les lettres seroient repetées *pp. ff.* & d'ailleurs ce qui suit Aug. XV. Auguste pour la quinziéme fois, ne se peut entendre que d'un, c'est-à-dire, de Theodose le jeune, qui se trouve qualifié Auguste jusqu'à la dix-huitiéme fois, au lieu que Valentinien III. ne l'est dans les dates que jusqu'à la huitiéme. De plus, c'est Theodose le jeune qui declara Valentinien Auguste, & par cette raison ces titres d'honneur lui doivent appartenir. Cette datte, Auguste pour la quinziéme fois, nous oblige donc à mettre aussi les qualitez qui precedent au singulier.

Augustus decimum quintum. Cette qualité se trouve dans Theodose le jeune en l'an de Jesus-Chrit 435. & dans Mezzabarba la qualité d'Auguste XVI. ne lui est donnée que l'an 438. & d'Auguste XVII. l'an 439. de sorte que s'il ne manque rien dans la pierre, & qu'il faille lire XV. ce sera l'an 435. ou 436. ou 437. puisqu'il a eu la qualité d'Auguste XV. ces trois années. Mais comme XV. se trouve à l'extremité de la ligne où la pierre est cassée, il pourroit bien être tombé un I, & il faudroit lire XVI. ce seroit alors l'an de Jesus-Chrit 438. & s'il étoit sauté deux I, ce seroit l'an 439. mais cela ne peut tomber en cette année, parce que Avitus étoit alors Prefet dans les Gaules.

Consularis vir inlustris Auxiliaris Præfectus Prætorio Galliarum. De Arelate Massiliam miliaria poni suscepit, ou peut-être cet S étoit suivi de P. F. ce qui voudroit dire *poni sua pecunia fecit ;* qu'il a fait mettre ces milliaires à ses frais. Auxiliaris est appellé homme consulaire, titre qu'on donnoit en ces tems-là aux Prefets du Pretoire, & même à d'autres principaux Magistrats, quoiqu'ils n'eussent pas été Consuls ; il est aussi appellé *inlustris*, *illustre*, titre d'honneur qui fut depuis donné plus frequemment aux principaux Officiers de l'Empire. *Ma... miliaria.* Scaliger ne prenant pas garde qu'il y avoit des points après Ma, la joint immediatement à *miliaria*, & en a fait *Mamiliaria*, prétendant qu'Arelate étoit ici

---

obiit. Anno autem 425. ad Imperium evexit Valentinianum tertium, Constantii & Placidiæ sororis Arcadii & Honorii filium. Ab isto igitur anno erecta columna fuit.

Pio, felice, victore ac triumphatore semper. Cum duo positi sint Imperatores, legendum videretur : *Piis, felicibus, victoribus ac triumphatoribus semper*, vel si hæc honorifica nomina ad unum tantum pertineant, secundum grammaticæ regulam unus tantum Imperator commemorandus erat ; sed si legendum esset *piis, felicibus,* &c. literæ haud dubie repeterentur P P. F F. & aliunde id quod sequitur AVG. XV. de uno tantum accipi potest, de Theodosio videlicet juniore, qui decies octies Augustus in monumentis nominatus occurrit, cum contra Valentinianus octavum solummodo Augustus reperiatur. Ad hæc Theodosius junior Valentinianum Augustum declaravit, atque adeo hæc honorifica nomina ad ipsum pertinere debent. Hæc numeralis nota *Augustus decimum quintum* monet ut præcedentia quoque nomina in singulari accipiamus.

Augustus decimum quintum. Hæc nota in Theodosio juniore cadit in annum Christi 435. in Mezzabarba autem Augustus decimum sextum appellatur Theodosius junior anno tantum 438. & Augustus decimum septimum anno 439. Itaque si nihil in lapide desuerit, ac si legendum sit XV. hic erit annus 435. vel 436. vel 437. quandoquidem hisce tribus annis Augustus decimum quintum fuit. Sed quia XV. in fine versus occurrit, ubi lapis fractus est, fortassis I exciderit ; & legendum tunc esset XVI. essetque tunc annus Christi 438. & si duo I excidissent, esset annus 439. sed in hunc annum cadere non potest, quia tunc Avitus Præfectus in Galliis erat.

Consularis vir inlustris Auxiliaris Præfectus Prætorio Galliarum. De Arelate Massiliam miliaria poni suscepit. Forte autem post S. sequebatur P. F. id quod sic esset legendum, *poni sua pecunia fecit.* Auxiliaris, Consularis vir vocatur, quod honorificum nomen illis temporibus Præfectis Prætorii dabatur, etiamque aliis præcipuis Magistratibus, etiamsi Consules non fuerant. Vocatur quoque *inlustris*, qui titulus deinceps longe vulgatior frequentiorque fuit, primusque Imperii Ministris dabatur. *Ma... miliaria.* Scaliger non advertens post Ma adesse puncta, *Mamiliaria* legit, putavitque Arelaten hic *Mamiliarium* appel-

P iij

118 SUPPLEMENT DE L'ANT. EXPLIQ. Liv. V.

Misc. p. 166. appellée *Mamiliaria*. Spon qui s'est apperçu de la faute, n'a guere mieux rencontré, quand il a dit après Guyran, qu'il falloit vraisemblablement lire, *de Arelate matre miliaria*, prétendant qu'Arles devoit être appellée la mere des Milliaires, parce qu'ils y prenoient leur origine & qu'on les commençoit là. Mais l'explication la plus naturelle, & la maniere dont je crois qu'il faut lire *de Arelate Massiliam miliaria poni suscepit*, ou peut-être mieux *poni S. p. f. poni sua pecunia fecit*, il a fait mettre à ses propres frais des pierres milliaires depuis Arles jusqu'à Marseille. On trouve dans Gruter p. LIX. 10. ces lettres *S. p. f.* pour *sua pecunia fecit*.

M. P. I. Spon, croit qu'il faut lire ainsi *milliare posuit primum*, ne prenant pas garde que *poni* est immédiatement devant, & que la repetition seroit vitieuse. J'aime mieux lire *milliare passuum primum*. Peut-être faut-il lire *milliarium*, comme dans l'inscription de la porte majeure de Rome.

---

lari. Sponius vero qui erratum animadvertit, non melioribus auspiciis aliam tentavit explicandi viam, ac post Guyrannum dicit Misc. p. 166. probabiliter legendum esse *de Arelate matre miliaria*, existimans Arelaten milliarium matrem dici, quia ibi milliaria originem ducebant & incipiebant. Sed magis ad rem, ut mihi quidem videtur, dici potest ita legendum esse: *de Arelate Massiliam milliaria poni suscepit*, aut forte melius, *poni S. P. F. poni sua pecunia fecit*. Apud Gruterum p. LIX. 10. hæ literæ S. P. F. occurrunt & leguntur, *sua pecunia fecit*.

M. P. I. Sponius putat sic legendum esse, *miliare posuit primum*: neque animadvertit *poni* jam ante usurpari, repetitionemque illam vitiosam esse. Libentius legerem *milliare passuum primum*. Forte autem legendum fuerit *milliarium*, ut in portæ Majoris inscriptione Romæ.

COLONNE MILLIAIRE D'ARLES.

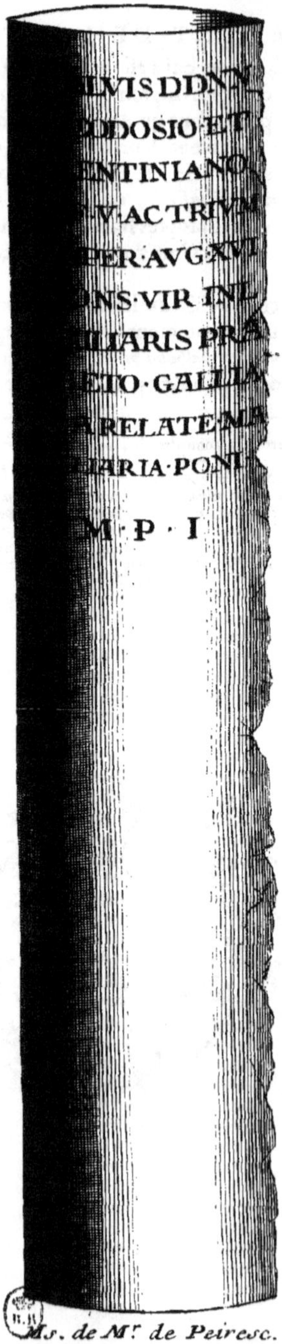

LVIS DDNN
ODOSIO ET
NTINIANO
V AC TRIVM
PER AVG XVI
NS VIR INL
LIARIS PR
ETO GALLI
RELATE
ARIA PONI

M · P · I

Ms. de Mr de Peiresc.

NAVIGATION, PORTS, PHARES, TOURS OCTOGONES. 119

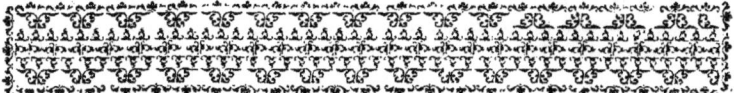

LIVRE SIXIEME.

Navigation, Ports, Phares, Tours octogones.

CHAPITRE PREMIER.

Navires sur dix médaillons du Roi.

L'Antiquité qui nous fournit sur beaucoup de ses parties une ample matiere, nous a transmis peu de monumens touchant la navigation, & de ceux-là il y en a peu qui nous donnent des éclaircissemens considerables. Les médailles nous montrent assez souvent des Navires, mais dans un si petit espace qu'on a peine à y distinguer la forme des vaisseaux & les parties qui les composent. Comme les médaillons du Roi sont considerablement plus grands que les médailles de grand bronze, j'ai cru faire plaisir au Lecteur, si je lui representois ici tous ceux dont les revers ont des Navires. En voici un sur un revers d'Adrien, où l'on distingue fort bien la vergue & les cordages. L'Empereur est sur la poupe dans une espece de chambre, qui par le haut se termine en arc; il étend le bras comme pour commander; le tillac est tout couvert de gens, soit matelots, soit soldats, & au haut de la proue un homme armé d'une pique tient un pied sur le plus haut bord. L'éperon est fait comme la tête d'un monstre.

PL. XLVIII

Un médaillon d'Antonin le pieux frappé à Cyzique nous montre un Navire dont la proue est extraordinairement élevée, le *chenisque* ornement de la proue recourbé jusque bien avant dans le vaisseau, est de forme particuliere. L'Empe-

LIBER SEXTUS.

Navigatio, Portus, Phari, Turres octangulæ.

CAPUT PRIMUM.

Naves in decem Regiis nummis maximi moduli.

Antiquitas quæ in multis sui partibus amplam materiam suppeditat, pauca circa navigationem monumenta transmisit. Ex illis vero quæ hactenus videre licuit, pauca nobis magni momenti notitias suppeditant. Nummi non raro naves exhibent; verum in tam modico spatio, ut vix ibi forma navium percipi possit, multoque difficilius percipiatur ejus partium figura. Cum porro nummi Regii maximi moduli, quos vulgo *medaillons* vocant, longe majores sint etiam iis nummis æreis quos magni moduli vocant; putavi non ingratum lectori fore, si hic omnes hujusmodi regios nummos proferrem, qui in postica facie naves repræsentant. Is quem primum damus, Hadriani est, in cujus postica facie navis in qua probe distinguuntur antenna atque rudentes. Imperator in puppi visitur in casula ibidem concinnata quæ superne in arcum sive fornicem terminatur, brachium extendit ac si quidpiam imperet. Catastroma totum opertum est militibus, nautis, aliisve vectoribus. In suprema prora vir hasta armatus pedem super altiorem oram imminentis. Rostrum monstri cujuspiam capiti simile est. Hadrianus porro Imperator qui libenter peregrinabatur & Imperii Provincias peragrabat, sæpius maria trajecit, & hic in navi positus suspicitur.

Nummus Antonini Pii Cyzici percussus, navim exhibet, cujus prora supra modum erigitur. Chenifcus puppis ornamentum, reductus & incurvatus, intra navim multum retrahitur, estque formæ singularis.

SUPPLÉMENT DE L'ANT. EXPLIQ. Liv. VI.

reur est dans la même situation que sur le médaillon precedent. Deux signes militaires s'élevent à ses côtez. Je ne sai à quel usage sont ces deux grandes proues qui s'élevent de la poupe ; sur l'extremité de la proue, un homme joue de la trompette.

Le médaillon suivant est frappé à Cyzique ; c'est un revers de Faustine la jeune representée en Proserpine conservatrice des Cyziceniens : elle commande aussi dans la chambre capitainesse, aiant un signe militaire à chaque côté. Sur la proue est un Triton qui joue du cor, & tient je ne sai quoi d'une main.

Un autre médaillon frappé aussi à Cyzique represente l'Empereur Commode, & montre au revers un navire allant à pleines voiles. Le Commandant qui est apparemment l'Empereur, est assis sur la poupe, & a un signe militaire à chaque côté.

Le suivant de Septime Severe n'a ni voiles ni mât ; il n'a d'ailleurs rien de particulier, sinon cet homme qui se tient debout sur la proue, & qui semble commander aux rameurs. Deux médaillons de Caracalla ont de grandes voiles enflées ; l'un est frappé à Ephese, & l'autre à Tarse. Des deux médaillons d'Alexandre Severe, l'un est remarquable par la disposition de ses voiles, & par la balustrade qui regne sur les bords. Le dernier médaillon a trois signes militaires, & sur la proue une Victoire qui tient une couronne de laurier d'une main, & une palme de l'autre.

Imperator eodem est situ quo in præcedenti nummo. Duo signa militaria ad ejus latera hinc & inde eriguntur ; nescio autem cui sint usui illæ duæ magnæ proræ quæ ex puppi exeunt. In extrema prora vir tuba ludit.

Nummus sequens Cyzici percussus posticam partem exhibet Faustinæ junioris, quæ Proserpinæ more, nempe Cyzici conservatricis, repræsentatur. Faustina autem in illa ceu casula Imperatori destinata imperat & ipsa, & signum militare in utroque latere habet. In prora Triton cornicinem agit, cornu scilicet ludit, alteraque manu nescio quid tenet.

Alius nummus Cyzici quoque percussus Imperatorem Commodum exhibet, & in postica facie navim monstrat passis velis mare sulcantem. Qui imperat, videtur autem esse Commodus, in puppi sedet, & signum militare in utroque latere habet.

Sequens nummus Septimii Severi nec vela nec malum habet : nihil autem præterea quod observari mereatur, nisi fortasse vir qui in puppi stat & remigibus imperare videtur. Duo Caracallæ nummi magna vela exhibent a ventis inflata. Alius Ephesi, alius autem Tarsi percussus est. Ex duobus Alexandri Severi nummis alius spectabilis a velis suis est & a cancellis, qui totam navis oram exornant undique. Postremus nummus tria habet signa militaria, & supra proram Victoriam exhibet quæ lauream coronam altera manu tenet, altera vero palmam. An ut aliquam navalem victoriam significet ?

CHAPITRE

NAVIRES

Medaillons du Roi.

NAVIGATION, PORTS, PHARES, TOURS OCTOGONES.

CHAPITRE SECOND.

I. Le Port de Frejus tiré d'un manuscrit de M. de Peiresc. II. Autre Port tiré d'une pierre gravée. III. Inscription du Procureur du Port d'Ostie.

I. UN manuscrit de feu M. de Peiresc, qui est presentement à la Bibliotheque du Roi, nous fournit le plan que ce grand homme avoit levé ou fait lever de l'ancien Port de Frejus. Il y a marqué les mesures telles qu'on les emploioit à Aix sa patrie. La canne est la grande mesure de ce payis-là, elle a six pieds & deux lignes : j'en avertis ici, parce que j'ai laissé dans l'estampe les cannes telles que les a mises Monsieur de Peiresc, sans y rien ajouter ni diminuer. Ce Port étoit presque triangulaire : il avoit en sa plus grande longueur environ trois cens cinquante cannes, en le prenant depuis une des tours de l'entrée, & presqu'autant en sa plus grande largeur. A son entrée étoient deux tours, une de chaque côté, dont on voioit encore alors les masures ; c'étoit pour défendre l'abord. Le canal de l'entrée a environ 80. cannes de largeur. On voioit encore au milieu du Port les masures d'une Forteresse d'où l'on pouvoit, avec des ballistes & des machines de guerre, défendre l'entrée du Port, ou du moins empêcher ceux qui auroient forcé le passage, de se tenir en seureté dans le Port. Du côté d'Occident à l'extremité du Port, on voit une porte sur le bord du Port, qui est peut-être quelque reste de fortifications. Le Port est presentement à sec, & assez avant dans les terres, la mer s'étant retirée là comme en bien d'autres endroits.

Pl. XLIX.

II. Une pierre gravée nous montre un autre Port avec son phare. Il n'y a précisément que l'enceinte du Port & la roche sur laquelle est bâti le phare. Le terrain qui étoit autour du Port, & qui en fait ordinairement la sureté, n'est pas marqué. Le Port est bon quand il est environné de montagnes ou de collines qui le mettent à couvert de certains vents. Nous ne savons pas au reste si c'est quelque Port particulier qu'on a voulu mettre ici, ou si l'on y a mis un Port fait d'imagination, comme font souvent ceux qui dessinent ou gravent des

Pl. après la XLIX.

CAPUT SECUNDUM.

I. Forojuliensis portus vetus ex ms. cl. v. Peirescii eductus. II. Portus alius ex gemma edultus. III. Inscriptio Procuratoris portus Ostiensis.

I. Codex ms. D. de Peiresc qui est hodie in Bibliotheca Regia chirographiam exhibet antiqui portus Forojuliensis, quam ipse vir eximius Peirescius vel concinnaverat vel concinnari curaverat. Mensuras autem adhibuit quales in patria sua Aquis Sextiis usurpabantur. Grandior mensura in istis regionibus canna est, quæ sex pedes regios nostros duasque lineas exhibet. Postquam hæc monui, mensurarum notas quales posuit Peirescius, reliqui, nihilque addidi vel minui. Erat autem portus ille pene triangularis. Qua longius autem protendebatur, trecentas circiter & quinquaginta cannas habebat ; si mensuram duxeris ex una ex turribus quæ ad ostium tutelæ causa erectæ fuerant ; qua latior autem portus erat, non multo minus extendebatur. In portus ostio duæ turres quasi propugnacula erigebantur, quarum ab tempore Peirescii adhuc rudera visebantur, ex ab ingressu ad-

versarias naves arcere poterant. In medio quoque portu arx quædam sive munitio erat, unde cum ballistis & machinis bellicis poterant etiam hostium naves ab ingressu arcere , vel eos qui turribus sive militibus propugnantibus frustra obnitentibus prætergressi essent, repellere & amovere, atque impedire ne in portu consisterent. Ostium porro ad Orientem versum octoginta circiter cannas latitudinis habet. Ad partem Occidentalem porta quædam visebatur quæ fortassis ex alio quopiam munimento residua est. Portus hodie in solo arido est, quoniam mare ab ora illa ut & ab aliis bene multis recessit.

II. Insculpta gemma alium nobis portum exhibet cum pharo sua. Solus tantum portus istius ambitus adest, necnon rupes supra quam structa est pharus, vicinus locus & terra portum ambiens & securitatem pro situ ratione ipsi præstans, hic non exprimitur. Portus est commodus & opportunus, quando montibus cingitur vel collibus qui ventorum quorumdam impetum arceant. Ignoramus autem utrum portum quempiam vere existentem hic repræsentare artifex voluerit, vel imaginatione mera portum commentus, ipsum ad arbitrium suum sculpserit ; ut

Tome IV.   Q paysages qui ne sont que dans leur idée. On voit d'un côté un grand demi cercle fabriqué & composé de poutres & de pierres qui borde ce Port d'un côté. Presque à l'opposite du demi cercle s'éleve sur une roche droite, ronde & escarpée, un phare rond. Le premier étage du Phare, plus large en dehors à l'ordinaire que le second, laisse une gallerie menagée au bas du second étage plus étroit que le premier, & au haut de ce second étage, il y a encore une autre gallerie, & le reste se termine en pointe. Ce phare n'est guere haut, parce qu'il est déja sur une roche fort haute & fort escarpée.

A l'entrée du Port d'un côté il y a un pêcheur qui pêche à la ligne : il se tient dans une barque. On voit dans le même Port trois vaisseaux faits grossierement, & qui n'ont rien de bien remarquable.

III. Il n'est point de lieu plus propre que celui-ci pour une inscription donnée par Beger. L'inscription est dans un cercle sous une couronne composée comme de petits brins d'herbes, telles qu'étoient les couronnes appellées *graminea* : voici les termes : *Claudi Optati Augusti Liberti Procuratoris Portus Ostiensis*. Il paroit que l'Office de Procureur des Ports étoit anciennement considerable. Nous trouvons dans Gruter p. CCCCXL. un Lucius Muffius Æmilianus qui avoit entre plusieurs autres charges considerables, celle de *Procurator utriusque Portus A* . . . . tout ce qui suivoit après A a sauté ; mais il étoit apparemment Procureur des deux Ports d'Alexandrie. Cette Ville en avoit deux selon les Geographes, un dans la mer du côté du phare, & l'autre dans le Lac de la Mareote: celui-ci étoit bien plus riche que l'autre. Ce qui fait juger que c'est de ces deux Ports que l'inscription parle, c'est qu'après avoir dit qu'il étoit Procureur d'Alexandrie & de Peluse, il dit qu'il l'étoit aussi des deux Ports de la Ville dont le nom commence par A, & les lettres suivantes sont sautées. C'est selon toutes les apparences des deux Ports d'Alexandrie.

---

agunt ii qui prospectus quosdam villarum & agrorum comminiscuntur ut delineent vel sculpant. Ex altera parte magnus semicirculus visitur, trabibus lapidibusque compactus aggeris more, qui portum ab altera parte terminat. Pene ad oppositum semicirculi latus erigitur rupes præruptæ, rotunda, in cujus cacumine pharus rotunda structa fuit. Primum phari tabulatum latius pro more quam secundum, porticum circumquaque habet, superiorem turris partem ambientem : in suprema etiam secunda turris parte alia porticus est, de cætero pharus postea in acumen definit. Pharus isthæc alta non est, quia præaltæ rupi insidet.

In portus ingressu est piscator in scapha qui lineam hamatam emisit. In eodem portu tres naves visuntur rudi opere quæ nihil præ se ferunt notatu dignum.

III. Locum nullum hoc opportuniorem habeo ad inscriptionem publicandam a Laurentio Begero primum datam. Est autem inscriptio in circulo posita sub corona quam gramineam esse dixeris ex forma, sic autem habet inscriptio : *Claudi Optati Augusti liberti Procuratoris portus Ostiensis*. Procuratores portuum olim primores fuisse viros deprehendimus. In Grutero p. ccccxl. est quidam Lucius Muffius Æmilianus qui præter alia primaria munia erat etiam *Procurator utriusque portus A* . . . . Quæ sequebantur literæ post A, erasæ omnes fuerunt. Sed erat, ut existimo, Procurator utriusque portus Alexandrini. Hæc quippe urbs testificantibus Geographis, duobus instructa portubus erat ; altero ad mare versus pharum, altero in Mareotæ lacu, qui postremus longe opulentior altero erat. Inde porro inferas de hisce duobus portubus hic sermonem haberi, quod postquam dixerat ipsum esse Procuratorem Alexandriæ & Pelusii, addat etiam esse Procuratorem duorum portuum A . . . . quo quid aliud significetur quam Alexandrinorum.

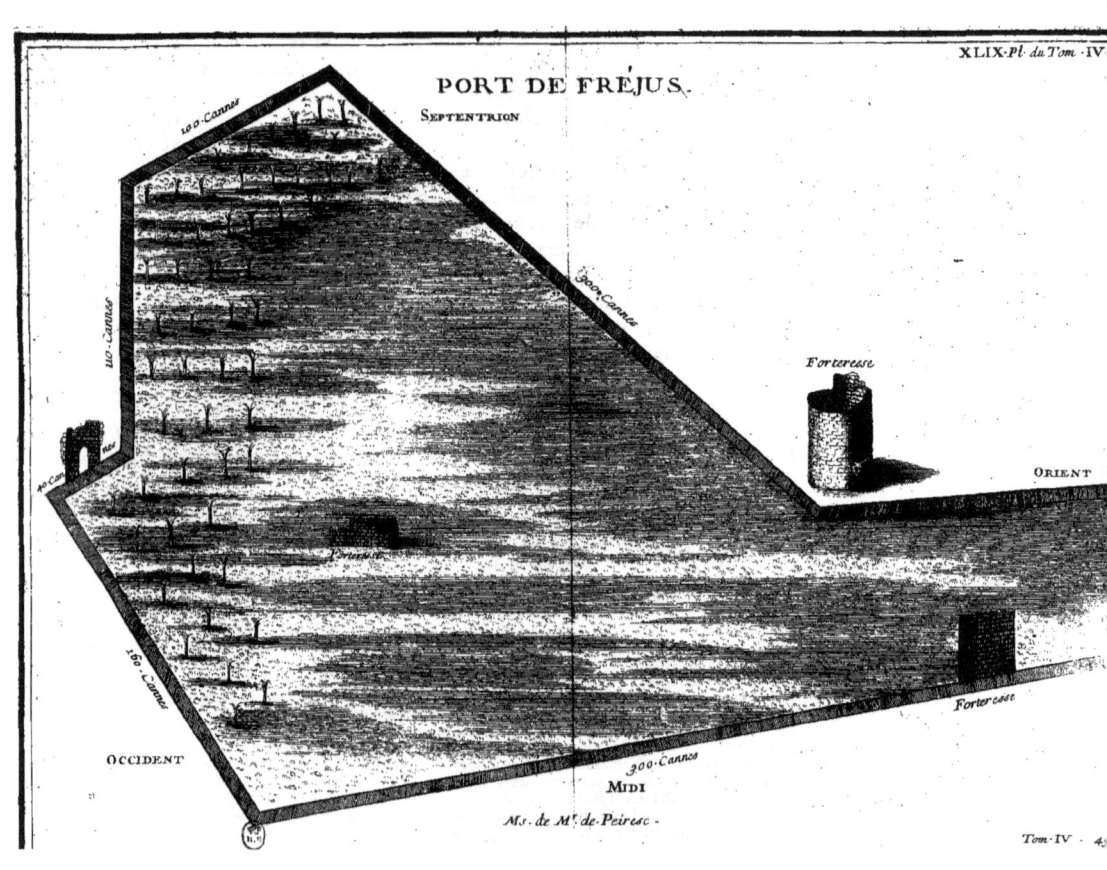

PORT, VAISSEAUX ET PHARE

1

Mr. Fritsch.

2

Beger.

NAVIGATION, PORTS, PHARES, TOURS OCTOGONES.

CHAPITRE TROISIE'ME.

I. Phares bâtis pour la sureté des Vaisseaux & des Ports. II. Phare d'Alexandrie bâti par Ptolemée Philadelphe. III. Difficulté sur l'Isle de Pharos : Homere justifié. IV. Forme de la Tour de Pharos. V. La Tour de Pharos prit le nom de l'Isle, & ce nom devint appellatif. VI. Le nom de Phare s'étendit à bien d'autres choses.

I. L'Art de la navigation comme tous les autres étoit apparemment fort imparfait au commencement ; mais le frequent usage le perfectionna sans doute bientôt. On apprit dans la suite des tems, non seulement à construire des vaisseaux plus solides & plus commodes, mais aussi à leur préparer des retraites où ils fussent à couvert, & des tempêtes & des insultes des ennemis ; c'est ce que nous appellons Ports. Ces Ports étoient souvent munis de Tours, tant pour les défendre, que pour servir la nuit à guider ceux qui alloient sur mer, par le moien des feux qu'on y allumoit. C'est de ces Tours que nous allons parler : elles étoient en usage dès les plus anciens tems. Leschés Auteur de la petite Iliade, Poete fort ancien, & qui vivoit en la trentiéme Olympiade, en mettoit une au promontoire de Sigée, auprès duquel il y avoit une rade où les vaisseaux abordoient. La table Iliaque, faite du tems des premiers Empereurs, représente cette Tour, & l'inscription qui est à côté fait voir que c'est sur l'autorité de Leschés qu'elle a été dessinée. Il y avoit des Tours semblables dans le Pirée d'Athenes & dans beaucoup d'autres Ports de la Grece.

II. Ces Tours étoient d'abord d'une structure fort simple ; mais Ptolemée Philadelphe en fit faire une en l'Isle de Pharos, si grande & si magnifique, que quelques-uns l'ont mise parmi les merveilles du monde. Ammien Marcellin & Tzetzés attribuent ce grand ouvrage à Cleopatre Reine d'Egypte ; d'autres en donnent la gloire à Alexandre le Grand. Mais tous ces Auteurs sont invinciblement refutez par les témoignages de Strabon, de Pline, de Lucien, d'Eusebe, de Suidas & de plusieurs autres, qui disent que Ptolemée Philadelphe en fut l'auteur ; ausquels on peut ajouter Cesar, qui dans son livre de la guerre d'Ale-

---

CAPUT TERTIUM.

I. Phari pro securitate navium in portubus structæ. II. Pharus Alexandrina a Ptolemæo Philadelpho structa. III. Difficultas circa insulam Pharon : Homerus defenditur. IV. Forma turris quæ est in Pharo insula. V. Turris insulæ nomen accepit, quod nomen deinceps appellativum fuit. VI. Phari nomen ad quantas res extensum.

I. Navigationis ars, ut & aliæ omnes artes initio, ut videtur, imperfecta admodum erat, ususque haud dubie in meliorem deduxit formam. In sequentibus porro temporibus data fuit opera, ut non modo naves & commodiores & solidiores struerentur ; sed ut loca etiam ipsis pararentur, ubi non a tempestatibus tantum, sed etiam ab hostium incursibus tutæ essent. Hæc autem loca portus appellamus. Portus vero illi sæpe muniti turribus erant, sive ad defensionem, sive ut ignibus in summitate positis, naves dirigerentur, & sine periculo possent vel appellere vel solvere. De hisce turribus sermo nobis est. Ex vero antiquissimis temporibus in usu erant. Lesches auctor parvæ Iliados vetustissimus poëta, qui in trigesima Olympiade florebat, turrim in Sigei promontorio ponebat, quoniam ibi vadosa ora erat, ad quam naves appellebant. Tabula Iliaca quæ priorum Romæ Imperatorum ævo facta sculptaque fuit, turrim exhibet, & inscriptio ibidem posita declarat eam turrim secundum Leschæ narrationem fuisse delineatam. Turres quoque similes in Piræeo Atheniserant, auctore Thucydide lib. 8. necnon in aliis Græciæ portubus.

II. Turres illæ initio structuræ admodum simplicis erant : verum Ptolemæus Philadelphus in Pharo insula turrim tam grandem, tam magnificam strui curavit, ut multi eam inter septem mundi spectacula locaverint. Ammianus Marcellinus atque Tzetzes hoc mirificum opus Cleopatræ Ægypti Reginæ tribuunt ; alii constructæ turris gloriam Alexandro magno conferunt. Verum hi omnes Scriptores invictis testimoniis confutantur, Strabonis, Plinii, Luciani, Eusebii, Suidæ, plurimorumque aliorum, qui narrant Ptolemæum Philadelphum ejus auctorem fundatoremque esse ; quibus etiam addi potest Cæsar qui libro de bello Alexandrino ait illam ab

xandrie, dit qu'elle avoit été bâtie par les Rois d'Egypte. Cette difference d'opinions sur l'origine d'une Tour, qui avoit autrefois porté le nom de son fondateur, est apparemment venue de la fourberie de Sostrate qui en fut l'Architecte. Il vouloit immortaliser son nom ; ce qui n'auroit pas été blamable, s'il n'eut en même tems voulu supprimer celui de Ptolemée qui en faisoit la dépense. Pour cet effet il s'avisa d'un stratagême qui lui réussit : il grava profondement sur la tour cette inscription : Σώστρατος Κνίδιος Δεξιφάνους θεοῖς σωτῆρσιν ὑπὲρ τῶν πλωϊζομένων : Sostrate Cnidien fils de Dexiphane, aux Dieux sauveurs en faveur de ceux qui vont sur mer. Et sachant bien que le Roi Ptolemée ne seroit pas content d'une telle inscription, il la couvrit d'un enduit fort leger, qu'il savoit bien ne pouvoir pas resister long-tems aux injures de l'air, & y mit le nom de Ptolemée. L'enduit & le nom du Roi tomberent dans quelques années, & l'on n'y vit plus que l'inscription qui en donnoit toute la gloire à Sostrate. Le nom de Ptolemée Philadelphe étant-une fois tombé, cela produisit dans la suite des tems quelque difference de sentimens sur le fondateur de la Tour du Phare.

Pline a prétendu que Ptolemée par modestie & par grandeur d'ame, *magno animo*, voulut que Sostrate mit son nom sur la Tour, sans qu'il y fut fait aucune mention de lui. Mais ce fait n'est nullement croiable : cela auroit passé dans ces tems-là, & passeroit même encore aujourd'hui pour une grandeur d'ame mal entenduë. On n'a jamais vu de Prince qui ait refusé de mettre son nom sur des ouvrages magnifiques faits pour l'utilité publique, & qui en ait voulu donner toute la gloire aux Architectes. Il y a plus d'apparence que Pline sachant qu'il n'y avoit sur la Tour que le nom de l'Architecte, & en ignorant la veritable cause, n'aura dit cela que par conjecture. Mais cette conjecture n'a nulle vraisemblance. Il vaut mieux ajouter foi à Lucien qui rapporte l'histoire à la fin de son premier livre intitulé de la vraie histoire.

III. Cette Tour fut donc bâtie en l'Isle de Pharos, qui n'étoit éloignée de la terre ferme que de sept stades, ou d'un bon quart de lieuë. Il s'éleve là-dessus une question à l'occasion d'Homere, qui fait dire à Menelas dans son Odyssée,

---

Ægypti Regibus fuisse structam. Hæc porro opinionum varietas circa turrim, quæ olim fundatoris sui nomen & inscriptionem tulerat, ex Sostrati qui ejus Architectus fuit, fraude atque versutia profecta est. Is volebat nomen sibi immortale parere ; id quod vituperandum minime fuisset, nisi nomen ipsum Ptolemæi supprimere abraderéque curavisset, qui tamen Ptolemæus sumtus omnes necessarios eam in rem suppeditabat. Ea vero de causa consilium callidissimum cepit, ita ut votum sit consequutus. In turri inscriptionem sequentem profunde insculpsit : Σώστρατος Κνίδιος Δεξιφάνους θεοῖς σωτῆρσιν ὑπὲρ τῶν πλωϊζομένων, *Sostratus Cnidius Dexiphanis filius diis servatoribus in gratiam eorum qui navigant*. Cum porro sciret hujusmodi inscriptionem Ptolemæo Regi non gratam esse posse, cæmento illam levissimo operuit, quod sciebat non posse diu aëris injuriis obsistere & supra cæmentum Ptolemæi nomen insculpsit. Cæmentum autem nomenque Regis post aliquot elapsos annos defluxerunt, tuncque sola illa inscriptio visa fuit, quæ tanti operis gloriam totam Sostrato tribuebat. Cum porro Ptolemæi nomen delapsum esset, hinc ævo posteriori nata sunt opinionum divortia circa fundatorem Phariæ turris.

Plinius 36. 12. ait Ptolemæum ex magnanimitate voluisse ut Sostratus nomen inscriberet suum, ipsiusque Ptolemæi nomen taceret : *magno animo*, inquit, *ne quid omittamus Ptolemaei Regis, quod in ea permiserit, Sostrati Cnidii Architecti structuræ ipsius nomen inscribi*. At illud nullam sane meretur fidem. Hujusmodi enim magnanimitatis genus in usu nunquam fuit, nec heroïcam mentem sapit. Nullus unquam Princeps visus fuit, qui in opificiis pro utilitate publica susceptis, nomen suum adscribere renuerit, eorumque gloriam in Architectos transfundere solos studuerit. Verisimile est autem Plinium, cum sciret in turri solum Architecti nomen comparere, ejusque rei causam ignoraret, id per conjecturam tantum dixisse. Verum hæc conjectura à probabilitate abhorret : præstat enim Luciano credere qui rem, ut nos supra, narravit in fine primi de vera historia libri.

III. Turris ergo istæc structa fuit in Pharo insula quæ a continente stadiis solummodo septem distabat, uno scilicet neque integro milliari ; qua de re alia exsurgit controversia Homeri occasione qui Menelaum inducit dicentem Pharon ab Ægypto unius diei navigatione sejunctam esse, nave etiam plenis velis euntè.

Αἰγύπτῳ προπάροιθε, φάρον δὲ ἑ κικλήσκουσι.
Τόσσον ἄνευθ' ὅσσον τε πανημερίη γλαφυρὴ νηῦς
Ἤνυσεν ἣ λιγὺς οὖρος ἐπιπνείησιν ὄπισθεν. Odyss. 4.

NAVIGATION, PORTS, PHARES, TOURS OCTOGONES.

qu'elle est éloignée de l'Egypte d'une journée entiere d'un vaisseau allant le vent en poupe. Quelques anciens ont pris cela pour une énorme bévûe: ils disent qu'Homere, qui ne connoissoit pas assez l'Egypte, se trompe visiblement en cet endroit. D'autres prennent le parti d'Homere, & voici comment. Herodote dit qu'une bonne partie de la basse Egypte est un present que le Nil a fait peu-à-peu aux Egyptiens. Ce fleuve, dit-il, dans ses débordemens traine un limon, qui repoussé par les flots s'arrête toujours sur les côtes, & aggrandit insensiblement la terre aux dépens de la mer. Sur cela Pline, qui paroit avoir puisé ceci dans Herodote, quoiqu'il ne le dise pas, tâche de justifier Homere en disant que depuis ce tems-là le Nil en trainant toujours du limon, a enfin approché la terre de l'Isle de Pharos. Mais ce sentiment a de grandes difficultez. Car si depuis le tems de Menelas jusqu'à Ptolemée Philadelphe, la terre a gagné sur la mer l'étendue d'une grande journée de chemin, quoiqu'il n'y ait guere plus de mille ans de l'un à l'autre, d'où vient que dans deux mille ans écoulez depuis Ptolemée jusqu'à nos jours, la terre n'a presque rien gagné sur la mer, quoique le Nil traine toujours du limon à son ordinaire?

D'habiles gens du siecle passé ont défendu ce grand Poete en une autre maniere. Ils prétendent que quand il dit que l'Isle de Pharos est éloignée d'une journée de l'Egypte, il entend cela du Nil, qu'il appelle toujours Ægyptus. Le sens est donc selon eux, que l'Isle de Pharos est à une journée loin de la principale embouchure du Fleuve Ægyptus qui est le Nil, ce qui est vrai selon Herodote, qui dit que c'est celle qui coupe le Delta en deux parties. Je pourrois m'étendre davantage sur ce point, mais comme il n'entre qu'incidemment dans ce discours, je reviens à mon sujet.

IV. L'Isle de Pharos étoit donc éloignée du continent de sept stades, ou selon Cesar de neuf cens pas, ce qui revient presque au même. Elle étoit plus longue que large: sa plus grande longueur étoit opposée d'un côté à la terre, & de l'autre à la pleine mer. Elle devint peninsule dans la suite du tems: les Rois d'Egypte la joignirent à la terre par une chaussée, & par un Pont qui alloit de la chaussée à l'Isle; en sorte que du tems de Strabon elle étoit, selon cet Au-

---

Ex veteribus aliqui errorem ingentem esse dixerunt, Homerumque quod Ægyptum non sat novisset, hæc perperam dixisse putaverunt. Alii pro Homero stant, & hæc ejus gratia proferunt. Herodotus ait magnam inferioris Ægypti partem donum esse Nili quo paulatim Ægypti sunt adaucti. Hic fluvius, inquit Herodotus lib. 2. cum exundat limum semper trahit, qui a fluctibus maris repercussus littori adjungitur, terramque sensim adauget, mari spatium ipsi concedente. Ex hisce Plinius: nam certe Herodoto mutuatus videtur, quamquam id minime dicat, Homerum purgare nititur, aitque Nilum semper limum trahentem, continentem tandem ad usque pene insulam Pharon produxisse. Verum hæc opinio maximas parit difficultates: nam si a Menelai tempore usque ad Ptolemæum Philadelphum, terra tantum adaucta mari recedente sit, ut plenum unius diei iter ipsi accesserit, etsi non multo plus quam mille anni sint a Menelai tempore ad usque tempus Ptolemæi Philadelphi, quid causæ est quod a duobus pene annorum millibus a Ptolemæo illo ad hoc usque tempus elapsis, terra nihil fere novi in hac plaga adepta fuit, etsi Nilus semper limum pro more trahat?

At viri insignes proximi sæculi magnum illum Poëtam defenderunt alio solidiorique modo. Aiunt enim Homerum cum ait Pharon insulam unius diei itinere ab Ægypto distare, idipsum de Nilo intelligere, quem Ægyptum semper vocat idem Homerus.

Πρὶν γ᾽ ὅταν ἀιγυπτοίοιο διιπετέος ποταμοίο
Αὖθις ὕδωρ ἐλθῇς.

Sensus ergo illius est, aiunt, Pharon insulam unius diei itinere a majori ostio Ægypti fluminis distare, quod idipsum Ægyptus fluvius Nilus est. Illud autem secundum Herodotum verum est, qui ait præcipuum Nili ostium illud esse quod Deltam in duo secat. Possem hæc longius producere, sed quoniam hæc ex occasione tantum tractavimus, ad argumentum revertor.

IV. Insula itaque Pharos a continente septem stadiis distabat, aut, ut Cæsar ait, nongentis passibus, quod idipsum pene est. Eratque oblonga: major longitudo ab una parte continentem, ab altera mare respiciebat. Insequenti ævo peninsula facta est. Ægypti Reges eam aggere facto, continenti junxere; ita ut Strabonis tempore secundum hunc ipsum scrip-

teur, presque terre ferme : elle avoit un promontoire ou une roche, contre laquelle les flots de la mer se brisoient. Ce fut sur cette roche que Ptolemée Philadelphe fit bâtir de pierre blanche la Tour du Phare, ouvrage d'une magnificence surprenante à plusieurs étages voutez, à peu-près comme la Tour de Babilone, qui étoit à huit étages, ou comme Herodote s'exprime, à huit tours l'une sur l'autre. C'est ainsi qu'il faut expliquer le πολύροφος de Strabon, & non pas *multis fastigiis* à plusieurs faîtes ou à plusieurs sommets, comme a traduit l'interprete ; de même que quand nous lisons dans Herodote que les maisons de Babilone étoient τριώροφοι, ou τετρώροφοι, nous entendons qu'elles étoient à trois ou à quatre étages. On connoîtra mieux la forme du Phare d'Alexandrie sur celle des autres Phares dont la figure s'est conservée jusqu'à nos jours, & que nous representerons plus bas. Les frais de cette Tour, dit Pline, monterent à huit cens talens.

Le Geographe de Nubie, Auteur qui écrivoit il y a environ six cens ans, parle de la Tour du Phare comme d'un édifice qui subsistoit encore de son tems. Il l'appelle un candelabre, à cause du feu & de la flamme qui y paroissoit toutes les nuits. Il n'y en a point, dit-il, de semblable dans tout l'Univers, quant à la solidité de la structure : elle est bâtie de pierres très dures jointes ensemble avec des ligamens de plomb. La hauteur de la Tour, poursuit-il, est de trois cens coudées, ou de cent statures ; c'est ainsi qu'il s'exprime pour marquer que la Tour avoit la taille de cent hommes, en comptant trois coudées pour la taille d'un homme. Il n'est pas le seul qui donne à l'homme cette mesure. S. Jean Chrysostome dans son exposition sur le Ps. 48. appelle l'homme βραχὺν καὶ τρίπηχυν, un animal de courte taille & de trois coudées de haut, comme nous avons dit lorsque nous parlions des differences des pieds pris comme mesures. Selon la description du Geographe de Nubie, il falloit qu'elle fut fort large en bas, puisqu'il dit qu'on y avoit bâti des maisons. En effet, un Scholiaste de Lucien manuscrit cité par Isaac Vossius, assure que pour la grandeur elle pouvoit être comparée aux Pyramides d'Egypte : qu'elle étoit quarrée ; que ses côtez avoient près d'une stade de long, & que de son sommet on découvroit jusqu'à plus de trente lieues loin.

Le Geographe de Nubie ajoute, que cette partie d'enbas qui étoit si large,

torem continens pene esset. Promontorium habebat sive rupem in quam maris fluctus frangebantur. In hac autem rupe Ptolemæus ex lapide candido turrim Phari exædificavit, opus magnificentissimum, plurima habens tabulata concamerata; ferme ut Babylonica turris quæ octo tabulata habebat, sive, ut Herodotus loquitur, octo turres habens, alteram alteri impositam. Ita explicandum illud Strabonis πολύροφος, non autem, ut Interpres Latinus habet, multis fastigiis ; sic etiam cum apud Herodotum legimus domos Babylonicas τριωρόφους aut τετρωρόφους fuisse, intelligimus eas vel tribus vel quatuor tabulatis fuisse instructas. Phari Alexandrinæ figura melius dignoscetur conspectis aliis pharis, quorum schemata ad nostrum usque tempus servata sunt, & quæ infra repræsentabimus. Impensa sunt, inquit Plinius, huic struendæ turri octingenta talenta.

Geographus Nubiensis qui scripsit, anni sunt circiter sexcenti, phari turrim sic commemorat, ac si suo adhuc ævo staret. Candelabrum autem ipsam appellat ob ignem flammamque singulis noctibus ibi comparentem. Nulla, inquit, illi per totum orbem similis est, si structuræ soliditatem spectaveris : duriss mis ædificata est lapidibus, qui ligaminibus plumbeis simul juncti sunt. Altitudo turris, pergit ille, est trecentorum cubitorum sive staturarum centum ; ita scilicet exprimit turrim centum virorum staturam habuisse, enumerando scilicet tres cubitos pro viri cujusque statura. Neque vero ipse solus hanc mensuram homini tribuit ; Joannes enim Chrysostomus expositione in Psalmum 48. hominem appellat βραχὺν καὶ τρίπηχυν, brevem & tricubitalem, qua de re jam loquuti sumus, ubi de pedibus ut mensuris iisque diversis agebamus. Secundum descriptionem Geographi Nubiensis ea quæ sub tabulato inferiori erant admodum esse lata debuere ; quandoquidem ait domos ibi ædificatas fuisse. Et vere Scholiastes quidam Luciani manuscriptus ab Isaaco Vossio laudatus ad Pompon. Melam. p. 105. affirmat illam quoad magnitudinem comparari posse pyramidibus Ægyptiacis : quadratam illam esse, ejus latera stadium ferme longitudinis habere, exque ipsius cacumine usque ad leucas plusquam triginta remotissima quædam conspici.

Addit Geographus Nubiensis partem illam inferiorem adeo latam dimidium altitudinis turris totius oc-

NAVIGATION, PORTS, PHARES, TOURS OCTOGONES.

occupoit la moitié de la hauteur de cette Tour ; que l'étage qui étoit au-dessus de la premiere voute, étoit beaucoup plus étroit que le dessous ; en sorte qu'il laissoit une gallerie tout autour, où l'on pouvoit se promener. Il parle plus obscurément des étages superieurs, & il dit seulement qu'à mesure que l'on monte, les escaliers sont plus courts, & qu'il y a des fenêtres de tous côtez pour les éclairer.

Les Arabes & quelques Voiageurs ont rapporté de la Tour du Phare bien des choses fort sujettes à caution. Ils disent que Sostrate fonda cette prodigieuse masse sur quatre grands cancres de verre, ce qui paroit si fabuleux qu'on ne voudroit pas même se donner la peine de le refuter. Cependant Isaac Vossius assure, qu'il a entre les mains un ancien Auteur manuscrit des merveilles du monde, qui raconte la même chose. Mais cet Auteur semble ne rapporter cela que sur un bruit public ; & Vossius se donne inutilement la torture pour rendre croiable un fait qui a si peu de vraisemblance. S'il y avoit eu quelque chose d'approchant de cela, on a peine à croire que de tant d'anciens Auteurs qui ont parlé de la Tour de Pharos, pas un n'en eut rien dit.

On doit encore ajouter moins de foi à ce que rapporte, sur la foi des Arabes, Martin Crusius dans sa Turco-Grece ; qu'Alexandre le Grand fit mettre au haut de la Tour un miroir fait avec tant d'art, qu'on y découvroit de 500. parasanges, c'est-à-dire, de plus de cent lieues les flottes des ennemis qui venoient contre Alexandrie ou contre l'Egypte ; & qu'après la mort d'Alexandre ce miroir fut cassé par un Grec nommé Sodore, qui prit un tems où les soldats de la Forteresse étoient endormis. Cela supposeroit que le Phare étoit déja bâti du tems d'Alexandre le Grand, ce qui est certainement faux. C'est assez le génie des Orientaux, d'inventer des choses si déraisonnablement merveilleuses.

L'extraordinaire hauteur de cette Tour faisoit que le feu qu'on allumoit au-dessus paroissoit comme une Lune ; c'est ce qui a fait dire à Stace :

Lumina noctivaga tollit Pharos æmula Lunæ.

Mais quand on le voioit de loin, il sembloit plus petit, & avoit la forme d'une étoile assez élevée sur l'horison ; ce qui trompoit quelquefois les Mariniers, qui croiant voir un de ces astres qui les guidoient pour la navigation, tournoient leurs proues d'un autre côté, & alloient se jetter dans les sables de la Marmarique.

---

cupare, & ea quæ supra primum tabulatum erant, longe angustiora esse iis quæ sub tabulato ; ita circa turrim porticus esset in qua spatiari liceret. De tabulatis vero superioribus longe obscurius loquitur, aitque tantum quo magis ascenditur, eo breviores esse scalas, fenestrasque undique haberi ad lucem præstandam.

Arabes & quidam peregrinatores de turri pharia multa retulerunt vix credibilia. Aiunt enim Sostratum hanc prodigiosam molem supra cancros quatuor vitreos fundavisse. Id quod ita fabulosum videtur, ut nequidem refutari mereatur. Attamen Isaacus Vossius in Melam p. 205. affirmat se veterem scriptorem manuscriptum de miraculis mundi habere, ubi idipsum narratur. Verum scriptor ille ex rumore solum vulgi loqui videtur : Vossiusque frustra nititur rem tam incredibilem tueri ac propugnare. Si quid enim vel simile vel affine vere fuisset, an tot veteres scriptores qui de turri Pharia disseruere, ne verbum quidem de re tam insolita dixissent ?

Minus adhuc credibile est quod refert Martinus Crusius in Turcogræcia p. 231. idque ex Arabibus expiscatus ; nempe Alexandrum magnum in suprema turri speculum poni jussisse cum tanto artificio elaboratum, ut ex quingentis parasangis, sive ex leucis plus quam centum, adversariorum classes quæ contra Ægyptum vel Alexandriam accederent, detegerentur. Et post mortem Alexandri speculum confractum fuisse a milite cui Sodoro nomen, qui dormientibus militibus, occasioneque captata, hoc facinus ediderit. Hoc porro supponit pharum jam tempore Alexandri magni structam fuisse ; id quod certissime a vero abhorret. Is est autem mos geniusque Orientalium nationum, ut multa mirabilia quæ & fidem & rationem superent excogitent.

Ingens autem illa turris sublimitas id efficiebat, ut ignis & flamma lunæ instar noctu luceret : hinc Statius :

Lumina noctivaga tollit Pharos æmula lunæ.

Quando autem procul conspiciebatur, cum minor lux videretur, stellæ instar fulgebat, etiam supra horizontem satis elata videbatur. Quæ res quandoque nautas decipiebat, qui putantes se videre aliquam ex stellis, queis ad navis cursum & ductum utebantur, proram alio convertebant, & ad arenosum Marmaricæ littus deducebantur.

V. Cette Tour prit bientôt le nom de l'Isle : on l'appella le Phare. Les étymologistes ont, à leur ordinaire, tâché de découvrir l'origine de ce mot. Isidore prétend qu'il vient de φῶς, qui veut dire lumiere, & d'ὁρᾶν qui signifie voir. Le Liceti en donne une autre étymologie qui ne vaut pas mieux. Que des gens qui ne lisoient pas les Auteurs Grecs se soient ainsi exercez inutilement à tirer ces étymologies, cela est encore moins surprenant que de voir Isaac Vossius qui lisoit Homere, chercher dans la langue Greque l'origine de Pharos, de φαίνειν, luire, dit-il, vient φανερὸς de φανερὸς φάρος; & cela après avoir cité lui-même un vers d'Homere, qui dit:

Αἰγύπτῳ προπάροιθε φάρον δέ ἑ κικλήσκουσι.

L'Isle s'appelloit donc φάρος sept ou huit cens ans avant qu'il y eut ni tour ni fanal. Cela fait voir que ces étymologistes de profession, tirent quelquefois des étymologies sans consulter la raison.

Il est donc certain à n'en pas douter, que le Phare d'Alexandrie a pris le nom de l'Isle de Pharos. Ce nom Egyptien devint depuis appellatif : on appella cette Tour le Phare d'Alexandrie. Elle communiqua son nom aux autres Tours faites sur le même modele & pour le même usage, qui furent aussi appellées Phares. Ces Tours, dit Herodien, qu'on bâtit sur les Ports pour éclairer les navires qui abordent la nuit, sont ordinairement appellées Phares, c'est-à-dire, qu'elles prirent le nom de la premiere qui avoit été bâtie, & qui servit de modele aux autres; tout de même que le superbe Tombeau fait par Artemise pour le Roi Mausole son mari, donna le nom de Mausolée à tous les Tombeaux que leur magnificence rendit celebres.

VI. Le nom de Phare s'étendit bien d'avantage que celui de Mausolée. Gregoire de Tours le prend en un autre sens. *On vit*, dit-il, *un Phare de feu qui sortit de l'Eglise de S. Hilaire, & qui vint fondre sur le Roi Clovis*. Il se sert aussi de ce nom pour marquer une incendie : *Ils mirent*, dit-il, *le feu à l'Eglise de S. Hilaire, firent un grand Phare, & pendant que l'Eglise bruloit, ils pillerent le Monastere*. Ce nom se trouve souvent dans cet Auteur au même sens; de sorte qu'en ce tems-là un incendiaire & un bruleur d'Eglise, étoit un faiseur de Phares.

On appella Phares dans des tems posterieurs certaines machines où l'on met-

---

V. Turris ipsa cito nomen insulae accepit, vocata quippe est Pharus. Etymologi pro more suo vocis hujus originem assequi conati sunt. Isidorus putat formatam esse vocem ex Graeco φῶς, quae vox significat lucem, & ex verbo ὁρᾶν, quod sibi vult *videre*. Licetus aliam excogitavit etymologiam haud meliorem. Sed scriptores videre Graecae linguae ignaros, sic humiliter hasce etymologias tentare; id adhuc minus stupendum quam Isaacum Vossium in Melam p. 205. cernere, virum qui legebat Homerum, in Graeca lingua vocis φάρος etymon quaerere. Ἐκ τε φαίνειν, inquit, lucere φανερὸς derivatur, & ex φανερὸς φάρος : idque postquam ipse hunc Homeri versum attulit, Αἰγύπτῳ προπάροιθε, φάρον δέ ἑ κικλήσκουσι. Hoc est, *ante Ægyptum* : Pharon autem illam vocabant. Insula igitur φάρος vocabatur, antequam vel turris vel ignis accensus in illa videretur. Hinc videas illos qui etymologias eruere conantur, & huic rei operam locare solent, etymologias saepe inconsulta recta ratione eruere.

Certum igitur indubitatumque est pharum Alexandrinam ab Insula Pharo nomen mutuatam esse. Hoc porro nomen Ægyptium deinde appellativum evasit; vocata quippe fuit turris isthaec Pharus Alexandrina, quod nomen exinde derivatum est in alias omnes turres ad illius exemplar, & ad eumdem usum structas. Illae turres, inquit Herodianus, quae ad portus construuntur ut navibus luceant & ductum noctu praestent, phari vulgo vocantur. Primae scilicet ad eamdem rem structae ejus nomen omnes sumsere, ad cujus normam excitatae fuerant; quemadmodum etiam superbum illud sepulcrum ab Artemisia Mausoleo Regi conjugi suo structum, Mausolei nomen indidit sepulcris omnibus ex magnificentia sua celebratis.

VI. Phari multo magis quam Mausolei nomen propagatum est. Gregorius Turonensis pharum alio sensu usurpat. 5. 2. c. 37. Pharus ignea, inquit, *de Basilica egressa, visa est ei tanquam super se advenire*. Hoc etiam nomine utitur ad incendium designandum l. 10. cap. 15. *ignem injiciunt*, inquit, (in Basilicam S. Hilarii) *factaque pharo magna de hujus incendio, cunctam Monasterii supellectilem rapuerunt*. Hoc nomen saepe apud eumdem scriptorem illo sensu occurrit. Ita ut illo tempore incendiarius, qui Ecclesias igne consumeret, pharos facere diceretur.

Phari etiam dictae sunt posteriori aevo, quaedam

toit plusieurs lampes ou plusieurs cierges, & qui approchoient de nos lustres. Anastase le Bibliothécaire dit que le Pape Sylvestre fit faire un Phare d'or pur, & que le Pape Adrien premier en fit un en forme de croix, suspendu dans le Presbytere, où l'on mettoit mille trois cens soixante dix chandelles ou cierges. Il se sert en cent endroits du mot Phare, pour marquer ces grands luminaires. Ce nom se trouve aussi au même sens dans plusieurs Auteurs, ou contemporains d'Anastase, ou de plus bas tems. Leon d'Ostie dans sa Cronique du Mont Cassin, dit de l'Abbé Didier: » Il fit faire un Phare ou une grande Couronne » d'argent du poids de cent livres, d'où s'élevoient douze petites tourelles, & » d'où pendoient trente-six lampes.

Ce mot Phare a encore été pris en un sens plus métaphorique: on a appellé quelquefois Phare tout ce qui éclaire en instruisant, & même les gens d'esprit qui peuvent éclairer les autres. C'est en ce dernier sens que Ronsard disoit à Charles IX.

Soyez mon Phare, & gardez d'abymer
Ma nef qui nage en si profonde mer.

---

machinæ, in quibus plurimæ lampades aut cerei apponebantur, quas *lustra* vocamus. Anastasius Bibliothecarius ait Sylvestrum Papam pharum ex auro puro fieri curavisse, & Hadrianum I. Papam pharum fecisse in crucis formam, in Presbyterio suspensam, ubi apponebantur mille trecentæ septuaginta candelæ. Centies autem phari nomen adhibet ad magna luminaria significanda. Eodem etiam sensu phari nomen usurpatur apud scriptores plurimos aut Anastasio æquales, aut ætate inferiores. Leo Ostiensis in Chronico Cassinensi ait libro tertio capite trigesimo tertio, Desiderium Abbatem pharum fecisse sive magnam coronam argenteam pondo librarum centum, unde duodecim turriculæ erigebantur, & unde pendebant triginta sex lucernæ.

Hæc vox, pharus, etiam usu ad metaphoram magis spectante adhibita fuit. Sæpe pharum dixere quidquid menti lucem afferret, quidquid doceret. De viris quoque ingenio præditis qui possint lucem indere dicitur. Sic Carolo nono Ronsardus Poëta dicebat:
Mihi pharus esto, ne tam profundum mare transnatans
navis mea in naufragium incidat.

CHAPITRE QUATRIEME.

I. La forme des Phares selon Herodien. II. Phares bâtis en d'autres endroits. III. Phare de Boulogne sur mer. IV. Boulogne étoit Gessoriacum. V. Le Phare de Boulogne bâti par Caligula. VI. Sa forme octogone. VII. Appellé Tour d'Ordre, pourquoi. VIII. Reparé par Charlemagne. IX. Ruiné par quel accident. X. Autres Phares. XI. Tour de Douvre. XII. Phare de Douvre.

I. Revenons aux Phares pris dans la signification la plus ordinaire. Celui d'Alexandrie qui communiqua son nom à tous les autres, leur servit aussi de modele, comme nous avons déja dit. Herodien nous apprend que tous étoient de la même forme. Voici la description qu'il en fait parlant de ces catafalques qu'on dressoit aux funerailles des Empereurs. » Au-dessus du premier » quarré, il y a un autre étage plus petit, orné de même, & qui a des portes » ouvertes : sur celui-là il y en a un autre, & sur celui-ci encore un autre, » c'est-à-dire, jusqu'à trois ou quatre, dont les plus hauts sont toujours de » moindre enceinte que les plus bas ; de sorte que le plus haut est le plus petit » de tous. Tout le catafalque est semblable à ces tours qu'on voit sur les ports, » & qu'on appelle Phares, où l'on met des feux pour éclairer les vaisseaux, & » leur donner moien de se retirer en lieu sur.

On voit par là que ces Phares étoient au moins quelquefois à plusieurs étages, que ces étages se retrecissoient toujours à mesure qu'ils étoient plus élevez, & qu'ils laissoient une gallerie en dehors prise sur la fabrique de dessous, toujours plus large que celle de dessus. Cela se voit sur les catafalques des Empereurs representez sur les médailles, qui laissent à chaque étage un espace vuide exterieur assez considerable, où il paroit que l'on pouvoit se promener.

Herodien nous donne à entendre que tous les Phares étoient faits à peu-près sur ce modele, & sans doute à l'imitation de celui d'Alexandrie. Suetone le dit expressément de celui d'Ostie bâti par l'Empereur Claude ; voici ses termes : » Il fit faire au Port d'Ostie une très haute tour sur le modele du Phare d'Ale- » xandrie, afin que les feux qu'on y faisoit pussent guider la nuit les navires » qui alloient sur mer.

CAPUT QUARTUM.

I. Phari forma ex Herodiano. II. Phari aliis in locis structæ. III. Pharus Bononiæ ad Oceanum. IV. Bononia Gessoriacum erat. V. Pharus Bononiensis per Caligulam structa. VI. Ejus forma octangula. VII. Turris Ordensis dicta, quare. VIII. A Carolo magno restaurata. IX. Quo casu eversa. X. Phari aliæ. XI. Turris Dubriensis. XII. Pharus Dubriensis.

I. AD pharos redeamus secundum primigeniam suam & naturalem vulgaremque significationem. Alexandrina pharus quæ nomen aliis suum indidit, carum etiam exemplar fuit, ut jam diximus. Docet Herodianus pharos omnes ejusdem fuisse formæ. En descriptionem ejusdem loquentis de machinis illis quæ in funeribus Imperatorum erigebantur, l. 4. ubi de Antonino & Geta. Supra vero (hanc primam quadratam struem) inquit , *altera ponitur minor quidem , sed forma & ornatu persimilis , portis januisque patentibus , tertiaque item & quarta semper inferiore retractior , ac deinceps alia , donec ad extremam quæ est omnium brevissima , perveniatur. Potest ædificii hujus forma comparari turribus iis quæ portubus imminentes , noctu igne prælato , naves in tutas stationes dirigunt ; pharos vulgo appellant.*

Ex his patam est pharos illas, aliquando saltem, tabulatis plurimis instructas fuisse, quæ tabulata structiora angustioraque erant quo altiora constituebantur ; ita ut porticum semper relinquerent inferiori ædificio imminentem, quod latius semper erat superiore. Observatur illud in structuris illis funeralibus Augustorum quæ in numnis exhibentur, ubi ad singula tabulata spatium exterius & vacuum comparet, ubi etiam spatiari poterant.

Herodianus indicat pharos omnes ad idipsum exemplar structas fuisse, ad normam videlicet, ut credere est, priscæ illius Alexandrinæ. Suetonius vero illud diserte ait de Ostiensi ab Imperatore Claudio structa : en ipsius verba c. 20. *Congestisque pilis superposuit altissimam turrim in exemplum Alexandrini phari, ut ad nocturnos ignes cursum navigia dirigerent.*

NAVIGATION, PORTS, PHARES, TOURS OCTOGONES. 131

II. On fit encore d'autres Phares en Italie ; Pline parle de ceux de Ravenne & de Pouſſol. Suetone fait auſſi mention du Phare de l'Iſle de Caprées, qu'un tremblement de terre fit tomber peu de jours avant la mort de Tibere. Il ne faut pas douter qu'on n'en ait fait encore bien d'autres. Capitolin met entre les ouvrages faits par Antonin le pieux, *Phari reſtitutio, Caietæ Portus*. Caſaubon croit qu'on doit ôter la virgule après *reſtitutio*, & l'entendre ainſi : *le rétabliſſement du Phare du Port de Gaiete*. Mais ſi l'on conſidere bien le texte de Capitolin, cette conſtruction paroîtra forcée. D'ailleurs comme on ne ſait pas s'il y avoit anciennement un Phare à Gaiete, ne diroit-on pas plus vraiſemblablement que cet Empereur qui a rétabli le Port de Pouſſol, comme une inſcription nous l'apprend, aura auſſi rétabli ſon phare.

Denys de Byſance Geographe cité par Pierre Gilles, fait la deſcription d'un phare celebre ſitué à l'embouchure du fleuve Chryſorrhoas, qui ſe dégorgeoit dans le Boſphore de Thrace. Au ſommet de la colline, dit-il, au bas de laquelle coule le Chryſorrhoas, on voit la tour Timée d'une hauteur extraordinaire, d'où l'on découvre une grande plage de mer, & que l'on a bâti pour la ſureté de ceux qui navigeoient, en allumant dans à ſon ſommet pour les guider ; ce qui étoit d'autant plus neceſſaire que l'un & l'autre bord de cette mer eſt ſans ports, & que les ancres ne ſauroient prendre à ſon fond. Mais les barbares de la côte allumoient d'autres feux aux endroits les plus élevez des bords de la mer, pour tromper les mariniers & profiter de leur naufrage, lorſque ſe guidant par ces faux ſignaux ils alloient ſe briſer ſur la côte. A preſent, pourſuit cet Auteur, la tour eſt à demi ruinée, & l'on n'y met plus de fanal.

Quoique Herodien diſe ci-deſſus que les catafalques qu'on faiſoit aux funerailles des Empereurs, étoient ſemblables aux phares, cette reſſemblance ne ſe doit entendre que pour les differens étages plus étroits les uns que les autres, à meſure que l'édifice s'élevoit. Ces catafalques étoient toujours quarrez ; il ne s'enſuit pas que tous les phares le fuſſent auſſi. Un beau médaillon de Commode du cabinet de M. le Maréchal d'Eſtrées, nous repréſente un port qui a un phare tout rond à quatre étages, dont le premier eſt grand & large, le ſecond moindre, le troiſiéme & le quatriéme vont auſſi en diminuant, comme on peut voir ſur le deſſein que nous en donnons ici.

II. Aliæ quoque phari per Italiam ædificatæ ſunt: memorat Plinius pharos Ravennæ & Puteolorum: Suetonius etiam pharum quæ Capreis paulo ante Tiberii mortem lapſa eſt. Sic nempe : *Et ante paucos quam obiret dies, turris phari terra motu Capreis concidit.* Neque dubitandum eſt multas alias pharos conſtructas fuiſſe. Capitolinus inter opera ab Antonino Pio edita hæc memorat, *phari reſtitutio, Caietæ portus*, Caſaubonus vero putat tollendam eſſe virgulam poſt *reſtitutio*, & ſic intelligendum eſſe, *reſtitutio phari portus Gaietæ*. Sed ſi bene perpendatur Capitolini ſeries, conſtructio non nativa videbitur. Aliunde vero cum neſciatur an olim pharus Gaietæ fuerit, annon melius dicatur, hunc Imperatorem qui Puteolorum portum reſtituit, ut ex inſcriptione quadam quam alibi protulimus probatur, pharum etiam ejus reſtituiſſe.

Dionyſius Byzantius Geographus reſcente Petro Gillio deſcriptionem fecit phari celeberrimæ oſtium fluminis Chryſorrhoæ dicti, quod in Boſphorum Thracicum influebat : *In ſummo vertice collis*, inquit, *ſecundum quem deſcendit Chryſorrhoas, exiſtit Timæa turris admodum excelſa, circumſpecta & multo mari illuſtris, ad ſalutem navigantium excitata. Utraque enim ponti pars caret portubus naves excipientibus: Nam maris inſe-* *dati & turbulenti littus longum in neutram continentem flexiones habet. Ex hac turre faces ardentes nolint perſerebantur, recta via ad ponti oſtium duces. At Barbari verarum facium fidem auferebant, pretendentes ex Salmydeſſi littoribus fraudulentas faces, ut in errorem nautas inducerent, in naufragiaque ſubducerent. Ora enim maritima importuoſa eſt, & maris vadum ob exceſſum aquarum ancoris non firmum, & paratum iis qui aberrarunt à recta via naufragium, ſignis veris confuſis cum falſis ſignificationibus. Jam vero lucernam exſtinxit tempus omnia conſumens, & turrim magna ex parte diſſolvit.*

Etſi Herodianus ſupra dicat machinas illas funereas Imperatorum pharis eſſe ſimiles; hæc ſimilitudo intelligi tantum debet quod ad tabulatorum diverſitatem tantum, quorum ſuperiora anguſtiora ſemper erant inferioribus. Illæ porro machinæ funereæ quadratæ erant, non hinc vero ſequitur pharos omnes quadratas fuiſſe. Nummus egregius Commodi Imperatoris ex muſeo D. Mareſcalli d'Eſtrées portum repræſentat, in quo pharus rotundus quatuor tabulatis, quorum primum latum amplumque eſt ; ſecundum minus latum ; tertium item & quartum minus ſpatium occupant, ut in tabula videas.

Tome IV.   R ij

SUPPLEMENT DE L'ANT. EXPLIQ. Liv. VI.

Pl. L.   III. Le phare de Boulogne sur mer dont nous donnons aussi la figure, & dont nous allons faire la description, étoit octogone. Il est donc certain qu'Herodien se doit entendre en la maniere que nous venons de dire, & que s'il y avoit quelques phares quarrez, tous n'avoient pas la même figure.

Ce phare de Boulogne sur mer, qui étoit un des plus beaux monumens de la magnificence Romaine, fut absolument détruit il y a quatre-vingt-ans. Mais il s'en est trouvé par bonheur un dessein fait lorsque le phare subsistoit encore, qui m'a été communiqué par le savant Pere Lequien Religieux Dominiquain, Boulonnois de naissance. C'est sur ce dessein, & sur quelques autres Memoires, que nous en ferons l'histoire, après que nous aurons dit quelque chose sur l'ancien nom de la Ville de Boulogne.

IV. Plusieurs ont disputé autrefois si *Gessoriacum* qui étoit l'ancien Port des Romains pour passer des Gaules dans la Grande Bretagne, étoit la même chose que Boulogne. Mais je ne voi pas qu'il y ait lieu d'en douter. L'ancienne Carte de Peutinger qui dit *Gessoriacum quod nunc Bononia*, leve toute la difficulté. Quoique ce témoignage si positif semble nous exemter de toute recherche, nous en pouvons encore tirer une preuve de ce magnifique phare de Boulogne. C'est incontestablement un ouvrage des Romains pour un Port d'où se faisoit le passage des Gaules dans la Grande Bretagne. Ce Port étoit dans le payis des Morins, & depuis Jules Cesar jusqu'au tems des derniers Empereurs Romains, tous ceux que l'histoire dit avoir passé des Gaules dans la Grande Bretagne, se sont embarquez à *Gessoriacum* : d'où il s'ensuit que cette Ville étoit la même que Boulogne, qui est appellée *Bononia Oceanensis* dans une médaille de Constans du cabinet du Roi. L'Empereur Claude, dit Suetone, c. 17. voulant subjuguer la Grande Bretagne, se rendit par terre de Marseille à *Gessoriacum*, où il s'embarqua pour le trajet. Plusieurs autres depuis lui s'y embarquerent aussi pour passer à la côte opposée, comme l'Empereur Maximien, Lupicin Chef d'armée sous Julien l'Apostat, comme dit Ammien Marcellin, Theodose le Grand, selon le même Auteur. Il est dit dans Zosime l. 6. que Constantin qui prit le nom d'Empereur sous Honorius, passa de la Grande Bretagne à Boulogne, qu'il appelle Βονωνία. Mais ce qui est encore plus concluant, c'est qu'Eumenius qui dans son panegyrique à Constance l'appelle

III. Pharus Bononiæ ad Oceanum, cujus quoque schema damus, cujusque descriptionem facturi sumus, octangula erat. Certum itaque est Herodianum eo quo diximus modo esse intelligendum; & si phari quædam quadratæ essent, non omnes ejusdem fuisse figuræ.

Pharus illa Bononiensis quæ inter eximia Romanæ magnificentiæ monimenta censeri poterat, ab annis octoginta dirutum fuit. At exemplar ejus delineatum repertum fuit, quod exemplar factum fuerat cum staret adhuc pharus, mihique a viro doctissimo P. Michaele Lequien Dominicano Bononiensi oblatum fuit. Ex hoc autem exemplari exque aliis notitiis aliunde petitis ejus descriptionem aggrediemur, postquam de veteri Bononiæ nomine quidpiam dixerimus.

IV. Multi olim disputarunt an Gessoriacum, ubi portus olim Romanorum erat, unde transmittebatur in Britanniam, idipsum esset quod Bononia: verum ea de re nullum video dubitandi locum. Vetus tabula Peutingeriana quæ sic habet : *Gessoriacum quod nunc Bononia*, omnem prorsus difficultatem tollit. Etsi porro testimonium hujuscemodi ita clarum, ab alia quavis perquisitione nos immunes reddere videatur: probati etiam id potest ex magnifica illa pharo Bononiensi. Est enim dubio procul opificium Romanum pro portu unde transmeabant naves ex Galliis in Britanniam. Hic portus erat in Morinorum regione, & a Julii Cæsaris ævo ad usque infimi ævi Imperatores, quotquot ex Galliis in magnam Britanniam transmisisse feruntur, Gessoriaci navem conscenderant; unde sequitur Gessoriacum eamdem ipsam fuisse quam Bohoniam vocamus, quæque Bononia Oceanensis appellatur in nummo Constantis qui est in gaza Regia. Claudius Imperator cum Britanniam subigere vellet, *a Massilia*, inquit Suetonius 17. *Gessoriacum usque pedestri itinere confecto, inde transmisit*. Multi etiam post ipsum inde transmiserunt in oppositam oram, ut Imperator Maximianus, Lupicinus dux exercitus sub Juliano Apostata, ut ait Ammianus Marcellinus, item Theodosius magnus eodem referente scriptore. Apud Zosimum lib. 6. dicitur Constantinum, qui sub Honorio nomen Imperatoris assumsit, ex Britannia Bononiam appulisse, quam hic appellat Βονωνίαν. Verum id quod nullum ea de re dubium relinquit, Eumenius qui in panegyrico ad Constantium Gessoriacum nominat, in alio ejusdem panegyrici loco Bo-

NAVIGATION, PORTS, PHARES, TOURS OCTOGONES. 133

Gessoriacum en un endroit, la nomme *Bononia* en un autre. Il est donc certain que *Gessoriacum* étoit ce qu'on appelle depuis Boulogne, & que c'étoit le Port où l'on s'embarquoit en ce tems-là pour passer en la Grande Bretagne. Je suis persuadé aussi que c'étoit le *Portus Iccius*, dont Cesar parle dans ses Commentaires: mais comme cette opinion est contestée par d'habiles gens, même de ceux qui croient que *Gessoriacum* est la même Ville que Boulogne, & que cela demanderoit une longue dissertation, nous passons ce point qui n'est pas essentiel à notre sujet, pour venir à l'histoire de notre phare, & tâcher de découvrir qui en fut l'Auteur.

V. Il semble qu'il n'y a pas lieu de douter que ce ne soit ce phare dont parle Suetone dans la vie de l'Empereur Caius Caligula. Ce Prince qui entre autres mauvaises qualitez avoit une vanité qui alloit jusqu'à la folie, fit ranger son armée en bataille sur les bords de l'Océan; il fit dresser ses ballistes & ses machines, comme pour attaquer une armée. Personne ne pouvoit s'imaginer quelle expedition il vouloit faire sur ce rivage, où il ne paroissoit pas un ennemi. Il commanda tout d'un coup, que tous se missent à ramasser des coquilles, que chacun en remplît son casque & son sein, disant que c'étoient des dépouilles dignes & du Capitole & du Mont Palatin. Et voulant laisser une marque de sa victoire, il fit bâtir une très haute Tour pour servir de phare & guider par les feux qu'on y mettroit, les vaisseaux qui alloient sur la mer voisine. *Et indicium victoriæ altissimam turrim excitavit: ex qua, ut ex Pharo noctibus ad regendos navium cursus ignes emicarent.* Caligula avec son armée étoit au lieu où se faisoit le passage des Gaules en la Grande Bretagne. Il étoit venu là comme pour faire la guerre dans cette Isle, ὥσπερ ἐν τῇ Βρετανίᾳ ϛρατεύσων, dit Xiphilin. Il n'y avoit pas sous les Empereurs d'autre lieu pour ce trajet que *Gessoriacum* ou Boulogne. C'est donc ce phare dont nous parlons que Caligula fit bâtir; ce qui paroit d'autant plus indubitable, que l'histoire ne fait mention que d'un phare bâti sur cette côte, & qu'on n'y a jamais remarqué des traces d'aucun autre.

VI. Cette Tour fut bâtie sur le promontoire ou sur la falaise qui commandoit au port de la Ville. Elle étoit octogone, comme on la voit sur le dessein. Chacun des côtez avoit, selon Bucherius, 24. ou 25. pieds, c'est-à-dire, que son circuit étoit d'environ 200. pieds, & son diametre de 66. Elle avoit douze entablemens, ou d'especes de galleries l'une sur l'autre qu'on voit au dehors, en

---

noniam appellat: Exploratum itaque est Gessoriacum id ipsum fuisse, quod postea Bononiam vocarunt, ipsumque fuisse portum ex quo transmittebatur ex Galliis in Britanniam. Persuasum etiam mihi est esse portum Iccium de quo Cæsar in Commentariis suis. Verum quia ea de se controvertitur inter doctos, etiamque inter eos qui Gessoriacum esse Bononiam existimant, & quia ad id probandum longa dissertatione opus esset: hoc mittimus quod ad nostrum argumentum non omnino pertinet, ut ad phari nostræ historiam veniamus, & quis ejus auctor fundatorque fuerit disquiramus.

V. Nullus videtur dubitandi locus esse, quin hæc pharus sit de qua Suetonius loquitur in vita Caligulæ. Hic Princeps qui inter cætera vitia studio jactantiæ ad insaniam usque tenebatur: *Quasi perpetraturus bellum*, inquit Suetonius 46. *directa acie in litore Oceani, ac balistis machinisque dispositis, nemine gnaro ac opinante quidnam capturus esset, repente ut conchas legerent, galeasque & sinus replerent imperavit: spolia Oceani vocans, Capitolio Palatioque debita. Et indi-*

cium victoriæ altissimam turrim excitavit, ex qua ut ex pharo noctibus ad regendos navium cursus ignes emicarent. Caligula cum exercitu suo eo in loco erat unde transmittebatur ex Galliis in Britanniam. Venerat quasi bellum gesturus in isthac insula: ὥσπερ ἐν τῇ Βρετανίᾳ ϛρατεύσων, inquit Xiphilinus. Sub Imperatoribus non alius ad trajectionem locus erat, nisi Gessoriacum ant Bononia. Igitur hæc ipsissima est pharus quam Caligula construxit, ac de qua sermo nobis est. Id etiam hinc indubitatum esse debet; quod in hoc littore structam pharum unicam commemoret historia, quodque nullius præterea phari in his oris vestigia conspecta fuerint.

VI. Hæc turris structa fuit in promontorio quod urbis portui quasi imperabat. Octangula autem erat, ut in imagine conspicis. Latera singula Bucherio referente, erant viginti quatuor vel viginti quinque pedum; itaque ejus ambitus erat ducentorum circiter pedum, diameter autem sexaginta sex circiter. Duodecim tabulata turris habebat, quæ in superficie exteriori visuntur; connumerato etiam infimo tabu-

R iij

y comptant celle d'enbas, que le petit Fort qui environne le phare semble cacher. Chaque entablement ménagé sur l'épaisseur du mur de dessous, fait comme une petite gallerie d'un pied & demi. Ainsi ce phare alloit toujours en diminuant, comme nous avons dit ci-devant des autres phares, en sorte qu'à mesure qu'il s'élevoit sur terre, l'enceinte devenoit toujours moindre. Au plus haut de la Tour on mettoit ces feux & ces fanaux, qui servoient de guide à ceux qui alloient sur mer.

La Tour alloit toujours en diminuant jusqu'au plus haut faîte ; mais la diminution se prenoit uniquement sur l'épaisseur du mur, qui devoit ainsi être fort grande rez terre. Les anciens s'étudioient sur tout à bâtir solidement ; on a des preuves des soins surprenans qu'ils avoient de bien fonder leurs édifices. Quelques Architectes Romains du seiziéme siecle ont remarqué que la Rotonde ou le grand Pantheon de Rome avoit un fondement solide, qui regnoit non-seulement sous tout le Temple, mais qui s'étendoit aussi bien au-delà de l'enceinte exterieure. Nous trouvons un exemple plus singulier de cette solidité dans un edifice fait en un siecle plus bas ; c'est dans le Clocher de S. Corneille de Compiegne, qui est tout solide jusqu'au-dessus du toit de l'Eglise, & où l'on n'a laissé d'espace vuide qu'autant qu'il en falloit pour y mettre & pour y sonner des cloches.

La structure de ce phare de Boulogne étoit à peu-près la même que celle du Palais des Thermes, rue de la Harpe : voici ce qu'en disent ceux du pays qui l'ont observée de plus près. Les rangs de pierre & de brique y étoient diversifiez en cet ordre avec un certain mélange de couleurs ménagé, comme il paroit, à dessein, pour en rendre l'aspect agreable. On voioit d'abord trois rangs d'une pierre de la côte, qui est de couleur de gris-de-fer ; ensuite deux lits d'une pierre jaune plus molle, & au-dessus de ceux-là deux lits de brique très rouge & très ferme, épaisse de deux doigts, longue d'un peu plus d'un pied, & large de plus d'un demi pied : la fabrique continuoit toujours de même.

VII. Ce phare étoit appellé depuis plusieurs siecles *Turris Ordans*, ou *Turris Ordensis*. L'Auteur de la vie de S. Folquin écrivain ancien de l'Abbayie de S. Bertin, l'appelle *Pharus Ordrans* ; mais *Ordrans* paroit là une legere corruption d'*Ordans*. Les Boulonnois l'appelloient la Tour d'Ordre. Plusieurs croient, avec

lato, quod arx pharum circumdans occultare videtur. In tabulato quolibet pars quædam extra prominens erat, ex sola muri spissitudine excepta, eratque quasi parva porticus, lata uno tantum pede atque dimidio. Nam tabulata hujusce phari semper quo magis ascendebatur minuebantur, ut de cæteris pharis diximus, ita ut dum ex terra altius erigerentur, altior ambitus semper minor erat inferiori ambitu. In turris fastigio accendebantur ignes & faces quæ ductum præberent navigantibus.

Turris itaque semper minuebatur usque ad summum fastigium ; ita ut imminutio semper ex demta muri spissitudine sumeretur. Quæ spissitudo in ima turre ingens erat ; veteres quippe illi, dum ædificarent, soliditati maxime studebant. Qui res accuratius explorant, stupenda quædam circa rem hanc animadvertunt. Aliquot Architecti Romani decimi sexti sæculi observarunt Rotundam sive magnum Pantheum Romanum, fundamentum solidum habere, quod non solum sub templo toto extenderetur, verum etiam murorum ambitum exteriorem multum excederet. Hujusmodi soliditatis exemplum habemus singularius in turri campanaria S. Cornelii Compendiensis, quæ aliquot sæculis post Pantheum illud erecta fuit, quæque tota solida est a fundamentis, etiam supra tectum Ecclesiæ ; atque ubi tantum spatium vacuum relictum est, quantum necesse erat recipiendis solummodo & pulsandis campanis.

Structura autem phari Bononiensis eadem prope erat quæ structura Palatii Thermarum, ut vocant ; in vico dicto de Harpa. Rem ita describunt ii qui eam in ipsis locis explorarunt. Lapidei lateritiique ordines hoc modo hac varietate dispositi erant, cum quadam colorum diversitate ad conspectûs jucunditatem. Primo tres ordines conspiciebantur lapidum ex ora ipsa maris eductorum, colore pene ferreo ; hinc duo ordines lapidum flavi coloris non tantæ duritiei ; postea vero duo ordines lateritiarum tabularum rubro colore eoque vivido admodum. Lateres autem erant durissimi, spissitudine digitorum duorum, longitudine plus quam pedis regii, latitudine plus quam dimidii regii pedis ; sic semper structura continuabatur.

VII. Hæc pharus a multis retro sæculis *turris Ordans* aut *Turris Ordensis* appellabatur. Qui vitam sancti Folquini scripsit, scriptor antiquus, Monachus erat sancti Bertini, turrim sic appellat, *turris Ordrans* ; verum *Ordrans* hic vitio levi scriptum fuisse videtur pro *Ordans*. Multi existimant, neque sine probabi-

assez d'apparence, que *Turris Ordans*, ou *Ordensis*, s'étoit fait de *Turris ardens* ; la Tour ardente ; ce qui convenoit parfaitement à une tour, où le feu paroissoit toutes les nuits.

VIII. Eginard nous apprend que l'Empereur Charlemagne aiant en l'an 810. fait préparer une flotte sur l'Océan, dans le Port de Boulogne, s'y rendit lui-même l'année d'après pour la visiter : qu'il restaura le phare qu'on y avoit bâti anciennement, pour guider ceux qui alloient sur mer, & qu'il ordonna qu'on y feroit des feux la nuit. Aimoin ajoute qu'il rebâtit le sommet de la Tour tombée par l'injure des tems. L'histoire ne dit rien que je sache sur l'usage que l'on fit dans les tems suivans de ce phare ; ce qu'on sait certainement est, que les Anglois après avoir pris Boulogne, firent bâtir autour du phare en 1545. un petit Fort avec des tours ; en sorte que le phare faisoit comme le dongeon de la Forteresse. Nous donnons ici le dessein de l'un & de l'autre.

IX. Comme il n'y a point d'ouvrage fait par la main des hommes, qui ne perisse enfin, soit par l'injure des tems, soit par quelque autre accident, la Tour & la Forteresse tomberent il y a quatre-vingts ans : voici comment. Cette partie de la falaise ou de la roche qui avançoit du côté de la mer, étoit comme un rampart qui mettoit la tour & la forteresse à couvert contre la violence des marées & des flots ; mais les habitans y aiant ouvert des carrieres pour vendre de la pierre aux Hollandois & à quelques Villes voisines, tout ce devant se trouva à la fin dégarni ; & alors la mer ne trouvant plus cette barriere, venoit se briser contre le rocher au-dessous de la tour, & en détachoit toujours quelque piece ; d'un autre côté les eaux qui découloient de la falaise minoient insensiblement la roche, & creusoient sous les fondemens du phare & de la forteresse ; de sorte que l'an 1644. le 29. de Juillet la tour & la forteresse tomberent tout d'un coup en plein midi. C'est encore un bonheur qu'un Boulonnois plus curieux que ses compatriotes, nous ait conservé la figure de ce phare ; il seroit à souhaiter qu'il se fut avisé de nous instruire de même sur sa hauteur & ses dimensions : nous en aurions ainsi pu donner une description plus ample.

Nous donnons dans la même planche le profil de la Ville de Boulogne, la falaise sur laquelle étoit le phare ou la tour d'Ordre. Ce phare avoit douze entablemens l'un sur l'autre. Chacun des entablemens n'avoit qu'un pied & demi

---

litate, illud *turris Ordans* vel *turris Ordensis* ex his vocibus *turris ardens* derivatum esse ; illud vero nomen turri apprime competebat, ubi ignis singulis noctibus ardebat.

VIII. Narrat Eginardus Imperatorem Carolum magnum anno 810. classem in Oceano parari curasse in portu Bononiensi : illòque venisse anno sequenti, ut ipsam visèret, pharumque olim structam ad navigantium securitatem restauravisse, atque ut ignis ibi noctu accenderetur jussisse : *pharumque ibi ad navigantium cursus dirigendos antiquitus constitutam restauravit, & in summitate ejus nocturnum lumen accendit*. Addit Aimoinus Carolum turris culmen injuria temporis delapsum restituisse. Nescio autem utrum in historia sequentium temporum memoretur pharus atque usus illius. Id quod certissime constat hic afferimus. Angli capta Bononia, circa pharum arcem parvam turribus munitam exædificarunt anno 1545. ita ut pharus quasi medium arcis propugnaculum esset. Utriusque imaginem hic proferimus.

IX. Cum nullum sit opus manu hominum elaboratum, quin ruinæ aut injuria temporum aut casu aliquo partæ sit obnoxium : & pharus & arx lapsæ sunt ab annis octoginta ; en perniciei causam. Rupis illa pars quæ versus mare protendebatur, quasi præsidium erat & arcis & phari contra vicissitudinem æstus, maris, & fluctuum. Sed Bononienses cum lapidicinas in rupem invexissent, ut lapides & Batavis & vicinis urbibus divenderent, tandem hæc moles, hoc præsidium sublatum fuit, tuncque mare nullo obice in illam rupem quæ sub turri erat, irrumpebat & identidem lapides avellebat : aliunde vero aquæ ex ipsa rupe manantes rupem excavabant, etiamque sub fundamentis arcis atque phari. Tandemque anno 1644. vigesima nona Julii & arx & turris simul collapsæ sunt meridie. Commodum tamen accidit ut Bononiensis quispiam concivibus suis studiosior phari delineatum exemplar nobis conservaverit, qui si etiam altitudinem dimensiones omnes atque ichnographiam asservavisset, pergratum nobis facturus erat. Tam nobilis enim monumenti plenam suisque omnibus numeris & partibus absolutam descriptionem parare potuissemus.

In eadem ipsa tabula Bononiæ prospectum damus, rupisque cui imposita pharus erat formam ; quæ pharus etiam turris Ordensis appellabatur. En pharum ipsam duodecim instructam tabulatis, quæ tabulata singula aliquid spatii circum relinquebant sesquipedis,

de saillie ; mais c'en étoit assez pour donner passage au maçon qui alloit tout autour quand il y avoit quelque chose à réparer ; car on juge bien que ces allées sont trop étroites pour s'y promener. On voit encore sur la planche la forteresse que les Anglois firent autour du phare, munie de tours quarrées. On demande si les feux qu'on mettoit sur le phare étoient au plus haut faîte & en plein air, ou s'ils étoient dans une espece de chambre à couvert des injures de l'air. Je suis persuadé que ces feux s'allumoient dans un lieu couvert, & n'éclairoient que par les fenêtres. Si on l'avoit mis sur la plus haute surface du phare & en plein air, les tempêtes & les vents qui devoient souffler d'une horrible force dans un lieu si haut, auroient tout emporté.

X. On voit effectivement un autre phare rond tiré d'un grand médaillon de M. le Maréchal d'Estrées, dont tout le haut se termine en pointe, d'où il s'ensuit que les feux se mettoient dans la plus haute chambre, & n'éclairoient que par les fenêtres. Ce phare rond est aussi sur une roche, & a quatre entablemens ; mais les chambres d'en haut sont successivement beaucoup plus petites que celles d'en bas, en sorte qu'à chaque étage il y a de larges portiques où l'on pouvoit se promener, & d'autant plus surement qu'il y avoit tout autour des parapets à l'extremité des portiques.

La tour qui est proche de ce phare rond est quarrée & d'une structure fort simple, comme on les faisoit dans ces plus anciens tems. Elle étoit, comme nous avons dit, au promontoire de Sigée proche de la mer, au tems du siege de Troie. Au-dessus de la tour de Sigée on voit dans la planche une de ces machines qu'on préparoit pour les funerailles de l'Empereur, qui, selon Herodien rapporté ci-dessus, étoit fort semblable aux phares. J'ai déja dit plus haut en quoi consistoit cette ressemblance ; c'étoit en ce que les chambres superieures étoient toujours plus petites que les inferieures. La figure en étoit pourtant différente. Ces machines sont toujours quarrées dans les médailles, au lieu que les phares étoient ronds, octogones ou de quelque autre figure.

Cet autre phare que nous voyons au bas de la planche, m'a été donné par feu M. Baudelot, qui l'avoit dessiné lui-même sur une de ses médailles d'Apamée. Si cette médaille represente effectivement un phare comme il l'a peint, elle est certainement des plus rares ; mais elle est extremement usée & effacée, en sorte

---

hocque spatium structoribus, ut si quid reparandum esset repararent, & circumquaque dispicerent, satis erat ; nam ad spatiandum animi causa in tam alto ædificio non sufficiebat. Arx præterea depingitur, quam circa turrim Angli struxerant, quadratis turribus munita. Jam quærere libet utrum ignes & faces quæ noctu ardebant in fastigio phari arderent & sub dio, an vero in altissima quadam camera tuti ab aeris injuriis ignes accenderentur. Puto utique ignem in operto loco asservatum fuisse, ac per fenestras illuxisse ; nam in summo fastigio & sub dio venti & procellæ in tam alto loco horribiles omnia abstulissent, ignemque brevi alio asportassent.

X. Certe in altera pharo rotunda quæ ex nummo maximæ molis Ill. D. Marescalli d'Estrées educta fuit, supremum fastigium in acumen desinit; unde arguitur ignem in camera conclusum per fenestras procul illuxisse. Hæc autem pharus in rupe etiam erigitur & quatuor habet tabulata, verum superiores cameræ inferioribus longe minores sunt ; ita ut circum porticus perampla sint, ubi qui vellent spatiari poterant : utque id tutius fieret, adsunt undique loricæ quæ extremam porticum ambiant.

Quæ proxima huic est turris quadrata simplici structuræ, ad prisca tempora pertinet, cum hujusmodi turres rudi admodum opere construerentur. Hæc porro in promontorio Sigæo prope mare erat, ut dicebamus supra, & ad Trojana illa tempora spectabat. Supra Sigæanam turrim visitur in tabula nostra machina illa funerea quam defunctis Imperatoribus Romæ parabant, quam esse pharis similem dicebat supra Herodianus. In quo sita effet illa similitudo jam supra diximus ; in eo videlicet quod tabulata & cameræ superiores semper inferioribus essent minores ; in ambitus autem figura non par ratio est : nam machinæ illæ quadratæ semper visuntur in nummis, phari vero aliæ rotundæ, aliæ octangulæ, aliæ aliius formæ erant.

Pharum porro illam quam infra in Apamiensi nummo videmus, ab se delineatam dedit mihi ὁ μακαρίτης Baudelotius. Nummus autem, si vere hæc ipsa repræsentet, admodum rarus est ; sed detritus, ideoque

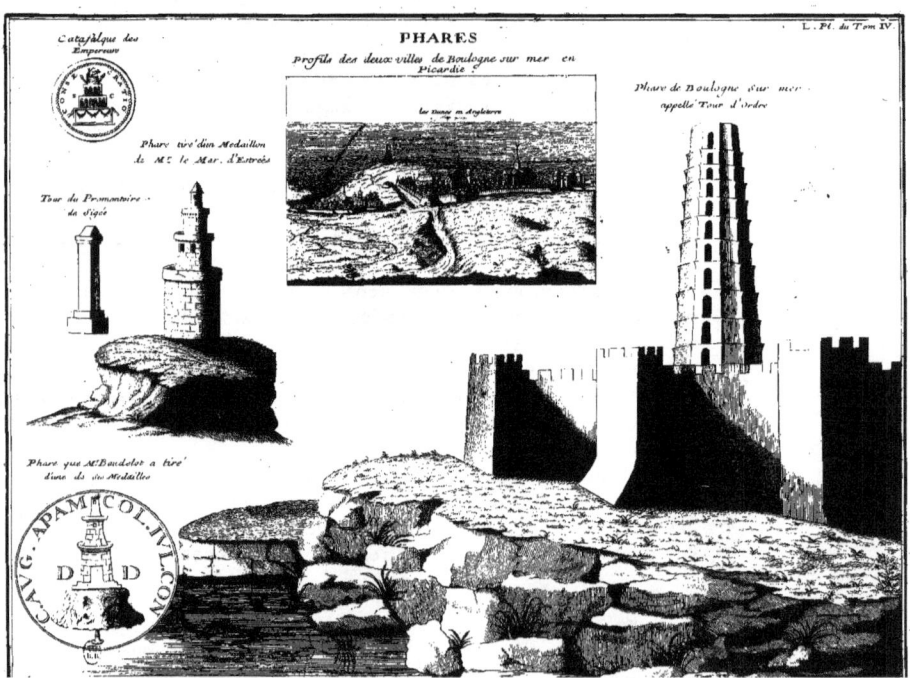

NAVIGATION, PORTS, PHARES, TOURS OCTOGONES.

que j'ai peine à croire qu'on y puisse voir distinctement tout ce que le dessein de M. Baudelot représente. Ce phare est sur une montagne escarpée à quatre entablemens, comme le phare rond, avec des portiques tout autour. S'il faut s'en rapporter à l'image, le feu étoit allumé sur le plus haut faîte de la tour & en plein air ; mais on n'oseroit se fier à ce qui a été dessiné d'après une médaille si gâtée. Cette Apamée étoit une Ville de Bithynie sur la Propontide ; il y avoit plusieurs villes de ce nom. Mais on prouve que c'est l'Apamée de Bithynie, parce qu'il n'y avoit que celle-là qui fut Colonie Romaine ; comme l'assurent ceux qui ont travaillé à des recueils de médailles ; l'inscription se doit lire ainsi ; *Colonia Augusta Apamea, Colonia Julia Concordia decreto decurionum.*

XI. Le phare de Boulogne bâti par les Romains guidoit les vaisseaux qui passoient de la Grande Bretagne dans les Gaules. Il ne faut point douter qu'il n'y en eut aussi un à la côte opposée, puisqu'il y étoit aussi nécessaire pour guider ceux qui passoient dans l'Isle. Voulant m'éclaircir sur ce point, j'ai écrit à quelques amis d'Angleterre, qui ont interessé M. l'Archevêque de Canterburi à faire faire quelques recherches, tant sur le lieu même, que dans les Auteurs Anglois qui en ont écrit en leur langue. On m'a envoié quelques extraits & quelques Memoires, dont la plûpart regardent le Château de Douvre, & peu parlent du phare. Quelques-uns croient que le phare bâti par les Romains n'étoit pas cette vieille tour qui subsiste encore aujourd'hui au milieu du Château de Douvre ; mais un grand monceau de mazures, de pierres & de chaux, qu'on voit auprès de Douvre, que les gens du payis appellent, je ne sai pourquoi, *la goutte du diable.* D'autres croient que le phare étoit cette même tour du Château, dont on m'a envoié la description suivante, avec le dessein de ses dimensions.

Pl. LI.

» Voici le plan & la face exterieure des quatre côtez d'une vieille tour située
» sur une éminence vers le milieu du Château de Douvre. Sa hauteur est de soi-
» xante douze pieds. Elle est longue de 36. pieds du Nort au Sud, & large de
» 33. de l'Est à l'Ouest. Les trous ronds faits à dessein sur les trois côtez, & les fe-
» nêtres en arcade qu'on voit sur tous les quatre, font juger qu'elle avoit été faite
» pour découvrir de loin. On voit de là toutes les côtes de France, & une vaste
» étendue de mer tout autour. Selon toutes les apparences, cette tour servoit de

---

que forte suspicio oriatur num omnia in archetypo tam clare conspiciantur, quam in delineato exemplari. Pharus in prærupto monte posita est, quadruplexque, ut rotunda pharus, habet tabulatum cum porticibus circum : sed si fides sit delineatæ imagini, ignis hic in supremo fastigio & sub dio accensus erat : quamquam ita detrito & labefactato nummo non omnimoda fides habenda est. Hæc porro Apamea Bithyniæ urbs fuit ad Propontidem sita ; multæ namque erant civitates hujus nominis : sed hanc Bithyniæ fuisse civitatem arguitur, quod hæc sola ex ejus nominis urbibus fuerit Colonia Romana, referentibus iis qui rei nummariæ studiosi sunt, ut fertur in inscriptione sic legenda : *Colonia Augusta Apamea, Colonia Julia Concordia decreto Curionum.*

XI. Pharus Bononiensis a Romanis structa navibus ex Britannia in Galliam trajicientibus usui erat. Neque dubium est quin illis etiam qui ex Galliis in Britanniam navigabant, altera pharus in littore Britannico structa esset, quandoquidem par necessitas utrinque erat. Ut autem ad veram rei notitiam pervenirem, aliquot amicis in Anglia versantibus literas misi, qui illud apud illustrissimum D. Archiepiscopum Cantuariensem egerunt, ut ejus jussu quidquid vel in ipsis locis vel apud Anglos scriptores notitiæ accedere posset erueretur. Multa autem mihi rescripta missa fuere, quorum pleraque Dubricense castellum, pauca pharum respiciunt. Nonnulli putant pharum a Romanis structam non esse veterem illam turrim quæ stat hodieque in medio castelli Dubricensis ; sed esse magnum ruderum acervum prope Dubrim, quem accolæ nescio qua de causa vocant *guttam diaboli.* Alii vero putant pharum, magnam illam esse turrim in castello sitam, cujus mihi sequentem descriptionem miserunt.

Ecce ichnographiam faciemque exteriorem a quatuor partibus veteris turris quæ versus medium castelli Dubricensis in edito loco erigitur. Ejus altitudo est septuaginta duorum pedum ; longitudo a septentrione ad meridiem triginta sex, ab oriente ad occidentem triginta trium pedum. Foramina rotunda de industria sic facta in tribus lateribus & fenestræ in arcus morem concinnatæ, quæ in quatuor lateribus conspiciuntur, indicant facta fuisse ut omnia circum videri & explorari possent. Hinc conspiciuntur Galliæ oræ omnes maritimæ, & undique plaga maris maxima. Verisimile omnino est in summa turri accensos ignes fuisse ad dirigendos illos

138 SUPPLE'MENT DE L'ANT. EXPLIQ. Liv. VI.

» fanal pour guider la nuit ceux qui paſſoient des Gaules dans la Grande Breta-
» gne. L'auteur de la deſcription ajoute, que dans la ſuite des tems les Chrétiens
» en firent une Egliſe, & qu'avec quelques bâtimens qu'ils y ajouterent, ils lui
» donnerent la forme d'une croix.

» La tour étoit, pourſuit-il, bâtie de briques longues de 16. pouces, larges
» de douze, épaiſſes d'un pouce & demi, & quelques-unes d'un pouce & trois
» quarts. Les coins de la tour ſemblent avoir été bâtis au commencement de
» ces ſortes de briques, quoiqu'à preſent ils ſoient bâtis pour la plupart de pier-
» res de taille, ſur-tout aux endroits où les briques étoient tombées. On voit
» auſſi de ces briques parſemées dans les murailles de l'Egliſe, & pluſieurs arca-
» des en ſont entierement bâties. Juſqu'ici l'Auteur du Memoire.

Il eſt à remarquer que les fenêtres rondes n'étoient que ſur trois côtez de la
tour, parce que le côté de l'Oueſt qui regarde l'Iſle, n'avoit rien à découvrir.
Ce qui pourroit faire douter ſi cette tour étoit veritablement l'ancien phare,
c'eſt qu'elle n'a la forme d'aucun des autres phares que nous avons donnez.
Quoiqu'il en ſoit, il nous eſt permis de douter, ſi cette tour eſt l'ancien phare,
puiſque les Anglois en doutent eux-mêmes.

PL.
après la
LI.

XII. Environ deux ans après que j'eus reçu ce dernier Memoire d'Angleterre,
avec le deſſein que l'on voit ici gravé, Mgr. l'Archevêque de Canterburi m'envoia en eſtampe, vers la fin d'Avril de cette année 1724, le plan, le profil &
la coupe de l'ancien phare de Douvre, qui n'étoit pas cette tour dont je viens
de donner les quatre faces, comme quelques-uns avoient cru, mais un phare
octogone comme celui de Boulogne & à peu-prés de la même forme. On m'aſ-
ſure que ceux qui ont levé ce plan & profil ſur les mazures qui reſtent, y ont
apporté toute la diligence & l'exactitude poſſible. Ce n'eſt pas que la tour quarrée n'ait auſſi ſervi de phare, la maniere dont elle eſt percée de fenêtres ſemble
en être une preuve ; mais ce n'a été que depuis que l'ancienne tour octogone
tomba en ruine, ou peut-être que la tour quarrée ſe trouva mieux ſituée pour
découvrir au loin ; les gens du payis en peuvent mieux juger que nous.

La tour eſt donc octogone comme celle de Boulogne. Le vuide en dedans
étoit quarré, & les dimenſions en étoient égales du haut juſqu'en bas. La face
exterieure de la tour alloit pourtant toujours en diminuant depuis le bas juſ-

» qui ex Galliis in Britanniam tranſirent. Addit is qui
hæc ſcripſit, inſequenti tempore ex turri Eccleſiam
Chriſtianorum factam fuiſſe, & additis quibuſdam
muris ipſi Crucis formam fuiſſe inditam.

» Turris erat, pergit ille, ex lateribus conſtructa,
» quorum longitudo ſexdecim pollicum erat, latitu-
» do autem duodecim, ſpiſſitudo unius pollicis &
» dimidii, aliquot autem unius pollicis & trium
» quartarum partium. Anguli turris videntur princi-
» pio fuiſſe ex lateribus ſtructi, etſi jam maxima pars
» ex lapidibus ſit, in iis maxime locis ubi lateres lapſi
» ſunt. Lateres item hujuſmodi viſuntur in muris Ec-
» cleſiæ hinc & inde adhibiti, plurimique arcus ex
» iiſdem ſtructi ſunt. Hactenus is qui hæc ſcripſit.

Obſervandum autem eſt feneſtras illas rotundas in
tribus ſolummodo lateribus haberi, quia in occidentali latere quod inſulam reſpicit, nihil reſpiciendum
obſervandumque erat. An vero antiqua illa pharus
hæc turris fuerit, hinc dubitandi cauſa oriri poſſet,
quod illa nullius ex phariis hic publicatis formam habeat, utut res eſt, ambigere licet an turris ſit pharus
a Romanis conſtructa, quando ipſi Angli ea de re
dubitare ſe teſtificantur.

XII. Elapſis duobus circiter annis a miſſa ex Anglia deſcriptione & delineatione turris, de qua paulo ante agebamus; vir ampliſſimus D. Archiepiſcopus
Cantuarienſis in fine Aprilis hujuſce anni 1724. ichnographiam, ortographiam & conſpectum interiorem
phari veteris Dubricenſis ad me miſit: quæ pharus antiqua non eſt illa turris quadrata, cujus facies quatuor modo protulimus ; ſed pharus octangula ut Bononienſis, ejuſdemque pene formæ. Narrant autem
eos qui ex phari ruderibus ichnographiam & ortographiam concinnarunt, ſe ſumma accuratione & diligentia id præſtitiſſe. Neque tamen ſtatim negandum eſt
turrim illam quadratam aliquando phari vicem præſtitiſſe ; nam ex feneſtris undique poſitis, ad hujuſmodi uſum deputatam fuiſſe probatur. Verum phari loco num fuiſſe quadrata turris videtur, cum illa octangula in ruinam vergeret ; vel fortaſſe acciderit, ut quadrata illa turris in opportuniore ſitu eſſet ad conſpectum ; qua de re melius indigenæ, & qui in locis verſantur, judicium tulerint.

Turris itaque octangula eſt, quemadmodum &
Bononienſis. Interius autem ſpatium vacuum quadratum erat, æquales inferne ac ſuperne menſuras habens. Verum exterior turris facies ſenſim ſemper minuebatur ab imo ad ſummum ; ſed imminutio ex mu-

qu'en haut, mais la diminution se prenoit uniquement sur l'épaisseur du mur, en sorte qu'il se trouvoit extraordinairement épais en bas, & beaucoup moins en haut, ce qui faisoit une structure fort solide. Ce phare paroit avoir été plus haut qu'il n'est marqué sur l'estampe. Il étoit bâti de plus grosses pierres que celui de Boulogne. Il y a apparence, au reste, que les bâtimens octogones étoient en usage dans la Grande Bretagne. Ses peuples avoient la même langue, la même religion & la même origine que les Gaulois; en un mot, c'étoient des Gaulois, & il y avoit une grande communication entre les deux Nations.

ri spissitudine unice petebatur, ita ut inferne densissimus murus superne longe minorem spissitudinem haberet : quæ constructionis ratio admodum firma solidaque erat. Videtur autem octangula ædificia etiam in Britannia in usu fuisse. Britanni enim illi veteres eadem qua Galli lingua, religione & origine erant; imo Galli & ipsi erant, magnumque erat inter utramque nationem commercium.

CHAPITRE CINQUIE'ME.

I. La Tour Magne de Nismes. II. Sentimens de feu M. Flechier Evêque de Nismes sur cette Tour. III. Il ne paroit pas qu'elle ait pu servir de phare pour la mer voisine, ni pour les embouchures du Rhône. IV. Elle avoit pourtant un fanal. V. Il paroit qu'elle peut avoir servi d'ærarium.

I. UN des monumens des plus singuliers des Gaules étoit la Tour Magne Pl. LII. de Nismes. On l'appelle Tour Magne, *Turris magna*, parce qu'elle est d'une énorme grandeur. Sa figure octogone étoit dans le gout general des Gaulois, qui se declare par le nombre de temples & de tours de cette figure qu'on découvre tous les jours, & l'on en découvrira apparemment bien davantage à present, ou les connoissances qui nous sont venues comme en foule là-dessus, donneront lieu de reflechir sur cette forme de bâtimens, que les Gaulois aimoient tant, dont aucun ancien que je sache n'a jamais parlé, & qui jusqu'à present étoit inconnue dans les pays mêmes où ces bâtimens se trouvoient en grand nombre.

Le profil & le plan de cette tour m'ont été envoiez très exactement dessinez par Mr. d'Aigrefeuille President en la Cour des Comptes de Montpellier, qui n'a rien oublié pour me donner sur un monument si considerable les Memoires les plus surs qu'il a pu trouver. M. d'Aigrefeuille son fils aussi President en la même Cour, a pris tous les soins possibles pour en faire lever le plan; c'est à ces deux Messieurs que le public doit tout ce que nous donnons ici sur la Tour

CAPUT QUINTUM.

I. Turris magna Nemausensis. II. Illustrissimi D. Flechier Episcopi Nemausensis opinio circa hanc turrim. III. Non videtur vice phari esse potuisse pro Rhodani ostiis & pro maris littore viciniore. IV. Ignes tamen & faces habebat. V. Ærarium olim esse potuit.

Inter monumenta Galliæ singularissima censeri poterat turris Magna Nemausensis : quæ turris Magna appellatur, quod ingentis sit magnitudinis. Ejus octangula figura ad morem Gallorum generalem spectabat, qui deprehenditur quotidie ex magno illo numero templorum & turrium octangularum, quæ in dies observantur; quæque, ut credere est, majore numero detegentur, postquam jam observari cœpta sunt cum illa ædificii figura, quam usque adeo amabant Galli : de qua tamen, ni fallor, nullus veterum mentionem fecit, & quam etiam ignorabant ii, penes quos hæc monumenta magno numero comparent.

Orthographia & ichnographia hujusce turris accuratissime delineatæ transmissæ mihi sunt a D. d'Aigrefeuille in suprema Fisci Regii Curia Monspessulanensi Præside, qui nihil retro reliquit, ut mihi quidquid de tali monumento certum; exploratum aut probabile fertur transmitteret. Ejus vero filius Dominus d'Aigrefeuille in eadem Curia Præses, ejus ichnographiam ipsis locis apparandam curavit nulla non usa diligentia. Hisce viris insignibus hæc quæ in publicum profero debentur, debent & alii omnes in quorum usum hæc adornata & collectæ fuere in turrim

Magne, la plus grande & la plus considerable des tours octogones que nous donnons, après le phare de Boulogne sur mer.

M. Gautier très habile Architecte qui a donné depuis peu d'années les monumens de Nismes, a donné aussi en petit la Tour Magne, non pas comme elle est aujourd'hui, mais comme il a jugé, par sa grande connoissance dans l'architecture, qu'elle devoit être, avant que l'injure du tems en eut fait tomber une partie, & l'eut dépouillée de ses principaux ornemens.

» Il est vrai, dit l'Auteur du Memoire, qu'à juger de ce qu'il rapporte tou-
» chant la Tour Magne, il semble, qu'il ait voulu la representer telle qu'elle
» étoit autrefois, & non pas telle qu'elle est presentement. Ses connoissances
» étant plus étendues sur l'architecture que celles des autres, il a sans doute
» trouvé dans les restes de chaque partie de ce monument, des proportions &
» des mesures qu'elles devoient avoir suivant l'usage de l'art. Il dit lui-même,
» après la description qu'il en a fait, qu'il ne reste de cette tour que les pilas-
» tres façonnez en moëlons de saillie, quatre à chaque face qui faisoient le
» premier étage : que le second qui étoit aussi orné de colonnes d'ordre dori-
» que, quatre à chaque face, est entierement renversé, de même que l'escalier,
» dont on voit seulement l'emplacement, qu'ainsi la tour démolie, en l'état
» qu'elle est aujourd'hui, est moins haute de cinq à six toises qu'elle n'étoit
» lorsqu'elle étoit entiere, & que les ruines & décombres tombez au pied de la
» tour haussant le terrain, lui ont encore fait perdre en bas près de deux toises
» de hauteur.

La tour en l'état qu'elle est, a encore neuf toises & deux pieds de hauteur. On la represente ici comme elle est aujourd'hui. M. Gautier qui l'a donnée comme il a cru qu'elle étoit avant qu'elle eut rien souffert des injures du tems, ne l'a faite ainsi que par conjecture, sans garantir que le premier maître eut en tout pensé de même que lui ; voici un autre Memoire sur cette tour, fait par l'illustre M. Flechier Evêque de Nismes.

» II. Sur la plus haute des sept collines renfermées dans l'ancienne Ville de
» Nismes, paroit une tour à demi ruinée, qu'on appelle la Tour Magne, parce
» qu'elle étoit plus grande, mieux bâtie & plus élevée que les autres tours qu'on
» voioit d'espace en espace dans l'enceinte des vieilles murailles de la Ville.

illam magnam, imo maximam turrium omnium octangularum quas damus, una forte excepta pharo Bononiensi.

D. Gualterius peritissimus Architectus, qui a paucis annis monumenta Nemausensia publicavit, turrim quoque Magnam in forma quam minima delineavit, non ut hodie visitur, sed pro sua in hac arte peritia existimavit fuisse illam, antequam injuria temporum magnam ejus partem decuteret, ipsamque turrim a præcipuis ornamentis spoliaret.

» Verum est, ait quispiam notarum auctor, si per-
» pendamus ea quæ D. Gualterius de turri Magna re-
» fert, illum ipsam ut olim erat, non ut jam est, re-
» præsentare voluisse. Cum harum rerum notitia plus
» quam cæteri præditus sit, in reliquis haud dubie
» cujusque partis proportiones & mensuras singularum
» secundum artis regulas adinvenit. Ait ipse postquam
» descriptionem adornaverit, in hac turre parastata-
» rum hodie prima tantum rudimenta superesse im-
» politis parata lapidibus quæ supra primum tabula-
» tum erant : quæ supra secundum vero ornata co-
» lumnis ordinis Dorici eversa prorsus esse, quemadmodum & scala cujus muri tantum laterales visun- «
tur, sicque semirutam turrim quo in statu nunc est «
plusquam triginta pedes altitudinis amisisse, rudera- «
que delapsa & ad pedem turris undique congesta, «
duodecim circiter ab ima parte pedes altitudinis «
sustulisse. «

Turris, ut hodie extat, quinquaginta sex pedes altitudinis habet. Hic autem repræsentatur quo in statu hodie visitur. D. Gualterius qui illam dedit ut esse putabat, antequam detrimenti quidpiam passa esset, sic ex conjectura tantum exhibuit, neque sponsione facta affirmavit primum Architectum illam in omnibus secundum mentem existimationemque suam adornavisse. En aliud rescriptum ab eximio, illustrissimoque D. Flechier Nemausensi Episcopo adornatum.

II. In cacumine sublimioris ex septem collibus qui «
intra urbem Nemausum olim comprehendebantur, «
turris visitur semiruta, quam turrim Magnam vo- «
cant, quoniam & major & elegantius structa, & «
sublimior erat quàm cæteræ turres quæ in muris «
antiquis urbis suis distinctæ spatiis conspiciebantur. «

PHARE DE DOUVRE

TOURS OCTOGONES.

Cette tour est de figure octogone, & s'éleve en diminuant par divers re- «
tranchemens que l'on a menagez pour lui conserver son plomb & la rendre «
plus solide ; elle est étagée d'un massif de douze à quinze pieds d'épaisseur, «
ouvert à chaque face en autant d'arcs doubleaux, pour rendre l'ouvrage de- «
gagé & plus orné. «

On y montoit par un escalier à plusieurs repos de huit à dix pieds de lar- «
geur. Cette montée conduisoit jusqu'au milieu de la hauteur, où l'on trou- «
voit un autre escalier à noiau, qui menoit jusqu'au haut de la tour. «

Toute l'architecture de la tour est d'ordre Dorique ; elle a au bas quarante «
toises & cinq pieds de circonference. Il y avoit dans toute son enceinte trois «
corniches, à chacune desquelles le bâtiment se rapetissoit de deux pieds de- «
vers le centre. «

On ne peut savoir que par des conjectures incertaines à quel usage étoit «
cette grande tour. Les uns l'ont appellée la tour du phare ; ils disent qu'on al- «
lumoit au plus haut de cette tour un feu comme un signal, pour guider ceux «
qui arrivoient la nuit à la Ville, par des routes que les marais ou les forêts «
d'alentour rendoient alors difficiles. Le nom de *Lampese* que la tradition de «
plusieurs siecles & nos anciens terriers donnent à ce quartier-là, qui s'appelle «
le quartier de la *Lampese* ou de la lampe ; l'ancienne cense que ce terroir fait «
encore pour le buis, les sarmens, la poix & l'huile qu'on y emploioit, font «
croire qu'il y avoit là une lampe ou un grand feu qui bruloit toute la nuit. «

Elle s'appelloit encore la Tour du tresor. Nismes étoit une Ville tresoriere «
de l'Empire. On voit par plusieurs inscriptions des Officiers du tresor public «
qui y résidoient, *Vollupus Servilianus*, le mari de *Pompeia Servatilla*, & plusieurs «
autres. «

La situation, la fabrique, l'élevation, la fortification de cette tour, sont «
des qualitez convenables pour la sureté d'un tresor. Il y avoit à l'entour du «
massif six petites chambres en demi rond, qui n'avoient aucune ouverture «
que par le haut ; il y en avoit deux autres un peu au-dessus ; c'est dans ces «
espaces qu'on renfermoit les deniers publics des impositions & des tributs de «
vingt-quatre bourgs, qui composoient une espece de Province, dont Nismes «
étoit la métropole. «

Les autres l'ont appellée la tour du brazier & de la consecration, & ont «

» Per scalam ascendebatur plurimis iisque disjunc-
» tis graduum ordinibus concinnatam, donec in me-
» diam turris altitudinem perveniretur : ibi namque
» cochlea erat, qua ad supremam usque turrim ascen-
» debatur.

» Turris tota Dorico ordine structa est ; in ima par-
» te ambitus est ducentorum quadraginta quinque
» pedum. In tota turri tres coronides erant, & su-
» pra singulas deinceps minor erat structura, & ambi-
» tus duobus circum pedibus imminutus centrum
» versus.

» Nonnisi conjecturis scire possumus cui usui hæc
» tanta turris esset. Alii illam turrim phari appella-
» verunt, dicuntque in suprema turri accensum olim
» fuisse ignem quo ducerentur ii qui noctu concede-
» rent per itinera & anfractus, quos & paludes &
» sylvæ exitu difficiles redderent. Nomen lampadis,
» quod & sæculorum multorum traditio & instru-
» menta documentaque agrorum descripta huic trac-
» tui dant, qui etiam vocatur tractus lampadis ; cen-
» sus & vectigal quod hic totus tractus hodieque pen-

sitat pro buxo, pro sarmentis, pice & oleo ad ig- «
nem servandum adhibitis ; hæc inquam omnia sua- «
dent ibi lampadem seu ignem tota nocte ardentem «
olim fuisse. «

Vocabatur etiam turris Thesauri sive Ærarii. Ne- «
mausus urbs erat ubi fiscus Imperii servabatur. In «
multis inscriptionibus Ærarii publici Quæstores seu «
Ministri alii visuntur, ut Vollupus Servilianus, «
conjux Pompeiæ Servatillæ & quidam alii. «

Situs, structura, altitudo, munimenta turris «
hujusce, ad Ærarii publici tutelam spectare viden- «
tur. Circa molem turris majorem sex conclavia «
parva erant semicirculi figuram referentia, quæ de- «
super tantum aperta erant, & duo alia præterea ibi- «
dem visebantur conclavia. In his porro spatiis æs «
publicum asservabatur, exceptum ex tributis & vec- «
tigalibus viginti quatuor vicorum, qui quasi Pro- «
vinciam exiguam efformabant, cujus Metropolis «
erat Nemausus. «

Alii rogi turrim ipsam vocarunt, & turim con- «
secrationis, putaruntque Hadrianum ipsam desti- «

S iij

» cru que l'Empereur l'avoit deſtinée pour l'apotheoſe de Plotine, & pour y
» faire honorer le bucher & les cendres de ſa bienfaictrice. Voila le Memoire de
cet illuſtre Evêque de Niſmes.

J'ai reçu quantité d'autres Memoires qui roulent tous ſur les mêmes queſ-
tions, ſi la Tour Magne a jamais ſervi de phare pour les embouchures du Rhône & pour la plage de mer voiſine ; ſi l'on y a entretenu autrefois un feu pendant la nuit, & à quel uſage il a pu être.

III. Je vois que la plûpart des gens du païs conviennent de tout ce qui ſuit,
que vu la diſpoſition du terrain, la mer n'a jamais pu être à moins de quatre ou
cinq lieues de Niſmes : que du haut de la Tour Magne, on ne peut pas voir
les embouchures du Rhône, des montagnes qui ſont entre deux empêchant la
vue de porter juſques-là. D'ailleurs, quelle neceſſité de mettre un phare ſi
loin de la mer, & des embouchures du Rhône ? Eſt-ce par ce qu'on cherchoit
une montagne ? Je ne vois point de neceſſité de la chercher. Le fameux phare
du Port d'Oſtie étoit à l'embouchure du Tibre & dans un terrain fort bas :
quoiqu'il y eut des montagnes bien plus près de là que la Tour Magne n'eſt de
la mer, ou des embouchures du Rhône ; & qui ſait s'il n'y a pas eu autrefois
ſur ces côtes & aux embouchures du Rhône des tours & des phares que les
naufrages des tems ont fait périr, comme tant d'autres. Il n'y a donc gueres
d'apparence que la Tour Magne ait jamais ſervi de phare pour une côte ſi éloignée ; car il faut encore remarquer que cinq lieues de ce Païs-là en font bien
ſept ou huit de Paris & des environs.

IV. Cependant comme ſelon le Memoire de M. de Niſmes rapporté ci-devant, ce quartier où eſt la Tour s'appelle *de la Lampeſe*, ce qui en langue vul-
gaire du Païs veut dire Lampe, & comme ce teroir fait encore une
cenſe pour le buis, les ſarmens, la poix & l'huile, c'eſt une preuve, ce ſemble,
évidente qu'on a autrefois entretenu là un fanal qui bruloit toute la nuit, ſoit
pour éclairer ceux qui arrivoient la nuit à la Ville, ſoit pour quelque autre fin
que nous ne ſavons pas, & au même uſage que la tour du Cimetiere des Innocens près de l'ancienne Ville de Lutece, dont nous parlerons plus bas.

V. Ce que dit encore M. de Niſmes que la Tour Magne s'appelloit encore
la Tour du tréſor, & qu'elle a été autrefois un *ærarium* pour garder les deniers

---

» naviſſe Apotheoſi Plotinæ, ut ibi beneficæ ſuæ ci-
» neres atque rogus honore afficerentur. Hæc egre-
» gius ille Epiſcopus.

Alias quoque notas accepi, quæ omnes haſce quæ-
ſtiones reſpiciunt : an turris illa Magna unquam pharus fuerit, quæ lucem præberet iis qui vel ad oſtia
Rhodani, vel ad litus Mediterranei maris noctu ap-
pellerent ; an unquam ignis ibi ſingulis noctibus ac-
cenſus fuerit, & cui alii uſui ignis eſſe potuerit.

III. Maxima vero pars in hanc ſententiam conveniunt ; nempe perpenſa ſoli terræque poſitione,
nunquam mare ita propinquum Nemauſo eſſe po-
tuiſſe, ut non quatuor vel quinque certe leucis ab
eo diſtaret. Non poſſe vel e turris faſtigio Rhodani
oſtia videri, cum montes intercedant conſpectum
eorum auferentes. Ad hæc quæ neceſſitas pharum tam
procul a Rhodani oſtiis & a mari locare ? An quia
editus locus quærebatur ? Non video cur mons ſit
quærendus. Pharus enim portus Oſtienſis ad Tiberis
oſtia ipſa erat, inque loco admodum humili, etſi montes eſſent viciniores iſtis oſtiis, quam turris Magna
ſit vicina vel mari vel oſtiis Rhodani. Ecquis ſciat annon elapſis temporibus phari vel turres fuerint in
littore vicino & in oſtiis Rhodani, quæ temporum
naufragiis perierint, ut & tot alia monumenta pe-
rierunt. Veriſimile itaque non eſt turrim Magnam
aliquando pharum fuiſſe, quæ noctu lucem vicino
littori præberet. Notandum enim eſt quinque leucas in
iſtis regionibus ſeptem vel octo Pariſinas leucas efficere.

IV. Attamen cum ſecundum notas illas & obſer-
vationes ſuperius allatas illuſtriſſimi Epiſcopi Nemau-
ſenſis, tractus ille ubi turris magna erigitur, Lampeſe
vocetur, id quod vulgari regionis illius idiomate
lampadem ſignificat, quodque magis urgeat, cum
tractus ille vectigal adhuc ſolvat pro lignis, ſarmen-
tis, pice & oleo ; id certe argumentum evidens eſt,
in hac turri olim ignem per totam noctem luxiſſe ;
ſive ut iis qui noctu adventarent in urbem lux quædam ſubminiſtraretur, ſive alia de cauſa nobis ignota, eodemque uſu quo turris illa octangula Pari-
ſina quæ in Cœmeterio Innocentum viſitur, quæque olim prope veterem Lutetiam, nocturnam, ut
putatur, lucem miniſtrabat.

V. Quod item ait ipſe Epiſcopus, nempe turrim
Magnam vocatam etiam fuiſſe turrim Theſauri, ſive
Ærarii, & vere olim ærarium fuiſſe, ubi pecunia pu-

TOURS OCTOGONES.

publics; cela, dis-je, a beaucoup d'apparence. La disposition interieure de la tour marquée dans le plan ci-dessous rend la chose assez probable. La Tour Magne pouvoit fort bien servir en même tems de fanal & de tréforerie.

Je ne vois pas qu'il y ait beaucoup d'apparence dans le dernier sentiment que feu M. de Nismes apporte sans le garentir, que la Tour Magne s'appelloit la Tour du brazier ou de la consecration, parce que l'Empereur Hadrien l'avoit destinée pour l'apotheose de Plotine, & pour y faire honorer le bucher & les cendres de sa bienfaictrice. Ni les Auteurs ni les monumens ne fournissent rien là-dessus qui puisse fonder même une conjecture.

La tour est représentée ici dans l'état qu'elle est aujourd'hui ; on voit bien par ces restes que c'étoit un bâtiment des plus magnifiques. La grandeur de la tour est extraordinaire ; elle a au bas, dit M. de Nismes, quarante toises cinq pieds de circonference. On n'a guere vu de tour si grande que celle-ci. Elle étoit de la même structure que les anciens phares, selon Herodien rapporté ci-dessus, qui dit que les phares, de même que les catafalques faits pour les Empereurs morts, sont à plusieurs étages, dont les plus hauts sont toujours de moindre enceinte que les plus bas.

Le plan de la tour, c'est-à-dire celui du plus bas étage, & tel qu'il est rez terre, n'a que six angles ; mais on voit bien que ce bas a été fait pour soutenir un Octogone. Il y a quatre angles d'un côté, & s'il n'y en a que deux de l'autre côté, qui a pourtant un diametre égal, ce n'est qu'afin que la tour occupât un plus grand espace, & fît une plus grande face dans les murs anciens de la Ville, dont elle faisoit partie : c'est ce que l'on comprend d'abord au premier coup d'œil. Ces murs de la Ville faisoient un angle droit en cet endroit, & la tour faisoit un des côtez de l'angle. Au côté opposé aux murs, il y a deux rampes par où l'on montoit à la tour, & ces deux rampes font aussi un angle rectangle.

Pl. LIII.

---

blica servabatur ; illud, inquam, verisimile videtur, interna quippe turris dispositio quæ in ichnographia subjuncta conspicitur, rem sane probabilem efficit. Turris certe Magna poterat simul & nocturnam lucem suppeditare, & pecuniam publicam reconditam servare.

Quod ultimum autem affert dignissimus ille Episcopus, quodque tamen non ut assertum vendicat, turrim nempe Magnam turrim rogi sive consecrationis vocatam fuisse, quod Hadrianus eam destinasset pro apotheosi Plotinæ, atque in honorem rogi & cinerum beneficæ suæ; id certe nihil probabilitatis habere videtur. Nec scriptores nec monumenta quidpiam ea in re suppeditant, quod vel conjecturam quamdam suggerere possit.

Turris hic repræsentatur qualis hodieque est. Ex ruderibus autem deprehenditur magnificum fuisse opus. Magnitudo autem ingens est. Inferne, inquit Episcopus ille Nemausensis, ambitum habet ducentorum quadraginta quinque pedum. Paucæ turres amplitudinis tantæ visæ hactenus sunt. Ea forma structa erat, qua veteres phari secundum Herodianum, paulo ante allatum in medium, qui ait pharos perinde atque machinas illas funereas Imperatorum plurima tabulata habere, & superiora inferioribus minoris esse amplitudinis.

Ichnographia turris, nempe partis ejus inferioris quæ ex terra surgit, sex tantum angulos habet. Verum statim deprehenditur, infimam illam partem sic factam fuisse ut octangulum ædificium sustentaret. Ad unum latus quatuor habet angulos ; si autem duo tantum anguli in altero latere sunt, quod tamen latus æquale habet, hæc ita disposita fuerunt ut turris majus spatium occuparet, majoremque faciem præberet in antiquis urbis mœniis, quorum partem constituebat. Illud vero ad primum conspectum statim percipitur. Hæc urbis mœnia hoc loco angulum rectum designabant, turrisque alterum anguli latus faciebat. In opposito mœniis latere scala erat angulum rectum efficiens, duosque habens graduum ordines, qua ad turrim ascendebatur.

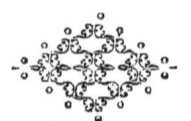

CHAPITRE SIXIEME.

I. La Tour octogone du Cimetiere des Innocens de Paris. II. A quel usage elle a pu être.

Pl. LIV.

I. LA Tour octogone qu'on voit au Cimetiere des Innocens de Paris est aussi de ces anciens tems, & selon les apparences pour le même usage. Une grande preuve qu'elle est d'une antiquité fort reculée, c'est que le premier étage est presque tout enterré. On m'a assuré qu'il y a dix-huit pieds en terre de ce qui paroissoit jadis au-dessus des fondemens ; je n'ai point de peine à le croire, sachant d'ailleurs que ces sortes de tours & de phares ont ordinairement plus de hauteur au premier étage qu'aux étages plus élevez, comme on a vu dans la description du phare d'Alexandrie, & dans d'autres phares representez ci-devant dans la planche du phare de Boulogne. Il faut que le terrain se soit extraordinairement élevé par les ruines & les décombres ; & cela ne doit point surprendre après tant d'autres exemples. Le P. Etiennot Procureur General de notre Congregation à Rome, faisant creuser fort profondément pour faire un puits dans sa maison vis-à-vis de la petite rue appellé *il vicolo di san vitale*, trouva à trente pieds Romains sous terre une rue pavée de l'ancienne Rome, & selon Flaminius Vacca on déterra un peu plus bas auprès de cette petite rue dans une vigne, un Temple qui étoit tout enterré, & dont on découvrit la voute en béchant profondément. Le Temple subsistoit tout entier, & n'avoit eu d'autre mal que d'avoir été tout couvert de terre, en sorte que cette terre se trouvoit dans un plan égal & faisoit une petite plaine.

La tour, en prenant seulement ce qui est sur terre, a quarante-quatre pieds de hauteur jusqu'au globe qui soutient la Croix qu'on y a mise depuis le Christianisme. Cette tour avec les murs n'a en tout que douze pieds de diametre. Il n'y a d'espace vuide en dedans, qu'autant qu'il en faut pour un escalier à vis pour monter au plus haut étage de la tour qui est percé de huit fenêtres, une à chaque face de l'octogone. La pointe qui couvre le plus haut étage est aussi octogone.

CAPUT SEXTUM.

I. Turris octangula in Cœmeterio Innocentium Lutetiæ. II. cui esse usui potuit.

I. TUrris illa octangula quæ in Cœmeterio SS. Innocentium Lutetiæ Parisiorum visitur, & ipsa quoque ad prisca tempora illa pertinet, & eidem, ut credere est, usui deputata fuit. Hinc porro ejus antiquitas comprobatur, quod pars ejus infima, quæ in cæteris turribus altior superioribus esse solet, pene tota obruta sit ruderibus atque terra. Dicebant ii qui e vicino domicilium habent, octodecim pedum esse id quod jam maceriis & terra obrutum, olim supra fundamenta eminebat ; ut illud credam facile adducor ; cum maxime sciam hasce turres atque pharos infimam illam partem, ut modo dicebam, cæteris altiorem habere, ut in descriptione phari Alexandrinæ supra vidimus, necnon in aliis pharis in tabula superius data repræsentatis. Solum enim vicinum longe altius evasit, neque stupendum est sic evenisse in maximis præsertim urbibus ; cum tot hujuscemodi exempla suppetant. D. Stephanotius Procurator Generalis Congregationis nostræ Romæ, cum putei parandi causa terram altius excavari jussisset prope viculum S. Vitalis, operæ ad 30. a primo solo pedes in viam veterem Romanam inciderunt stratam lapidibus. Atque ut ait Flaminius Vacca Diarii Italic. nostri p. 196. prope eumdem viculum quidam terram fodientes inciderunt in fornicem templi, quod totum obrutum erat, etsi staret, neque aliquid aliud damni passum esset, quam quod ab incumbente & superne plana terra totum occultaretur.

Turris ut jam supra terram eminet est quadraginta quatuor pedum altitudinis usque ad globum quo crux sustinetur, quæ a Christianismi tempore posita fuit. Turris porro cum muris duodecim pedum diametrum tantum habet. Intus vero id solum spatii vacuum relictum est, quod necessarium erat ad cochleam ibi parandam, qua ad altius turris tabulatum ascenditur. Ibi vero octo fenestræ sunt, singulæ scilicet in singulis octanguli lateribus. Quæ pars suprema turris in acumen vergit, etiam ipsa octangula est.

II. Cette

PLAN DE LA TOUR-MAGNE DE NÎMES ET DES BATIMENS QUI L'ENVIRONNENT

Envoyé par M.! le President d'Aigrefeuille

TOUR OCTOGONE DU ✝ CIMETIERE DES INNOCENS DE PARIS

TOURS OCTOGONES.

II. Cette tour étoit jadis à la campagne, lorsque l'ancienne Lutece étoit renfermée dans l'Isle du Palais. On ne convient pas de quel usage elle pouvoit être; quelques-uns croient que c'étoit une espece de guerite, où l'on faisoit garde la nuit lorsque les environs n'étoient que des forêts, où les voleurs & les ennemis auroient pu se cacher. D'autres croient qu'on tenoit au plus haut étage des feux ou des torches pour éclairer les batteaux qui alloient sur la riviere. On ne peut parler de tout cela que par conjectures & en devinant, & quand on est réduit là, chacun devine à sa maniere.

II. Turris olim in agris erat, cum prisca illa Lutetia in insula, quam nunc Palatii vocant circumscripta esset. Neque una est opinio circa usum cui destinata turris illa fuerit. Putant quidam speculam fuisse, ubi excubiæ erant cum vicina loca sylvæ saltusque essent, ubi aut fures aut hostes occultari possent. Alii putant in summa turre ignes vel faces positos fuisse, ut naves & scaphæ in Sequana hac lucis ope cursum dirigerent. Hæc omnia conjectando ac divinando tantum dici possunt, & cum sic tantum res æstimari potest, quisque suo more & arbitrio divinat.

CHAPITRE SEPTIE'ME.

La Tour octogone de Montbran près de Matignon en Bretagne.

CEtte Tour, dont il ne reste que des masures, est bien moins considerable que les autres: elle est encore, à ce qu'on m'écrit, beaucoup moins ancienne & assez mal bâtie. Mais comme il est important de faire connoître les differentes formes de ces octogones Gaulois, fort anciens dans leur origine, puisque nous en avons vû faits du tems de Caligula; mais dont quelques-uns ont été bâtis dans des siecles bien plus bas; nous avons jugé à propos de donner le plan seulement de celui-ci, les pans des murs qui restent ne pouvant plus nous donner aucune instruction sur la forme exterieure. Voici la description que m'en a envoié le P. Prieur de S. Jagut.

On l'appelle la Tour de Montbran, nom d'un petit Village dans le territoire duquel elle est bâtie, à trois quarts de lieuë de Matignon, Diocese de Saint Brieux. Elle est bâtie sur une élevation & sur le roc qui lui sert de fondement au milieu d'une grande platte-forme ou terrasse faite exprès d'environ cent pieds de diametre, entourée d'une espece de dos d'âne de simple terre gazonnée de deux pieds & demi ou trois pieds de hauteur, en glacis & en talus par le dehors, & en façon de retranchement. On en voit le plan & le contour dans la planche suivante.

La tour est construite à chaux & à sable d'assez mauvaise pierre, telle qu'elle

CAPUT SEPTIMUM.

Turris octangula Mombrani prope Matinionem in Armorica.

TUrris ista cujus parietinæ tantum supersunt, minus spectabilis est quam eæ quas modo descripsimus, atque, ut dicunt, non tam remotæ vetustatis neque elegantis structuræ; sed cum operæ precium sit istæc octangula Gallica ædificia origine quidem sua perantiqua, quando sub Caligula Imperatore quædam structa fuere, sed quorum pleraque ad infima sæcula pertinent, in notitiam studiosorum deducere, hujus ichnographiam tantum delineatam publicare decrevimus, cum ea pars murorum quæ stat adhuc & superest, nihil cognitionis possit afferre circa formam exteriorem. Hanc mihi descriptionem misit R. P. Prior S. Jacuti ab aliquo ex Monachis sodalibusque nostris factam.

Turris Montbrani appellatur a quodam viculo in cujus agro visitur tertio a Matinione milliario, in Diœcesi Briocensi in quodam edito loco sita est, atque in rupe fundata. In medio cujusdam aggeris de industria apparati, cujus diametrum est centum circiter pedum, cujus ora circumdatur a quodam ceu munimento cespititio altitudine trium circiter pedum, exteriorem faciem declivem habente, qualem in munitionibus videre est, Hujus aggeris ichnographia est in tabula sequenti.

Turris cum cæmento vulgari structa fuit, ex lapide

Tome IV. T

s'est trouvée sur les lieux, & au pied même de l'ouvrage : c'est une espece de caillou gris & brun qui prend fort peu la chaux. Elle est octogone en dehors. Les huit pans ne sont pas égaux. Il y en a quelques-uns plus grands ou plus petits que les autres. De ces huit pans il y en a quatre qui ont dix pieds & quelques pouces , & les quatre autres entre douze & treize pieds.

Dans l'un de ces pans, qui est du côté du midi , il y a une ouverture irreguliere de huit à neuf pieds de hauteur, & six à sept pieds de largeur, au bas de laquelle on voit encore deux assises de pierre dure des deux côtez, qui sont les restes d'une porte de trois pieds de largeur , & dont on ne peut plus dire au juste la hauteur. Ce qui surprend un peu , c'est que cette porte est à huit pieds de hauteur du terrain de dehors, mais au niveau du terrain en dedans, sans qu'il y paroisse aucune trace d'escalier ou de perron pour y monter. La tour étant sur le roc, il ne peut pas y avoir eu jamais de porte plus basse que celle-là.

Dans le même pan, deux pieds au-dessus de cette porte, il reste quelques assises de pierre de taille dure ; c'étoit une fenêtre qui avoit au moins quatre pieds de haut , on n'en peut pas dire la largeur, parce que ce pan est ruiné presque jusqu'à la porte , & qu'un des côtez de la fenêtre a sauté avec le reste. Il y avoit dans cette tour quelques autres petites fenêtres.

La tour a encore trente-huit pieds de hauteur du côté du Nort, où il reste quelques pans presque dans leur entier, & elle ne paroit pas avoir jamais eu davantage ; il y a encore un reste de parapet au haut de l'un de ces pans. Elle est unie & en droite ligne par dehors, & du haut en bas. Les murs ont neuf pieds d'épaisseur du côté de la porte , à dix pieds plus haut l'épaisseur est réduite & diminuée de trois pieds & demi, & le dedans de la tour, ou l'espace vuide est aggrandi d'autant ; il y a encore une autre réduction de deux pieds & demi ; de sorte qu'au haut de la tour le mur n'a qu'environ trois pieds d'épaisseur.

La tour qui est octogone en dehors est ronde en dedans , & si peu spatieuse, qu'elle n'a guere que quinze ou seize pieds de diametre ; elle étoit divisée en deux étages avec deux planchers de bois à dix pieds de hauteur l'un de l'autre. Il ne paroit pas qu'il y ait jamais eu de voute.

---

non tam eleganti nec tam solido , quales eruuntur in loco ipso atque in turris pede. Estque lapis cinereus & obscurus qui calci non facile hæreat. Turris exterius octangula est ; octo autem ejus facies æquales non sunt , aliæ nempe majores , aliæ minores. Ex octo namque illis quatuordecim pedes & pollices aliquot habent, & quatuor reliquæ duodecim tredecimve pedum sunt.

In illa turris facie quæ meridiem respicit , est ostium jam non ad amussim factum & patens octo novemve pedum latitudinis, altitudinis vero sex aut septem pedum, in cujus ima parte hodieque visuntur utrinque duo ordines ex duro lapide , quæ reliquiæ sunt portæ cujusdam , cujus latitudo trium pedum erat, altitudinem autem jam explorare nequeas. Quod autem mirum videatur , hujus portæ pars inferior ab exteriori solo distat pedibus octo , sed solum intra turrim portæ infimam partem exæquat. Neque tamen ullum exterioris scalæ aut graduum vestigium comparet, quo ascenderetur. Neque inferior unquam porta esse potuit, quando turris in ipsa rupe fundatur.

In eadem muri facie supra portam, lapidum ordines quidam sunt duobus pedibus a superiori portæ parte distantes , qui olim fenestræ oram efficiebant,

quæ fenestra altitudinem quatuor saltem pedum habuit , quam vero latitudinem dicere nequeas , quando ea pars muri in ruinam abiit , & pars fenestræ collapsa est. In eadem porro turri aliquot aliæ fenestræ minores erant.

Turris est adhuc triginta octo pedum altitudine qua parte Septentrionem respicit , ubi aliquæ parietum partes integræ sunt , nec unquam altior turris fuisse videtur ; nam loricæ supernæ pars aliqua etiamnum superest. Turris ad perpendiculum structa fuit quod spectat ad faciem exteriorem. Muri versus portam novem pedum densitatem habent. Post decem autem a porta pedes superne muri densitas minuitur, ac tribus atque dimidio pede angustior paries est , spatium etiam interius turris ex muri imminutione augetur. Cum altius conspicitur, muri adhuc spissitudo duobus & dimidio pedibus minuitur ; ita ut murus superne non plusquam tres pedes densitatis habeat.

Turris exterius octangula , interius est rotunda & tam angusti spatii , ut non plusquam quindecim sexdecimve pedum diametrum habeat. Erat duorum tabulatorum cum contignationibus ligneis, quarum altera ab altera decem pedibus distabat. Nullus unquam videtur fuisse in hac turri fornix.

TOUR DE MONTBRAN PRES DE MATIGNON.

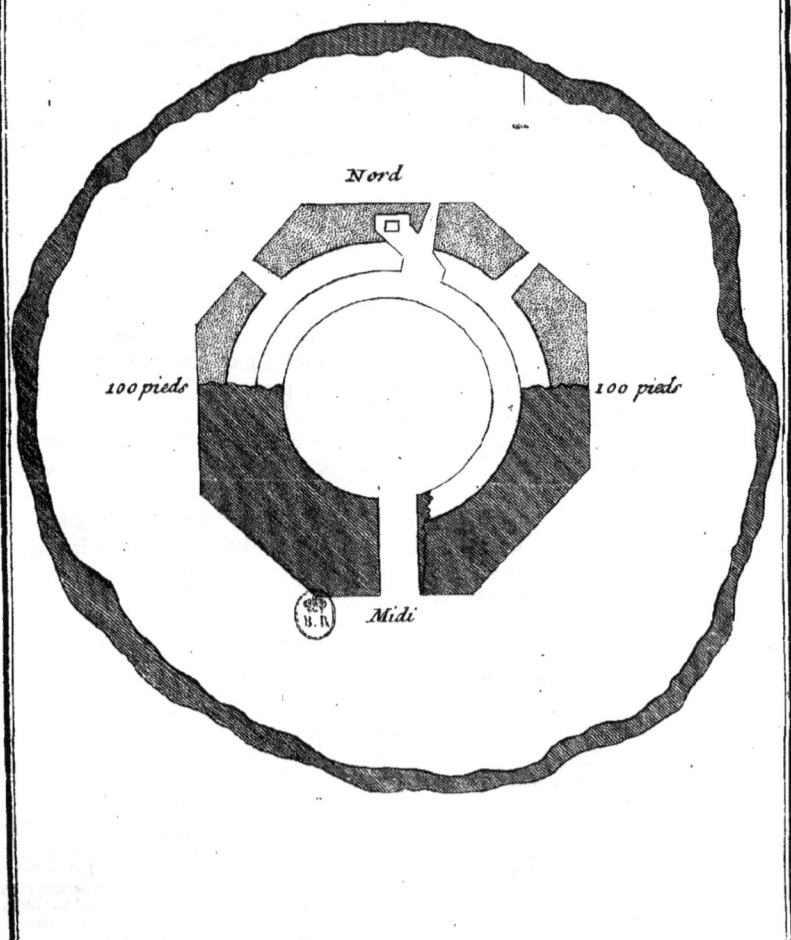

TOURS OCTOGONES.

Celui qui a fait cette description dit que la terrasse dans le milieu de laquelle la tour est renfermée, a cent pieds de diametre en y comprenant sans doute celui de la tour; il faut apparemment qu'il y renferme le glacis qui regne autour de cette terrasse, & qu'on ne voit pas sur le plan, autrement les cent pieds ne s'y trouveroient pas.

Is qui hanc descriptionem apparavit, ait aggerem in cujus medio turris erigitur, centum pedum diametrum habere turris diametro comprehenso ; sed haud dubie in illo spatio declivem totam exteriorem aggeris partem complectitur, quæ undique extensa est. Alioquin autem centum pedum diametrum non reperias.

Tome IV.

LIVRE SEPTIÉME.

Le pavé singulier du Temple de la Fortune de l'ancien Preneste.

CHAPITRE PREMIER.

I. Pourquoi cette Mosaïque entre-t'elle dans le quatriéme tome. II. Preneste pris & désolé par Sylla. III. Le Cardinal François Barberin neveu du Pape Urbain VIII. fait graver ce pavé. IV. Le Cardinal François Barberin neveu du premier, le fait graver plus exactement. V. Plan general de cette Mosaïque.

I. IL n'est guere de monument si singulier que celui-ci, ni qui porte des marques plus sûres du tems où il a été fait. Il offre d'ailleurs un spectacle si varié, si surprenant & même si interessant, qu'il merite bien qu'on apporte toutes les diligences possibles pour l'illustrer, & en donner la connoissance la plus détaillée qu'il se pourra.

J'ai un peu balancé sur la place que je devois lui donner dans cet ouvrage. C'est le pavé d'un temple, & par cette raison il devoit être dans le second tome. Il represente des habits, des bâtimens, des chasseurs, des pêcheurs, & cela paroissoit le devoir faire ranger dans le troisiéme. La principale troupe est de gens de guerre en habit militaire. Il y a encore un vaisseau armé en guerre, & disposé au combat : tout cela appartient au quatriéme tome ; & comme cette partie étoit la moins fournie, je me suis determiné à celle-là pour la rendre, s'il se pouvoit, égale aux autres.

II. Il faut d'abord dire quelquechose du lieu où il s'est trouvé ; c'est à Palest-

---

LIBER SEPTIMUS.

Pavimentum musivum singulare Templi Fortunæ Prænestinæ.

CAPUT PRIMUM.

I. Cur hoc musivum opus in quartum tomum inducatur. II. Præneste capta & male habita a Sylla. III. Franciscus Barberinus Cardinalis Urbani Octavi patruelis hoc musivum in ære incidi curat. IV. Alter Card. Franc. Barberinus ex patruele prioris natus illud musivum longe accuratius incidi & repræsentari curat. V. Musivi istius compendiosa descriptio.

I. Pauca sunt monumenta singularitate huic comparanda, pauca etiam quæ originis suæ signa ita conspicua præ se ferant. Aliunde autem spectaculum offert, tanta varietate insolitarum imaginum, tanta novarum utiliumque rerum copia refertum, ut cum nulla non diligentia illustra-ri, & in universorum notitiam deduci mereatur.

Aliquamdiu hæsi circa eum quem in hoc libro occupaturum erat locum. Est templi pavimentumatque ideo in secundo tomo edendum erat; vestes, venatores, piscatoresque repræsentabat, jureque inde in tertium ablegandum erat. Præcipuus hic cœtus virorum est, qui omnes veste militari exornantur : ad hæc vero navis hic militibus instructa & ad navalem pugnam parata cernitur, quæ omnia ad quartum tomum pertinent. Cum autem hæc quarta pars quartusque tomus minorem haberet monumentorum copiam, hanc nova accessione donare visum est, ut cæteris, si fieri posset, æquetur.

II. De loco autem ubi repertum est aliquid statim præmittendum ; Præneste deprehensum fuit vigesimo

LE PAVE' SINGULIER DU TEMPLE DE LA FORTUNE. 149

trine, qui est l'ancien Preneste à vingt & un mille de Rome. Cette Ville qui étoit de l'ancien Latium est fameuse dans l'histoire Romaine. Elle fit assez de peine aux Romains, fut souvent prise & reprise. Et depuis, quand la République Romaine se fut rendue maîtresse de l'Italie, dans les troubles & les guerres civiles, elle fut quelquefois, dit Polybe, le refuge de ceux qui ne trouvoient pas leur sureté dans Rome. Du tems des troubles, qu'exciterent les partis de Sylla & de Marius, le fils de ce dernier fut assiegé dans Preneste par les troupes de Sylla, & se voiant réduit à l'extremité, il se fit tuer par Pontius Telesinus. Alors Sylla, sans aucun respect pour l'asyle du temple de la Fortune, fit massacrer quatre mille habitans de Preneste & vendre le reste du peuple *sub hasta* ou à l'encan, après quoi Sylla fait Dictateur, plutôt de force que de bon gré, exerça sa tyrannie sur sa propre patrie, se regarda comme le Roi de tout l'Empire Romain, se flattant d'avoir un Royaume aussi étendu que l'étoit jadis celui d'Alexandre Roi de Macedoine, & fit faire alors ce pavé, où il representa, selon l'opinion d'un moderne, le voiage d'Alexandre le Grand au temple de Jupiter Hammon. Nous examinerons plus bas ce sentiment qui paroit d'abord fort extraordinaire, & nous revenons à Palestrine, qui après avoir été long tems possedée par la maison Colonne, fut enfin vendue à la maison Barberine l'an 1630. C'est à cette derniere maison que nous devons la publication de cet insigne monument & de bien d'autres.

III. Le Cardinal François Barberin neveu du Pape Urbain VIII. témoigna toujours beaucoup d'affection pour les Lettres & pour la Litterature. Il fit ramasser cette Biblioteque Barberine, une des plus belles de Rome, & craignant que ce beau pavé de Mosaïque ne déperît, ou ne se gâtât enfin dans le temple de la Fortune Primigenie où il étoit depuis dix-huit siecles, & que l'humidité & les eaux qui découlent là perpetuellement ne l'endommageassent, il le fit enlever & emporter à son Palais de Palestrine, où il fut exposé à la vûe des curieux & des Antiquaires, qui trouvoient là un spectacle des plus curieux, des plus instructifs & des plus agréables. Ce fut sous ses auspices que le P. Kircher en fit faire une Estampe qu'il mit dans son Latium imprimé en 1671.

IV. Mais on s'apperçut bientôt que cette Estampe du Pere Kircher étoit trop petite, qu'un grand nombre d'animaux & d'autres objets dont cette Mosaïque est pleine, ou n'y paroissoient point, ou y paroissoient si confusément, qu'il étoit

---

primo ab urbe Roma lapide. Oppidum istud, olim veteris Latii, in historia Romana celebratur : Romanis autem infensa civitas sæpe capta fuit, sæpe jugum excussit. Postea vero cum in Romanorum ditionem prorsus tota venisset Italia, instantibus civilibus bellis, aliquando eorum refugium fuit quorum res erant Romanæ labefactatæ. Quando autem ferventibus Syllæ & Caii Marii factionibus, Marii filius Prænestæ a Syllanis obsessus atque in angustias redactus, Pontio Telesino sese jugulandum dedit : tum Sylla nihil curans asylum templi Fortunæ Prænestinæ, quater mille Prænestinos jugulari curavit, cæterosque sub hasta vendidit; Hinc Sylla Dictator factus est, suadente metu, potius quam ex libera hominum voluntate, tyrannidemque in patriam exercuit; sese quasi Regem Imperii Romani præstitit, neque minus quam Alexander ille magnus, se regnum obtinere ratus, hoc pavimentum edi curavit, ubi si nupero scriptori credas, iter Alexandri magni ad templum Jovis Hammonis repræsentavit. Hanc vero opinionem quæ nescio quid statim præ se ferat probabilitate alienum, infra excutiemus, interimque Præneften civitatem redeamus;

quæ postquam diu Columnarum fuerat, anno tandem 1630. Barberinis divendita fuit. Huic autem Barberinorum stirpi & hujus & aliorum monimentorum usum fructum debemus.

III. Franciscus Cardinalis Barberinus Urbani VIII. Papæ fratris filius, literarum, literatorum sese amatorem semper exhibuit : Bibliothecamque illam Barberinam inter Romanas celeberrimam magnis sumtibus apparavit ; cumque metueret ne pavimentum hoc musivo opere concinnatum, in illo Fortunæ templo, ubi per sæcula fere octodecim fuerat, tandem in humido loco ex stillantium aquarum copia labefactaretur, avelli illud exportarique curavit in ædes Barberinorum Prænestinas; ubi studiosorum eruditorumque oculis pateret, qui in illo musivo opere spectaculum observabant, jucunditate utilitateque præstantissimum. Hoc auspicante Cardinali, Athanasius Kircherus musivum hoc opus in ære incidi curavit, atque publici juris fecit anno 1671.

IV. Verum hæc Kirchero curante concinnata tabula, angustior quam par erat deprehensa fuit. Animalia quippe multa cæteraque quibus refertum hoc musi-

T iij

150 SUPPLEMENT DE L'ANT. EXPLIQ. Liv. VII.

presque impossible d'y rien distinguer, & que bien des choses n'y étoient pas assez fidelement représentées. Ce fut pour cette raison que le Cardinal François Barberin, petit neveu du premier, le fit dessiner de nouveau & graver en quatre grandes feüilles, l'an 1721. C'est d'après cette derniere estampe que nous le donnons ici en cinq grandes planches, dont la premiere montre tout le pavé en petit, & les quatre autres le représentent en grand.

V. C'est un pavé de Mosaïque composé de petites pierres de differente couleur, rangées avec tant d'art & d'industrie, qu'elles sont comparables avec les plus belles peintures. Le dessein est des plus extraordinaires. On voit ici l'Egypte & une partie de l'Ethiopie, non pas à la maniere que les Géographes la dépeignent ; on n'y observe point de distances des lieux, ce sont differens cantons, des montagnes, des vallées, des bras du Nil, des lacs, des animaux de differente espece, une grande quantité d'oiseaux. Les noms des principales bêtes y sont écrits en caracteres Grecs. Il y a plusieurs de ces bêtes dont les noms & la forme sont inconnus aux Historiens & aux autres Auteurs. On y voit aussi quantité de Pêcheurs & de Chasseurs, qui tirent des fleches aux oiseaux & aux autres bêtes. On y voit encore des bâtimens, dont quelques-uns paroissent superbes, des obelisques, des berceaux d'arbres ou de feüilles qui renferment toute la largeur d'un canal. Des hommes & des femmes differemment habillez, & un grand nombre d'autres choses qui meritent bien une description particuliere, & que nous expliquerons successivement dans les chapitres suivans. Au reste, je suis persuadé que le bas de la planche est le Septentrion où est l'Egypte, & le haut le Midi, où est l'Ethiopie.

---

vum est, ita exigua erant, vix ut quidpiam distinguere exploraréque posses, imo quædam etiam non ita γνησίως repræsentarentur. Ideoque alter Cardinalis Franciscus Barberinus ex fratris illius filio satus, musivum opus denuo in ære incidi, & quatuor amplissimis foliis exhiberi curavit anno 1721. Ad hujus porro exemplum illud publicamus quinque majoribus foliis quorum primum totum pavimentum exhibet, cætera vero quatuor, majoribus rerum singularum schematibus omnia complectuntur.

V. Musivo opere concinnatum pavimentum est, varii coloris lapillis structum cum tanto juncturis artificio, ut depictas tabulas insigniores æquare possint. Insignis opera, hic quodammodo Ægyptus & pars Æthiopiæ exprimuntur ; non eo quo Geographi modo exhibent : non hic interstitia locorum observantur ; sed quidam tractus, montes, valles, Nili alvei, lacus, animalia diversi generis, avium vis magna. Ferarum autem insigniorum nomina Græcis literis descripta sunt. Multorumque hujuscemodi animalium tum nomen tum forma historicis cæterisque scriptoribus ignota fuerunt. Hic piscatores multos videas venatoresque, qui sagittis aves & feras insectantur. Ædificia quoque hic conspiciuntur, quorum quædam sumtuosa & magnifica ; obelisci quoque, intexta ramis & foliis in fornicis morem umbracula, quæ non ita angusti alvei totam latitudinem occupant ; viri mulieresque vestitûs diverso genere instructi ; aliarumque rerum magna copia, quæ singularim describere operæ precium erit : quæque secundum cujusque ordinem in capitibus sequentibus explicabuntur. Cæterum puto imam tabulam septentrionem, ubi Ægyptus est ; supremam vero meridiem ubi Æthiopia est, repræsentare.

CHAPITRE SECOND.

I. Sylla Dictateur a fait faire ce pavé de Mosaïque. II. Difficulté sur cela levée. III. Sentiment d'un moderne, qui croit que les images de ce pavé representent le voiage d'Alexandre à l'oracle de Jupiter Hammon. IV. Sentiment du P. Kircher sur cette Mosaïque.

I. ON ne doute point que ce ne soit Sylla qui a fait faire ce pavé de Mosaïque. Pline le dit formellement 36. 25. *Lithostrota cœptavere jam sub Sylla parvulis certe crustis ; extat hodieque, quod in Fortunæ delubro Prænestæ fecit...* Ces pavez qu'on appelloit *Lithostrota* commencerent à être mis en usage sous Sylla, ils sont composez de petites pierres. On voit encore aujourd'hui celui que Sylla fit faire au temple de la Fortune de Preneste. C'est certainement un pavé du temple de la Fortune de Preneste, de ce fameux temple dont il y a encore de grands restes, & où ce pavé s'est trouvé tout entier & bien conservé. Mais de peur que dans la suite des tems il ne vînt à se gâter, on l'a apporté au Palais de la Maison Barberine, qui est dans la petite Ville de Palestrine.

II. Il semble qu'il n'y ait aucun lieu de douter que ce ne soit le même qui fut fait par Sylla : une seule chose qui me fait de la peine, c'est que dans les noms des animaux tous écrits en Grec, le Sigma est toujours, non pas selon l'ancienne figure Σ, mais selon l'autre qui fut introduite dans des tems posterieurs C. qu'on commence de trouver, quoique rarement, du tems d'Auguste. Mais je ne crois pas que cela nous doive arrêter. On la trouve ainsi du tems d'Auguste ; mais qui nous a dit le tems où l'on a commencé de s'en servir ? Il y a apparence que cette figure a été inventée avant ce tems-là, & on ne la substitua à sa figure Σ, que parce que cette forme étoit fort difficile à faire ; or elle l'étoit beaucoup plus dans un ouvrage de Mosaïque. C'est peut-être la raison pourquoi on l'a emploiée ici, & ce qui semble le confirmer, c'est que l'є rond qu'on a formé ainsi du tems d'Auguste, ne se trouve point ici, où l'on voit toujours l'E ancien, qui n'étoit pas si mal aisé à faire en Mosaïque, aiant les angles droits, au lieu que le Σ les a aigus.

CAPUT SECUNDUM.

I. Sylla Dictator musivum hoc opus conciunari curavit. II. Difficultas quædam solvitur. III. Nuperi cujusdam opinio putantis in hac musivi pictura repræsentari iter Alexandri magni ad Oraculum Jovis Hammonis. IV. Athanasii Kircheri sententia circa musivum hoc pavimentum.

I. Nemo jam dubitat quin hoc ipsum stratum musivo adornatum opere Syllam habeat auctorem, id diserte narrat Plinius 36. 25. *Lithostrota cœptavere jam sub Sylla parvulis certe crustis : extat hodieque, quod in Fortunæ delubro Prænestæ fecit.* Estque haud dubie stratum illud Fortunæ Prænestinæ templi istius, cujus maximæ adhuc reliquiæ supersunt, ubi etiam hoc pavimentum repertum est integrum, sartum & tectum ; sed ne & situs & tempus tam lepidum opus labefactarent, in ædes Barberinorum Prænestinas translatum fuit.

II. Vere illud ipsum prorsus esse videtur quod Sylla jubente paratum fuit. Aliquid tamen occurrit difficultatis in nominibus animalium græce scriptis. Sigma namque semper scribitur, non secundum veterem formam Σ, sed secundum alteram quæ posteriori tempore inducta fuit C. quæque reperitur, sed raro, Augusti tempore : sed non puto id tanti esse ut a sententia dimovere possit. Sic Augusti tempore occurrit ; sed quis dixit illo tempore fuisse inventam? Verisimile autem est jam ante Augustum hujus literæ mutationem fuisse factam, C. autem huic figuræ Σ, substituta fuit, quoniam hæc postrema forma difficile exarabatur. Longe autem difficilius fuisse videtur eam in musivo opere efformare. Et hæc est fortasse causa cur hic non adhibita fuerit:id inde confirmari videtur quod є rotundum quod Augusti tempore jam adhibitum occurrit, hic nusquam compareat; sed semper E exaretur, quæ vetus forma in musivo opere facile formabatur, quia anguli ejus recti sunt, in Σ vero acuti.

III. On demande quel est le dessein de cet ouvrage, & qu'avoit en vûe Sylla quand il a fait faire une Mosaïque de cette sorte pour le pavé d'un temple de la Fortune. Les sentimens sont differens. Voici ce qu'on a mis au bas de la grande Estampe faite à Rome l'an 1721.

» *Explication du Pavé de Palestrine fait en Mosaïque, où l'on prend cette image pour le*
» *départ d'Alexandre pour aller par l'Egypte consulter l'Oracle de Jupiter Hammon.*

» On voit dans la partie la plus éloignée de cette peinture faite avec de peti-
» tes pierres rapportées, des montagnes qui marquent, à ce qu'il paroit, l'E-
» gypte superieure ; ces montagnes sont pleines de bêtes féroces & de monstres,
» dont les noms sont écrits auprès, Sphintia, Yabus, Krocotas, Onocentau-
» ra, Tigris, & plusieurs autres bêtes à quatre pieds. Des Ethiopiens mis en un
» espace plus lointain, sur des montagnes escarpées dans l'Egypte interieure,
» tirent des fléches à des oiseaux. Quinte-Curce parle de ces Ethiopiens & des
» oiseaux remarquables de ce Pays-là. A l'endroit où le Nil laissant à côté les
» montagnes, se tourne vers les collines & vers la plaine, où divisant ses eaux,
» il fait le Delta, on voit deux insignes Villes, Heliopolis & Memphis. Ceux
» qui montent en navigeant de la bouche du Nil dans l'interieur de l'Egypte,
» comme fit Alexandre, voient à leur gauche Heliopolis avec ses obelisques,
» que l'Auteur de la Mosaïque y a representées. C'est le Roi Mitres, selon Pli-
» ne 36. qui a le premier érigé à Heliopolis des obelisques qu'il consacra au Só-
» leil. Les Géographes que le même Auteur de la Mosaïque a suivis, mettent
» ensuite Memphis au rivage opposé & occidental du Nil, un peu au-dessus de
» la pointe du Delta & de l'endroit où le Nil se divise en deux branches, auprès
» des Pyramides & des Sépulcres des Rois, qui sont reprelentez dans le pavé
» par ces édifices ornez d'Hermes Egyptiens, & les Sépulcres faits sur les monta-
» gnes. Ici aborda Alexandre parti de Peluse, lorsqu'il reçut les Ambassadeurs
» de Cyrene, qui portoient des presens, en lui demandant la paix, & le priant
» en même tems de venir en leurs Villes. Avant que ces Ambassadeurs vinssent
» comme il étoit encore près de Memphis, Astaces Preteur de Darius vint le
» recevoir en suppliant, & lui remit huit cens talens & tous les trésors & les bi-
» joux du Roi. On voit ici Alexandre sous sa tente, accompagné de l'élite de

---

III. Quæritur qua mente Sylla hæc concinnari curaverit, quove animo in musivo illo opere, in templi Fortunæ pavimento hæc repræsentari voluerit. Variæ sunt opiniones quæ sic explicantur in majoris illius tabulæ Romæ adornatæ inferiori margine.

» *Interpretatio Lithostroti Prænestini, Alexandri magni*
» *profectionem per Ægyptum ad Hammonis Oraculum*
» *consulendum in eo statuens.*

» Apparet montium conspectus in remotiori picturæ
» parte vermiculato opere expressa & exhibente, uti vi-
» detur, Ægyptum superiorem, nec non feras ac monstra
» iis in montibus passim occurrentia, uti dignoscitur ex
» appositis nominibus ΣΦΙΝΤΙΑ, ΤΑΒΟΥΣ, ΚΡΟΚΟ-
» ΤΑϹ ΟΝΟΚΕΝΤΑΥΡΑ ΤΙΤΡΙϹ, aliaque plurima e
» ferino quadrupedum genere. Volatilia vero sagittis
» impetunt Æthiopes longius dissiti, & prærupta
» montium incolentes in Ægypto interiore, quos
» Curtius describit una cum volucribus ibi spectan-
» dis lib. 4. cap. 29. ubi vero Nilus relictis montibus
» ad colles & ad planitiem delabitur, ibi in divisio-
ne aquarum quæ Delta constituit, urbes duæ insignes occurrunt Heliopolis & Memphis. Et eidem navigantibus ab ostio Nili ad interiorem Ægyptum, uti Alexander navigabat, sinistrorsum polita Heliopolis obeliscos ostentat ; quos musivi auctor ibi repræsentavit. Hos vero obeliscos Mitres Rex Soli primus Heliopoli erexit, teste Plinio lib. 36. Memphim deinde statuunt Geographi, & cum eis Musivarius, in adversa Nili ripa & occidentali, paulo supra verticem Deltæ, ubi Nilus in duo brachia scinditur, & prope Pyramides ac Regum conditoria (quæ scilicet in Lithostroto referunt ædificia illa Hermis Ægyptiis ornata, & sepulcra in montibus excisa. Huc adnavigasse Alexandrum a Pelusio procedentem, quando Legatos Cyrenensium excepit dona offerentes, pacemque, ac ut adiret urbes suas petentes. Ante hos tamen cum Memphi haud procul esset, Astacem Darii Prætorem supplicem habuit, a quo etiam fuere Alexandro tradita octingenta talenta, omnis regia gaza & supellex. Sub tentorio igitur regio spectari potest Alexander cum expedita delectorum manu, quos itineris socios

LE PAVE' SINGULIER DU TEMPLE DE LA FORTUNE. 153

ſes Officiers & ſoldats qu'il menoit avec lui dans ſon voiage, & que Quinte-Curce repreſente de même que la Moſaïque, portant des vaſes du Roi des Perſes, de ces vaſes qu'on venoit de remettre à Alexandre. *Il commanda, dit Quinte-Curce, à ſon Infanterie de ſe rendre à Peluſe, & ſe mit ſur le Nil avec l'élite de ſes troupes. Les Perſes n'attendirent pas ſon arrivée, effraiez de ce que les gens du païs ſe rendoient à Alexandre; mais comme il approchoit de Memphis, Aſtaces laiſſé là Gouverneur par Darius, traverſant le fleuve, vint apporter à Alexandre huit cens talens & tout le tréſor du Roi. De Memphis il alla de même ſur le fleuve juſques dans l'interieur de l'Egypte, & après avoir mis ordre à tout ſans rien changer dans les coutumes des Egyptiens, il réſolut d'aller au temple de Jupiter Hammon.*

Il ſemble que tout ceci ſoit ſignifié par ces hommes couronnez qui offrent des rameaux, des chandeliers & d'autres dons à Alexandre qui eſt ſous ſa tente, & à qui la Victoire offre une palme & une couronne, pendant qu'un autre Chef, qu'on croit être Aſtaces, un des Officiers de Darius, s'avançant ſur la proue du bateau demande la paix, étendant la main droite à Alexandre qui ſe voit là à la tête de ſa troupe, & qui élevant ſa main droite parle à ſes ſoldats. Les autres figures qui ſacrifient devant des autels ornez de la Statuë d'Anubis, ou qui ſe divertiſſent à boire & à manger, ou à pêcher, à chaſſer, à prendre des oiſeaux, marquent qu'on n'a rien changé dans les coutumes des Egyptiens, & c'eſt ce qu'ils avoient demandé à Alexandre. Il peut ſe faire auſſi que ceux qui font ainſi des feſtins & qui témoignent leur joie au ſon des inſtrumens de muſique, ſont ces mêmes Egyptiens, *qui*, dit Quinte-Curce, *dans l'eſperance qu'Alexandre viendroit chez eux, prirent courage, & reçûrent avec joie Amyntas, ſupportant depuis long-tems avec impatience, l'orgueil & l'avarice des Perſes leurs maîtres.* Cette partie de l'Egypte auprès du Delta qui eſt toute en plaine, a beaucoup de Crocodiles, d'Hippopotames & de Rhinocerots, marquez par leurs images & leurs noms, ΡΙΝΟΚΕΡΩΣ, Κροκόδειλος, Κροκοδειλοπάρδαλις.

C'eſt ainſi qu'un Auteur de ce tems croit qu'il faut expliquer cette image du pavé, en rapportant au voiage d'Alexandre le Grand dans l'Egypte, lorſ-qu'il alloit conſulter l'Oracle de Jupiter Ammon touchant l'Empire de tout le monde, que les ſorts jettez par ſon pere ſembloient lui deſtiner. C'eſt ce que Sylla, qui a fait faire cette Moſaïque, a voulu repreſenter ici. Emulateur de la fortune & de la puiſſance d'Alexandre, il voulut celebrer un oracle

---

” ducebat, ita a Curtio & a pictore Muſivario ex-
” preſſos cum vaſis & ſupellectile Perſica quam ibi
” excepit lib. 4. c. 27. *Pedeſtribus copiis Peluſium petere
” juſſis, ipſe cum expedita delectorum manu Nilo amne
” vectus eſt, nec ſuſtinere adventum ejus Perſæ, defec-
” tione quoque perterriti. Jamque haud procul Memphi
” erat, in cujus præſidio Aſtaces Prætor Darii relictus,
” octo amnis ſuperato, octingenta talenta Alexandro,
” omnemque regiam ſupellectilem dedit. A Memphi eo-
” dem flumine vectus, ad interiora Ægypti perrexit,
” compoſitiſque rebus, ita ut nihil ex patria Ægyptiorum
” more mutaret, adire Jovis Hammonis oraculum ſta-
” tuit.* Enimvero hæc omnia videntur ſignificari per
” coronatas illas virorum figuras quæ ramos offerunt,
” candelabra & dona convehunt duci ſub tentorio ab
” adſtante victoria corona & palma donato:dum alius
” dux, Aſtaces ut creditur Darii Prætor, e prora triremis
” accedens pacem petit, extenta dextera ad priorem
” illum ducem ſtipatum cœtu militari, eo ſub ten-
” torio elata dextera ſuos alloquentem. Reliquæ fi-
” guræ quà ſacrificantes ante aras Anubidis ſimulacro
” ornatas, quà genio & conviviis indulgentes, quà

intentæ piſcationi, venationibus & aucupio, demonſtrant nihil ex Ægyptio more mutatum, quod ſcilicet ab Alexandro petierant. Quin etiam illæ quæ convivia exercent, & muſicis inſtrumentis lætitiam præ ſe ferunt, denotare poſſunt illos Ægyptios qui ad ſpem adventus Alexandri erexerant animos, ut ſcribit Curtius, *cum Amyntam læti recepiſſent, olim Perſarum opibus infenſi, quippe ab his avaræ & ſuperbæ imperatum ſibi eſſe credebant.* Hæc igitur planior Ægypti regio circa Delta navigiis pervia, abundat crocodilis, hippopotamis, rhinocerotibus, ut icones illarum ferarum & nomina appoſita oſtendunt, ΡΙΝΟΚΕΡΩΣ, Κροκόδειλος, Κροκοδειλοπάρδαλις.

Ita demum ſingula quæ in Lithoſtroto ſpectantur, explicari debere autumat nuperus auctor, ad profectionem Alexandri per Ægyptum illa referens, quando Macedo contendit ad oraculum Hammonis conſulendum de imperio orbis terrarum ſibia paternis ſortibus deſtinato: ut Sylla muſivi auctor & fortunæ Alexandri cupidus atque æmulator potentiæ, par ſibi reſponſum ab oraculo redditum, cujus me-

» semblable qui lui avoit été rendu, & duquel parle Appien au premier livre
» des guerres civiles, & en rendre la memoire durable par ce monument qu'il
» dressa après la victoire remportée sur ceux de Preneste, & lorsqu'il avoit déja
» commencé sa domination, ou plutôt sa tyrannie.

» IV. Le P. Kircher donne à cette Mosaïque une interpretation fort diffe-
» rente, dont voici la substance. *Cette Mosaïque*, dit-il, *represente les vicissitudes
de la fortune, avec les rites & les cérémonies qu'il falloit pour honorer cette déesse, &
se la rendre propice. On celebre encore ici des jeux solemnels en actions de graces de l'heureux succès des expeditions militaires.* Celui qui a donné cette interpretation a
» donné aussi l'image tirée exactement de l'original, & laissé la liberté au lec-
» teur habile d'adopter sur le sens de cette Mosaïque, l'explication qui lui plaira
» le plus.

» minit Appianus libro 1. bellorum civilium, cele-
» bri hoc monumento partæ apud Præneftinos victo-
» riæ ac dominationis seu tyrannidis inde inchoatæ,
» posteris celebravit.
» Diversa interpretatio ejusdem musivi legitur
» apud Athanasium Kircherum, cujus hæc summa est.
» *Varia*, inquit, *instabilis fortunæ vices musivo opere
affabre depictæ exhibentur, ritus & ceremoniæ quæ
colendæ qua placandæ exprimuntur. Ludi solemni festi-
vitate ob felicem Fortunæ in expeditionibus obten-
tam sortem celebrantur.* Interpres Lithostroti imaginem exhibuisse contentus ad fidem prototypi li-
berum de illius interpretatione judicium erudito
lectori ducit relinquendum. «

CHAPITRE TROISIEME.

I. On refute le premier sentiment sur cette Mosaïque. II. Et celui du P. Kircher. III. Opinion de l'Auteur sur le dessein de cet ouvrage.

I. JE suis persuadé que peu de gens seront du sentiment de celui qui a cru que l'image étoit faite pour representer le voiage d'Alexandre le Grand au temple de Jupiter Hammon par l'Egypte. Je n'y vois rien qui puisse le persuader, encore moins pourra-t'on trouver des rapports entre cette troupe, où l'on prétend que se trouve Alexandre le Grand, avec les autres figures qui composent cette grande image. Je ne vois rien ici qui me puisse rappeller l'idée d'Alexandre le Grand.

Le sentiment du P. Kircher, qui veut qu'on ait representé ici les vicissitudes de la fortune, & le culte & les fêtes de cette déesse qu'on appelloit la Fortune; ce sentiment, disje, n'est pas soutenable.

II. Il n'y a rien dans toute la table qui se puisse rapporter proprement à la déesse Fortune. Il y a apparence que le P. Kircher n'a voulu trouver ici les fêtes & les mysteres de la Fortune, que parce qu'il a cru que les images d'un pavé

CAPUT TERTIUM.

I. Prior opinio circa hoc musivum tessellatumque opus repudiatur. II. Item Kircheri sententia refellitur. III. Opinio nostra circa scopum ejus qui depingi curavit.

I. Puto paucissimos fore qui illius nuper opinioni adstipulentur, putantis ideo adornatam imaginem fuisse, ut Alexandri magni ad oraculum Jovis Hammonis properantis, & per Ægyptum transeuntis iter describeretur. Nihil hic video quod illud in animum inducere possit, longeque minus dici possit quid ingens ille figurarum numerus ad iter Alexandri affinitatis habere possit. Me nihil in hac imagine videre fateor quo Alexander magnus in memoriam revocari possit.

Neque magis stare potest opinio Athanasii Kircheri putantis hic vicissitudines fortunæ repræsentari, nec non cultum & festa deæ illius quam Fortunam appellabant.

II. Nihil in tota tabula est quod ad Fortunam proprie referri possit. Verisimile autem est ideo Kircherum hic mysteria Fortunæ ejusque celebritates reperire voluisse, quia putavit imagines in pavimento

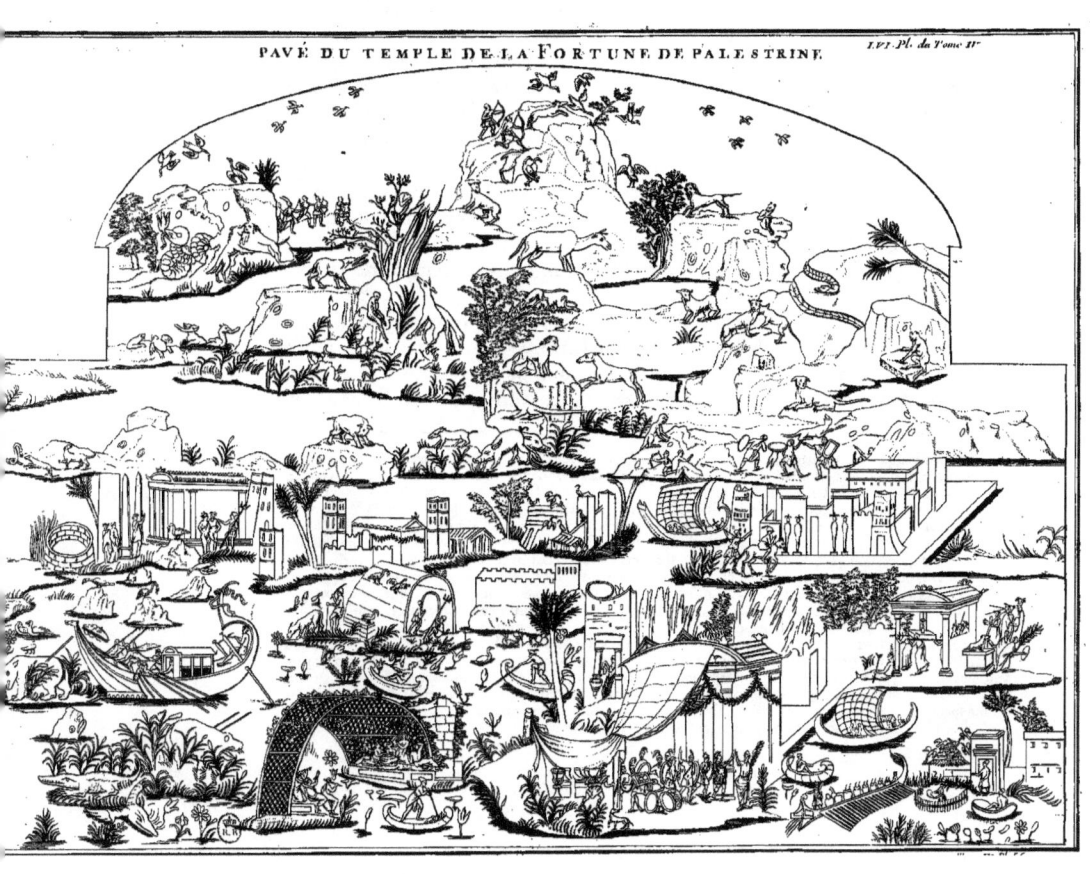

LE PAVÉ SINGULIER DU TEMPLE DE LA FORTUNE.

du temple de la Fortune, devoient se rapporter à cette déesse. Mais on voioit dans les temples tant de figures & d'images qui ne se rapportoient pas à la principale divinité, que cela ne doit point du tout nous arrêter. Nous pourrions rappeller plusieurs exemples tirez du second tome de l'Antiquité, où l'on voioit dans les temples de divinitez des histoires étrangeres; l'on en voit un si grand nombre dans Pausanias, que cela ne peut souffrir aucune difficulté. D'ailleurs, quand nous ne trouverions pas d'exemples semblables, nous dirions plutôt que celui-ci est unique, que de dire que ces images se rapportent à la Fortune.

III. Mon sentiment est donc que Sylla a voulu representer ici les spectacles du Nil, de l'Egypte & de l'Ethiopie. Il n'y avoit point de riviere dont les bords presentassent des objets si admirables, soit qu'on regarde la qualité des bâtimens & des édifices, soit que l'on considere la quantité de poissons singuliers & d'amphibies. L'Egypte étoit aussi comme un théatre, où l'on voioit des choses naturelles les plus extraordinaires, des roches qui fournissoient des marbres à plusieurs parties du monde, des animaux de toute espece, des bâtimens magnifiques; l'Ethiopie abondoit en bêtes féroces & en monstres. Sylla voulut faire de tout cela un spectacle des plus agréables; c'est par un pur caprice qu'il y fit exprimer tous ces objets, qui devoient d'autant plus surprendre, qu'on ne s'attendoit point à les trouver rassemblez dans un temple de la Fortune.

Je vais donc faire la description de toutes les parties de cette grande Mosaïque, en commençant par le bas de la grande Estampe, qui se trouve ici divisée en quatre planches. J'irai toujours dans l'explication de la gauche à la droite, en suivant tous les objets qu'une planche contient, avant que de passer à l'autre.

---

templi fortunæ expressas ad deam Fortunam referri debere. Verum in templis tot erant figuræ, tot imagines, quæ ad præcipuum templi numen referri non poterant, ut hoc nihil nos morari possit. Multa possemus exempla ex secundo Antiquitatis explanatæ tomo educta huc afferre, ubi in templo numinum historiæ ipsis numinibus non propriæ depingebantur: tot hujusmodi res observantur apud Pausaniam, ut hinc nulla possit oriri difficultas. Alias vero, etiamsi nullum aliud ejusmodi rei exemplum suppeteret, potius diceremus, hoc unicum esse, neque alibi reperiri, quam hæc ad Fortunam referri.

III. Hæc autem est opinio mea, Syllam eo loci voluisse Nili, Ægypti atque Æthiopiæ spectacula exhibere. Nullum erat flumen cujus oræ tot tamque mirabilia spectacula exhiberent quam Nilus, sive ædificia, sive piscium & amphibiorum genera spectaveris. Ægyptus quoque velut theatrum erat, in quo res naturales admodum insolitæ visebantur; rupes, unde marmora diversa multis orbis partibus suppeditabantur; animalia singularia cujusvis speciei; ædificia ingentia & magnifica; Æthiopia feris abundabat & monstris. Ex his porro omnibus Sylla jucundissimum exhibere spectaculum voluit; ex mero arbitrio, & ut sese menti obtulerunt hæc exprimi curavit, quæ eo majorem admirationem parerent, quod ea in templo Fortunæ se visurum nemo exspectaret.

Hujus ergo musivo opere expressi spectaculi partes omnes describere aggrediar, incipiamque ab ima tabulæ parte, quæ tabula hic in quatuor partes dividitur. Explicando autem a sinistra ad dexteram semper procedam, & res singulas quæ in qualibet parte sunt, persequar ante quam ad partem sequentem transeam.

CHAPITRE QUATRIE´ME.

I. Crocodiles, Chasse de l'Hippopotame, description d'un Batteau. II. Cabane où l'on croit qu'on donnoit à manger aux Ibis. III. Berceau singulier fait dans l'eau.

Pl. LVII.

I. Dans la premiere planche qui contient une partie de la Mosaique, on voit d'abord deux Crocodiles, qui paroissent ou dans des petits islets, ou en des endroits où l'eau est fort basse. Auprès de là est un Hippopotame, entre certaines plantes aquatiques; il ouvre une grande gueule & montre ses dents longues & aigues. A côté de celui-là un autre Hippopotame ne fait sortir que la tête hors de l'eau. Au-dessus de ceux-ci on voit entre des herbes aquatiques un autre Hippopotame qui n'a que les pieds dans l'eau, & que des gens qui sont dans un batteau veulent tuer; ils l'attaquent à coups de javelots: il est déja percé d'un, dont le bois s'éleve au-dessus de la croupe. Ceux qui l'attaquent sont sur la proue du batteau armez de javelots ou de demi-piques; ils portent des bonnets qui ressemblent assez aux *Pilei* des Romains: le batteau est de forme assez particuliere. Il s'éleve sur la proue en pointe, & se termine en une tête d'animal qui ressemble à celle d'une biche. Rien de plus propre qu'une chambre fabriquée sur le milieu du batteau, treillissée fort proprement sur les côtez, & aiant un frontispice qui ressemble à celui d'un temple. La proue s'éleve beaucoup plus haut que la poupe; elle est d'une forme particuliere, il semble que celui qui tient le gouvernail soit à couvert sous cette grande élevation de la poupe qui se rejette sur le devant. Ce gouvernail consiste en deux grandes rames, une de chaque côté. Derriere ce batteau est un homme, qui a amené un bœuf boire dans la riviere, & qui tient un bâton levé comme pour le frapper.

II. Derriere cet homme est une grande cabane ronde toute couverte d'Ibis, dont un semble vouloir s'envoler. Les anciens disent qu'il y a deux sortes d'Ibis, & que les uns sont blancs & les autres noirs. On en voit ici des uns & des autres. Ces Ibis sont sur la cabane, qui a sur le devant une porte ronde par le haut. Il y a un homme à chaque côté de la porte; l'un assis tient une espece de trident. Ces deux hommes sont apparemment là pour avoir soin des Ibis & leur donner

---

CAPUT QUARTUM.

I. Crocodili: venatores quomodo hippopotamum captent, naviculæ descriptio. II. Tugurium in quo ibides escam sumsisse putantur. III. Intextum ramis & longuriis umbraculum in aquis structum.

I. IN prima tabula quæ musivi partem complectitur, statim visuntur duo crocodili, qui vel in prominente limo vel in vado stant. Atque e vicino hippopotamus est inter aquatica quædam virgulta; os prægrande operit, acutosque & oblongos dentes ostentat. Propter hunc alter hippopotamus caput tantum educit ex aquis. His superiorem cernimus hippopotamum qui in aquis pedes tantum tenet, quemque viri in navicula versantes jaculis impetunt. Jam confossus est jaculo cujus lignea hasta prominet infixa. Venatores in prora stant jaculis armati, pileos capite gestant Romanis pileis similes. Navicula formæ spectabilis est, proram sublimem erigit quæ superne definit in caput cervæ capiti simile. In media navicula casula quædam seu camera visitur eleganter structa, cancellis ornata, cujus facies anterior frontispicio templi similis est. Puppis longe sublimius erigitur quam prora. Est autem formæ singularis. Qui gubernacula tenet, altissima illa puppi tectus videtur, quæ sese versus medium naviculæ reflectit: gubernacula autem illa duo majores remi sunt, in utroque latere positi. Pone naviculam vir est qui bovem ad flumen potus causa duxit, virgamque tenet quasi bovem percussurus.

II. Pone virum illum tugurium grande visitur rotundum, cui insistunt ibides quarum una mox avolatura videtur. Dicunt veteres duo esse genera ibidum, quarum aliæ albæ, aliæ nigræ sunt: utriusque autem coloris hic ibides visuntur. Stant igitur ibides supra tugurium, in cujus anteriore parte est janua superne rotunda: ad utrumque portæ latus vir sunt, quorum alius sedens tridentem tenet. Hi porro viri curam, ut videtur, ibidum habent, ipsisque præbere alimenta

LE PAVÉ SINGULIER DU TEMPLE DE LA FORTUNE. 137

à manger. Cela nous rappelle ce que dit Herodote dans son Euterpe, c. 65. « L'Egypte quoique si voisine de la Lybie, n'a pas un fort grand nombre de bê- « tes ; mais ils estiment sacrées toutes celles qui naissent chez eux, dont quel- « ques-unes se nourrissent dans les maisons, & les autres dans les campagnes. C'est « une loi parmi eux que ces bêtes ont comme des curateurs, ou des gens de l'un « ou de l'autre sexe, qui ont soin d'elles, & cela passe comme une charge de pere « en fils. Tous ceux qui habitent dans les Villes, font des vœux aux dieux aus- « quels ils croient que ces bêtes appartiennent ; ensuite ils rasent la tête de leurs « enfans, ou tout-à-fait, ou la moitié, ou la troisiéme partie seulement, & « puis ils pesent ces cheveux, & donnent autant d'argent pesant à celui ou celle « qui a soin des bêtes, & elle leur donne à manger du poisson découpé par par- « ties. Si quelqu'un vient à tuer quelqu'une de ces bêtes ; si c'est de propos déli- « beré, il lui en coûte la vie ; si c'est par mégarde, il est condamné à l'amende, « telle que les Prêtres l'ordonnent. Mais si quelqu'un tue ou tm Ibis ou un Eper- « vier, soit volontairement, soit par mégarde, il est irremissiblement mis à « mort. «

Il y a toute l'apparence possible que ces deux hommes qu'on voit à l'entrée de la cabane couverte d'Ibis, sont là pour avoir soin d'eux & leur donner à manger, peut-être même que les Ibis se retiroient la nuit dans cette cabane, ce qu'on n'oseroit pourtant assurer.

III. Au-dessous de cette cabane on voit un petit bateau, & plus bas un grand berceau qui fait un spectacle tout nouveau & fort singulier. Il y a deux massifs de pierre proprement bâtis dans l'eau, & dont le haut est élevé pardessus l'eau d'environ un pied & demi, & le mesurant sur la taille des hommes, le dessus est semblable à ces lits où l'on se mettoit anciennement à demi couché pour prendre le repas. Sur l'un des côtez sont quatre personnes, dont trois à demi couchées tiennent chacune un gobelet à la main, & l'autre debout joue d'un instrument, qu'il n'est pas aisé de reconnoître. De l'autre côté trois personnes paroissent n'être pas moins en train de se divertir que celles-là ; l'une assise joue de la flutte, l'autre assise de même éleve une corne de bœuf qui servoit anciennement de coupe à boire, comme nous avons tant de fois vu, & comme nous verrons encore dans d'autres parties de cette Mosaïque. Elle éleve donc cette corne, & semble porter une santé à ceux de l'autre côté. Un autre à ge-

---

solent. Hoc autem in mentem revocat ea quæ dicit Herodotus in Euterpe cap. 65. » Ægyptus etsi tam » vicina Lybiæ, non admodum bestiis abundat : sed » sacras æstimant illas omnes quæ in solo suo nascun- » tur, quarum aliæ domesticæ sunt, aliæ in agris versan- » tur. Quasi in legem apud illos transiit, ut bestiæ » illæ seu curatores habeant, seu Ægyptios Ægyp- » tiasve qui illis ad vitam necessaria suppeditent, quæ » cura ad filios filiasve quasi hæreditario jure transit. » Qui urbes incolunt vota emittunt diis quibus sacras » bestias esse putant. Deinde vero capita filiorum abra- » dunt aut tota, aut dimidiam, vel tertiam tantum par- » tem, posteaque capillos appendunt, & tantum pondo » argenti dant curatori vel curatrici bestiarum, ipsisque » bestiis datur comedendi pisces in particulas præcisi. » Si quis vero ex bestiis hujusmodi aliquam occiderit, si » lubens ac volens, etiam ipse occiditur ; sin præter vo- » luntatem, mulctam pecuniæ pendit, qualem statuunt » Sacerdotes. Verum si quis vel ibidem vel accipitrem » interfecerit, seu lubens seu invitus, sine ulla venia » interimitur.

Admodum verisimile est duos illos viros qui ad os- tium tugurii visuntur ibidem esse curatores, ipsisque alimenta præbere. Fortassis etiam ibides intra tugu- rium illud pernoctare solebant, id quod tamen affir- mare non ausim.

III. Infra tugurium scapha visitur, & prope sca- pham umbraculum ex longuriis & intextis ramis struc- tum, quod sane spectaculum & novum & singula- rissimum efficit. Sunt autem duæ lapideæ in aquis structæ moles, quæ sesquipede circiter supra aquam eminent, si mensuram ducas ex mensura virum quos ibidem conspicis, superficies plana similis est lectis illis in queis olim ad cœnandum accumbebatur : su- pra molem alteram quatuor viri mulieresve sunt, ex quibus tres recumbentes, cululum singuli tenent. Alter vero qui stat, instrumento musico ludit, quod genio indulgere videntur. Alius sedens tibia ludit, alius item sedens cornu bovinum sustollit, quo poculi ge- nere olim utebantur, ut sæpe vidimus, utque in aliis etiam hujus musivi partibus conspiciemus. Cornu ita- que erigit, & consistentibus e regione propinare vi- detur. Alius genibus flexis quidpiam erigit, quod

noux éleve de la main quelque chose, qu'il n'est pas aisé de distinguer. Au-delà de ces massifs ou de ces lits s'éleve ce grand berceau fondé dans les eaux, treillissé le plus proprement qu'on puisse imaginer, & entremêlé de branches & de fruits. On ne pouvoit aller sur ces lits qu'en batteau, aussi y a-t'il là tout auprès un petit batteau, qui semble n'être là que pour amener & ramener la troupe.

non facile internoscas. Ultra moles illas erigitur magnum illud umbraculum in aquis fundatum, elegantissime intertextum, ramis & foliis ornatum. Nonnisi scapha poterant hi lecti, hæ sedes adiri, etiamque scapha ibidem visitur, quæ cœtui adducendo & reducendo deputata videtur.

CHAPITRE CINQUIE'ME.

I. Bâtimens, Obelisques, Temple. II. Autre bâtiment. III. Animaux de l'Ethiopie. IV. Rinocerot Ethiopien. V. Description du Rinocerot Ethiopien par Cosmas l'Egyptien.

I. AU haut de la planche, en prenant de la gauche à la droite, on voit un bâtiment rond tout ouvert par le haut, qui a l'air d'un amphitheâtre, quoique ce soit peut-être toute autre chose, & auprès de là deux hommes couronnez & deux obelisques devant un temple, dont le frontispice est orné de pilastres, & sur le fronton on voit une demi étoile qui le couronne, tout le plus haut du toit est herissé de pointes qui ressemblent à des triangles isosceles. Ces obelisques paroissent fort grands. Il y en avoit aussi de fort grands au temple de Minerve en Egypte, selon Herodote l. 2. chap. 170. Devant le temple sur le côté, on voit deux femmes couronnées, & un homme qui tend la main vers elles, & qui tient un grand trident comme un Neptune. Presque devant le temple on voit un Ibis oiseau sacré, comme nous venons de dire. Deux tours qu'on voit ici ont fait croire à quelqu'un, qu'on y a voulu representer une Ville, & cela n'est pas mal aisé à croire, quoiqu'on n'osât l'assurer.

II. Auprès de ce bâtiment on en voit un autre terminé par deux tours quarrées, entre lesquelles est un autre bâtiment qui a l'air d'un temple, & qui est couronné de festons. On voit au devant de tout cela une espece d'enceinte avec des creneaux. Si l'on vouloit encore faire de ce bâtiment une Ville, les Villes auroient été bien près l'une de l'autre, aussi l'étoient-elles dans l'ancienne Egypte, plus qu'en payis du monde.

CAPUT QUINTUM.

I. Ædificia, obelisci, templum. II. Aliud ædificium. III. Animalia Æthiopica. IV. Rhinoceros Æthiopicus. V. Descriptio rhinocerotis Æthiopici per Cosmam Ægyptium.

I. IN suprema tabula si a sinistra ad dexteram procedas, ædificium rotundum visitur superne apertum, amphitheatro simile, etsi forte aliquid ab amphitheatro longe diversum sit: & e vicino viri duo coronati duoque obelisci ante templum, cujus frontispicium parastatis ornatur; in fastigii angulo superne, dimidiata ceu stella eminet: tecti fastigium aculeis seu pinnis ornatur trianguli isosceli formam referentibus. Hi obelisci præalti videntur esse. Similes sublimesque obelisci etiam erant in templo Minervæ in Ægypto, teste Herodoto l. 2. c. 170. Ante templum e latere conspiciuntur mulieres duæ coronatæ, & vir qui versus illas manum tendit, quique magnum tenet tridentem Neptuni tridenti similem. Prope templum adest ibis avis sacra de qua modo dicebamus. Duæ illæ turres quæ hic visuntur, cuidam indicio fuere hic urbem repræsentari, id quod etiam non improbabile est, etsi certum indubitatumque non sit.

II. Prope ædificium illud aliud visitur duabus quadratis turribus terminatum, inter turres aliud ædificium est templi simile, quod sertis coronatur: ante illud ædificium murorum ambitus cernitur cum prominentibus undique pinnis. Si etiam hæc ædificia pro urbe haberentur, frequentes admodum in Ægypto urbes fuissent. Erantque revera in veteri Ægypto urbes plures quam in quavis altera nota orbis regione.

III. Au-dessus de cet édifice on voit une espece de sanglier, & qui a effectivement toute la forme du sanglier, avec une inscription Grecque, ΧΟΙΡΟΠΟΤΑΜΟΥ, qui veut dire le sanglier du fleuve ; c'étoit une espece de sanglier qui venoit près du Nil, & apparemment dans l'Ethiopie voisine de l'Egypte. Il est à remarquer que presque tous les animaux qu'on voit de plus de la moitié en sus de la grande planche, sont de cette partie de l'Ethiopie, qui étoit aussi une région du Nil, où il y avoit un nombre infini de bêtes fauves & de monstres.

IV. Auprès de là se voit le Rinocerot, animal des Indes, mais qui se trouvoit aussi en Ethiopie, selon Pausanias & Cosmas l'Egyptien. La description qu'en fait Pausanias 9. 21. revient fort à celui que nous voions peint ici. « J'ai vû, dit-il, des taureaux Ethiopiens, qu'on appelle aussi Rinocerots, parce qu'ils ont une corne au bout du nez ou du museau ; ils ont aussi un peu au-dessus une autre plus petite corne, & n'en ont point du tout sur la tête. Cependant les autres Auteurs ne donnent au Rinocerot qu'une corne sur le nez ; mais ceux-ci décrivent le Rinocerot Indien, qui pourroit être different de l'Ethiopien, ce que je laisse à observer à nos Naturalistes.

V. Cosmas l'Egyptien, qui vivoit du tems de Justinien, & qui avoit fait un voiage en Ethiopie, fait la description du Rhinocerot, & lui donne deux cornes sur le nez, sans dire que l'une soit plus petite que l'autre, & l'image même qu'il en a donnée, les fait presque égales. La description qu'il en fait merite d'être mise ici.

Cet animal est appelé Rinocerot, parce qu'il a des cornes sur le nez : quand il marche ses cornes branlent ; mais lorsque plein de fureur il regarde quelqu'un, il les arrête & les presente, immobiles & inébranlables, en sorte même qu'il déracine les arbres qu'il trouve, quand ils sont bien à sa portée. Il a les yeux situez fort bas, & sur les machoires. C'est un animal terrible & fort ennemi de l'Elephant. Ses pieds & sa peau sont semblables à ceux de l'Elephant. Sa peau dessechée a quatre doigts d'épaisseur. Il y a des gens qui en font des socs de charrue avec lesquels ils labourent la terre. Les Ethiopiens l'appellent *Aru* ou *Harisi*. Ils mettent une aspiration au second mot. En sorte que par Aru ils entendent l'animal même, & par Harisi la figure de ses narines, & sa peau dont on se sert pour labourer la terre. J'ai vu de loin en

III. Supra hoc ædificium apro similis fera conspicitur, & vere formam apri præ se fert cum hac inscriptione ΧΟΙΡΟΠΟΤΑΜΟΥ, id est aper fluminis, erat, ut videtur, apri genus secus flumen nasci solitum, atque ut existimo in Æthiopia Ægypto finitima. Observandum porro est animalia quæ a dimidia tabula ad extremam supremam oram visuntur ad eam Æthiopiæ partem pertinere, quæ & ipsa Niliaca regio erat, ubi infinitus prope erat ferarum monstrorumque numerus.

IV. E vicino rhinoceros cernitur animal Indicum, quod etiam in Æthiopia erat, testibus Pausania & Cosma Ægyptio. Descriptio ejus apud Pausaniam 9. 21. huic optime adaptatur qui hic inscribitur ΡΙΝΟΚΕΡΩΣ. » Vidi, inquit Pausanias, tauros Æthiopicos qui rhinocerotes etiam vocantur, quia in extrema nare cornu habent, & paulo superius alterum cornu minus habent, in capite vero nullum apparet cornu. Attamen scriptores alii pene omnes rhinoceroti, unicum tantum cornu dant in nare positum. Verum hi rhinocerotem Indicum describunt, qui forte ab Æthiopico differat. Illud vero φυσιολόγοις explorandum relinquo.

V. Cosmas Ægyptius qui tempore Justiniani vixit, & quiiter in Æthiopiam instituerat, rhinocerotis descriptionem parat ipsique duo cornua in naribus adscribit : neque dicit alterum cornu altero minus esse. Schema vero quod ipse depictum dedit, cornua ferme æqualia exhibet. Descriptio ejus qualem effert Cosmas hic non prætermittenda.

Hoc animal rhinoceros a cornibus naso hærentibus vocatur : eo autem ambulante cornua subagitantur : cum autem furore plenum obtuetur, cornua vibrat, ipsaque immobilia & firma consistunt, ut etiam arbores eradicare possit, cum maxime a fronte positæ sunt. Terribilissimum porro est atque elephanti maxime inimicum. Pedes atque pellem elephanti similes habet ; pellis ejus exsiccata digitorum quatuor spissitudinem habet, qua nonnulli vomeris loco ad aratra utuntur, illaque terram sulcant. Rhinocerotem Æthiopes propria dialecto Aru aut Harisi nuncupant ; in secundo vocabulo denso spiritum alpha pronunciantes & *risi* adjicientes ; ut voce *aru* ipsum animal significent, voce autem Harisi figuram narium atque pellem arando opportunam indicent, hinc illi nomen imponentes. Hujusmodi animal in Æthiopia vivum eminus conspexi,

» Ethiopie cet animal vivant, & j'ai vu aussi sa peau farcie de paille dans le pa-
» lais du Roi, ce qui m'a donné le moien de le décrire exactement.

» mortuique pellem palea infertam in regia consisten- tem, unde licuit accurate describere. «

CHAPITRE SIXIEME.

I. Gens de guerre devant un Portique. II. Navire armé. III. Pigeonnier, &c.

PL. LVIII.

I. A La planche suivante nous voyons sur le bas un spectacle fort remarquable. Une espece de gallerie ou de portique couvert, dont la couverture est soutenue par des colonnes, avec une grande toile tendue pour garantir le portique des ardeurs du soleil. Devant ce portique est une troupe de gens de guerre, tous portant le casque & un grand panache, hors celui qui est à la tête de tous, qui est sans casque & couronné, à ce qu'il paroit, de laurier : la petitesse de la figure empêche qu'on n'en puisse parler sûrement. Celui-ci porte pardessus l'habit militaire, une chlamyde; il tient de la main droite une de ces cornes de bœuf qui servoit anciennement de gobelet, comme nous avons tant de fois vu, à moins qu'on ne voulut dire que c'est un cor, signe militaire en usage chez plusieurs Nations. Devant cet homme est une grande femme qui tient d'une main une palme, & de l'autre une espece de ruban. A côté de ces gens de guerre, on voit un tas de boucliers ovales avec un casque par dessus. Deux soldats portent deux autres boucliers à la Romaine, creux & longs comme une tuille à canal, qui ont pour marque un Scorpion. A l'extrémité de l'autre côté est une table chargée de cornes semblables à celle que tient le chef de la troupe; c'étoient des gobelets dont on se servoit pour boire, & à côté de la table est un grand vase.

II. Ici nous voions une troupe de gens de guerre, & de l'autre côté paroit dans les ondes un navire armé, de ces navires des anciens qui n'étoient proprement que des galeres. Celui-ci a vingt-six rames du côté qu'il presente, & autant sans doute de l'autre, dont on ne voit qu'une petite partie. Ce vaisseau de guerre étoit une bireme, c'est-à-dire, à deux rangs de rame l'un plus élevé que l'autre, comme il paroit manifestement à la premiere rame : cela ne se peut voir sur les autres, celle de dessus cachant toujours celle de dessous. D'ha-

CAPUT SEXTUM.

I. Bellatores ante porticum. II. Navis ad pugnam parata. III. Columbarium, &c.

I. IN ima tabula sequenti spectaculum adest non vulgare, porticus nempe cujus tectum columnis fulcitur, magno extenso velo, quod ab æstu solis defendat. Ante porticum bellatores multi visuntur : omnes galeato capite sunt, illo excepto qui agmen ducere videtur, qui coronam gestat, atque ut videtur laureum. Cæteri cristatam galeam habent. Qui coronatus est supra militarem vestem chlamydem gestat; manuque dextera tenet bovinum cornu, quo poculo olim utebantur passim, uti sæpissime diximus; nisi fortasse dixerit quispiam esse cornu, militare signum, quod olim apud nationes multas in usu erat. Ante virum illum grandis staturæ mulier, altera manu palmam, altera fasciam tenet. Prope milites illos est acervus clypeorum ovatæ formæ cum casside superposita. Duo alii milites scuta gestant Romanis similia, concava & oblonga ceu lateririus alveus, quæ scuta insigne habent scorpionem. Ad extrema porticus in alio latere est mensa cornibus similibus onusta, quibus olim poculis utebantur : & prope mensam vas ingens.

II. Hic militum turmam cernimus; in alio autem latere armatam navim in undis videmus, quæ veterum naves nonnisi remigibus agebantur. Hæc porro navis viginti sex remos habet in uno latere, quod videlicet solum patet oculis; in alio autem latere totidem erant quorum extrema cernimus. Hæc erat biremis sive duobus remigum ordinibus instructa navis, qui ordines alius alio sublimiores erant, ut in primo remo manifeste visitur, in cæteris autem videri nequit, quoniam remus superior inferiorem obtegit. De

biles

LE PAVE' SINGULIER DU TEMPLE DE LA FORTUNE.

biles gens ont difputé depuis peu fur ces rangs de rames des anciens plus élevez les uns que les autres. Plufieurs en nient la poffibilité, d'autres la foutiennent. Ceux qui la nient ne font pas d'accord entre eux fur la maniere ; mais ils conviennent à détourner & à détorquer les paffages des anciens qui parlent trop clairement contre eux, & à rejetter les exemples tirez de la colonne Trajane, & des autres monumens. Ce vaiffeau eft difpofé comme pour le combat ; les foldats ont mis leurs boucliers fur le bord, pour parer les coups qu'on peut leur porter. Le Commandant eft fur la proue, & étend fon bâton de commandement. Il porte un chapeau prefque de la forme des nôtres. Auprès de ce vaiffeau eft une petite barque, où eft un homme qui pêche à la ligne, & plus haut un autre vaiffeau dont les voiles font tendues & enflées. Dans celui-ci eft une grande chambre avec un toit, de la forme des maifons ordinaires.

III. Auprès de là eft un pigeonnier, dont le faîte s'éleve en pain de fucre, ou en un cone obtus percé de trous par où les pigeons peuvent entrer & fortir. On y voit des pigeons de differentes couleurs, blancs, noirs, &c. Au-deffous du pigeonnier eft un pêcheur, qui a fait pour prendre du poiffon une machine ufitée en certains endroits. Il a planté des pieux dans l'eau, & fait comme une paliffade en demi cercle, en forte que les deux bouts du demi cercle font près de terre. Il jette apparemment des filets là-dedans, bien fûr que les poiffons renfermez ne peuvent lui échapper. Derriere cet homme eft un bâtiment, qu'on laiffe à confiderer au lecteur.

---

circa multiplices hujufcemodi remorum ordines difputabant non ita pridem viri eruditi. Aliqui negant potuiffe unquam fieri, ut remorum ordines alii aliis fuperiores effent; alii vero ita fuiffe contendunt. Qui vero negant & alium modum navigandi ftatuunt, inter fe non confentiunt, in uno tamen concordes ut veterum loca, clara certe, detorqueant, & exempla omnibus confpicua exque columna Trajana defumta refpuant, nec pluris faciant ea quæ ex aliis monumentis defumi poffunt. Hæc porro de qua agimus navis eft quafi ad pugnam inftructa : milites ad latera navis clypeos obtendunt hoftibus, ut tela excipiant. Dux in prora ftat & virgam quafi imperans extendit. Galerum geftat noftris pene fimilem. Prope navim fcapha eft ubi vir linea ad pifcandum utitur, & non procul alia navis cujus vela extenfa vento inflantur. In hac porro navi ædium vulgarium formâ conclave quoddam vifitur.

III. E vicino columbaris cafa eft, cujus faftigium conica forma exurgit feneftellis & foraminibus undique inftructum. Hic columbæ vifuntur varii generis albæ, nigræ, &c. Sub columbaria cafa pifcator eft, qui ad captandos pifces machina utitur aliquot in locis ufitata. Paxillos intra aquam defixit in femicirculi formam, ita ut duo extrema femicirculi oram contingant. Retia hic haud dubie conjicit, compertum habens non poffe pifces iftinc elabi. Pone virum illum ædificium eft quod quivis confpicere valeat.

Tome IV.   X

CHAPITRE SEPTIE'ME.

I. Procession representée. II. Ville & obelisque qui semble tomber. III. Vaisseau & bâtimens. IV. Bêtes feroces.

I. UN spectacle de religion s'offre au-dessus de tout ce que nous venons de voir. C'est une procession, ou pour me servir d'une expression plus en usage dans l'antiquité, une pompe. Tous ceux qui y assistent sont couronnez, ou de laurier ou d'autres branches, & tous en habit long. Il y en a quatre qui portent sur une espece de brancard une machine qui ressemble à un chandelier. De ceux qui suivent la procession, il y en a deux qui portent chacun un bâton, au haut duquel est perché un oiseau. Nous avons vu plusieurs bâtons semblables dans les figures Egyptiennes, vers la fin du second tome de ce Supplément. Les porteurs & ceux qui tiennent ces bâtons sont dans un bâtiment de quatre colonnes, qui soutiennent une architrave, frise & corniche, & puis un toit par-dessus, & laissent en dedans un espace quarré vuide, à jour de tous les côtez; c'est là dedans que passe la procession pour se rendre à un terme, on ne sait lequel. Devant ce bâtiment est un homme assis couronné comme les autres, qui tient un bâton, sur lequel est un oiseau comme ci-devant. De l'autre côté du quarré est un autel, sur lequel est un chien. Je ne sai si ce chien est exposé à la veneration publique. Les chiens étoient autrefois en grand honneur dans l'Egypte; mais depuis qu'ils vinrent manger le cadavre du Taureau Apis tué & jetté à la voirie par le Roi Ochus, les chiens ne furent plus si honorez que devant.

II. Au-dessus de tout ceci l'on voit une Ville. Les tours & les murs qui l'environnent marquent que c'en est effectivement une. La grande porte de la Ville est remarquable. Elle est pratiquée dans une grande tour, dont elle occupe près de la moitié de la hauteur. A droite & à gauche de la tour sont deux bâtimens semblables entre eux, à chacun desquels on voit deux rangs de fenêtres, & au bas deux idoles faites à la maniere des idoles Egyptiennes, & comme elles sont isolées, on a eu soin d'exprimer leur ombre sur les murs des bâtimens. Au pied des murs de la Ville est un grand obelisque si panché, que l'angle qu'il

---

CAPUT SEPTIMUM.

I. Pompa sive Processio. II. Urbs & obeliscus cadens. III. Navis & ædificia. IV. Feræ.

I. Spectaculum deinde offertur ad religionem spectans: est processio, sive, ut cum veteribus illis loquamur, pompa. Quotquot adsunt, coronati sunt vel lauro vel alio ramorum genere, talarique veste omnes. Quatuor viri in lectica gestant machinam candelabro similem. Ex iis qui pompam sequuntur, duo baculum gestant in cujus suprema parte insidet avis. Inter schemata Ægyptiaca baculos, versus finem secundi hujus Supplementi tomi vidimus. Qui machinam illam gestant, quique baculis istiusmodi sunt instructi, intra ædificium gradiuntur quatuor columnis fultum. Columnæ autem epistylium, zophorum, coronidem, itemque tectum sustentant: spatiumque quadratum intus vacuum & undique luci perviumrelinquunt. Istac transit Processio, quæ quo procedat, nescitur. Ante ædificium illud est vir sedens coronatus ut alii, baculum tenens cui insistit avis. In altera quadrati hujusce parte visitur ara cui insidet canis. Nescio utrum hic canis publice sit cultui expositus. Canes olim in honore habebantur apud Ægyptios; verum postquam canes cadaver Apidis tauri enecti & projecti ab Ocho Persarum Rege, devoratum accesserunt; jam non tanto apud Ægyptios colebantur honore.

II. Supra hæc omnia visitur urbs: urbem certe denotant turres & mœnia circum posita. Major urbis porta spectabilis est. Ea in magna turri est quam perviam reddit, cujusque dimidiam altitudinis partem occupat. Ad dexteram atque ad sinistram turris duo sunt ædificia inter se similia, in singulis duo fenestrarum ordines sunt, & in ima parte idola duo Ægyptiorum simulacris similia, & quia illa muro non hærent, sed ab illo prorsus separata sunt, ipsorum umbra in muro expressa fuit. Juxta urbis muros grandis obeliscus vi-

LE PAVÉ SINGULIER DU TEMPLE DE LA FORTUNE.

fait avec la terre n'est pas la moitié d'un angle droit. Je parle ici selon l'opinion de quelques-uns, fondée sur ce qu'en certaines estampes, la base de cette ville, qui se voit ici clairement, sembloit faire du côté qui se presente à la vûe un obelisque panché: mais c'est certainement la base de la ville. Je ne sai si aucun auteur a jamais parlé d'une ville qui eut une base comme celle-ci. Il ne faut pas oublier de dire que sur la grande porte de la Ville il y a une Aigle, qui semble voler.

III. Auprès de cette Ville il y a un assez grand vaisseau qui a déploié ses voiles; & un peu plus avant un bâtiment à deux tours, & à côté de l'une des tours une case qui paroit être d'osier ou de chaume. Plus avant est une grosse tour ronde, sur laquelle on voit plusieurs oiseaux qui ressemblent à des Ibis; peut-être est-ce un autre lieu où ils s'assembloient, & où l'on leur donnoit à manger comme ci-devant. Au-dessous de ces bâtimens est une tour qui tient à une enceinte de murs à creneaux: on ne sait à quel usage.

IV. Au plus haut de la planche sur une montagne on voit un animal qui a beaucoup du singe, & dont le nom écrit à côté est ΑΓΕΛΑΡΟΤ, nom inconnu dans les Auteurs, de même que ceux de beaucoup d'autres animaux de l'Ethiopie, qui ne se trouvoient point ailleurs. Il falloit que cette bête fût terrible. Plusieurs Ethiopiens vont l'attaquer, quelques-uns ont des boucliers. Deux sont comme en embuscade pour lui tirer des fléches quand il passera. Auprès de là est une autre espece de monstre que l'inscription appelle ΚΡΟΚΟΔΕΙΛΟΣ ΠΑΡΔΑΛΙΣ, un Crocodile Léopard. Il avoit apparemment dans la forme quelque chose de l'un & de l'autre animal, & peut-être des taches sur la peau, comme le Léopard, ce qui ne paroit pourtant pas ici.

---

situs quasi cadens, atque adeo inclinatus, ut is, quem cum supposito solo facit, angulus, ne dimidium quidem anguli recti efficiat. Hic secundum quorumdam opinionem loquor, qui in quibusdam tabulis non ita clare hæc exhibentibus, basim huic urbi suppositam, quæ in tabula nostra perspicue cernitur, obeliscum inclinatum esse putarunt. At est certissime basis urbis. Nescio autem an uspiam apud Scriptores urbs basi hujusmodi instructa memoretur. Neque prætermittendum est supra majorem portam urbis aquilam repræsentari volantem.

III. Prope urbem illam magna navis visitur quæ vela expandit, & ulteriùs ædificium duabus munitum turribus, & propter unam ex turribus casa ex viminibus vel ex paleis adornata. Haud procul ampla turris rotunda visitur, cui insident aves ibidi similes. Forteque aliud fuerit ibidum turbæ fovendæ & alendæ destinatum ædificium. Infra hæc, turris visitur quæ ambitui murorum hæret; qui muri pinnis frequentibus sunt ornati, cui vero usui ignoramus.

IV. In suprema tabula animal visitur ad simiæ formam accedens, cujus nomen ad latus scriptum est, ΑΓΕΛΑΡΟΤ. Nomen apud scriptores ignotum, perinde atque nomina multorum animalium Æthiopicorum, quæ alibi non occurrebant. Terribilis hæc fera fuisse videtur. Æthiopes plurimi illam aggrediuntur, quorum aliqui clypeis sunt instructi: duo quasi in insidiis collocati sunt ut illam, cum transibit, sagittis impetant. E vicino aliud ceu monstrum visitur hoc nomine, ut inscriptione fertur, ΚΡΟΚΟΔΕΙΛΟΣ ΠΑΡΔΑΛΙΣ, crocodilus pardalis, in cujus videlicet forma aliquid ex utroque animali comparebat, & fortasse maculas in pelle, quasi pardalis habebat, id quod tamen hic non observatur.

CHAPITRE HUITIE'ME.

I. Enhydris & autres bêtes d'Ethiophie. II. Bêtes feroces inconnues. III. Autres bêtes d'Ethiopie.

Pl. LIX.
I. Dans la planche suivante on voit d'abord auprès d'un lac, ou peut-être d'une eau courante, deux grosses tortues, & dans l'eau même deux autres animaux de même espece, qui ont chacun un poisson dans la gueule; l'inscription nous apprend leur nom, c'est ΕΝΗΤΑΡΙC Enhydris, l'aspiration de l'τ y est ainsi marquée par un H. Herodote parle en deux endroits de ces animaux aquatiques, & dit 2. 72. que ces animaux sont regardez comme sacrez chez les Egyptiens. Il dit encore 4. 109. Qu'on les prend dans des marêts avec les Castors & d'autres animaux aquatiques. On croit que l'Enhydris est ce qu'on appelle en latin *Lutra*. Plus haut on voit un dragon épouventable, qui fait de son corps plusieurs contours. Tout auprès de là deux bêtes fauves de même espece, qui tiennent ensemble quelque chose dans la gueule, sont appellées ΩΑΝΤΕΣ, nom aussi inconnu que l'animal qu'il signifie.

II. La bête feroce qui vient après se tient sur une montagne escarpée. Le corps en est assez semblable à celui du Rinocerot que nous avons vu plus bas, mais la tête est toute extraordinaire, les machoires sont d'une prodigieuse longueur, se terminent en pointe, & sont munies des deux côtez de dents terribles: l'animal est aussi inconnu que le nom écrit ici en cette maniere ΧΙΟΙΤ. Ce sont de ces animaux d'Ethiopie qu'Herodote a dit être en grand nombre en ce païs-là, & qui avoient des noms particuliers inconnus à tous les Auteurs. Qui sauroit que le Rinocerot s'appelloit chez les Ethiopiens *Aru*, & *Harisi* sans Cosmas l'Egyptien?

III. Telle est encore la bête fauve qui suit, appellée ΣΦΙΝΤΙΑ, qui n'a rien que d'ordinaire dans sa forme. Là se voient cinq Ethiopiens qui courent à la file tenant l'arc bandé pour tirer contre un singe ou un animal qui lui ressemble, perché au plus haut d'un arbre, blotti & ramassé comme en un peloton.

L'animal appellé ΚΡΟΚΟΤΑC, *Crocotas* a quelque chose du Tigre, marqueté

CAPUT OCTAVUM.
I. Enhydris & alia Æthiopica fera. II. Fera ignota. III. Alia bestia Æthiopica.

I. IN sequenti tabula statim visuntur juxta lacum, vel forte juxta currentem aquam duæ testudines: & in aqua duo alia ejusdem speciei animalia, quæ singula piscem ore tenent. Inscriptio nomen ipsorum docet: nempe ΕΝΗΤΑΡΙC Enhydris. Aspiratio vocalis T sic per H notatur. Herodotus de hujusmodi aquaticis animalibus bis loquitur, atque 2. 72. hæc animalia ab Ægyptiis quasi sacra haberi. Dicit insuper 4. 109. in lacubus enhydries capturi cum castoribus aliisque aquaticis animalibus. Enhydris id esse putatur quod lutra late latine. Supra visitur horribilis draco qui sinuosis flexibus convolvitur. E vicino duæ feræ ejusdem generis sunt quæ aliquid simul vorare videntur, & ΩΑΝΤΕΣ inscribuntur, nomen perinde atque fera ipsa ignotum. Est autem in plurali, cujus singulare ΩΑC esse videtur.

II. Quæ sequitur fera in prærupto monte stat. Corpus ejus rhinocerotis corpori sat simile est, quem infra in tabula conspicimus. Sed caput insolitæ formæ est; maxillæ sunt ingentis longitudinis atque in acumen desinunt, atque utrinque dentes efferunt horrendos. Animal porro illud perinde ignotum est, atque nomen ejus quod hic ita scribitur ΧΙΟΙΤ. Hæc sunt illa Æthiopica animalia quæ Herodotus lib. 4. magno ibi numero esse dicit, & quæ nomina sua habebant omnibus ignota scriptoribus. Ecquis sciret rhinocerotem apud Æthiopas *Aru* & *Harisi* vocatum fuisse, nisi Cosmas Ægyptius id docuisset?

III. Non magis nota est sequens fera CΦΙΝΤΙΑ *Sphintia* dicta, quæ nihil non vulgare in forma sua habet. Eodem in loco visuntur Æthiopes quinque, qui intenso arcu currunt ut sagittis impetant simiam, vel bestiam ipsi similem, in suprema arbore consistentem & corpore contractam.

Animal illud cui nomen KPOTOTAC *Crocotas*, tigri sat simile est, & maculis obsitum est ut tigris, tigrem

SUITE DU PAVÉ DU TEMPLE DE LA FORTUNE DE PALESTRINE.

LE PAVE' SINGULIER DU TEMPLE DE LA FORTUNE. 165

comme lui ; il lui reſſemble encore de la tête. Au-deſſous du Crocotas ſont deux autres bêtes qui reſſemblent au Chevreuil, mais marquetées comme un Léopard. Devant ces deux animaux ſe voit un ſinge aſſis ſur une roche.

etiam ex capite refert. Sub crocota duæ aliæ beſtiæ ſunt, quæ capreolum referunt : ſed maculoſæ ſunt ut leopardus ; ante hæc animalia ſimia rupi inſidet.

CHAPITRE NEUVIE'ME.

I. Grand Lézard & le Lynx. II. Crocodile de terre. III. Autres bêtes & monſtres. IV. Sphinx.

I. AU bas de la planche ſuivante on voit un animal aſſez extraordinaire : PL. LX. l'inſcription le nomme CATOC, Savos ; mais je crains que ce ne ſoit une faute, & qu'en ſautant une lettre de CATPOC, qui veut dire Lézard, on n'ait fait CATOC, car cet animal a preſque toute la forme d'un gros Lézard. Au-deſſus de ce Lézard & ſur le haut de la montagne on voit la Lionne avec ſon inſcription Λεαινα *Leæna*. Le Lynx qui vient après a auſſi ſon inſcription ΛΙΝΞ, que des Latins aient mis N au lieu de Γ il ne faut pas s'en étonner, parce qu'ils liſoient ainſi : mais ils ont auſſi changé T en I. ſuppoſé que cette lettre ait été exactement figurée d'après l'original. Cet animal reſſemble ici à un Chevreuil. Ses yeux perçans l'ont fait paſſer en proverbe. Pluſieurs croient que tout ce qu'on a dit de ſa vue perçante n'eſt qu'une pure fable, & doutent même de l'exiſtence du Lynx, prétendant qu'il n'y a pas plus de realité dans tout ce qu'on a dit du Lynx, que dans tout ce que les anciens ont debité ſur le Phenix.

II. Après vient cet animal nommé dans l'inſcription κροκόδειλος χερσαιος, le Crocodile terreſtre. Herodote l. 4. c. 192. dit qu'il y a dans l'Afrique des Crocodiles terreſtres, & qui ne ſe tiennent pas dans les rivieres, qu'ils n'ont tout au plus que trois coudées de long, & qu'ils reſſemblent à des Lézards. Celui-ci a des oreilles preſque pendantes, ce qui ne convient pas au Lézard.

III. Au-deſſus de celui-ci un peu à côté eſt une eſpece de ſinge aſſis qui a la tête approchante de celle du Lion. Deux Tigres qu'on voit enſuite, ont la forme de cet animal, & l'on n'auroit point eu de peine à les reconnoître,

CAPUT NONUM.

I. Magna lacerta & lynx. II. Crocodilus terreſtris. III. Alia fera & monſtra. IV. Sphinx.

I. IN ima tabula ſequenti animal non ſolitæ formæ viſitur : inſcriptio ejus CATOC habet : at timeo ne mendoſe pro CATPOC poſitum nomen ſit, σαῦρος autem eſt lacerta, & hoc animal lacertæ magnæ formam habet. Supra lacertam & in montis vertice eſt leæna cum inſcriptione ΛΕΑΙΝΑ. Lynx qui ſequitur inſcriptionem & ipſe ſuam habet ΛΙΝΞ ; quod autem Latini N pro Γ poſuerint non mirandum , quia ipſi ſic legebant ; ſed aliam quoque literam mutarunt T in I, ſi tamen hæc accurate ut in primo exemplari erat, expreſſa fuerit. Hoc animal capreolum repræ-ſentat, & a perſpicacitate oculorum in proverbium abiit. Multi putant id quod de perſpicacitate lyncis dictum eſt , fabuloſum eſſe , etiamque an lynx vere exiſtat dubitant ; imo putant non magis vera eſſe ea quæ de lynce dicuntur, quam ea quæ de phœnice veteres publicarunt.

II. Poſt hæc accedit animal illud quod in inſcriptione ΚΡΟΚΟΔΕΙΛΟΣ ΧΕΡΣΑΙΟΣ appellatur , id eſt , crocodilus terreſtris. Herodotus lib. 4. c. 192. ait eſſe in Africa crocodilos terreſtres , qui non in fluminibus verſantur : hos autem tres cubitos ad ſummum longitudinis habere , lacertiſque ſimiles eſſe. Hic porro aures quaſi pendentes habet, id quod in lacertam non convenit.

III. Huic paulo ſuperior a latere eſt quædam ſimiæ ſpecies , cujus caput leonis capiti non diſſimile. Duæ tigres ſequentes ſuam ita formam retinent , ut etiamſi

X iij

quand même il n'y auroit pas eu l'inscription ΤΙΤΡΙΣ. Il n'en est pas de même d'une autre bête qu'on voit tout auprès, dont la forme est aussi inconnue que le nom ΑΠΡΟΣ, s'il approchoit de la forme du sanglier, on pourroit croire que des Latins qui ont fait la Mosaïque ont mis Απρος pour *aper*, mais rien n'est moins ressemblant au sanglier que cette bête.

L'animal à quatre pieds que nous voions près sur une branche qu'il fait plier a la tête ressemblante à celle du Lion, m... cette situation convient aussi peu au Lion que le nom qu'on a mis tout auprès, ΚΗΠΙΕΝ *Keïpen*. A l'extrémité de la même branche est perché & couché un oiseau qui ressemble à l'Ibis.

Une des plus monstrueuses bêtes Ethiopiennes est celle de dessus. Elle a un long cou & une grande bosse comme un chameau, des cornes comme un bœuf, & c'est peut-être pour cela qu'il est ici appellé ΤΑΒΟΤΣ, la derniere syllabe signifie un bœuf; mais comme tout le nom est apparemment Ethiopien, il ne faut pas trop s'arrêter à cette conjecture.

IV. Il n'y a point ici de monstre ni de bête, dont le nom convienne moins à la figure, que celui qui est inscrit ΟΝΟΚΕΝΤΑΥΡΑ, Onocentaure. Les Onocentaures étoient, selon la fable, des monstres qui avoient la forme d'homme de la ceinture en haut, & tout le reste de l'âne : ici c'est un Sphinx qui a le corps d'une lionne, & la tête & le visage de femme des plus gracieux. Il faut qu'il y ait ici necessairement quelque méprise, ou que quelque partie de la Mosaïque aiant sauté, on l'ait remise où il ne falloit pas. La question est, s'il y a eu d'animal semblable à la Sphinx. Je vois que les Auteurs conviennent assez qu'il y a dans l'Ethiopie des monstres qui expriment la forme de divers animaux, & qu'il y en a aussi dont la face approche de celle de l'homme. Quoi qu'il en soit, la Sphinx paroit toute fabuleuse.

inscriptio ΤΙΤΡΙΣ non adesset, cognitu faciles fuerint. Non idemdicimus de alia secundum hanc posita, cujus forma perinde atque nomen ΑΠΡΟΣ, ignota sunt. Si ad apri figuram accederet, dici forte posset Latinos hanc vocem ΑΠΡΟΣ pro APER in musivo posuisse. Sed nullum uspiam animal apro magis absimile.

Animal quadrupes sequens quod in summo ramo insidens, ramumque deprimens cernimus, caput habet leonino capiti simile. At hujusmodi situs non magis in leonem convenit quam adscriptum ibidem nomen ΚΗΠΙΕΝ *Keïpen*. In eodem extremo ramo insidet avis ibidi similis.

Monstro similis si qua alia est Æthiopica fera sequens: oblongum collum & gibbum habet ut camelus, cornua ut bos; ideoque fortassis hic vocatur ΤΑΒΟΤΣ, postrema syllaba bovem significat; sed quia totum nomen ut videtur Æthiopicum est, hæc conjectura non statim amplectenda.

IV. Nullum in hac tabula monstrum, nulla fera est quæ nomen habeat figuræ minus consentaneum, quam illa quæ inscribitur ΟΝΟΚΕΝΤΑΥΡΑ, *onocentaura*. Onocentauri, ut mythologi referunt, monstra erant quæ formam hominis a zona superne habebant, reliquum autem corpus totum erat asini. Hic autem sphingem videmus leænæ corpus habentem, caput autem & vultum formosæ mulieris. Hic aliquem omnino suspicor errorem; vel fortassis excussa quædam pars musivi, suo loco non restituta fuerit. Quæritur autem utrum animal quodpiam sphingi simile unquam fuerit. Scriptores non paucos reperio qui dicunt in Æthiopia monstra esse diversorum animalium formas exprimentia, in iisque reperiri quæ caput faciemque hominis exprimant. Ut ut res est, sphinx omnino fabulosa videtur.

Fin du Tome quatriéme.

SUITE DU PAVÉ DU TEMPLE DE LA FORTUNE DE PALESTRINE.

TABLE DES MATIERES
DU QUATRIÉME TOME.

A

M. **A**Bauzit Genevois, sa belle dissertation. 50.
Achille & Diomede assis. 84.
Achille va combattre Hector. 80. traîne le corps d'Hector derriere un char tiré à quatre chevaux, *là-même.*
Achille tué à la porte Scée. 85.
Αγελαρν, nom d'un animal inconnu. 163.
Agostini (Leonardo) 8.
Aigle sur une porte. 163.
M^{rs} d'Aigrefeuille pere & fils, Presidens à la Cour des Comptes de Montpellier, ausquels le public est fort redevable. 139. 140.
Aigrette, *juba* ou *crista.* 15.
Aimoin. 115.
Alcantara, son merveilleux pont. 91. *& suiv.*
Alexandre le Grand, sa tête de porphyre d'un excellente main. 3. 4.
Alexandre n'est point representé à Montecaballo avec les chevaux. 19.
Alexandre prend Thebes. Sa generosité à l'égard de Timoclée. 45. Il fait un grand festin. 22.
Alexandre le Grand, son voiage au temple de Jupiter Hammon. 152.
Alexandrie avoit deux ports. 122.
Alloqutions de differentes formes. 28. 29.
Amazone qui a l'inscription αβλος, combat. 16.
Ambrois, *Ambrissum,* mansion Romaine. 88.
Ammien Marcellin. 56. 60. 62. 113. 123. 132.
Ammien Marcellin, sa description du dragon, enseigne militaire. 30.
Amphitheatre. 158.
Anacreon. 64.
Anastase le Bibliothecaire. 129.
Anaxyrides ou braies. 50.
Antiloque porte à Achille la nouvelle de la mort de Patrocle. 83.
Antoine Augustin. 92.
Antonin le pieux rétablit le port de Pouszol. 131.
Apianus. 11.
Apollon de Belvedere. 4.
Αγρος, bête inconnue peinte au pavé de Palestrine. 166.
Aqueduc de Mets traversoit la Moselle. 105. sa hauteur en certains endroits. 106. *& suiv.*
Aqueduc de Segovie, ouvrage merveilleux; on ne sait qui en est l'auteur. 102. a 159. arcades, *là-même.*
Abogaste tue Valentinien II. 64.
Arc de Gallien se ressent de la décadence de l'Empire. 73.
Arc de Severe, qu'on appelle le petit arc, a de beaux morceaux de sculpture. 71.
Arc sur le pont d'Alcantara. 91.
Arc de S. Remi en Provence. 78. dessiné par M. de Peiresc, *là-même.*
Arc d'Orange, ne paroît pas avoir été fait pour les victoires de Marius. 77.
Arc sur le pont de Saintes. 99.
Arc de Portugal de Rome, n'étoit pas antique. 70. Preuves, *là-même & 71.*

Archers de Constantin, portent des bonnets extraordinaires. 68.
Arches de l'Aqueduc de Mets. 105. *& suiv.*
Armes restées sur le champ, après la victoire dans le disque de Valentinien II. 52.
Asamon Turranius soldat. 13.
Astacés Preteur de Darius, livre à Alexandre le trésor de son maître. 152. 153.
M. le Marquis d'Aubais. 88. 89.
Marc Aurele arrive en Syrie après la défaite d'Avidius Cassius. 40. les peuples lui tendent les mains, *là-même.*
Marc Aurele ordonna que tous les soldats porteroient la toge. 12.
Ausone. 8.
Autel fameux au confluent du Rhône & de la Sône, où étoient 60. statues pour autant de peuples Gaulois 101.
Auxiliaris Prefet des Gaules. 116.

B

BAcchus ou figure Bacchique. 10.
Balustrade sur les bords d'un navire. 120.
Bataille de Constantin contre Maxence, representée à l'arc de Constantin. 68.
Batteau de forme singuliere. 156.
Beger (Laurent) 8. 122.
Belier des anciens pour battre les places. 33.
Belier appellé *terebra*, ou tariere. 36.
Belier suspendu, en usage chez les Romains. 34.
Belier non suspendu, son explication. 35. *& suiv.*
Bellori. 40.
Berceau fort singulier dans les eaux du Nil. 157.
Bergier. 116.
D. Cl. Bertrand, Prieur de S. Arnoul de Mets. 105.
Mgr Bianchini. 84. 97.
Bireme representée au temple de la Fortune de Preneste. 160. elle est armée & prête à combattre, *là-même.*
Boissard. 11. 131.
Bonnets extraordinaires des archers de Constantin. 68.
Bonnets qui ressemblent à ceux des Presidens à mortier, dans le triomphe de Constantin. 69.
Bononia Oceanensis, est Boulogne sur mer. 132.
Bouclier de Constantin, ovale de plus de trois pieds de diametre. 7.
Bouclier extraordinairement grand. 14.
Bouclier de Pyrrhus roi d'Epire, étoit de cuivre, selon Pausanias. 4.
Boucliers representatifs sur les medailles de Probus. 64.
Boucliers qui ont un scorpion. 160.
Boucliers des Germains ovales, hexagones & octogones. 48.
Boucliers fort extraordinaires. 86.
Boucliers ovales du tems de Valentinien II. ont environ quatre pieds de diametre. 65.
Bouclier fort singulier. 28.
Bouclier Thracien. 46.
Boudicée reine de peuples de la Grande Bretagne. 56.

Boules de bois jettées dans les liberalitez, où étoit marqué ce que l'Empereur donnoit. 57.
Boulogne sur mer, étoit l'ancien *Gessoriacum*. 132.
Boulogne sur mer, appellée *Bononia Oceanensis* sur les medailles, *là-même*.
Braies ou anaxyrides. 50.
Britannia, la Grande Bretagne, Ses peuples étoient Gaulois. 139.
M. le Brun. 30.

C

CAbane ronde où les Ibis se retiroient. 156.
Cadmus, sa genealogie. 85.
Caius Julius, nom pris par des Gaulois après que Cesar eut conquis les Gaules. 101.
Caligula ôta à toutes les grandes familles Romaines les marques d'honneur qu'elles avoient par rapport à leurs ancêtres. 9.
Caligula batit le Phare de Boulogne. 133.
Campagus singulier. 6.
Canal du Tibre à Rome. 90.
Candys des Parthes. 67.
Candys, manteaux des Perses & des Parthes. 41.
Capitolin. 62.
Captifs emmenez après la victoire. 49.
Captifs vendus *sub hasta*, *là-même*.
Captifs Parthes ou Daces dessinez par M. le Brun. 50.
Caracalla, *non tenax in largitate*, dit Spartien. 54.
Caracalla qui sacrifie. 72. sa statue en habit militaire. 6.
Caracteres puniques. 11.
Carthaginois inventeurs du belier pour battre les places. 33.
Casque Romain dessiné par M. le Brun. 14. 15.
Casque fort extraordinaire. 14.
Castor Veteran, son tombeau & sa statue. 13.
Catafalques des Empereurs défunts semblables aux Phares. 130.
Cavalier singulierement armé. 20. il a les pieds nuds, *là-même*.
Cavaliers Numides, leur équipage. 24.
Cavalier de Mayence de mauvais goût. 27.
KHITIEN. Keipen, animal d'Ethiopie inconnu. 166.
Cesar 35. 123. 125. 133.
Cesar. *V.* Jules Cesar.
Cespititium tribunal, qu'étoit-ce. 56.
Champ de bataille marqué par des armes dispersées. 55.
Chapeau presque de la forme des nôtres. 161.
Chapelle ou temple au bout du pont d'Alcantara. 93.
Char triomphal de Constantin extremement simple. 69.
Chars menez par les bœufs dans le triomphe de Septime Severe, sont à roues solides. 70.
Chariots chargez des dépouilles des ennemis dans les triomphes, *là-même*.
Charisius. 63.
Charlemagne restaura le Phare de Boulogne. 135.
Chasse à l'Hippopotame. 156.
Chaussure de Jules Cesar. 5. haute & rouge comme celle des Rois d'Albe, *là-même*.
Chaussure remarquable de l'Empereur Constantin. 7.
Chaussure militaire singuliere. 6.
Chaussure barbare des soldats de Constantin à son triomphe. 69. 70.
Chemin ancien Romain changé au pont de Lunel. 88.
Chevaux & cavaliers de Montecaballo faits par Phidias & Praxitele. 17.
Chien sur un autel. 162. Chiens fort honorez autrefois en Egypte : déchus de cet honneur depuis qu'ils se jetterent sur le cadavre d'Apis. 162.
Chlamyde frangée. 13.
Chrysés à genoux devant Agamemnon pour le rachat de sa fille. 84.
Chrysorroas, fleuve qui se déchargeoit dans le Bosphore de Thrace. 131.

S. J. Chrysostome. 97. 126.
Ciceron. 11. 18.
Cigognes sur des boucliers. 74.
Cinna, partisan de Marius contre Sylla. Sa tête sur une pierre. 10.
Claudien. 56.
Claudius Optatus, procurateur du port d'Ostie. 122.
Clocher de S. Corneille de Compiegne solide jusqu'aux cloches. 134.
Clupei, ou Clypei, grandes pieces, se prenoient pour des boucliers, & pour des tableaux faits sur un bassin rond. 63.
Clupeum imaginis, espece de tableau fait sur un bassin rond, *là-même*.
Clypei ronds, ou especes de medailles sur les signes militaires. 45.
Clypeum armorum, bouclier. 63.
Code Theodosien. 54.
Collier de T. Manlius Torquatus. 8. autres colliers. 8. 9.
Colonne milliaire LIII. à Terracine. 109.
Colonnes milliaires mises pour la premiere fois par C. Gracchus, *là-même*.
Colonne milliaire d'Arles. 116. sa mesure, *là-même*. M. de Peiresc. 116. 121.
Colonne milliaire de S. Medard de Soissons, sa forme & sa grandeur. 110. 111. en quel tems mise. 111. 112.
Colonne milliaire de Vic sur Aine. 113. mise l'an 212. sous Caracalla, 113. 114.
Colonne d'Annia Regilla, femme d'Herode Atticus, & son inscription. 110.
Colonne milliaire du marché de Rome. 109.
Colonnes milliaires dans les Provinces. 110.
Colonne d'Hadrien en Auvergne. 115.
Colonnes milliaires avec le nom des Empereurs. 109.
Combat d'Hector, & d'Ajax pour le corps de Patrocle. 80.
Combat sur le cadavre de Sarpedon, *là-même*.
Combat auprès des navires des Grecs. 83.
Combat entre les Romains & les Sabins dans un medaillon. 31.
Combat de cavaliers Numides. 24.
Combats chez les Hetrusques, qui n'étoient que des jeux. 11.
Comedie personifiée. 82.
Comes largitionum, le trésorier des largesses. 58. à la note.
Confluent du Rhône & de la Sône, où étoit le fameux autel érigé par soixante nations Gauloises. 101.
Congius, mesure. 57.
Congiarium, ce que c'étoit. 53.
Constantin gagne la bataille contre Maxence. 68.
Constantin de Versailles armé à la Romaine. 7.
Cor, signe militaire. 160.
Corne de bœuf servant de coupe à boire. 157. 160.
Cornelius Fronto Grammairien. 63.
Cosmas l'Egyptien. 159.
Cotte d'armes singuliere. 12.
Cottes d'armes maillées, d'autres écaillées. 75.
Coudée des anciens. 97.
Coudée Xylopristique, *là-même*.
Coussin de Trajan. 45.
Couteaux sur des boucliers. 74.
Creneaux à un ancien bâtiment. 163.
Crocodiles representez au pavé du temple de la Fortune de Preneste. 156.
Crocodile leopard. Κροκόδειλος πάρδαλις. 163.
Κροκόδειλος χερσαῖος, le crocodile terrestre. 165.
Croissans de Lune sur des boucliers. 74.
ΚΡΟΚΟΤΑΣ, Crocotas, animal d'Ethiopie. 164.
Crusius (Martin). 127.
Ctesiphonte prise par Trajan. 43.
Cuirasse extraordinaire. 6. 83. 84.
Cuirasse à écailles, appellée *Lorica squamata*. 7.

Cuirasse

DES MATIERES.

Cuirasse de soldats Romains composée de six larges courroies. 67.

D

Daces se servoient du belier pour battre les places. 33.
Daces poussoient le belier à force de bras, là-même.
Denys de Bysance. 131.
Didier Abbé du Mont Cassin. 129.
Diomede & Achille assis. 84.
Diomede, son buste. 8.
Dion Cassius. 5. 53. 56.
Dioxippe, *pugil*, ou combattant aux jeux publics à la suite d'Alexandre. 22. se bat tout nud contre Hortaras Macedonien & le terrasse, *là-même*.
Δίσκοι, disques. 64.
Disque, monument d'une largesse publique, comment. 55.
Disques d'or donnez par Heliogabale. 53.
Disque d'argent trouvé dans la riviere d'Arve près de Geneve. 51.
Domitien, sa statue en habit militaire. 6. sa memoire en horreur, *là-même*.
Dragon, enseigne militaire prise par les Romains, à l'imitation des nations barbares. 30.
Dragon, enseigne militaire, se voit sur l'arc d'Orange. 76.
Dragons, enseignes des Germains. 48.
Dragonaire, porteenseigne Romain. 30.

E

Echelle sur un navire, pourquoi. 76.
Eginard. 135.
Egyptiens, établissoient des curateurs pour nourrir les bêtes non domestiques. 157.
Empereur avec des Officiers devant le temple de Jupiter Capitolin. 28.
ΕΝΗΥΔΡΙΣ, *Enhydris*, animal aquatique. 164.
Enlevement d'Helene par Paris. 79.
Enlevement des Sabines. 31.
Epée de plus de trois pieds de lame. 16.
Epée courte de l'Empereur Constantin. 7.
Epée qui a un pommeau en forme de croissant. 14.
Eperon, *Calcar*, en usage aux anciens, sa forme. 26. 27.
Epervier, peine de mort en Egypte pour ceux qui en tuoient quelqu'un. 157.
Epitaphe de l'Empereur Probus. 7.
Ethiopiens qui chassent aux bêtes de leurs payis. 163.
Etoiles sur des boucliers. 74.
M. le Mar. d'Etrées. 3. 131.
Etriers. Pourquoi a-t-on si longtemps été sans s'en servir. 25.
Eumenius. 132.
Eusebe. 123.
Eustathe vêtu en homme de guerre d'un côté & avec la toge de l'autre, dans le même monument. 12.

F

M. Fabretti. 71. 83. 84.
Femme qui porte une tour sur la tête, marque une ville. 42.
Femme assise qui paroît representer une province. 67.
Femme entourée de serpens à Rome. 10.
Femme qui a le pied sur un globe. 86.
Figure equestre de bronze trouvée à Lion, d'un excellent goût. 23. a été prise pour Curtius, & paroît être un Gaulois, *là-même*.
Flaminius Vacca. 144.
Flavigni, ses monumens, marques de victoires. 86.
M. Flechier Evêque de Nismes, Sa description de la Tour Magne. 140.
Fleur de lis bien formée. 87.
Foi personifiée. 82.

Tome IV.

M. le Chev. de Follard très-habile dans l'art de la guerre ancienne & moderne. 34. sa dissertation sur le Belier non suspendu. 35. & *suiv*.
Mgr Fontanini. 96. 112.
Forteresse au milieu du port de Frejus. 121.
Fragmens de la table Iliaque. 84.
François venant de la Germanie, se servoient de haches dans les combats. 49.
Frena lupata, qu'étoit-ce. 24.
Fronto (Cornelius) Grammairien. 63.
Fulvio Orsini. 8.

G

Gallien fut bien aise que Valerien son pere tombât entre les mains des Parthes & restât prisonnier. 73.
Gaulois portoient le collier. 8. 9.
Gaulois subjuguez par les Romains prirent le nom des Romains. 101.
Gaulois se servoient du belier pour battre les places. 33.
M. Gautier habile architecte. 140. a donné la Tour Magne de Nismes, comme il croit qu'elle étoit avant qu'elle eut tant souffert par l'injure du tems, *là-même*.
M. le Gendre Chirurgien du Roi d'Espagne. 91. 102.
Genealogie de Cadmus, conforme, à ce qu'en dit Apollodore. 85.
Geneve dans la grande route militaire des Alpes. 65.
Genouilleres dans un trophée. 49.
Geographe de Nubie. 97. 126.
Germains se servoient de haches dans les combats. 48.
Gessoriacum, étoit Boulogne sur mer. 132.
Geta, sa figure ôtée du petit arc de Severe, par ordre de Caracalla son frere. 72.
M. Girardon. 3. 4.
Globe sur la main de Valentinien II. 50.
Globe, marque de l'Empire, & marque du maître de la terre. 56. se trouve sur plusieurs medailles, *là-même*.
C. Gracchus fit mettre les colonnes milliaires. 109.
S. Gregoire de Nazianze. 54.
Gregoire de Tours. 49. 128.
Greves dans un trophée. 49.
Gruter. 11. 92. 100. 112.
Guaine à trois couteaux pour découper les victimes. 71.
Guerre de Troie sur un marbre Romain. 80.
Guerre. Monumens sur la guerre plus rares que les autres. 3.
Guyran. 118.

H

Habit militaire d'Alexandre le Grand. 46.
Haches en usage aux Germains dans les combats. 48.
Haches de pierre, se trouvent en grande quantité, dans la Picardie & dans la Germanie. 29. Hache de pierre de touche du cabinet de cette Abbaye, *là-même*.
Harangues des Empereurs aux soldats après les victoires. 55.
Hector combat contre Ajax pour enlever le corps de Patrocle. 80.
Hector, sa figure & les traits de son visage fort connus dans la Grece, plusieurs siecles après la guerre de Troie. 81. Histoire à ce sujet, *là-même*.
Hector, son portrait commun chez les Romains. 82.
Hector, Andromaque & Astyanax dans une pierre gravée. 82.
Helene enlevée par Paris. 79.
Heliogabale, ses largesses. 52.
Hercule Farneze. 4.
Hercule de Lysippe. 18.
M. d'Hermand. 37.

Herodien. 128. 130. 131.
Herodote. 126. 157. 164.
Heron 96. 97.
Hesychius. 113.
Hetrusques fort adonnez aux jeux. 21.
Hiempsal fils de Juba roi de Numidie. 11.
Hippopotames representez au pavé du temple de la Fortune de Preneste. 156.
Hirtius. 55.
L'Histoire personifiée. 82.
Homere accusé d'une bevue, touchant l'isle de Pharos, bien défendu, 124. 125.
Homere assis sur un siege rond, ayant la tête ornée d'un diademe. 82.
Homere. 128.
Homme à pied combattant contre un cavalier. 21.
Horace. 25.
Hortaras Macedonien, armé de toutes pieces, se bat contre Dioxippe nud. 22.

I

Ibis. 163.
Ibis, oiseaux, se retirent dans une cabane ronde. 156. Ibis blancs & Ibis noirs, là-même.
Ibis, peine de mort en Egypte pour ceux qui en tuoient quelqu'un. 157.
Iccius portus, on croit que c'est Boulogne. 133.
Idace. 61.
Idoles Egyptiennes. 162.
Jeu fait avec des lettres Grecques. 84. 85.
Jeux funebres pour Hector ou pour Patrocle. 80.
L'Iliade & l'Odyssée peintes en femmes. 82.
Inscription du pont de Saintes. 100. en quel tems mise, là-même.
Instrumens des sacrifices au petit arc de Severe. 72.
Instrument de Guerre extraordinaire. 14.
Joseph. 34. 36.
Irruption nocturne, bas relief. 31.
Isidore. 8. 111. 118.
Itineraire d'Antonin. 88.
Juba roi de Numidie. 11.
Jugement de Paris. 80.
Jules Cesar avoit la tête chauve. 5. couronné de laurier, pourquoi, là-même.
Jules Cesar armé, de M. le Mar. d'Etrées, là-même.
Julia femme de Severe, presente au sacrifice. 71. 72.
Julien l'Apostat fait une largesse militaire. 54.
Jupiter de Versaille. 4.
Jupiter s'éveille, & fait retirer Neptune du combat.
Jupiter terminus. 31.

K

P. Kirker. 149. & suiv.

L

Labarum, signe militaire. 65.
Labarum dans le disque de Valentinien II. 51.
Lacer a fait le pont d'Alcantara. 94.
Laocoon de Belvedere. 4.
Largesses, en quelles occasions on les faisoit. 53.
Largesse, largitas, ce que ce mot signifie. 52. & suiv.
Largesses civiles & militaires d'Aurelien, de Tacite & de Probus. 54.
Largesses, où les Empereurs assignoient quelquefois des terres aux veterans. 57.
Largesse miliaire de Julien l'Apostat. 54.
Largesse de Valentinien II. representée sur un disque d'argent. 51.
Largitas, terme plus commun dans le quatriéme siecle que Liberalitas. 54.
Legats des Augustes, quel office étoit-ce. 112. 113.
Leon d'Ostie. 129.
Le P. Lequien, savant Dominiquain. 132.
Leschés, auteur de la petite Iliade. 123.
Lettres Grecques rangées, font une espece de jeu. 84. 85.

Leuca, Leuga, Leuva, mesure Gauloise; c'est la lieue. 113.
Liberalitez des Empereurs : en quoi elles consistoient, 53.
Liberalitez, leur representation sur les medailles, là-même, on cessa depuis Quintillus de les marquer avec ce nom sur les medailles. 54.
Liberalitez, differences qu'on remarque dans les types des medailles, dont l'inscription est liberalitas. 58.
Liberalitez de Commode marquées sur les medailles, jusqu'au nombre de neuf. 57.
Liceti. 128.
Lieue, étoit autrefois de quinze cent pas. 113.
Lieues de Paris sont plus de trois mille de Rome, & beaucoup moins de trois mille d'autres payis d'Italie, là-même.
Lipse (Juste 56.)
Louis XIII. allant au siege de Perpignan. Histoire. 81.
Loup, signe militaire des Romains, se voit sur l'arc de Trajan. 76.
Lucain. 56.
Lucas Pætus. 97.
Lucien. 123. 124.
Lupata frena, qu'étoit-ce. 24.
Lupicin. 132.
Lusitanie, nom des villes de cette Province, qui avoient contribué à la construction du pont d'Alcantara. 92. restauré par Charle-Quint, là-même.
Lutra, animal aquatique. 164.
Lynx representé. 165.

M

Maffei (Alessandro). 6. 8.
Maffei (Alessandro), celebre antiquaire. 70.
M. Mahudel. 99. & suiv.
T. Manlius Torquatus. 8. Buste qu'on a crû mal à propos être de lui, là-même.
T. Manlius Torquatus. Sa severité. Il fit mourir son fils. là-même.
Manteau frangé de Parthamaspatés, établi roi des Parthes par Trajan. 43.
Manteaux frangez des Germains. 48.
Marbre Romain de la guerre de Troie. 80.
Le Comte Marcellin. 54. 61.
Marcianus (Vivius) soldat d'une legion. 15. il a de longs cheveux. 16. son épée de plus de trois pieds de lame, là-même.
Mars regardé des Romains comme leur pere. 44.
Mars sur un signe militaire, là-même.
Mars & Venus mis ensemble sur les lectisternia, là-même.
Massinissa roi de Numidie, sa tête avec un casque. 11.
Mr Masson, leur cabinet. 79.
Maxime tyran, défait & tué à Aquilée. 61.
Medailles sur les signes militaires. 45. c'étoit ce qu'on appelloit Clypei, là-même.
Meleagre de Picchini. 4.
Memnon tué par Achille. 85.
Memoire personifiée. 82.
Mezzabarba. 19. 60.
Milliare ou milliarium, on dit l'un & l'autre. 118.
Milvius pont de Rome, fond sous les fuiards de l'armée de Maxence, qui tombent dans la riviere. 68.
Μυνάρια, disques d'argent. 64.
Monnoies ne servoient guere de monumens dans le bas Empire. 54.
Mors de bride ancien, & sa forme. 24.
Μῦθος, ou la fable peinte en jeune garçon, parce que μῦθος est du genre masculin. 82.
Myron sculpteur Grec. 18.

N

Nature personifiée. 82.
Navires, combien il est difficile de voir distinc-

DES MATIERES.

tement toutes leurs parties sur les medailles. 119.
Navires sur les medailles. 119, 120.
Negociateurs de differens noms, selon leurs marchandises; Sagarius, vendeur de saies, Ærarius, serarius, frumentarius, vestiarius, &c. 28.
Negotiator gladiarius, vendeur d'épées, *là-même*.
Neptune donne secours aux Grecs. 83.
Nestor & Agamemnon tiennent conseil. 84.
Nil appellé Egyptus par Homere. 125.
Nimbus, nos premiers Rois le prirent des Empereurs Romains. 65. depuis on ne le donna plus qu'aux Saints, *là-même*.
Nimbus, cercle lumineux, les Empereurs le portoient à la tête, *là-même*.
Noms propres sur des boucliers. 75.
Norba Cæsarea, est Alcantara d'aujourd'hui. 95.
Numides qui combattent à cheval. 24. équipage des Numides à cheval. 23. 24.

O

Obelisques devant les temples. 158.
Obelisque penché. 162.
Ocrea, chaussure, sa forme. 6.
Onocentaures. 166.
Orsini (Fulvio). 8.
ΩANTEΣ, Oantes, nom d'une bête fauve. 164.

P

P. signifie ou *propria pecunia*, ou *pecunia publica*. 113.
Palestrine, jadis Preneste. 149.
Palestrine possedé par la maison Colonne, vendu à la Barberine. 149.
Pallas armée d'un casque, d'un bouclier & d'une cuirasse au jugement de Paris. 80.
Pantheon de Rome, a un fondement solide qui regne sous tout le temple. 134.
Paris enleve Helene. 79.
Partamaspates établi roi des Parthes par Trajan. 43. & par eux rejetté. 44.
Parthamasiris roi d'Armenie, vient implorer la clemence de Trajan, *là-même*.
Parthes, leur habit. 41.
Parthes vaincus, flechissent les genoux devant la ville de Rome. 67.
Patrocle amene du secours aux Grecs. 83. tué, *là-même*.
Pavé de Mosaïque du temple de la Fortune de Preneste. 148. & suiv. sa forme 150. sa description, *là-même*.
Pavé de la Fortune de Preneste, represente les spectacles du Nil. 155.
Pavé de la Fortune de Preneste fait par Sylla. 151. difficulté sur cela levée, *là-même*.
Paul le Silentiaire. 64.
Pausanias. 4. 159.
La peinture & la statuaire fort anciennes chez les Grecs. 7.
M. de Peiresc rassemble plusieurs desseins de l'arc de Gallien. 73. sa description de ce même arc. 74. 75.
Peltes representées sur des boucliers. 75.
Pentasilée tuée par Achille. 85.
M. Perrault. 36.
Pescheur 161.
Pescheur à la ligne. 122.
Peutinger, sa table. 88.
Phare d'Alexandrie bâti par Ptolemée Philadelphe; on refute ceux qui en tirent l'honneur à d'autres. 123. 124. ce Phare a passé pour une des merveilles du monde. 123.
Phares, leur forme selon Herodien. 130.
Phare d'Apamée tiré par M. Baudelot. 136.
Phare de Boulogne sur mer, octogone. 132.
Phare d'Ostie, bâti par Claude Empereur. 130.
Phares de Ravenne & de Poussol. 131. de l'Isle de Caprées, *là-même*.

Phare rond sur un medaillon, *là-même*.
Phare rond tiré d'un medaillon. 136.
Phare sur une roche escarpée tiré d'une pierre gravée. 122.
Phare, nom qui fut donné aux incendies. 128. autres significations de ce mot. 129.
Le Phare d'Alexandrie, sa description. 126. sa hauteur, ses dimensions, *là-même*. fables qu'on debite à son sujet. 127. Phare devient un nom appellatif. 128.
Phare du Chrysorrhoas sur le Bosphore de Thrace. 131.
Phare de Boulogne, restauré par Charlemagne. 135.
Phare de Boulogne bâti par Caligula. 133. sa figure octogone. 134.
Phare octogone de Douvre semblable à celui de Boulogne. Sa structure. 138. 139.
Phare de Boulogne tomba l'an 1644. comment. 135.
Fort bâti par les Anglois autour du Phare de Boulogne. 135. 136.
Pharos isle: dispute sur sa situation. 124.
Pharos isle, sa figure. 125. 126.
Pharos isle, devint continent dans la suite. 125.
Pharos, plusieurs ont mal tiré l'étimologie de ce mot. 128.
Phidias & Praxitele sont les vrais auteurs des chevaux de Montecaballo. 18. 19.
Phidias a fleuri devant Praxitele. 19.
Pied: mesure differente du pied en divers tems & en divers payis. 95. & suiv. le pied de Roi Philetérien & sa mesure. 96.
Pied ancien Romain le même que l'Italien d'aujourd'hui. 96. 97.
Pied Anglois, sa mesure. 98. pied Espagnol, sa mesure, *là-même*.
Pierre gravée d'un goût merveilleux. 47.
Pigeonnier au pavé du temple de la Fortune. 161.
Piques de l'armée de Constantin n'ont pas plus de trois pieds de haut. 68.
M. de la Pise. 75. 76.
Placidius Valentinianus, le troisième des Valentiniens. 59.
Pline. 9. 30. 123. 125. 126. 151.
Plumes de pan sur les casques des soldats de Valentinien II. 52.
Plutarque. 45. 109.
La Poësie personifiée. 82.
Poignée d'épée qui se termine en tête d'oiseau. 40.
Polybe. 35. 47. 55.
Pompe ou procession, où tous sont couronnez de laurier ou d'autres branches. 162.
Pont Ælius bâti par Hadrien sur le Tibre, tiré d'un beau medaillon du Roi. 89.
Pont merveilleux d'Alcantara bâti du tems de Trajan. 92.
Pont d'Alcantara, sa description. 91.
Pont d'Alcantara fait en l'an 705. de Jesus Christ. 95.
Pont d'Antioche sur le Meandre, tiré de deux medaillons du Roi. 90. il y avoit une grande porte, *là-même*.
Le Pont d'Ambrois. 88.
Pont d'Ambrois antique, dont quelques arches sont ruinées. 88. 89. sa description, *là-même*. Particularitez sur sa structure. 87.
Pont de Saintes sur la Charente. 99. 100. 101. bâti sous Tibere. 100.
Ports. Il y avoit deux ports à Alexandrie. 122.
Port de Frejus, avoit deux tours à l'entrée & une forteresse au milieu pour la défense. 121.
Port de Frejus dessiné par M. de Peiresc, *là-même*.
Port tiré d'une pierre gravée, representé avec son phare. 121. 122.
Portique avec des toiles tendues. 160.
Præfectus fabrûm, quelle charge étoit-ce. 101. 102.
Praxitele grand sculpteur Grec. 18. 19. V. Phidias.
Preneste, aujourd'hui Palestrine. 149. dans l'ancien Larium, étoile refuge de ceux qui ne trouvoient

TABLE

pas leur sureté dans Rome, *là-même*. Sylla fit massacrer une partie de ses habitans & vendre l'autre, *là-même*.

Probus Empereur, representé en buste sur une onyce de S. Denys en France. 7.

Probus Empereur, ses vertus. *là-même*. tué par ses soldats, qui honorent pourtant sa memoire, *là-même*, son epitaphe, *là-même*.

Proconsulat marqué aussi pour les Empereurs. 112.

Procurateur d'un port, charge considerable. 122.

Prosper. 62.

Ptolemée Philadelphe bâtit le phare d'Alexandrie. 123. *& suiv.*

Punique, caracteres puniques. 11.

Pyrrhus, son bouclier étoit de cuivre, selon Pausanias. 4.

Pyrrhus du Card. Gualtieri, *là-même*.

Q

Quintecurce. 153.

R

S. REmi en Provence, son arc de triomphe. 78.
Rhinocerot, se trouvoit dans les Indes & aussi dans l'Ethiopie. Le Rhinocerot Ethiopien paroît different de l'Indien. 159. description du Rhinocerot par Cosmas l'Egyptien, *là-même*, les Ethiopiens l'appelloient *Aru* & *Harisi*, *là-même*.

Rio frio, riviere froide, qui conduit l'eau à l'aqueduc de Segovie. 103.

Rome. La ville de Rome reçoit les honneurs du triomphe du tems de Septime Severe. 66.

Ronsard. 119.

Roues sur des casques, au lieu d'aigrettes. 74.

Rouleaux entre les mains des statues Romaines. 13.

S

SAbines. Enlevement des Sabines. 31.

Sagesse personifiée. 82.

Sanglier signe militaire dans les dépoüilles de l'arc d'Orange. 74. 76.

Sanglier d'un fleuve auprés du Nil appellé χοιροποτάμος. 159.

Sarpedon tué. 83.

Σαυος ou plutôt Σαυρος, lezard. 165.

Scaliger. 116.

Sceptre surhaussé d'une aigle sur un medaillon de Gordien. 78. Nos rois de la premiere race le portoient de même. 78.

Scipion l'Afriquain, sa continence, histoire. 46.

Sculpteurs Grecs fameux à Rome du tems de Ciceron. 18.

Selles, leur forme dans les anciens tems. 25. Ce n'étoit qu'une piece d'étoffe. On a commencé de mettre du bois dans les selles du tems de Theodose, *là-même*

Septime Severe vainqueur. Les vaincus viennent implorer sa clemence. 40.

Septime Severe sacrifie sur un trepied. 71. il est voilé, *là-même*.

Septime Severe. On lui apporte le corps d'Albin tué au combat donné près de Lion. 41. Severe dans une liberalité fait donner dix pieces d'or par tête. 53.

Servius Commentateur de Virgile. 24.

Sestantio lieu près de Montpellier. 88.

Signes militaires sur les navires. 110.

Signes militaires Romains anciens, quels ils étoient. 30.

Signes militaires de Constantin. 68.

Signes militaires Romains magnifiques. 43.

Silius Italicus. 16.

Sirenes peintes moitié femmes moitié poissons par erreur. 6.

Soldats extraordinairement armez. 28.

Soldat nud le casque en tête. 87.

Soleil sur des boucliers. 74.

Sostrate architecte bâtit le phare d'Alexandrie. 124. Sa fourberie pour qu'on lui en attribuât uniquement l'honneur, *là-même*.

Spartien. 54.

ΣΦΙΝΤΙΑ. Sphintia animal d'Ethiopie. 164.

Spon. 116. 118.

Stace. 56. 127.

Stade mesure. 109.

la Statuaire fort ancienne chez les Grecs. 81.

Statues : on conservoit la memoire de leurs auteurs, soit par des inscriptions, soit autrement. 18.

Statues, quand commença-t-on d'en faire à Rome. 9.

Statues de Jules Cesar. 5. de Domitien & de Caracalla. 6.

Strabon. 123. 125. 126.

Suburane tribu, la même que la Succusane. 49.

Succusane tribu, la même que la Suburane, *là-même*.

Suetone. 5. 9. 130. 132.

Suggestus, tribune où se met l'Empereur pour haranguer les soldats, est un gazon dans le disque de Valentinien II. 55.

Suidas. 123.

Sylla fit faire le pavé du temple de la Fortune de Preneste, qui represente les spectacles du Nil. 149. 151.

T

TAble Iliaque. 79.

Table Iliaque, ses fragmens. 84.

Taille ordinaire de l'homme de trois coudées, prise pour une mesure. 125.

Tatius roi des Sabins. 31.

Temples dans les bas reliefs & sur les médailles representez avec moins de colonnes qu'ils n'en avoient. 28.

Temple tout enterré découvert par la voute. 144.

Temple sur le bord du Nil. 158.

Temple au bout du pont d'Alcantara. 93.

Terence. 16.

Terrain des villes de Paris & de Rome s'est fort élevé par les décombres. Preuves pour l'une & pour l'autre ville. 144.

Têtes des bas-reliefs de l'arc de Trajan emportées une nuit. 43.

Tête d'un taureau immolé parmi les instrumens des sacrifices. 72.

Teutobocchus. Il n'y a aucune preuve que ce nom ait jamais été écrit sur l'arc d'Orange. 76.

Theagene Thebain, combat vaillamment à la bataille de Cheronée. 48.

Theodose & Valentinien troisiéme sur une colonne milliaire. 116.

Theodose défait le tyran Maxime. 61.

Theodose le Grand après avoir défait le Tyran Maxime, donne un congiaire ou une liberalité au peuple Romain. 61.

D. Pierre Thivel, Religieux Benedictin. 86.

Thoracida. 63.

Tiare des Parthes semblable à la Phrygienne. 67.

Tibre peint en vieillard dans l'arc de Constantin. 68.

Tigres. 165.

Timoclée son histoire. 45. violée par un Capitaine, le précipite dans un puits ; menée à Alexandre, qui la renvoie libre. 45. 46.

Tite-Live. 9. 47.

Toga palmata, qu'étoit-ce. 8.

Tonneaux avec des cerceaux. 68.

Torquatus. *V.* Manlius.

Tortue. 36.

Tortue à faux. 35.

Tortue à belier.

Tortue dans laquelle il y avoit un belier. 35.

Tour Magne on y entretenoit un feu la nuit. Elle s'appelloit

DES MATIERES.

s'appelloit aussi la tour du tresor. Le dedans de figure extraordinaire. 141. Elle ne paroît pas avoir servi de phare pour la mer voisine. 142.
Tour Magne comme elle est aujourd'hui. Sa description, ses mesures. 140. & suiv.
Tour Magne de Nismes fort antique, octogone. 139. & suiv.
Tour d'Ordre, nom donné au phare de Boulogne. 134.
Tour octogone du Cimetiere des Innocens à Paris. 144.
Tours pour défendre les ports & pour éclairer la nuit, de fort ancien usage. 123.
Tours à l'entrée du port de Frejus. 121.
Tour de Douvre pour éclairer les vaisseaux. 137.
Tour octogone de Montbran près de Matignon en Bretagne. 145. Sa description. 146.
Tragedie personifiée. 82.
Trajan établit Parthamaspates roi des Parthes. 43.
Trajan prend Ctesiphonte & vainc les Parthes. là-mème.
Trajan nud representé sur un signe militaire. 44.
Trebellius Pollio. 63.
Trepied servoit d'Autel pour les Sacrifices. 71.
Tresorier des largesses appellé *Comes largitionum*. 58.
Tribu Succusane la mème que la Suburane. 49.
Tribunal où est assis Trajan. 45.
Tribunal, Cespititium, qu'étoit-ce. 56.
Tribune où se met Valentinien II. pour haranguer est un gazon. 55.
Trident entre les mains d'un homme. 158.
Triomphe de Lucius Verus sur un medaillon. 78. Autre de Commode, là-mème.
Triomphe de Septime Severe sur les Parthes. 66.
Triomphe des deux Philippes pere & fils. 79.
Triomphe de Constantin après sa victoire sur Maxence. 68.
Triton qui joue du cor sur la proue d'un navire. 120.
Troie representée. 84.
Troie, guerre de Troie sur quelques fragmens trouvez à Rome. 82.
Trophées de la colonne Antonine. 48.
Trophée dans un medaillon. Autre dans un medaillon de Commode. 50. autres trophées. là-mème.
Trophée du cabinet de M. le pr. President Bon. 49.
Tunique plissée. 14.
Turris ordans, ou ordensis ou ordrans, ainsi appelloit-on la tour du phare de Boulogne sur mer. 134.

V

Valentinien du Disque de Geneve est Valentinien II. on le prouve. 60. & suiv.
Valentinien second. Sa largesse après une victoire. 51.

harangue ses soldats. 56. tué par Arbogaste. 64.
Valere Maxime. 8.
Varron. 49.
Vegece. 35.
Vente des Captifs *sub hasta*. 49.
Venus de Medicis. 4.
Venus sur un signe militaire. 44.
Venus couronnée de laurier au jugement de Paris. 80.
Venus regardée des Romains comme leur mere. 44.
Venus. Son culte devint plus grand depuis que Jules Cesar eut repandu qu'il descendoit d'elle. 44.
Verrés emporta à Rome beaucoup de statuës des meilleurs Sculpteurs Grecs. 18.
Vertu personifiée. 82.
Veterans avoient servi vingt-cinq ans. Ces années furent depuis reduites à vingt. 13.
Victoire marquée dans un bas relief. 42.
Victoire qui tient un pied sur un globe. 87.
Victoire: marques de Victoire dans les monumens de Flavigny. 86.
Victoire aîlée, sa figure. 48.
Victoire qui couronne Valentinien second. 51.
Victoire navale. 87.
Victor fils de Maxime tyran tué par Arbogaste. 64.
Victor (Marc Aurele) fait bâtir l'arc qu'on appelle de Gallien. 73.
Vidourle *Vitturlus* riviere, où est le pont d'Ambrois. 88. 89.
Ville personifiée, c'est une femme qui porte une tour sur la tête. 42.
Villes en grand nombre & près les unes des autres dans l'ancienne Egypte. 158.
Virgile. 24. 26.
Vitruve. 33. 36.
Vœu pour la santé de Marc Aurele. 27.
Voie ancienne entre Montpellier & Nismes élevée de cinq pieds sur terre. 89.
Vopiscus. 54. 56.
Vossius (Isaac). 126. 128.
Vulcain forge des armes pour Achille. 83.

X

Xioit *Xioït* animal monstrueux d'Ethiopie. 164.
Xiphilin. 44. 133.

Y

Yabus, animal monstrueux d'Ethiopie. 166.

Z

Zolime. 132.

Fin de la Table des Matieres.

www.ingramcontent.com/pod-product-compliance
Lightning Source LLC
Chambersburg PA
CBHW070530170426
43200CB00011B/2379